21 世纪普通高等教育规划教材·会计系列

高级财务会计

（第二版）

主编　彭晓洁

上海财经大学出版社

图书在版编目(CIP)数据

高级财务会计/彭晓洁主编．—2版.—上海：上海财经大学出版社，2018.8
(21世纪普通高等教育规划教材·会计系列)
ISBN 978-7-5642-3084-5/F·3084

Ⅰ.①高…　Ⅱ.①彭…　Ⅲ.①财务会计-高等学校-教材
Ⅳ.①F234.4

中国版本图书馆CIP数据核字(2018)第169377号

□ 责任编辑　施春杰
□ 封面设计　晨　宇

GAOJI CAIWU KUAIJI
高级财务会计
(第二版)

主编　彭晓洁

上海财经大学出版社出版发行
(上海市中山北一路369号　邮编200083)
网　　址：http://www.sufep.com
电子邮箱：webmaster @ sufep.com
全国新华书店经销
上海宝山译文印刷厂印刷装订
2018年8月第2版　2018年8月第1次印刷

787mm×1092mm　1/16　16.25印张　416千字
(习题集　4印张　102千字)
印数：5 001—10 000　定价：40.00元
(本教材免费赠送配套习题集，请直接向售书单位索取)

21世纪普通高等教育规划教材

21 SHI JI PU TONG GAO DENG JIAO YU GUI HUA JIAO CAI

编委会

BIAN WEI HUI

第二版前言

随着我国会计改革的不断深入和会计教育的不断发展，高级财务会计已作为一门独立的课程在我国各高等院校会计专业的教学体系中设置。目前，国内的高级财务会计教材内容并不统一，原因主要有两个方面：一是由于我国会计实务的变化很快，新的内容不断出现，使各种版本的教材不同程度上存在滞后现象；二是因为国内学者在对“高级财务会计”这门课程的界定观点不一，有的认为凡是中级财务会计教材没有的内容都应当纳入高级财务会计，有的则认为高级财务会计教材在理论的深度、内容的复杂程度等方面应有其特点，由此导致高级财务会计教材在国内没有相同的版本。我们认为，高级财务会计是建立在中级财务会计基础上，但又独立于中级财务会计的一个领域，这一领域的内容应当是随着会计环境的变化而不断更新的。因此可以理解为，高级财务会计是随着社会经济的发展，对原有的财务会计内容进行补充、延伸和开拓的一门会计学，即利用财务会计的固有方法，对企业会计中的复杂性业务或者需要进行深入探讨的业务，以及随着客观经济环境变化而产生的一些特殊业务进行反映的会计。它与传统财务会计互为补充，共同构成了财务会计的完整体系。

在编写教材的过程中，我们的指导思想是，教材是为学生所用的，理应在符合教材基本内容要求的基础上，充分考虑学生的学习特点和需要。因此，本书突出实务，兼顾理论。本书第二版的特色在于：第一，以最新修订的企业会计准则为基础，对教材涉及的相关内容进行修订，并突出实用性及普适性。第二，对每章节的导入案例大部分作了修改或更新，自然引入正文的同时，使教材的内容更具时代感和趣味性，以利于学生对教材知识点的理解、把握和识别。第三，教材以紧紧围绕应用型人才教育为目标，强调财会知识、方法和技能的培养。同时，我们对本教材提供的配套教学课件、习题及参考答案、参考文献也进行了修改和更新。

本书由江西省中青年学科带头人，江西财经大学教授、博士生导师彭晓洁任主编。其他编写者均为江西财经大学高级财务会计课程组成员或会计(学)硕士研究生。本书的撰写具体分工如下：唐心怡负责第一章；周婷负责第二章；潘元伟负责第三、第六章；彭晓洁负责第四、第五、第七、第十章；刘晨旸负责第八章；彭乔依负责第九、第十一章。

本书可作为会计专业课系列教材，供大学本科会计、审计专业学生使用，同时也适合经济管理干部，特别是从事会计和财务管理工作的专业人员、会计专业教师和自学者使用或参考。

在本书修订过程中，编者参考了大量国内外有关高级财务会计方面的教材、专著和文章，在此向各作者表示由衷的感谢。

受限于编者的知识、经验和人力等资源，书中难免存在不足，会计知识的更新、课程的改革和建设仍在不断地发展中，我们期待会计界的专家、学者和广大读者不吝指教。

编　者

2018 年 5 月

目　录

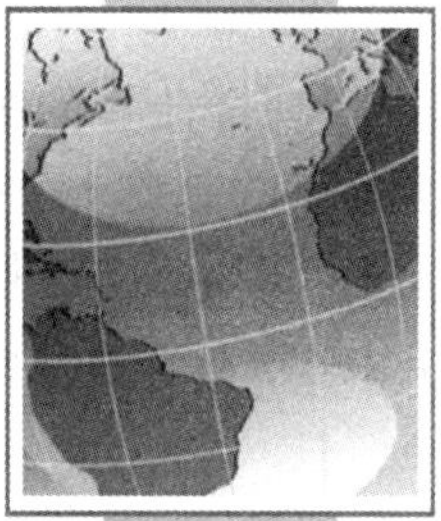

第一章
长期股权投资和企业合并

案例导入

2016年3月30日，美的公告宣布与东芝正式签约，美的以4.73亿美元收购东芝家电80.1%的股权，东芝保留19.9%的股权，同时美的将承担东芝家电对东芝约2.2亿美元的债务，成为当年重大的商业并购案例之一。对于美的而言，这是美的落实全球经营的重要战略步骤，在美的现有的强大的家电以及暖通空调业务基础上，东芝家电带来了家喻户晓的品牌，可与美的品牌形成互补。同时，东芝家电还带来了优秀的研发团队和先进的技术，通过此次并购，美的将获得东芝家电相关专利5 000多项，以及东芝品牌40年全球授权。这将显著增强美的在日本、东南亚以及全球市场的竞争力。对于东芝而言，东芝连年亏损，而家电业务是拖累其整体发展步伐的重要原因，因此将东芝家电转手能及时止损。

由此可见，企业进行的长期股权投资或合并，并不单单是一项购买行为，更多的是各自企业间出于战略考虑而进行的一场博弈。如今，我国越来越多的企业采取企业合并的方式进行战略规划，甚至进行跨国并购以重整其商业布局。比较著名的企业并购案例还有吉利收购沃尔沃、优酷收购土豆、中海油收购尼克森等。那么，到底何谓企业合并？企业合并有哪几种类型？企业应对其合并如何进行会计处理？就让我们带着这些问题进入本章的学习吧。

学习目的与要求

长期股权投资在投资比例上没有限制，只要不以交易为目的，无论持股比例为多少，都属于长期股权投资核算的内容。而企业合并，是指将两个或者两个以上单独的企业合并形成一个报告主体的交易或事项。其有投资比例限制，一般在50%以上，按法律形式可分为控股合并、吸收合并和新设合并。其中，控股合并是长期股权投资和企业合并的共同范畴。

通过本章的学习，了解长期股权投资的核算方法，掌握长期股权投资成本法和权益法的会计处理，理解商誉的由来和会计处理，了解长期股权投资核算方法的转换，领会企业合并的概念和意义，掌握同一控制下的企业合并和非同一控制下的企业合并的会计处理方法。

长期股权投资是指投资方对被投资单位实施控制、施加重大影响的权益性投资，以及对其合营企业的权益性投资。长期股权投资通常为长期持有，通过股权投资以控制被投资单位，或对被投资单位施加重大影响，或出于战略目的而长期持有被投资单位股份。企业合并形成的长期股权投资初始成本，按本章第三、四节中介绍的企业合并有关规范进行会计处理。值得注意的是，我国尚未颁布专门针对商誉会计处理的准则，对于非同一控制下企业合并中形成的商誉，我国不要求对商誉进行摊销，但每年年末需进行减值测试；而西方会计准则对商誉进行系统摊销，常用的方法是将负商誉分摊至除长期有价证券以外的非流动资产。

第一节 长期股权投资的核算方法

合并财务报表是由母公司编制的、反映企业集团的财务状况、经营成果及现金流量的报表。合并财务报表的编制建立在母公司对子公司长期股权投资进行权益法核算的基础上，因此在讨论合并财务报表之前有必要对长期股权投资的会计处理方法进行阐述。投资方对被投资方长期股权投资的会计处理，是由其占被投资方全部股份的比例决定的，因此首先需要分析投资方占被投资方全部股份比例及其对被投资方会计核算的影响。

根据我国《企业会计准则第 2 号——长期股权投资》和国际惯例，一般将投资方对被投资方的投资比例分为以下三种情况：一是股权投资比例占被投资方有表决权股份的 50%以上（不含 50%，下同）；二是股权投资比例占被投资方有表决权股份的 20%～50%；三是股权投资比例占被投资方有表决权股份的 20%以下。

一、投资方占被投资方股权比例及会计核算方法的选择

（一）股权投资比例占被投资方有表决权股份的 50%以上

当投资方拥有被投资方有表决权的股份达到 50%以上时，认为投资方能够对被投资方实施控制，此时投资方称为母公司或控股公司，被投资方称为子公司。控制，是指有权决定一个企业的财务和经营政策，并能据以从该企业的经营活动中获取利益。投资企业能够对被投资单位实施控制的，被投资单位为其子公司，投资企业应将子公司纳入合并财务报表的范围。

上述所称控制，可以通过直接、间接、直接和间接拥有被投资方过半数有表决权的股份获得。投资方拥有被投资方半数或半数以下的表决权，满足下列条件之一的，视为投资方能够控制被投资单位，应当将该被投资单位认定为子公司，纳入合并财务报表的合并范围，但是有证据表明投资方不能控制被投资单位的除外：

（1）通过与被投资单位其他投资者之间的协议，拥有被投资单位半数以上的表决权。

（2）根据公司章程或协议，有权决定被投资单位的财务和经营政策。

（3）在被投资单位的董事会或类似机构占多数表决权。

当投资企业对被投资单位持股比例大于 50%，即投资方能够对被投资方实施控制时，长期股权投资采用成本法核算，但在编制合并财务报表时，应当按照权益法进行调整。

（二）股权投资比例占被投资方有表决权股份的 20%～50%

当投资方拥有被投资方有表决权的股份在 20%～50%时，认为投资方能对被投资方的经营活动产生共同控制或施加重大影响。共同控制，是指按照合同约定对某项经济活动所共有的控制，仅在与该项经济活动相关的重要财务和生产经营决策需要分享控制权的投资方一致同意时存在。投资企业与其他方对被投资单位实施共同控制的，被投资单位为其合营企业；重大影响，是指对一个企业的财务和经营政策有参与决策的权利，但并不能够控制或者与其他方一起共同控制这些政策的制定。投资企业能够对被投资单位施加重大影响的，被投资单位为其联营企业。

当投资企业对被投资单位持股比例在 20%～50%，即投资方能对被投资方的经营活动产生共同控制或重大影响时，长期股权投资采用权益法核算。

（三）股权投资比例占被投资方有表决权股份的 20%以下

当投资方对被投资方持股份额小于 20%，并且在活跃市场中没有报价、公允价值不能可

靠计量，实质上对被投资单位不具有控制、共同控制和重大影响时，该投资不属于长期股权投资。

二、长期股权投资的成本法和权益法

长期股权投资成本法和权益法的核算，在《中级财务会计》教材中已经作过详细的介绍，这里仅通过一个例题作简要分析。

【例 1—1】 北发公司于2015年7月1日以4 000 000元(不考虑相关税费)购入南达公司20%有表决权的普通股股份。南达公司2015年初所有者权益为10 000 000元，5月份发放现金股利1 200 000元，1～6月已实现利润1 000 000元，假定购买时企业账面净资产等于其公允价值。2015年度南达公司共实现净利润2 400 000元。2016年4月，南达公司宣布其中20%用于发放现金股利，2016年度南达公司宣布该年度净亏损2 000 000元，2017年度南达公司赢利1 000 000元。2018年年初北发公司以4 400 000元的价格处置其持有的南达公司的股份。

要求：根据上述资料，分别编制北发公司对南达公司具有重大影响和不具有重大影响两种情况下的会计分录。

北发公司对南达公司具有重大影响和不具有重大影响两种情况下，北发公司应分别按权益法和成本法对这一长期股权投资进行会计处理，其具体做法见表1—1。

表 1—1　　成本法和权益法会计处理比较　　单位：元

日期与摘要	成本法	权益法
1. 2015年7月1日购买南达公司股票	借：长期股权投资　4 000 000 　贷：银行存款　4 000 000 注：当长期股权投资成本小于投资时应享有被投资单位可辨认净资产公允价值份额时，不做调整	借：长期股权投资——南达公司 （投资成本）　4 000 000 　贷：银行存款　4 000 000 注：当长期股权投资成本小于投资时应享有被投资单位可辨认净资产公允价值份额时，要调整长期股权投资成本
2. 南达公司宣布2015年度实现净利润	不确认	北发公司应确认的投资收益为280 000元 [(2 400 000−1 000 000)×20%] 借：长期股权投资——南达公司 （损益调整）　280 000 　贷：投资收益——股权投资收益　280 000
3. 南达公司宣布按净利润20%发放2015年股利	北发公司享有的股利＝2 400 000×20%×20%＝96 000 借：应收股利——南达公司　96 000 　贷：投资收益　96 000	借：应收股利——南达公司　96 000 　贷：长期股权投资——南达公司 （损益调整）　96 000
4. 南达公司宣布2016年度净亏损	不确认	北发公司应确认的损益调整金额＝2 000 000×20%＝400 000 借：投资收益——股权投资损失 　400 000 　贷：长期股权投资——南达公司 （损益调整）　400 000

续表

日期与摘要	成本法	权益法
5. 南达公司宣布2017年度实现净利润	不确认	珠江公司应确认的损益调整金额=1 000 000×20%=200 000 借:长期股权投资——南达公司 (损益调整) 200 000 贷:投资收益——股权投资收益 200 000
6. 北发公司转让南达公司股权	借:银行存款 4 400 000 贷:长期股权投资 4 000 000 投资收益 400 000	借:银行存款 4 400 000 长期股权投资——南达公司 (损益调整) 16 000 贷:长期股权投资——南达公司 (投资成本) 4 000 000 投资收益 416 000

注:当长期股权投资采用权益法进行核算时,对于长期股权投资的处置,需同时结转原记入"资本公积"的相关金额,借记或贷记"资本公积——其他资本公积"科目,贷记或借记"投资收益"科目。

三、长期股权投资核算方法的转换

长期股权投资在持有期间由于持股比例或其他方面情况的变化,将导致其核算方法发生转变。而权益法和成本法的区别主要在于适用范围、核算方法不同,两者在一定情形下将会相互转换。

(一)公允价值计量转为权益法计量的会计处理

投资企业对原持有的被投资单位的股权不具有控制、共同控制或重大影响,按照金融工具进行确认和计量的,当投资单位追加投资导致持股比例增加,能够对被投资单位实施共同控制或重大影响时,应按权益法进行核算。投资单位应按照原持有的股权的公允价值加上为取得新增股权而支付对价的公允价值作为该项投资的初始投资成本。原股权投资于转换日的公允价值与账面价值之间的差额,以及原计入其他综合收益的累计公允价值变动转入改按权益法核算的当期损益。在此基础上,比较初始投资成本与能够对被投资单位实施共同控制或重大影响时应享有被投资单位可辨认净资产公允价值之间的差额,前者大于后者,不调整长期股权投资的账面价值;前者小于后者,差额调整长期股权投资的账面价值,并计入营业外收入。

【例1—2】 北发公司于2016年1月取得南达公司10%的股权,支付成本1 350万元,取得时南达公司可辨认净资产公允价值为12 600万元(假定公允价值与账面价值相同)。对被投资单位不具有控制、共同控制和重大影响,北发公司将其分类为其他权益工具。本例中,北发、南达公司按净利润的10%提取盈余公积。

2017年1月1日,北发公司又以2 700万元取得南达公司12%的股权,当日南达公司可辨认净资产公允价值总额为18 000万元。取得该部分股权后,北发公司能够派人参与南达公司的财务和生产经营决策,对该项长期股权投资采用权益法核算。假定北发公司在取得南达公司10%的股权后,双方未发生任何内部交易。南达公司通过生产经营活动实现的净利润为1 350万元,未派发现金股利或利润。除实现净利润外,未发生其他计入资本公积的交易或事项。2017年1月1日,北发公司对南达公司投资原10%的股权的公允价值为1 950万元,原计入其他综合收益的累计公允价值变动收益为180万元。

要求:根据上述资料,编制北发公司的相关会计分录。

北发公司会计分录如下：

(1)2016 年 1 月 1 日，北发公司应确认南达公司的可供出售金融资产，账务处理为：

借：其他权益工具　　13 500 000

　贷：银行存款　　13 500 000

(2)2017 年 1 月 1 日，北发公司应确认南达公司的可供出售金融资产，账务处理为：

借：长期股权投资——投资成本　　46 500 000

　贷：银行存款　　27 000 000

　　其他权益工具　　15 300 000

　　投资收益　　4 200 000

(二)因持股比例下降而由成本法转为权益法的会计处理

因处置投资导致对被投资单位的影响由控制转为重大影响，或是与其他投资方一起实施共用控制的情况下，应按以下原则进行会计处理。

1. 关于长期股权投资的账面价值

首先应按处置或收回的比例结转应终止确认的长期股权投资成本，同时比较剩余长期股权投资成本，与按照剩余比例计算原投资时应享有被投资单位的可辨认净资产公允价值的份额，属于投资作价中体现的商誉部分，不调整长期股权投资的账面价值；属于投资成本小于应享有被投资单位可辨认净资产公允价值份额的，在调整长期股权投资成本的同时，调整留存收益。

2. 关于应享有被投资单位实现净损益的份额

对于原取得投资时到转变为权益法核算之间时期被投资单位实现的净损益应享有的份额，一方面应调整长期股权投资的账面价值，同时对原取得投资时至处置投资当期期初被投资单位实现的净损益(扣除已发放及已宣告发放的现金股利及利润)中应享有的份额，调整留存收益；对于处置投资当期期初至处置投资之日被投资单位实现的净损益中应享有的份额，调整当期损益；其他原因导致被投资单位所有者权益变动中应享有的份额，在调整长期股权投资账面价值的同时，记入“资本公积——其他资本公积”。

【例 1—3】 2015 年 1 月 1 日，长城公司支付1 600万元取得远方公司 100%的股权，取得投资当日远方公司可辨认净资产的公允价值为1 400万元，其中商誉 200 万元。2015 年 1 月 1 日至 2016 年 12 月 31 日，远方公司实现利润 300 万元，持有其他权益工具公允价值升值 100 万元。

2017 年 1 月 1 日，长城公司转让远方公司 60%的股权，收取现金1 200万元，转让后长城公司对远方公司的持股比例为 40%，能对其施加重大影响。2017 年 1 月 1 日，远方公司剩余 40%股权的公允价值为1 000万元。假定长城公司和远方公司提取盈余公积的比例均为 10%，远方公司未分配现金股利，并不考虑其他因素。

要求：根据上述资料，编制长城公司相关会计分录。

长城公司的会计处理如下：

(1)确认股权处置收益。

借：银行存款　　12 000 000

　贷：长期股权投资(16 000 000×60%)　　9 600 000

　　投资收益　　2 400 000

(2)比较剩余长期股权投资成本 6 400 000 元(16 000 000×40%)与按照剩余比例计算原

投资时应享有被投资单位的可辨认净资产公允价值的份额 5 600 000 元(14 000 000×40%)，差额属于投资作价中体现的商誉部分，不调整长期股权投资的账面价值。

(3)对剩余股权改为按权益法核算。

借：长期股权投资 1 600 000

　贷：盈余公积(3 000 000×40%×10%) 120 000

　　利润分配——未分配利润(3 000 000×40%×90%) 1 080 000

　　资本公积——其他资本公积(1 000 000×40%) 400 000

(三)因持股比例上升而由权益法转为成本法的会计处理

因持股比例上升导致原持有的对联营企业或合营企业的投资转变为对子公司投资的情形，按分步取得股权最终形成企业合并的原则处理，需将原持股比例部分由权益法调整为成本法。此时，购买日应对权益法下长期股权投资的账面余额进行追溯调整，即将原按权益法核算期间的长期股权投资的损益调整等科目冲减，使长期股权投资的账面余额调整为最初取得成本。在此基础上，加上购买日新支付对价的公允价值作为购买日长期股权投资的初始投资成本。

【例 1—4】 2016 年 1 月 1 日，长城公司以 600 万元取得远方公司 25%的股权，款项以银行存款支付，远方公司 2016 年 1 月 1 日可辨认净资产公允价值总额为1 720万元(假定其公允价值等于账面价值)，因对远方公司具有重大影响，长城公司对该项投资采用权益法核算。长城公司每年均按 10%提取盈余公积。

2016 年远方公司实现净利润 400 万元，未分派现金股利。

2017 年 1 月 1 日，长城公司又以 1 000 万元取得远方公司 30%的股权，款项以银行存款支付，当日远方公司可辨认净资产公允价值总额为2 400万元，取得该部分股权后，长城公司能够对远方公司实施控制，长城公司将对远方公司的股权投资转为成本法核算。

要求：根据以上资料，编制长城公司对远方公司股权投资的会计分录。

长城公司编制会计分录如下：

(1)2016 年 1 月 1 日

借：长期股权投资 6 000 000

　贷：银行存款 6 000 000

(2)2016年 12 月 31 日

借：长期股权投资——远方公司(损益调整) 1 000 000

　贷：投资收益 1 000 000

(3)2017年 1 月 1 日

①购入 30%股权：

借：长期股权投资——远方公司 10 000 000

　贷：银行存款 10 000 000

②调整长期股权投资的账面价值：

借：盈余公积(1 000 000×10%) 100 000

　利润分配——未分配利润(1 000 000×90%) 900 000

　贷：长期股权投资——远方公司(损益调整) 1 000 000

(四)权益法转为公允价值计量的会计处理

投资企业对被投资单位能够实施共同控制或重大影响，当投资企业处置投资导致持股比例下降，不再能对被投资单位实施共同控制或重大影响的，应于失去共同控制或重大影响时，改按金融工具确认和计量准则的规定对剩余股权进行会计处理。

投资单位持股比例下降后，剩余股权按公允价值计量，公允价值与其原账面价值之间的差额计入当期损益。同时，原采用权益法核算的相关其他综合收益应当在终止采用权益法核算时采用与被投资单位直接处置相关资产或负债相同的基础进行会计处理；因被投资单位除净损益、其他综合收益和利润分配以外的其他所有者权益变动而确认的所有者权益，应当在终止采用权益法时全部转入当期损益。

【例 1－5】 长城公司 2016 年对远方公司投资，取得远方公司 40%的股份。因能对远方公司的生产经营决策施加重大影响，故对该长期股权投资采用权益法核算。2017 年 1 月 6 日，长城公司将对远方公司投资的 50%对外出售，售价为 360 万元。股权出售日，剩余股权的公允价值为 360 万元。长城公司持有远方公司 20%的股份，并失去了影响力，转为其他权益工具。出售该股权时，长期股权的账面价值为 640 万元，其中投资成本 520 万元，损益调整为 60 万元，享有被投资单位的其他权益工具的累计公允价值变动为 40 万元，除其他综合收益、利润分配和净损益以外的其他所有者权益变动为 20 万元。2017 年 3 月 1 日，远方公司宣告分派 2016 年度现金股利，长城公司可获得 25 万元。

要求：根据以上资料，编制长城公司处置部分股权后的有关会计分录。

长城公司出售对远方公司 50%股权投资的相关账务处理如下：

(1)出售持有远方公司股权的 50%。

借：银行存款	3 600 000	
贷：长期股权投资——远方公司		3 200 000
投资收益		400 000

(2)其他综合收益转入当期损益。

借：其他综合收益	400 000	
贷：投资收益		400 000

(3)其他所有者权益变动转入当期损益。

借：资本公积——其他资本公积	200 000	
贷：投资收益		200 000

(4)剩余股权转为其他权益工具。

借：其他权益工具	3 600 000	
贷：长期股权投资——远方公司(投资成本)		2 600 000
——远方公司(损益调整)		600 000
投资收益		400 000

(5)2017 年 3 月 1 日，远方公司宣告分派 2016 年度现金股利，长城公司可获得 25 万元，虽然远方公司分派的现金股利属于长城公司采用权益法时远方公司实现净利润的分配额，但是长城公司已将剩余股权划分为可供出售金融资产，因此该部分分配额应确认为投资收益。

借：应收股利	250 000	
贷：投资收益		250 000

第二节　企业合并概述

企业合并的动因多种多样，一般来说都是为了扩大企业经营规模、提高经营效益、减少经营风险。与依靠内部积累进行扩张相比，通过合并的方式，企业可以减少扩张成本、降低风险、缩减扩张时间、实现协同[①]效应。在日本以及欧美国家，企业合并只要不带来垄断弊端，就被视为合理，甚至受到政府政策的鼓励。

一、企业合并的含义

《国际会计准则第 22 号——企业合并》(IAS22)对企业合并的定义为：企业合并是指通过一个企业与另一个企业的联合或获得对另一个企业净资产和经营活动控制权，而将各单独的企业组成一个经济实体。我国《企业会计准则第 20 号——企业合并》(CAS20)对企业合并的定义为：企业合并是指将两个或者两个以上单独的企业合并形成一个报告主体的交易或事项。企业合并可按不同的标准分类，不同的企业合并形式其会计处理方法也各有不同。

二、企业合并的分类

一般来说，企业合并有两种分类：一是按合并的法律形式划分，可分为控股合并、吸收合并和新设合并；二是按合并的类型划分，可分为同一控制下的企业合并和非同一控制下的企业合并。

(一)按合并的法律形式划分

企业合并是股份制经济发展和企业合并的直接产物，按合并的法律形式可划分为控股合并、吸收合并和新设合并。

1. 控股合并

控股合并，是指一家公司通过合并交易或事项取得被合并方或被购买方流通在外的半数以上有表决权的股份，从而对被合并方或被购买方实施控制。被合并方在企业合并后仍然保持其独立法人资格继续经营，形成合并方的子公司，即 A＋B＝A＋B。例如，北发公司购买南达公司 70％的股份，从而能够对南达公司的生产经营实施实际控制，则北发公司是南达公司的母公司。

需要注意的是，当投资方拥有被投资方半数或以下的表决权时，除非有明显证据表明投资方不能控制被投资方，否则只需满足以下条件之一，也视为投资方能够对被投资方实施控制，应将该被投资单位认定为子公司。此条件包括：(1)通过与被投资单位其他投资者之间的协议，拥有被投资单位半数以上的表决权；(2)拥有被投资单位的董事会或类似机构半数以上的表决权；(3)根据公司章程或协议，有权决定被投资单位的财务和经营决策；(4)有被投资单位的董事会或类似机构多数成员的任免权。

由于控股合并中合并方和被合并方仍保持独立法人地位，需要分别编制财务报表，但考虑到合并方和被合并方又形成一个新的经济主体，即“集团”，双方财务报表可能包含集团内部交易等事项，所以需要对重复入账的部分进行抵销，因此控股合并存在编制合并财务报表的

---

① 协同是指通过合并双方优势的单向或者双向转移，而使合并后双方的价值总和大于合并前双方价值的简单相加值。通常情况下，优势企业的强强联合或者优势互补，能使合并产生多种协同效应。

问题。

2. 吸收合并

吸收合并，是指合并方取得被合并方全部净资产，被合并方注销法人资格，合并方成为唯一法人主体在新的基础上经营，合并方承接被合并方原持有的资产、负债，即 A＋B＝A。例如，北发公司以现金和股票的方式收购南达公司全部的资产和负债，南达公司注销法人资格，该种合并即为吸收合并。

在吸收合并中要确认的是，合并日(购买日)被合并方的资产、负债以何种价值入账，以及合并方在合并中支付的对价与被合并方资产、负债入账价值的差额如何确认的问题。

3. 新设合并

新设合并，是指两家或两家以上公司以其净资产换取新成立公司的股份，原参与合并的企业均注销法人资格，仅存在新设立的公司承接原参与合并企业的资产、负债继续经营，即 A＋B＝C。例如，北发公司发行新股收购南达公司和远方公司的净资产，南达公司和远方公司获得北发公司相应份额的股权后解散。

(二)按合并的类型划分

考虑到我国的国情，我国《企业会计准则第 20 号——企业合并》将企业合并划分为同一控制下的企业合并和非同一控制下的企业合并两种类型。

1. 同一控制下的企业合并

同一控制下的企业合并，是指参与合并的企业在合并前后均受同一方或相同的多方最终控制且该控制并非暂时性的。

其中，同一方是指合并前后对参与合并企业均实施最终控制的投资者，如企业集团的母公司等；相同的多方通常是指根据投资者之间的协议约定，在对被投资单位的生产经营决策行使表决权时发表一致意见的两个或两个以上的投资者；控制并非暂时性是指参与合并各方在合并前后较长的时间内受同一方或相同的多方最终控制，控制时间通常在 1 年以上(含 1 年)。

在实务操作中，要判断企业之间的合并是否属于同一控制下的企业合并，应综合企业合并交易的各方面情况，按实质重于形式的原则进行判断。例如，北发公司拥有南达公司 70%有表决权的股份，北发公司同时拥有远方公司 80%有表决权的股份，则南达公司与远方公司进行的合并即为同一控制下的企业合并。通常情况下，同一控制下的企业合并，是指发生在同一企业集团内部企业之间的合并。需要注意的是，合并各方在合并前后均受国家控制的企业合并①，不能作为同一控制下的企业合并。

2. 非同一控制下的企业合并

非同一控制下的企业合并是指参与合并的各方在合并前后不受同一方或相同的多方最终控制的企业合并形式。例如，A 公司与 B 公司并不存在任何关联，是相互独立的两个企业，则 A 公司与 B 公司之间进行合并就属于非同一控制下的企业合并。

三、企业合并需要解决的会计问题

从企业的合并方式来看，企业合并主要包括控股合并、吸收合并和新设合并。不同的合并方式需要解决的会计问题不同。新设合并的会计问题与吸收合并相同，因此主要介绍控股合

① 《企业会计准则第 36 号——关联方披露》第六条规定：仅仅同受国家控制而不存在其他关联方关系的企业，不构成关联方。

并和吸收合并在实务中需要解决的会计问题。

(一)控股合并涉及的会计问题

从形式上看,控股合并形式下,母公司和子公司是相互独立的法人,二者独立经营并分别编制会计报表(即个别财务报表)。然而,由于控股关系的存在,子公司的盈亏与母公司的盈亏利益相关。因此,整个集团的财务状况和经营成果便成为母公司的债权人、股东及经营者关注的焦点。另外,政府相关部门为了防止母、子公司之间由于特殊的利益驱动和经营需要,而侵害债权人甚至社会公众利益的情况的发生,也需要了解整个集团的财务状况和经营成果。不管基于何种需要,在控股合并的形式下,注销个别财务报表中诸多相互重复的部分,编制集团合并财务报表是势在必行的。

(二)新设合并和吸收合并涉及的会计问题

在新设合并形式下,新设企业用其股票换取原有企业的净资产,原有企业的资产、负债和所有者权益成为新设企业的资产、负债和所有者权益的一部分;吸收合并形式下,合并方以现金和股票购入被合并方的净资产,使其成为自身资产、负债和所有者权益的一部分。那么,如何将被并企业或原有企业的资产、负债和所有者权益转化成兼并企业或新设企业的资产、负债和所有者权益便成了合并时应解决的首要问题。

第三节　非同一控制下的企业合并

非同一控制下的企业合并,包括非同一控制下的控股合并、非同一控制下的吸收合并及非同一控制下的新设合并三种情况,因非同一控制下的吸收合并和非同一控制下的新设合并会计处理方法相同,因此本节主要介绍非同一控制下的控股合并和非同一控制下的吸收合并两种情形下的会计处理方法。非同一控制下的企业合并主要涉及购买方及购买日的确定,企业合并成本的确认,企业合并成本在取得的可辨认资产、负债之间的分配及合并差额的处理等问题。

一、非同一控制下企业合并概述

非同一控制下企业合并,是指参与合并各方在合并前后不受同一方或相同的多方最终控制的交易合并,即排除判断属于同一控制下的企业合并的情况以外的其他企业合并。我国非同一控制下的企业合并的会计处理原则参照购买法[①],但不完全等同于购买法,其主要区别在于中西方对企业合并中产生的商誉的处理原则不同。

目前,对于合并中产生的商誉,各国在会计理论和实务上都存在很大区别,其原因主要在于各国对于合并商誉性质存在不同观点,进而导致各国对合并商誉确认入账后如何进行会计处理的方法也各有不同。对于合并商誉的性质,有三种观点:永久性资产观、可摊销资产观和权益抵销项目观。其中,永久性资产观认为,合并商誉是可为购并企业带来未来经济收益的资产,是由被并购企业创造的,企业兼并重组后它仍能为企业获得超额收益,这种资产价值不会随着时间的推移而消失,可能会随着企业的发展而发生增值,实务中采用历史成本沉淀法进行

---

① 1970 年 11 月美国会计原则委员会(APB)颁布了第 16 号意见书"企业合并"(APB16)和第 17 号意见书"无形资产"(APB17),规定企业合并可以采用购买法和权益结合法。然而,在 2001 年,美国财务会计准则委员会 FASB 在《财务会计准则公告第 141 号——企业合并》(FAS141)中彻底禁止了权益结合法的使用。

会计处理。历史成本沉淀法也称永久保留法，是将合并商誉看成与企业整体相伴始终的一项无形资产，价值永远不摊销转移，将其作为一项永久性资产沉淀于企业。这种方法不符合稳健性原则。可摊销资产观认为，合并商誉同企业其他资产一样，也是企业的一项资源，能对合并主体未来经济收益产生影响，但其本身的价值也会因此发生损耗，应通过摊销的方法与未来的合并收入进行配比，定期予以摊销，以正确计算未来收益，实务中采用分期摊销法进行会计处理。这符合权责发生制原则，也符合稳健性原则，否则就会在未来虚增利润。世界上多数国家对合并商誉进行会计处理时采用分期摊销法。例如，1990 年英国会计准则委员会颁布了《合并商誉的会计处理》(即 ED47)，对合并商誉的处理作了严格的限定，即合并商誉的会计处理只可将其作为可摊销资产。持有此种观点的还有法国、德国、印度、马来西亚等。权益抵销项目观认为，合并商誉的价值不能独立于被控股公司单独存在，在资产负债表上不能将其单独资本化为一项资产，并且其价值的损耗也与一般的资产不同，没有充分的理由将其价值通过系统摊销的方法与未来的合并收入进行配比，实务中采用一次冲销法进行会计处理。一次冲销法是指企业合并商誉取得并确认入账后，立即冲销其全部价值，同时减少所有者权益的一种会计处理方法。目前采用此种观点的国家比较少，1990 年以前，英国公司法规定，合并商誉既可作为一项可摊销资产，也可直接冲减。由于一次冲销法对股东权益的压力太大，并且采用直接冲减权益法提高了未来年度的合并收益，不符合谨慎性原则，因此，大多数国家选择采用分期摊销法进行合并商誉的处理，采用一次冲销法的国家甚少。近年来，由于美国财务会计准则委员会 FASB 141 和 FASB 142 号准则对《国际会计准则 IFRS 第 3 号——企业合并》的影响，其中第 55 条规定："企业合并中取得的商誉不得摊销。购买方应按照《国际会计准则第 36 号——资产减值》每年对其实施测试，如果有事项或环境的变化显示其可能减值，则应更频繁地进行测试。"受国际会计准则的影响，采用永久保留法，定期进行减值测试的国家越来越多。

当然，企业合并过程中除了产生正商誉，也会出现产生负商誉的情况。对于负商誉的会计处理原则，各国也经历了相当长的摸索和实践过程，最终形成了三种对于负商誉的会计处理方法：方法一，将企业合并中产生的负商誉作为一项负债或递延收益，并在以后期间内摊销，体现为利润的增加；方法二，将企业合并中产生的负商誉在合并日的财务报表中记录为权益的增加，即确认为资本公积；方法三，将企业合并中产生的负商誉按比例调减购入的可辨认非流动资产的公允价值(有价证券除外)，若还有剩余差额，再按第一种方法进行处理。三种不同负商誉账务处理的方法产生了三种不同程序和不同结果。

我国的现代会计起步相对于西方国家较晚，在商誉的处理上与国外仍存有差异。我国对于商誉的处理原则是通过对中西方商誉会计处理的差异分析，借鉴西方在商誉上的会计处理原则并结合我国的国情制定的。因此，我国对于商誉的处理原则既符合我国国情又符合国际惯例的商誉会计准则，这使得我国企业在国际并购中具有优势。我国对于合并中取得的商誉的具体处理方法见本节第二部分内容。

二、非同一控制下企业合并的会计处理原则

前已述及，非同一控制下的企业合并主要涉及购买方及购买日的确定，企业合并成本的确认，企业合并成本在取得的可辨认资产、负债之间的分配及合并差额的处理等问题，因此，非同一控制下企业合并的会计处理原则也将针对这些问题寻求解决方法。

(一)购买方的确定

非同一控制下的企业合并，在购买日取得对其他参与合并企业控制权的一方为购买方，参

与合并的其他企业为被购买方。合并中一方取得了另一方半数以上有表决权的股份的，除非有明确的证据表明该股份不能形成控制，一般认为取得控股权的一方为购买方，但存在以下情况时，即使一方没有取得另一方半数以上有表决权的股份，一般也认为其取得了对另一方的控制权：(1)有权任免被投资单位董事会或类似权力机构绝大多数成员。这种情况是指虽然投资企业拥有被投资单位50%或以下表决权资本，但根据章程、协议等有权任免被投资单位董事会或类似机构的绝大多数成员，以达到实质上控制的目的。(2)在被投资单位董事会或类似权力机构具有绝大多数投票权。这种情况是指虽然投资企业拥有被投资单位50%或以下表决权资本，但能够控制被投资单位董事会等类似权力机构的会议，从而能够控制其财务和经营政策，达到对被投资单位的控制。(3)通过与被投资单位其他投资者之间的协议，从而拥有被购买企业半数以上表决权。(4)按照法律或协议等的规定，具有主导被投资单位财务和经营决策的权力。

现实情况中，某些企业合并很难确定购买方，如参与合并的两家或多家企业的规模相当时，判断企业合并的购买方是比较吃力的。这时就需要会计人员充分考虑所有的事实和相关情况，特别是企业合并后参与合并各方的相对投票权、合并后主体管理机构及高层管理人员的构成、权益转换的条款等。

(二)购买日的确认

购买日，是指购买方实际取得对被购买方控制权的日期。同时满足以下条件时，一般可认为实现了控制权的转移，形成购买日：

(1)企业合并合同或协议已获股东大会等内部权力机构通过，如对于股份有限公司，其内部权力机构一般指股东大会。

(2)按照规定，合并事项需要经过国家有关主管部门审批的，已获得相关部门的批准。

(3)参与合并各方已办理了必要的财产权交接手续。作为购买方，其通过企业合并无论是取得对被购买方的股权还是被购买方的全部净资产，能够形成与取得股权或净资产相关的风险和报酬的转移，一般需办理相关的财产权交接手续，从而从法律上保障有关风险和报酬的转移。

(4)购买方已支付价款的大部分(一般应超过50%)，并且有能力支付剩余款项。

(5)购买方实际上已经控制了被购买方的财务和经营政策，并享有相应的收益和风险。

需要特别注意的是，企业合并涉及一次以上交易的，需要区分“交易日”和“购买日”。“交易日”是指合并方或购买方在自身账簿和报表中确认对被投资企业投资的日期；“购买日”则是按照有关标准判断购买方最终取得对被购买方企业控制权的日期。例如，北发公司于2016年1月4日取得南达公司30%的股权(假定能够对被投资企业施加重大影响)，2016年1月4日即为此项交易的交易日；北发公司又于2017年2月7日取得南达公司40%的股权，同时股权相关风险和报酬发生转移。在持股比例达到70%的情况下，假定于当日北发公司开始能够对南达实施控制，则2017年2月7日为第二次购买股权的交易日，同时因在当日能够对南达公司实施控制，形成企业合并的购买日。

(三)企业合并成本的确定

企业合并成本，包括购买方为进行企业合并支付的现金和非现金资产、发行或承担的债务、发行的权益性证券等在购买日的公允价值。购买方应当区别下列情况确定合并成本：

(1)一次交换交易实现的企业合并，合并成本为购买方在购买日为取得对被购买方控制权而付出的资产、发生或承担的负债以及发行的权益性证券的公允价值。

(2)通过多次交换交易分步实现的企业合并，该项投资的初始投资成本是以购买日之前所持有被购买方的股权投资的账面价值与购买日新增投资成本之和确定的，在购买方的个别财务报表中列示；而在合并报表中，合并成本应以购买日之前所持有被购买方股权于购买日的公允价值与购买日支付对价的公允价值之和确定。

(3)购买方为进行企业合并发生的各项直接相关费用①，包括为进行合并而发生的会计审计费用、法律服务费用、咨询费用等，应于发生时费用化直接计入当期损益。借记“管理费用”等科目，贷记“银行存款”等科目。同一控制下的企业合并与非同一控制下的企业合并有关费用的会计处理原则相同。

(4)合并合同或协议中对可能影响合并成本的未来事项作出约定的，购买日如果估计未来事项很可能发生并且对合并成本的影响金额能够可靠计量的，购买方应当将其计入合并成本。

(四)合并成本与取得的被购买方可辨认净资产公允价值份额差额的处理

企业对外进行合并时，企业的合并成本与合并中取得的被购买方可辨认净资产公允价值份额一般是不相等的。当企业合并成本大于合并中取得的被购买方可辨认净资产公允价值份额时，其差额应确认为商誉。商誉在确认后，持有期间不予摊销，而是按照《企业会计准则第8号——资产减值》的规定对其价值进行测试，按照账面价值和可收回金额孰低原则计量，对于可收回金额低于账面价值的部分，计提减值准备，但有关减值准备在提取之后不予转回。而企业合并成本小于合并中取得的被购买方可辨认净资产公允价值份额的部分，应计入合并当期损益。

需要注意的是，在吸收合并的情况下，上述企业合并成本小于合并中取得的被购买方可辨认净资产公允价值份额的差额，应计入购买方合并当期的个别利润表；而在控股合并的情况下，上述差额应体现在购买方合并当期的合并利润表中，不影响购买方的个别利润表。

(五)企业合并成本在取得的可辨认资产和负债之间的分配

非同一控制下的企业合并中，应视其合并方式的不同，将企业合并成本在取得的可辨认资产和负债之间进行分配。

(1)在控股合并的情况下，购买方在其个别财务报表中应确认所形成的对被购买方的长期股权投资，该长期股权投资所代表的是购买方对合并中取得的被购买方的各项资产、负债享有的份额，具体体现在合并财务报表中应列示的有关资产和负债项目；在吸收合并情况下，合并中取得的被购买方的各项可辨认资产、负债等直接体现在购买方账簿及个别财务报表中。

(2)购买方在企业合并中取得的被购买方各项可辨认资产和负债，满足资产、负债条件的，在购买日，应作为本企业的资产、负债(或合并报表中的资产、负债)进行确认。

(3)企业合并中取得的需要区别于商誉单独确认的无形资产，一般是源于合同性权利或其他法定权利而取得的，某些并非产生于合同或法律规定的无形资产，需要区别于商誉单独确认的条件是能够区分，即能够区别于被购买方的其他资产并能单独或与相关合同、资产和负债一起用于租赁、交换、出售等。应区别于商誉单独确认的无形资产一般有商标，版权及与其相关的许可协议，特许权、分销权等类似权利，专利技术，专有技术等。

(4)对于购买方在企业合并时可能需要代被购买方承担的或有负债，即使在购买日，可能

---

① 此处所指的各项直接相关费用，不包括为进行企业合并发行的权益性证券或发行的债券相关的手续费、佣金等。以发行权益性证券方式进行的企业合并，与发行权益性证券相关的佣金、手续费等应按照《企业会计准则第37号——金融工具列报》的规定进行核算；以发行债券方式进行的企业合并，与发行债券相关的佣金、手续费等应按照《企业会计准则第22号——金融工具确认和计量》的规定进行核算。

相关的或有事项导致经济利益流出企业的可能性还比较小，但只要其公允价值能够可靠计量，就应作为合并中取得的负债单独确认。

(5)企业合并中取得的资产、负债均应以其公允价值计量。对于资产、负债按照公允价值计量所导致的计税基础和账面价值不同而形成暂时性差异的，应视情况按照所得税会计准则的规定确认递延所得税资产或递延所得税负债。

(六)购买日合并报表的编制

非同一控制下的企业合并中，作为购买方的母公司在进行相关会计处理的同时，应该单独设置备查簿，记录其在购买日取得的被购买方各项可辨认资产、负债的公允价值以及因企业合并成本与合并中取得的被购买方可辨认净资产公允价值份额不同所形成的商誉或当期损益金额，并以此作为当期及以后期间编制合并财务报表的基础。

非同一控制下的企业合并中形成母子关系的(即控股合并)，为反映其于购买日开始能够控制的经济资源情况，购买方一般应于购买日编制合并资产负债表。在合并资产负债表中，合并中取得的被购买方各项可辨认资产、负债应以其在购买日的公允价值计量，长期股权投资的成本大于合并中取得的被购买方可辨认净资产公允价值份额的差额，体现为合并财务报表中的商誉；长期股权投资的成本小于合并中取得的被购买方可辨认净资产公允价值份额的差额，应计入合并当期损益。因购买日不需要编制合并利润表，该差额体现在合并资产负债表上，应调整合并资产负债表的盈余公积和未分配利润。

三、非同一控制下企业合并业务实例

(一)控股合并

非同一控制下的控股合并，购买方取得被购买方控制权的，在购买日应当按照确定的企业合并成本，不包括应自被投资单位收取的现金股利或利润，作为形成的对被购买方长期股权投资的初始投资成本，借记“长期股权投资”科目；按享有被投资单位已宣告但尚未发放的现金股利或利润，借记“应收股利”科目；按支付合并对价的账面价值，贷记有关资产或借记有关负债科目；合并对价账面价值与公允价值的差额，贷记“营业外收入”、“投资收益”等科目或借记“营业外支出”、“投资收益”等科目；按其发生的直接相关费用，借记“管理费用”科目，贷记“银行存款”等科目；对于可供出售金融资产持有期间因公允价值变动而形成的其他综合收益应转入投资收益，借记“资本公积——其他资本公积”科目，贷记“投资收益”科目。

需要注意的是，当以库存商品等作为合并对价进行企业合并时，应以库存商品的公允价值(或者计税价格)贷记“主营业务收入”或“其他业务收入”科目，并需要结转存货的销售成本(永续盘存制下)。

【例1—6】 北发公司于2017年3月1日取得南达公司60%的股权，两公司之间不存在任何关联方关系。合并过程中，北发公司支付合并费1 000万元，用作合并对价的土地使用权和专利技术原价为17 000万元，至控股合并发生时已累计摊销1 400万元。北发公司在合并中支付的有关资产在购买日的账面价值和公允价值如表1—2所示。

表 1—2　　合并资产账面价值与公允价值对照表

编制单位：北发公司　　2017 年 3 月 1 日　　单位：万元

项　目	账面价值	公允价值
土地使用权（自用）	10 400	17 000
专利技术	5 200	4 000
银行存款	6 400	7 000
合　计	22 000	28 000

要求：根据以上资料，编制北发公司对南达公司进行控股合并的会计分录。

北发公司应编制的会计分录如下：

借：长期股权投资——南达公司　　280 000 000
　　管理费用　　10 000 000
　　累计摊销　　14 000 000
　贷：无形资产　　170 000 000
　　　银行存款　　80 000 000
　　　营业外收入　　54 000 000

（二）吸收合并和新设合并

非同一控制下吸收合并和新设合并的业务处理按以下原则进行：一是购买方在购买日取得的被购买方的各项可辨认资产、负债及或有负债，按其公允价值作为入账价值；二是购买方支付的企业合并成本与取得被购买方可辨认净资产公允价值的差额，确认为商誉或营业外收入；三是购买方取得的被购买方各项可辨认资产、负债及或有负债的公允价值与其计税基础之间存在差额的，应确认相应的递延所得税资产或递延所得税负债，相关递延所得税费用或收益，调整企业合并中确认的商誉或营业外收入。

【例 1—7】 北发公司和南达公司是不具有关联关系的两家独立法人企业，2016 年 7 月 1 日，两家企业达成协议，由北发公司吸收合并南达公司。2017 年 1 月 1 日，北发公司以银行存款 500 万元、公允价值1 000万元、账面价值 700 万元的固定资产 A 设备合并南达公司。2017 年 1 月 1 日，南达公司的资产负债表如表 1—3 所示。

表 1—3　　资产负债表

编制单位：南达公司　　2017 年 1 月 1 日　　单位：万元

项　目	余　额		项　目	余　额
货币资金	50		短期借款	500
应收账款	150	（130）	应付账款	300
长期应收款	300		长期应付款	200
存货	400	（670）	股本	600
固定资产	700	（950）	资本公积	100
无形资产	200	（180）	盈余公积	100
资产合计	1 800	（2 280）	权益合计	1 800

注：表中括号部分标记的为合并日南达公司资产、负债的公允价值。

要求：根据以上资料，编制北发公司对南达公司进行吸收合并的会计分录。

北发公司应编制的会计分录如下：

(1)北发公司对南达公司进行并购。

借：长期股权投资——南达公司	15 000 000	
贷：银行存款		5 000 000
固定资产——A 设备		700 000
营业外收入		3 000 000

(2)北发公司分摊投资成本。

借：货币资金类科目	500 000	
应收账款	1 300 000	
长期应收款	3 000 000	
存货类科目	6 700 000	
固定资产	9 500 000	
无形资产	1 800 000	
商誉	2 200 000	
贷：短期借款		5 000 000
应付账款		3 000 000
长期应付款		2 000 000
长期股权投资——南达公司		15 000 000

【例 1—8】 承例 1—7，假定 2017 年 1 月 1 日北发公司并非以固定资产和银行存款方式吸收合并南达公司，而是以发行股票的方式对南达公司进行并购，并且其发行的股票数量为 1 000万股，股票面值 1 元，市价 1.5 元；另假定北发公司取得的南达公司各项可辨认资产、负债的计税基础为合并前的账面价值，且所得税税率为 25%。

要求：根据以上资料，编制北发公司对南达公司进行吸收合并的会计分录。

(1)北发公司对南达公司进行并购。

借：长期股权投资——南达公司	15 000 000	
贷：股本		10 000 000
资本公积		5 000 000

(2)北发公司分摊投资成本。

借：货币资金类科目	500 000	
应收账款	1 300 000	
长期应收款	3 000 000	
存货类科目	6 700 000	
固定资产	9 500 000	
无形资产	1 800 000	
商誉	3 400 000	
贷：短期借款		5 000 000
应付账款		3 000 000
长期应付款		2 000 000
递延所得税负债		1 200 000

长期股权投资——南达公司 15 000 000

(三)通过多次交易分步实现的企业合并

如果企业合并并非通过一次交换交易实现,而是通过多次交换交易分步实现的,则企业在每一单项交易发生时,应确认对被投资单位的投资,合并成本为每一单项交易成本之和,持股比例达到控制的,还应分别确定每一单项交易中产生的商誉。

【例 1—9】 北发公司和南达公司是不具有关联关系的两家独立法人企业,北发公司于2016 年以4 000万元取得南达公司 10%的股份,取得投资时南达公司净资产公允价值为36 000万元。此时,北发公司不参与南达公司的生产经营决策,故采用成本法核算。

2017 年,北发公司另付20 000万元取得南达公司 50%的股份,从而能够对南达公司实施控制,购买日南达公司可辨认净资产的公允价值为38 000万元。

要求:根据以上资料,计算北发公司为取得南达公司控制权所进行的每一次单项交易所产生的商誉。

计算合并时应确认的商誉如下:

(1)持股 10%确认的商誉:

持股 10%确认的商誉=4 000－36 000×10%=400(万元)

(2)持股 50%确认的商誉:

持股 50%确认的商誉=20 000－38 000×50%=1 000(万元)

(3)合并报表中确认的商誉:

合并报表中确认的商誉=400+1 000=1 400(万元)

第四节 同一控制下的企业合并

同一控制下的企业合并,包括同一控制下的控股合并、同一控制下的吸收合并及同一控制下的新设合并三种情况。因同一控制下的吸收合并和同一控制下的新设合并会计处理方法相同,因此本节主要介绍同一控制下的控股合并和同一控制下的吸收合并两种情形下会计的处理方法。同一控制下的企业合并,主要解决合并方在合并日对于企业合并事项应该进行的会计处理问题。

一、同一控制下企业合并的特点和会计处理依据

前已述及,同一控制下的企业合并,是指参与合并的企业在合并前后均受同一方或相同的多方最终控制且该控制并非暂时性的企业合并。其中,同一方是指对参与合并的企业在合并前后均实施最终控制的投资者;相同的多方是指根据投资者的协议约定,对被投资单位的生产经营决策总是发表一致意见的两个或两个以上的投资者;控制并非暂时性是指同一方或相同的多方在合并前后控制参与合并各方的时间在一年或一年以上。

(一)同一控制下企业合并的特点

同一控制下的企业合并有两大特点:一是由于合并是在同一控制下进行的,从最终实施控制的投资者来看,其实际控制的资产并没有发生变化,实际上就是把自己的东西从一个地方转移到了另一个地方,被合并的资产本质上并没有发生变化;二是由于企业合并双方是由同一最终控制者控制的,合并双方交易作价往往有失公允,因此不应以双方议定的价格作为核算基础。

(二)同一控制下企业合并的会计处理依据

同一控制下企业合并的判断,应当遵循实质重于形式原则,其会计处理方法类似于权益结合法。权益结合法也称股权结合法、权益联营法,是与购买法基于不同假设的企业合并业务会计处理方法之一。权益结合法视企业合并为参与合并的双方通过股权的交换形成的所有者权益的联合,而非资产的交易,而且合并后,股东在新企业中的股权相对不变。换言之,它是由两个或两个以上经营主体对一个联合后的企业或集团公司开展经营活动的资产贡献,即经济资源的联合。在权益结合法中,原所有者权益继续存在,以前会计基础保持不变。需要注意的是,同一控制下的企业合并是我国《企业会计准则第 20 号——企业合并》对我国目前的企业合并所作的分类,其依据是参与合并的企业在合并前后是否受同一方或相同的多方最终控制保持不变,因此,同一控制下的企业合并会计处理方法与权益结合法有必然的不同。

二、同一控制下企业合并会计处理方法与权益结合法比较

同一控制下的企业合并会计处理方法和权益结合法常常让初学者感到困惑,二者既有相同之处也有不同之处。其相同之处有三点:一是两者均认定企业合并的过程不涉及买卖关系,合并中确认取得的被合并方资产、负债仅限于被合并方账面上原已确认的资产和负债,合并中不产生新的资产和负债,不涉及商誉问题;二是两者均认定合并中不产生新的计价基础,即合并方在合并中取得的被合并方各项资产、负债应维持其在被合并方的原账面价值不变;三是两者均认定合并方在企业合并中取得的价值量相对于所放弃价值量之间存在差额的,应当调整所有者权益,不影响利润表。其不同之处也有三点,下面着重介绍。

(一)两者付出合并对价的方式不同

同一控制下的企业合并可以通过支付现金、非现金资产的方式进行,也可以通过发行权益性证券的方式进行;而根据《国际财务报告准则第 3 号——企业合并》中的要求,权益结合法的采用仅限于权益是主要对价形式的企业合并,即仅限于以发行权益性证券为对价的合并形式。

(二)两者账务处理方式不同

同一控制下的企业合并,合并方在合并中取得的净资产的入账价值与为进行企业合并支付的对价账面价值之间的差额,应当调整所有者权益相关项目,不计入企业合并当期损益。在根据合并差额调整合并方的所有者权益时,应首先调整资本公积(资本溢价或股本溢价),资本公积(资本溢价或股本溢价)的余额不足冲减的,应冲减留存收益。控股合并下,按照《企业会计准则第 2 号——长期股权投资》的规定,同一控制下企业合并形成的长期股权投资,合并方应以合并日应享有被合并方账面所有者权益的份额作为形成长期股权投资的初始投资成本。对于被合并方在企业合并前实现的留存收益(盈余公积和未分配利润之和)中归属于合并方的部分,合并方应根据不同情况进行调整,自合并方的资本公积转入留存收益:在吸收合并、新设合并情况下,这一调整在合并方的单独资产负债表中确认,在控股合并情况下,这一调整则在合并日合并资产负债中予以反映。

权益结合法,要求按并入净资产的账面价值入账,被合并公司的留存收益和当年的盈利全部并入存续公司。控股合并下,在记录母公司(合并方)对子公司(被合并方)的投资时,母公司应按其所获得净资产的账面价值在“长期股权投资”账户中记录其对子公司的投资,通过对比换出股票面值和换入子公司股票的面值,调整应并入母公司的留存收益和资本公积数额,使母公司的股东权益合理反映整个合并主体的股东权益。当母公司发行的股票面

值等于子公司全部流通在外股票的面值时，子公司的资本公积和留存收益全部记入母公司账上。当母公司换出股份的面值大于换入股份的面值时，应按下述顺序进行调整：首先应冲减子公司的资本公积，若子公司的资本公积不够冲减，则冲减母公司的资本公积，若母公司的资本公积还不够冲减，则冲减子公司的留存收益，最后再冲减母公司的留存收益。当母公司换出股份的面值小于换入股份的面值时，差额部分记入“资本公积”，留存收益为母子公司留存收益之和。

（三）两者发展趋势不同

考虑到我国目前存在大量的同一控制下的企业合并，以及公允价值在我国使用的局限性，我国财政部于2006年发布了《企业会计准则第20号——企业合并》，明确规定同一控制下的企业合并方法采用类似权益结合法处理。采用账面价值计量的权益结合法，会计信息可靠性较强且操作简单易于掌握，有利于我国企业的成长。但是，这一规定也在不断地调整中，2011年12月财政部会计司在《企业会计准则解释第5号》（征求意见稿）中征询意见：在同一控制下的企业合并中，应视同合并后形成的报告主体（合并方）自合并日开始对被合并方实施控制。合并资产负债表中被合并方的各项资产、负债，应当按账面价值计量，被合并方在企业合并前实现的留存收益中归属于合并方的部分，不再由合并方的资本公积转入盈余公积和未分配利润。据此解释，权益结合法与同一控制下的企业合并账务处理过程和结果都将是有区别的。但最终于2013年1月1日实施的《企业会计准则解释第5号》中却未提及这一解释。

相比我国的同一控制下企业合并处理方法的日渐完善，权益结合法的处境却不乐观。2004年，国际会计准则理事会（IASB）发布了第3号国际财务报告准则，取消了权益结合法，规定准则范围内的企业合并都应采用购买法进行会计处理。国际上其他国家也或是禁止使用权益结合法，或是严格限制权益结合法的使用。

下面以发行股票作为合并对价的吸收合并为例，对同一控制下的企业合并会计处理，以及权益结合法会计处理进行举例分析。

【例1—10】 北发公司和南达公司是同一控制下的两个企业，2017年1月初，假设北发公司以发行面值为10元的普通股80 000股对南达公司实施吸收合并。北发公司和南达公司2016年12月31日的资产负债表（简表）如表1—4和表1—5所示。

表1—4 **资产负债表（简表）**

编制单位：北发公司 2016年12月31日 单位：万元

项目	余额	项目	余额
货币资金	38	短期借款	200
应收账款	50	长期应付款	60
长期应收款	100	股本	160
固定资产	200	资本公积	25
无形资产	100	盈余公积	43
资产合计	488	权益合计	488

表 1—5 **资产负债表(简表)**

编制单位:南达公司 2016 年 12 月 31 日 单位:万元

项目	余额	项目	余额
货币资金	10	短期借款	150
应收账款	20	长期应付款	50
长期应收款	50	股本	60
固定资产	200	资本公积	10
无形资产	20	盈余公积	30
资产合计	300	权益合计	300

要求:根据以上资料,分别编制同一控制下和权益结合法下北发公司的相关会计分录。

(1)按照权益结合法合并。

北发公司为进行吸收合并,发行面值为 10 元的普通股80 000股,换出股份的面值是 80 万元,与南达公司股本 60 万元相比,差额为 20 万元。该差额首先冲减被并方南达公司的资本公积 10 万元,然后再冲减合并方北发公司的资本公积 10 万元,其账务处理如下:

借:货币资金类科目 100 000
　应收账款 200 000
　长期应收款 500 000
　固定资产 2 000 000
　无形资产 200 000
　资本公积 100 000
　贷:短期借款 1 500 000
　　长期应付款 500 000
　　股本 800 000
　　盈余公积 300 000

(2)按照同一控制下的企业合并。

首先将上述差额 20 万元调整资本公积,然后将被并方在合并日以前实现的留存收益中归属于合并方的部分,自资本公积转入留存收益,则北发公司有关企业合并的账务处理如下:

①合并日编制会计分录:

借:货币资金类科目 100 000
　应收账款 200 000
　长期应收款 500 000
　固定资产 2 000 000
　无形资产 200 000
　贷:短期借款 1 500 000
　　长期应付款 500 000
　　股本 800 000
　　资本公积 200 000

②调整合并前被合并方已实现的留存收益(合并报表调整分录):

借：资本公积　　　　300 000

　　贷：盈余公积　　　　300 000

通过例1—10可以看出，虽然两种处理方法的处理过程不同，但是其处理结果却是相同的：同一控制下合并方资本公积为15万元(25＋20－30＝15)，权益结合法下合并方资本公积也是15万元(25－10＝15)；同一控制下的留存收益经调整分录后计入合并方的是30万元，权益结合法下直接计入合并方的留存收益也是30万元。还需注意的是，本例中北发公司与南达公司合并后，并未产生新的资产和负债，所有者权益账面总额也没有发生变化，只是股本和资本公积的结构发生了变化，具体见表1—6。

表1—6　　资产负债表(简表)

编制单位：北发公司　　2016年12月31日　　单位：万元

项　目	余　额	项　目	余　额
货币资金	48	短期借款	350
应收账款	70	长期应付款	110
长期应收款	150	股本	240
固定资产	400	资本公积	15
无形资产	120	盈余公积	73
资产合计	788	权益合计	788

三、同一控制下企业合并业务实例

同一控制下的企业合并，因合并方式不同，在合并中遇到的问题也不同，其会计处理方式也有所不同。

(一)同一控制下的控股合并

同一控制下的控股合并，合并方在合并日主要涉及两个方面的问题：一是长期股权投资的确认与计量问题；二是合并日合并财务报表的编制问题。

1. 长期股权投资的确认与计量

同一控制下企业合并形成的长期股权投资，合并方应按照《企业会计准则第2号——长期股权投资》的规定，以合并日应享有被合并方所有者权益账面价值的份额作为长期股权投资的初始投资成本，借记"长期股权投资"科目，按享有被投资单位已宣告但未发放的现金股利或利润，借记"应收股利"科目，按支付的合并对价的账面价值，贷记相关资产或借记相关负债类科目。以发行权益性证券方式进行的，长期股权投资的初始投资成本与发行股份的面值总额之间的差额，应调整资本公积(资本溢价或股本溢价)，资本公积(资本溢价或股本溢价)的余额不足冲减的，相应调整留存收益；以支付现金、非现金资产方式进行的，长期股权投资的初始投资成本与支付现金、非现金资产的差额处理方法同发行权益性证券时的差额处理方法。

2. 合并日合并财务报表的编制

同一控制下的控股合并，合并方在合并日需要编制的合并财务报表，包括合并资产负债表、合并利润表和合并现金流量表，其中合并现金流量表和合并利润表的编制原则相同。

(1)合并资产负债表

合并方应以账面价值将被合并方的相关资产、负债并入合并财务报表。当合并方与被合并方采用的会计政策、会计期间不同时，应先按照合并方的会计政策、会计期间对被合并方的有关资产、负债进行调整，然后以调整后被并方资产、负债的账面价值入表。合并方与被合并方在合并日及以前期间发生的交易，应作为内部交易进行抵销。

由于同一控制下的控股合并，视同合并后形成的报告主体自合并日及以前期间一直存在，参与合并各方在以前期间实现的留存收益应体现为合并财务报表中的留存收益，因此在合并财务报表中，应以合并方的资本公积（或经调整后的资本公积中的资本溢价部分）为限，在所有者权益内部进行调整，将被合并方在合并日以前实现的留存收益按持股比例计算归属于合并方的部分自资本公积转入留存收益。合并方资本公积余额不足，即被合并方之前的留存收益未全额恢复的，合并方应在合并报表附注中加以说明。

（2）合并利润表和合并现金流量表

合并方在合并日编制合并利润表时，应包含合并方自合并当期期初至合并日实现的净利润，双方当期所发生的交易，应按照本书“合并财务报表（上）”一章中合并财务报表的相关原则进行抵销。另外，为了使企业的会计信息使用者了解合并利润表中净利润的构成，发生同一控制下的企业合并当期，合并方在合并利润表中“净利润”项目下应单列“其中：被合并方在合并前实现的净利润”项目。这一项目可以反映按照同一控制下企业合并的编表原则所导致的由于该项企业合并自被合并方在合并当期带入的损益情况。

【例 1—11】 北发公司和南达公司同为德邦公司的子公司，北发公司于 2017 年 3 月发行 600 万股普通股（每股面值 2 元）作为合并对价取得南达公司 100%的股权。合并后南达公司仍维持其独立法人资格继续经营，假定北发公司和南达公司采用的会计政策相同。合并日，北发公司和南达公司的所有者权益构成如表 1—7 所示。

表 1—7　　北发公司和南达公司的所有者权益构成　　单位：万元

北发公司		南达公司	
项　目	金　额	项　目	金　额
股本	5 400	股本	900
资本公积	1 500	资本公积	300
盈余公积	1 200	盈余公积	600
未分配利润	3 000	未分配利润	1 200
合计	11 100	合计	3 000

要求：根据以上资料，编制北发公司合并日相关会计分录。

根据以上资料，北发公司编制会计分录如下：

（1）合并日应编制会计分录：

借：长期股权投资　　30 000 000

　　贷：股本　　12 000 000

　　　　资本公积　　18 000 000

（2）合并报表中应编制调整分录：

借：资本公积　　18 000 000

　　贷：盈余公积　　6 000 000

　　　　未分配利润　　12 000 000

(二)同一控制下的吸收合并和新设合并

同一控制下的吸收合并和新设合并,主要应该注意以下两点:一是合并方在企业合并中取得的资产和负债,应该按照被合并方的账面价值计量;二是合并方取得的净资产账面价值与支付合并对价账面价值的差额,应当调整资本公积。资本公积不足冲减的,应冲减留存收益。留存收益包括盈余公积和未分配利润。盈余公积是按照有关规定从净利润中提取的积累资金,根据其用途的不同可划分为公益金和一般盈余公积两类,其中公益金被指定用于企业职工集体福利开支,因此当资本公积不足冲减时,本教材的观点是先冲减未分配利润再冲减盈余公积。

【例 1—12】 2017 年 12 月 31 日,北发公司吸收合并南达公司,北发公司和南达公司同为德邦集团下的子公司。假定北发公司和南达公司采用的会计政策相同,吸收合并前北发公司和南达公司的资产负债简表如表 1—8 所示。

表 1—8 **北发公司和南达公司资产负债简表** 单位:万元

项 目	北发公司	南达公司
货币资金	3 000	1 500
应收账款	7 500	4 500
存货	12 000	8 400
固定资产	15 000	12 000
无形资产	7 500	3 000
资产合计	45 000	29 400
短期借款	6 000	3 000
股本	24 000	15 000
资本公积	6 000	6 000
盈余公积	4 500	3 000
未分配利润	4 500	2 400
负债和股东权益合计	45 000	29 400

要求:根据以上资料,编制北发公司以不同股份吸收合并南达公司的会计分录。

(1)假设北发公司发行15 000万股面值为 2 元的普通股吸收合并南达公司,不考虑所得税的影响,2017 年 12 月 31 日北发公司会计分录如下:

借:货币资金类科目 15 000 000
　　应收账款 45 000 000
　　存货类科目 84 000 000
　　固定资产 120 000 000
　　无形资产 30 000 000
　　资本公积——股本溢价 36 000 000
　贷:短期借款 30 000 000
　　　股本 300 000 000

(2)假设北发公司发行24 000万股面值为 1 元的普通股吸收合并南达公司,不考虑所得税的影响，2017年12月31日北发公司会计分录如下：

借：货币资金类科目	15 000 000	
应收账款	45 000 000	
存货类科目	84 000 000	
固定资产	120 000 000	
无形资产	30 000 000	
贷：短期借款		30 000 000
股本		240 000 000
资本公积——股本溢价		24 000 000

(3)假设北发公司发行32 800万股面值为1元的普通股吸收合并南达公司，不考虑所得税的影响，2017年12月31日北发公司会计分录如下：

借：货币资金类科目	15 000 000	
应收账款	45 000 000	
存货类科目	84 000 000	
固定资产	120 000 000	
无形资产	30 000 000	
资本公积——股本溢价	60 000 000	
盈余公积	4 000 000	
贷：短期借款		30 000 000
股本		328 000 000

(4)假设北发公司发行38 000万股面值为1元的普通股吸收合并南达公司，不考虑所得税的影响，2017年12月31日北发公司会计分录如下：

借：货币资金类科目	15 000 000	
应收账款	45 000 000	
存货类科目	84 000 000	
固定资产	120 000 000	
无形资产	40 000 000	
资本公积——股本溢价	60 000 000	
盈余公积	45 000 000	
利润分配——未分配利润	1 000 000	
贷：短期借款		30 000 000
股本		380 000 000

四、非同一控制下企业合并与同一控制下企业合并比较

非同一控制下的企业合并与同一控制下的企业合并，其会计处理的主要区别如表1—9所示。

表 1—9　　非同一控制下企业合并与同一控制下企业合并比较

比较项目	非同一控制	同一控制
合并的实质	合并方购买了被合并方的控制权，实际上是一种购买行为	参与合并的各个企业现有的股东权益在合并主体中的联合和继续，非购买行为
合并中取得的净资产、负债的确定	合并中取得的净资产按公允价值入账	合并中取得的净资产或股权按账面价值入账
合并商誉的确认	购买方支付的购买成本超过其在被购买方可辨认净资产公允价值所占份额的部分	不涉及商誉的确认
长期股权投资初始投资成本的确认	按取得被投资方股权所转让的现金及其他非现金资产（包括承担债务）的公允价值确定	按合并日所取得被合并方所有者权益账面价值的份额确定
资本公积的确认	长期股权投资超面值的部分	长期股权投资账面价值与股本面值的差额

本章小结

本章介绍了长期股权投资的权益法、成本法两种核算方法的选用，即股权投资比例占被投资方有表决权股份 50%以上或 20%以下，投资方对长期股权投资采用成本法核算；股权投资比例占被投资方有表决权股份 20%～50%，投资方对长期股权投资采用权益法核算。在此基础上，介绍了成本法和权益法相互之间转换的会计处理方法，分析了商誉的确认与计量，着重阐述了企业合并的概念、分类，即企业合并按照合并类型可划分为非同一控制下的企业合并和同一控制下的企业合并。其中，非同一控制下的企业合并，合并方合并中取得各项可辨认资产、负债的确定按其公允价值确定并确认商誉（或营业外收入）；同一控制下的企业合并，合并中取得的被合并方各项资产、负债应按原账面价值入账，不产生新的资产和负债。对于发行股票方式进行的企业合并，可以适用权益结合法。

本章思考题

1. 你认为长期股权投资核算方法的变化对企业财务会带来哪些影响？

2. 我国传统的观点是，合并商誉是指合并价格与被投资企业可辨认净资产份额的差额，你认为商誉的实质是什么？请说出理由。

3. 在披露合并商誉时，你认为商誉是否应该单独列项披露？请说明理由。

4. 2001 年美国宣布废除权益结合法而统一使用购买法，你认为美国为什么废除权益结合法？

5. 你认为企业合并的动机具体有哪些？

本章业务题

1. 华夏公司于 2016 年 1 月取得联华公司 10%的股权，支付成本 300 万元，取得时联华公司可辨认净资产公允价值为2 500万元（假定公允价值与账面价值相同）。因对被投资单位不具有重大影响且无法可靠确定该项投资的公允价值，华夏公司对其采用成本法核算。本例中，华夏公司、联华公司按净利润的 10%提取盈余公积。

2017 年 1 月 1 日，华夏公司又以 500 万元取得联华公司 15%的股权，当日联华公司可辨认净资产公允价值总额为3 000万元。取得该部分股权后，华夏公司对该项长期股权投资采用权益法核算。假定华夏公司在取得联华公司10%的股权后，双方未发生任何内部交易。联华公司通过生产经营活动实现的净利润为100万元，未派发现金股利或利润。除实现净利润外，未发生其他计入资本公积的交易或事项。

要求：根据以上资料，编制华夏公司2016年至2017年对联华公司交易事项的会计分录。

2. 2017年12月31日，康茂公司吸收合并星驰公司，合并事项属于非同一控制下的企业合并。吸收合并前，星驰公司资产、负债的账面价值与公允价值分别如下表所示：

星驰公司资产、负债账面价值与公允价值对比 单位：万元

项　目	账面价值	公允价值
库存现金	500	500
应收账款	300	300
库存商品	800	1 000
资产合计	1 600	1 800
短期借款	300	300
应付账款	300	300
负债合计	600	600

要求：根据以上资料，编制2017年12月31日康茂公司分别支付银行存款800万元、1 000万元和1 200万元（不考虑所得税的影响）吸收合并星驰公司的会计分录。

3. 2017年12月31日，康茂公司吸收合并星驰公司。该合并事项属于同一控制下的企业合并。为取得星驰公司全部普通股股权，康茂公司共发行1500万股面值为1元的普通股。假定在企业合并之前康茂公司、星驰公司股东权益的有关账户余额如下表所示：

单位：万元

项　目	康茂公司	星驰公司
货币资金	300	200
应收账款	500	300
存货	800	600
固定资产	1 000	900
资产合计	2 600	2 000
短期借款	400	300
股本	1 000	800
资本公积	600	600
盈余公积	300	200
未分配利润	300	100
负债和股东权益合计	2 600	2 000

要求：根据以上资料，编制2017年12月31日康茂公司吸收合并星驰公司的会计分录。

本章参考文献

1. 储一昀:《高级财务会计》,上海财经大学出版社,2016 年
2. 傅荣:《高级财务会计》,中国人民大学出版社,2016 年
3. 刘永泽、傅荣:《高级财务会计》,东北财经大学出版社,2016 年
4. 企业会计准则编审委员会编:《企业会计准则应用指南》,立信会计出版社,2017 年
5. 企业会计准则编审委员会编:《企业会计准则》,立信会计出版社,2017 年
6. 企业会计准则编审委员会编:《企业会计准则第 2 号——长期股权投资》,立信会计出版社,2015 年
7. 荣莉、彭晓洁:《高级财务会计》,中国财政经济出版社,2017 年
8. 中国注册会计师协会:《会计》,中国财政经济出版社,2018 年

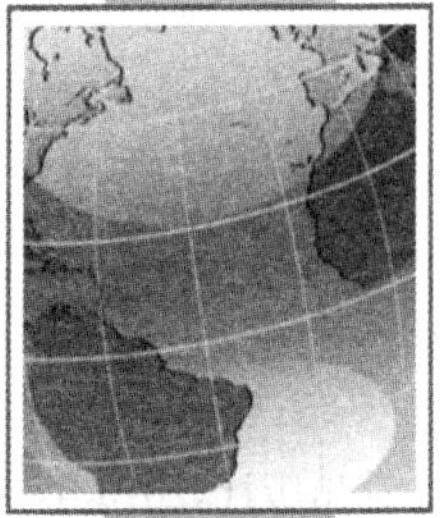

第二章 合并财务报表(上)

引入案例

2014年,乐视网信息技术(北京)股份有限公司(以下简称“乐视网”)联合乐荣控股(北京)有限公司(以下简称“乐荣控股”)、乐视控股(北京)有限公司(以下简称“乐视控股”)设立了乐视电子商务(北京)有限公司(以下简称“乐视电子商务”),主要运营乐视商城平台。其中,乐视电子商务股权结构为乐视网持股30%,乐荣控股持股30%,乐视控股持股40%。公司设立前期,为了更好地服务于乐视超级电视等智能硬件的线上销售推广,乐视控股出具了《表决权委托声明》,声明:“本公司在作为乐视电子商务股东的期间,无条件、不可撤销地将所持有的乐视电子商务40%股权所对应的所有提案权、表决权,全权委托给乐视网行使。”为此,乐视网合计享有乐视电子商务70%的控制权,并且在2014、2015年将其纳入合并报表范围。

2017年3月10日,乐视网发布《放弃子公司控股权暨财务报表合并范围发生变更的公告》,公告称:为了减少乐视商城对于乐视网造成的财务影响,乐视网决定放弃前期乐视控股授予提案权、表决权。同时,乐视网放弃其尚未认缴的150万元人民币注册资本对应的乐视电子商务15%的股权权利,转由乐荣控股出资认购。同期乐视控股所持有的乐视电子商务全部股权转让给乐荣控股,转让后,乐视电子商务股权结构变为乐荣控股持股85%,乐视网持股15%。①

根据《公司法》、《企业会计准则》等有关规定,投资方持有被投资方半数或以下的表决权,但通过与其他表决权持有人之间的协议能够控制半数以上表决权的,表明投资方对被投资方拥有权力。乐视网已经放弃以上权利,根据现有情形可判断认为,乐视网已失去对乐视电子商务的控制权。2016年12月底起,乐视电子商务将不再纳入乐视网合并报表范围。

那么,控制的定义是什么?2014、2015年乐视网将乐视电子商务纳入其合并范围的做法是否合理?合并范围的界定标准又是什么?这些问题都将在本章学习和探讨。

学习目的与要求

控股合并不同于新设合并和吸收合并,合并完成后,参与合并的各方公司仍然作为独立的法律主体存在,合并方只是控制了被合并方,从而决定被合并方的财务及经营政策。从法律角度来看,合并方与被合并方均应在合并当期及以后各期提供个别财务报表,以反映各自的财务状况、经营成果和现金流量。但在经济实质上,这两家企业已完成合并,并已融为一个单一的经济实体,因此需要以这一经济实体为对象编制合并财务报表,以反映其整体财务状况、经营成果和现金流量情况。

通过本章的学习,了解合并财务报表的含义及组成,掌握合并财务报表的合并理论、合并范围、编制程序,熟练掌握与内部股权投资有关的调整与抵销处理。除了学习本章节的内容外,还应当认真阅读2014年财政部修订的《企业会计准则第33号——合并财务报表》及相关指南和解释。

---

① 摘自东方财富网 http://www.eastmoney.com。

中国证券监督管理委员会为规范上市企业会计信息披露，规定上市公司必须披露其合并财务报表。为适应证券监管需求和会计准则国际化趋势，财政部对2006年2月15日颁布的《企业会计准则第33号——合并财务报表》进行了修订，新准则已于2014年7月1日起施行。按照《企业会计准则第33号——合并财务报表》的要求，需要编制合并财务报表的企业集团中，母公司除编制个别财务报表外，还应编制企业集团的合并财务报表。合并财务报表能够综合、全面地反映上市公司的财务状况、经营成果、现金流量等信息，满足信息使用者了解企业集团总体财务状况和经营情况的需要，弥补个别报表的不足，避免一些企业集团利用内部控股关系粉饰财务报表。

第一节　合并财务报表概述

合并财务报表又称合并会计报表，是以母公司和子公司组成的企业集团为报告主体，以母公司和子公司单独编制的个别财务报表为基础，通过抵销集团内部交易或事项，由母公司编制的综合反映企业集团财务状况、经营成果及现金流量的财务报表。

一、合并财务报表的种类

编制合并财务报表是为了向报表的使用者提供对其经济决策有用的信息，帮助他们了解集团财务状况和经营情况。合并财务报表可以按照不同的标准进行分类。

(一)按反映的具体内容分类

合并财务报表反映母公司和其全部子公司组成的企业集团整体的财务状况、经营成果和现金流量。它主要包括合并资产负债表、合并利润表、合并现金流量表、合并所有者权益变动表及有关附注等。

1. 合并资产负债表

合并资产负债表是母公司编制的、反映企业集团在某一特定日期财务状况的财务报表，由合并资产、负债和所有者权益构成。它以母公司和纳入合并范围的子公司的个别资产负债表为基础进行汇总，抵销企业集团内部有关经济业务对个别资产负债表的影响后，合并各项目的数额而成。

2. 合并利润表

合并利润表是母公司编制的、反映企业集团在一定会计期间内经营成果的财务报表。它以母公司和纳入合并范围的子公司的同期个别利润表为基础进行汇总，抵销企业集团内部有关经济业务对个别利润表的影响后，合并各项目的数额而成。

3. 合并现金流量表

合并现金流量表是母公司编制的、反映企业集团在一定会计期间内现金流入、现金流出及现金净增减变动情况的财务报表。合并现金流量表的编制比较特殊，它有两种编制方法。第一种方法是以期初合并资产负债表、期末合并资产负债表及同期合并利润表为基础编制而成，同个别现金流量表的编制规则相同。这种编制方法不需在合并工作底稿上进行。第二种方法是在母公司和纳入合并范围的子公司的个别现金流量表的基础上，抵销企业集团内部交易、投资、融资关系及子公司现金股利支付等业务对合并现金流量表的影响编制而成。我国《企业会计准则第33号——合并财务报表》规定，合并现金流量表应当以母公司和子公司的现金流量为基础，在抵销母公司与子公司、子公司相互之间发生的内部交易对合并现金流量表的影响后，由母公司合并编制。

4. 合并所有者权益变动表

合并所有者权益变动表是反映构成企业集团所有者权益的各组成部分当期增减变动情况的财务报表。合并所有者权益变动表应当以母公司和子公司的所有者权益变动表为基础，在抵销母公司与子公司、子公司相互之间发生的内部交易对合并所有者权益变动表的影响后，由母公司合并编制。合并所有者权益变动表也可以根据合并资产负债表和合并利润表进行编制。

5. 合并报表附注

附注是对在合并资产负债表、合并利润表、合并现金流量表和合并所有者权益变动表等报表中列示项目的文字描述或明细资料，以及对未能在这些报表中列示项目的说明等。企业应当在合并报表附注中披露下列信息：

(1)子公司的清单，包括企业名称、注册地、业务性质、母公司的持股比例和表决权比例；

(2)母公司直接或通过子公司间接拥有被投资单位表决权不足半数但能对其形成控制的原因；

(3)母公司直接或通过其他子公司间接拥有被投资单位半数以上的表决权但未能对其形成控制的原因；

(4)子公司所采用的与母公司不一致的会计政策，编制合并财务报表的处理方法及其影响；

(5)子公司与母公司不一致的会计期间，编制合并财务报表的处理方法及其影响；

(6)本期增加子公司，按照《企业会计准则第 20 号——企业合并》的规定进行披露；

(7)本期不再纳入合并范围的原子公司，说明原子公司的名称、注册地、业务性质、母公司的持股比例和表决权比例，本期不再成为子公司的原因，其在处置日和上一会计期间资产负债表日资产、负债和所有者权益的金额以及本期期初至处置日的收入、费用和利润的金额；

(8)子公司向母公司转移资金的能力受到严格限制的情况；

(9)需要在附注中说明的其他事项。

(二)按编制的时间分类

合并财务报表按编制时间不同，分为购并日(或控制权取得日)合并财务报表和购并日后(或控制权取得日后)合并财务报表两类。

1. 购并日的合并财务报表

购并日合并财务报表是指母公司在对子公司取得控制权日编制的合并财务报表。同一控制下的企业合并，母公司在合并日编制的合并财务报表包括合并资产负债表、合并利润表和合并现金流量表；非同一控制下的企业合并，母公司在购买日只编制合并资产负债表，而不必编制合并利润表及合并现金流量表。

2. 购并日后的合并财务报表

购并日后合并财务报表是指母公司在取得子公司的控制权以后的每一资产负债表日编制的合并财务报表。与购并日合并财务报表相比，控制权取得后的每个报告期内发生损益确认、内部交易、利润分配等购并日不曾有的经济事项，对与之相关的报表项目进行调整和抵销，构成了购并日后合并财务报表工作底稿与购并日合并财务报表工作底稿不同的内容。

二、合并财务报表的特点

在控股合并下，合并方与被合并方仍各为独立的法律主体和会计主体，而对于合并后的企业集团这一经济实质上的整体来说，为了反映集团的财务状况、经营成果和现金流量，需要编制合并财务报表。合并财务报表不同于个别财务报表，它具有以下特点：

(一)反映对象不同

合并财务报表反映的对象是企业集团的会计信息，企业集团是由母子公司若干法律实体组成的，是经济意义上的会计主体，却不是法律意义上的主体。而个别财务报表则反映既是法律主体又是会计主体的单个独立企业法人的会计信息。

(二)编制主体不同

合并财务报表由企业集团的控股公司或母公司编制，反映的活动不仅包括母公司的活动，还包括纳入合并范围的所有子公司的活动。个别财务报表是由独立企业法人自行编制的，只反映企业本身的活动。

(三)编制方法不同

合并财务报表是以纳入合并范围的集团内企业的个别财务报表为基础，将纳入合并范围的个别财务报表数据和母公司先进行调整和加总，然后通过抵销分录，将企业集团内部的经济业务对个别财务报表的影响予以抵销，最后得出合并财务报表数据。个别财务报表以单个企业系统的会计账簿记录资料为编制基础，按审核原始凭证、编制记账凭证、登记账簿、编制报表等程序取得相关数据。

(四)编制用途不同

合并财务报表编制的用途主要是为报表的使用者提供整个集团的财务状况和经营成果以及现金流量的情况，但不能作为偿还债务、缴纳税金以及进行利润分配的依据。个别财务报表则是债权人评价企业偿债能力、投资者预测和评价企业赢利能力，以及国家财税部门征税的重要依据和信息来源。

三、合并财务报表的局限性

在了解合并财务报表的同时，我们也应清楚地认识到合并财务报表的局限性，其主要表现在以下几个方面：(1)合并财务报表只能反映纳入合并范围的子公司会计信息，不包括企业集团中的母公司对其权益性资本在半数以下的、不能对其实施控制但能对其施加重大影响的被投资公司，这就不能全面反映企业集团整体的完整的财务信息。(2)对于多元化经营的企业集团，由于子公司行业不同、经营范围各异，必然影响合并财务报表信息的可理解性和相关性。另外，对于跨国企业集团，由于境外子公司单独报表的外币折算采用的汇率不同，加上各国通货膨胀程度各异，也使合并财务报表的相关性受到影响。(3)对于需要了解特定公司特定信息的报表使用人来讲，合并财务报表不能提供企业集团中单独企业个体的偿债能力、股利支付能力、赢利能力等有用信息。因此，合并财务报表的局限性使得分部报告以及关联方关系及其交易的披露成为必然。

第二节 合并理论及合并范围的确定

在合并财务报表编制实务发展过程中，合并财务报表编制理论以及合并财务报表的范围均曾有过争议。不同的合并理论及合并范围直接影响合并财务报表的编制,下面根据我国《企业会计准则第33号——合并财务报表》分别对合并理论及合并范围进行阐述。

一、合并理论的选择

编制合并财务报表要以一定的理论为依据。所谓合并财务报表的编制理论,就是以何种观点看待合并财务报表的问题,包括合并财务报表信息主要满足谁的需要,以及如何看待由母公司与子公司所组成的企业集团及其内部联系,如何看待少数股东权益等问题。目前,国际上编制合并财务报表的合并理论主要有母公司理论、经济实体理论和所有权理论三种。各国在制定合并财务报表准则和编制合并财务报表时,往往不是单纯运用某一理论,而是以合并理论为主,同时结合自身的实际情况来考虑。

(一)所有权理论

所有权理论又称业主权理论,它认为母子公司之间的关系是拥有与被拥有的关系,编制合并报表的目的,是为了向母公司的股东报告其所拥有的资源。因此,合并财务报表只是为了满足母公司股东的信息需求,而不是为了满足子公司少数股东的信息需求。

根据所有权理论,企业的合并范围是所有权为母公司所拥有、对其财务决策和经营决策具有重大影响的公司,母公司编制合并财务报表应采用比例合并法,即按母公司实际持股比例将子公司的资产、负债、收入和费用等项目的金额纳入相应项目中,不属于母公司的部分在合并财务报表中不予反映。因此,在合并财务报表中,既不出现少数股东权益,也不出现少数股东收益;子公司净资产只将母公司对子公司权益享有的份额纳入合并财务报表;商誉等于母公司投资成本超过其对子公司净资产应享份额的公允价值的差额,自然也只归属于母公司;母公司与子公司之间交易的未实现损益按母公司的持股比例抵销。

所有权理论强调的是对母公司按比例拥有的部分而不是实际能控制的部分进行合并,这违背了控制的实质。实际上,控股合并的目的是为了对被控股企业的经营及财务政策实施控制或重大影响,并使其与自己成为一个整体,而比例合并法恰恰忽略了控股合并所产生的控制杠杆作用。但是,所有权理论适合处理共同控制企业的合并问题。面对共同控制企业,很难确定由谁来作为合并方,最好的办法就是按各自拥有比例分别合并。

(二)经济实体理论

经济实体理论认为,母、子公司之间的关系是控制与被控制关系。编制合并财务报表是为了反映合并实体所控制的资源,且将所有者和债权人置于同等地位。因此,合并财务报表不单是为了满足母公司股东的信息需要,而应当满足所有股东的信息需求,即合并财务报表使用者既包括多数股东又包括少数股东。

在经济实体理论下,母公司编制合并财务报表时应采用完全合并法,即不论是否是全资子公司,子公司的全部资产、负债、所有者权益、收入、费用都应合并到合并财务报表中,只不过对于非全资子公司而言,其所有者权益要区分控股权益与少数股东权益。少数股东权益应以子公司全部净资产所隐含的公允价值为基础计算,在合并资产负债表中所有者权益项目下单独列示;属于少数股东权益的净损益,应在合并利润表中形成合并净利润的组成部分,在合并净利润项目下单独列示;商誉应通过母公司投资成本超过所取得的子公司净资产公允价值的差额推断而得,且商誉由全体股东共享;企业集团内部交易所产生的未实现损益或推定损益,应当全部予以抵销或确认。

经济实体理论强调的是母公司对企业集团整体的控制,符合控制的实质。但是,实体理论在寻求少数股东和控股股东的平等权利的过程中，实际上是存在缺陷的。子公司的整体价值等于母公司付出代价除以母公司持股比例，且合并商誉属于全体股东，这种假定少数股东和控股股东一样会支付同样的价格来获取股权的做法与实际是不符的。

(三)母公司理论

母公司理论是站在母公司股东角度看待母子公司控股关系的合并理论，它并没有独立、逻辑一致的理论基础，而是所有权理论和经济实体理论的折中。在合并报表目的的确定上，母公司理论针对经济实体理论的不足，采纳了所有权理论的看法，认为合并财务报表编制目的是为了向母公司的股东反映其所控制的资源，否决了经济实体理论中广泛的服务对象(少数股东和多数股东)的观点。在报表要素的合并范围和合并方法上，母公司理论又针对所有权理论的缺陷，采取与经济实体理论一致的看法，认为应采用控制的观点而不是狭隘的所有权观点对子公司的资产、负债、收入及费用全部予以合并。

依据母公司理论，母公司编制合并财务报表时采用修正的完全合并法，即将少数股东权益视为普通负债，并把子公司少数股东当期享有的损益视为费用。同时，母公司理论认为，子公司资产、负债以及净资产的账面价值与母公司对净资产的购买价格相独立，后者包括母公司为了获得控股权而额外支付的溢价，子公司的账面价值是不可分割的，应100%合并，而母公司购买价超过子公司净资产账面价值的部分只与母公司投资活动有关，因此应当按母公司持股比例予以合并。总之，在母公司理论下，将少数股东权益以子公司全部净资产的账面价值为基础计算，既不作为负债，也不作为所有者权益，而是作为一个单独项目列示于负债与所有者权益之间；少数股东收益作为合并利润表中净利润的扣减项目，在所得税项目下列示；在用购买法编制合并报表时，对子公司净资产中属于母公司的部分按公允价值反映，而属于少数股权的部分则仍保持其账面价值；商誉按母公司投资成本超过购入普通股所代表的净资产公允价值的差额确认，即商誉仅列示属于母公司的部分；对公司间交易所发生的未实现损益或推定损益，只抵销或确认属于母公司的份额。一般来说，顺销按100%抵销，逆销按母公司拥有的权益比例进行抵销，但实务中往往按100%予以抵销，这是因为，只有行使控股权的母公司才能决定诸如集团内公司间的内部销售价格，并承担公司间全部交易风险。

母公司理论虽然是所有权理论和经济实体理论的结合，但是母公司理论也有其不足之处。其一是按照母公司理论，合并财务报表的相关项目属性会变得不伦不类，使报表使用者产生困惑。例如，对子公司资产、负债中属于母公司部分认为是按子公司购买日价格计价，而对子公司资产、负债中少数股东部分却按子公司账面价值计价。其二是由于将原本不属于负债的少数股东权益视同负债，使得合并财务报表的负债、权益总额无从计算，也使得资产负债率等比率无法计算。

我国《企业会计准则第33号——合并财务报表》以经济实体理论为合并基础。对于同一控制下的企业合并，彻底地遵循经济实体理论，采用完全合并法；对于非同一控制下的企业合并，除合并商誉采用所有权理论中的比例合并法外，其他项目均遵循经济实体理论，采用完全合并法。

二、合并范围的确定

合并财务报表的合并范围，是指母公司在编制合并财务报表时，确定哪些子公司应当纳入合并财务报表编报范围之内，哪些子公司应当排除在合并财务报表编报范围之外。

(一)界定合并财务报表范围的基本原则

我国《企业会计准则第 33 号——合并财务报表》规定,合并财务报表的合并范围应当以控制为基础予以确定。即母公司应当将其控制的所有子公司,无论是小规模的子公司还是经营业务性质特殊的子公司,均应纳入合并财务报表的合并范围。控制是指投资方拥有对被投资方的权力,通过参与被投资方的相关活动而享有可变回报,并且有能力运用对被投资方的权力影响其回报金额。所谓相关活动,是指对被投资方的回报产生重大影响的活动。被投资方的相关活动应当根据具体情况进行判断,通常包括商品或劳务的销售和购买、金融资产的管理、资产的购买和处置、研究与开发活动以及融资活动等。

投资方应在综合考虑所有相关事实和情况的基础上对是否控制被投资方进行判断。一旦相关事实和情况的变化导致对控制定义所涉及的相关要素发生变化的,投资方应当重新进行评估。这里的"相关事实和情况"主要包括:

(1)被投资方的设立目的。

(2)被投资方的相关活动以及如何对相关活动做出决策。

(3)投资方享有的权利是否使其目前有能力主导被投资方的相关活动。

(4)投资方是否通过参与被投资方的相关活动而享有可变回报。

(5)投资方是否有能力运用对被投资方的权力影响其回报金额。

(6)投资方与其他方的关系。

(二)合并财务报表范围的确定

母公司是否拥有主导被投资单位的权力,是判断控制与否的关键。权力最常见的产生方式是通过权益工具授予的表决权,但也可以通过其他合同安排产生。依据现行会计准则,除非有确凿证据表明其不能主导被投资单位相关活动,下列情况表明母公司对被投资单位拥有权力:

(1)母公司持有被投资单位半数以上表决权。母公司直接或通过子公司间接拥有被投资单位半数以上的表决权,表明母公司能够控制被投资单位,应当将该被投资单位认定为子公司,纳入合并财务报表的合并范围。母公司拥有被投资单位半数以上表决权,通常又可以分为三种情况:

①母公司直接拥有被投资单位半数以上表决权。比如,A 公司直接拥有 B 公司发行的普通股总数的 51%,这种情况下,A 公司对 B 公司拥有权力,能够对 B 公司实施控制,B 公司就成为 A 公司的子公司,A 公司编制合并财务报表时,应将 B 公司纳入其合并范围。A 公司与 B 公司的关系如图 2—1 所示。

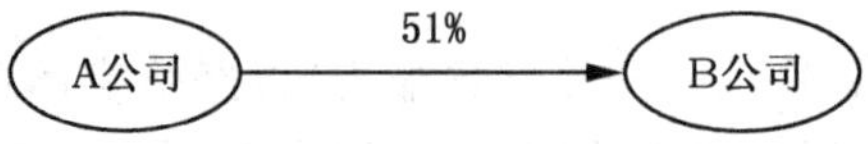

图 2—1　母公司直接拥有被投资单位半数以上表决权

②母公司间接拥有被投资单位半数以上表决权。间接拥有半数以上表决权,是指母公司通过子公司而对子公司的子公司拥有半数以上表决权。如 A 公司拥有 B 公司 60%的股份,而 B 公司又拥有 C 公司 70%的股份。在这种情况下,A 公司作为母公司通过其子公司 B 公司,间接拥有 C 公司 70%的表决权,从而对 C 公司拥有权力,C 公司也是 A 公司的子公司,A 公司编制合并财务报表时,应当将 C 公司纳入其合并范围。A、B、C 公司之间关系如图 2—2 所示。

图 2—2　母公司间接拥有被投资单位半数以上表决权

③母公司以直接和间接方式合计拥有被投资单位半数以上表决权。直接和间接方式合计拥有被投资单位半数以上表决权，是指母公司以直接方式拥有某一被投资单位半数以下的权益性资本，同时又通过其他方式如通过子公司拥有该被投资单位一部分的表决权，两者合计拥有该被投资单位半数以上的表决权。例如，A 公司拥有 B 公司 80%的股份，拥有 C 公司 30%的股份；B 公司拥有 C 公司 30%的股份。在这种情况下，B 公司为 A 公司的子公司，A 公司通过子公司 B 公司间接拥有 C 公司 30%的股份，与直接拥有 30%的股份合计，A 公司共拥有 C 公司 60%的股份，从而对 C 公司拥有权力，C 公司属于 A 公司的子公司，A 公司编制合并财务报表时，应当将 C 公司纳入其合并范围。A、B、C 公司之间的关系如图 2—3 所示。

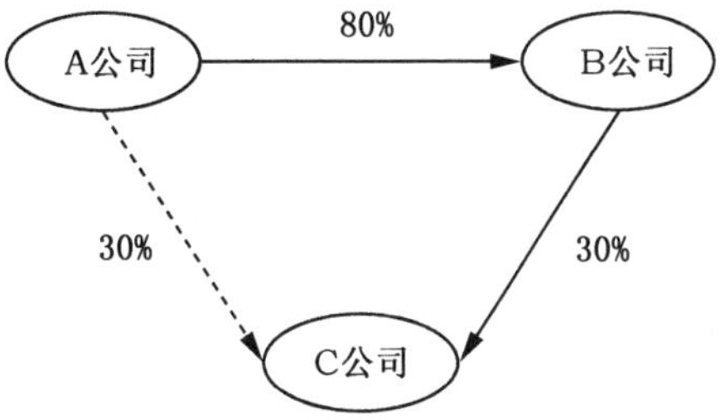

图 2—3　母公司以直接和间接方式合计拥有被投资单位半数以上表决权

(2)母公司持有被投资单位半数或以下的表决权，但通过与其他投资者的协议能够控制半数以上表决权。这种情况是指母公司与其他投资者共同投资某企业，母公司与其中的某些投资者签订书面协议，受托管理和控制该被投资单位，从而在被投资单位的股东大会和董事会上拥有该被投资单位半数以上表决权，进而拥有对被投资单位的权力。

(3)母公司持有被投资单位半数或以下的表决权，但综合考虑下列事实和情况后，判断母公司持有的表决权足以使其目前有能力主导被投资单位相关活动的，视为母公司对被投资单位拥有权力：

①母公司持有的表决权相对于其他投资者持有的表决权份额的大小，以及其他投资者持有表决权的分散程度。

②母公司和其他投资者持有的被投资单位的潜在表决权，如可转换公司债券、可执行认股权证等。

③其他合同安排产生的权利。

④被投资单位以往的表决权行使情况等其他相关事实和情况。

(4)特殊情况。某些情况下，投资方可能难以判断其享有的权利是否足以使其拥有对被投资方的权力。在这种情况下，投资方应当考虑其具有实际能力以单方面主导被投资方相关活动的证据，从而判断其是否拥有对被投资方的权力。投资方应考虑的因素包括但不限于下列事项：

①投资方能否任命或批准被投资方的关键管理人员。

②投资方能否出于其自身利益决定或否决被投资方的重大交易。

③投资方能否掌控被投资方董事会等类似权力机构成员的任命程序，或者从其他表决权持有人手中获得代理权。

④投资方与被投资方的关键管理人员或董事会等类似权力机构中的多数成员是否存在关联方关系。

(三)需要特别关注的几个问题

1. 潜在表决权

潜在表决权，是指当期可转换的可转换公司债券、当期可执行的认股权证等，不包括在将来某一日期或将来发生某一事项才能转换的可转换公司债券或才能执行的认股权证等，也不包括诸如行权价格的设定使得在任何情况下都不可能转换为实际表决权的其他债务工具或权益工具。

2. 实质性权利与保护性权利

投资方在判断是否拥有对被投资方的权力时，应当仅考虑与被投资方相关的实质性权利，包括自身所享有的实质性权利以及其他方所享有的实质性权利。实质性权利，是指权利持有人在对相关活动进行决策时有实际能力行使的可执行权利。判断一项权利是否为实质性权利，应当综合考虑所有相关因素，包括权利持有人行使该项权利是否存在财务、价格、条款、机制、信息、运营、法律法规等方面的障碍；当权利由多方持有或者行权需要多方同意时，是否存在实际可行的机制使得这些权利持有人在其愿意的情况下能够一致行权；权利持有人能否从行权中获利；等等。保护性权利，是指仅为了保护权利持有人利益却没有赋予持有人对相关活动决策权的一项权利。保护性权利通常只能在被投资方发生根本性改变或某些例外情况发生时才能够行使，它既没有赋予其持有人对被投资方拥有权力，也不能阻止其他方对被投资方拥有权力。

3. 委托人与代理人

投资方在判断是否控制被投资方时，应当确定其自身是以主要责任人还是以代理人的身份行使决策权；在其他方拥有决策权的情况下，还需要确定其他方是否以其代理人的身份代为行使决策权。如果代理人仅代表主要责任人行使决策权，不控制被投资方，投资方将被投资方相关活动的决策权委托给代理人的，应当将该决策权视为自身直接持有。在判断决策者是不是代理人时，应当综合考虑该决策者与被投资方以及其他投资方之间的关系。存在单独一方拥有实质性权利可以无条件罢免决策者的，该决策者为代理人。此外，应综合考虑决策者对被投资方的决策权范围、其他方享有的实质性权利、决策者的薪酬水平、决策者因持有被投资方中的其他权益所承担可变回报的风险等相关因素。

4. 母公司是投资性主体时合并范围的确定

母公司属于投资性主体时，应当仅将为其投资活动提供相关服务的子公司纳入合并范围并编制合并财务报表；其他子公司不应纳入合并范围。母公司对其他子公司的投资应当按照公允价值计量且其变动计入当期损益。当母公司同时满足下列条件时，该母公司属于投资性主体：

(1)该公司是以向投资者提供投资管理服务为目的，从一个或多个投资者处获取资金；

(2)该公司的唯一经营目的是通过资本增值、投资收益或两者兼有而让投资者获得回报；

(3)该公司按照公允价值对几乎所有投资的业绩进行考量及评价。

母公司属于投资性主体的，通常情况下应当符合下列所有特征：

(1)拥有一个以上投资者;

(2)投资者不是该主体的关联方;

(3)其所有者权益以股权或类似权益方式存在。

投资性主体的母公司本身不是投资性主体,则应当将其控制的全部主体,包括那些通过投资性主体所间接控制的主体,纳入合并财务报表范围。当母公司由非投资性主体转变为投资性主体时,除仅将为其投资活动提供相关服务的子公司纳入合并财务报表范围编制合并财务报表外,企业自转变日起对其他子公司不再予以合并,按照视同在转变日处置子公司但保留剩余股权的原则进行会计处理。

当母公司由投资性主体转变为非投资性主体时,应将原未纳入合并财务报表范围的子公司于转变日纳入合并财务报表范围,原未纳入合并财务报表范围的子公司在转变日的公允价值视同购买的交易对价。

第三节 合并财务报表的编制程序

合并财务报表的编制不仅涉及母公司的会计业务和财务报表,而且还涉及纳入合并范围的子公司的会计业务和财务报表,有的合并范围甚至包括数百个子公司。因此,合并财务报表的编制是一项极为复杂的工作。为了使合并财务报表的编制工作有条不紊,必须了解合并财务报表的编制原则,并做好一系列的前期准备事项及按一定的步骤进行编制程序,其中调整与抵销处理是合并财务报表中的难点。

一、合并财务报表的编制原则

合并财务报表作为财务报表,必须符合财务报表编制的一般原则和基本要求。这些基本要求包括真实可靠、全面完整和编报及时。但合并财务报表不同于个别财务报表,它反映母公司和子公司组成的企业集团的整体财务情况。因此,合并财务报表的编制除遵循财务报表编制的一般原则和要求外,还应当遵循以下原则和要求:

(一)以个别财务报表为基础

合并财务报表并没有单独设置一套账簿,而是利用母公司和纳入合并范围的子公司编制的反映各自财务状况、经营成果和现金流量的财务报表提供的数据,通过合并财务报表的特有方法进行编制。以纳入合并范围的个别财务报表为基础,体现了可靠性原则在合并财务报表编制时的运用。

(二)一体性原则

合并财务报表反映的是企业集团整体的财务状况、经营成果和现金流量情况。企业集团往往由多个独立的法人企业所组成,尽管这些企业具有独立的经济利益,且作为一个独立的会计主体进行日常核算并编制个别财务报表,但在编制合并财务报表时,母公司和所有纳入合并范围的子公司却应作为一个整体来看待,视为同一会计主体,母公司和子公司发生的经营活动都应视为企业集团内部的业务往来。因此,在编制合并财务报表时,对于母公司与子公司、子公司相互之间发生的经济业务,都应当视同一个会计主体的内部业务来进行处理。

(三)重要性原则

与个别财务报表相比,合并财务报表涉及多个法人主体,涉及的经营活动范围很广,并且母公司与子公司经营活动往往跨越不同行业界限,两者的经营活动差异很大。因此,合并财务报表要综合反映这样规模庞大、业务繁杂的会计主体的财务情况,就需要运用重要性原则。如某一项目对企业集团中的某一企业具有重要性,但对于整个企业集团则不一定具有重要性,那么在这种情况下就可以根据重要性原则对财务报表项目进行取舍。此外,母公司与子公司、子公司相互之间发生的经济业务,对整个企业集团财务状况、经营成果和现金流量影响不大时,为简化合并手续也可以根据重要性原则进行取舍,可以不编制抵销分录而直接编制合并财务报表。

二、合并财务报表编制的前期准备事项

由于合并财务报表的编制涉及两个或两个以上的会计主体与独立法人,所以为了保证合并财务报表能够准确、全面地反映出企业集团的真实情况,母公司在编制合并报表前必须做好以下前期准备工作:

(一)收集编制合并财务报表的相关资料

合并财务报表以母公司和其子公司的财务报表以及其他有关资料为依据,由母公司合并有关项目的数额编制。为编制合并财务报表,子公司应当向母公司提供下列有关资料:(1)子公司相应期间的财务报表;(2)与母公司及其他子公司之间发生的所有内部购销交易、债权债务、投资及其产生的现金流量和未实现内部销售损益的期初、期末余额及变动情况等资料;(3)子公司所有者权益变动和利润分配的有关资料;(4)编制合并财务报表所需要的其他资料。

(二)统一母公司与子公司的会计政策

会计政策是企业在进行会计核算和编制会计报表时所采用的会计原则、会计程序和会计处理方法,它们是编制会计报表的基础,是保证会计报表各项目所反映的内容保持一致的基础。因此,在编制合并财务报表之前,必须要求子公司采用的会计政策与母公司保持一致,以便于统一企业集团内部各企业所采用的会计政策,各子公司均能够提供采用相同会计政策编报的会计报表。对一些境外子公司,由于所在国或地区法律、会计准则等方面的原因,确实无法使其采用的会计政策与母公司所采用的会计政策保持一致的,则应当要求其按照母公司所采用的会计政策重新编报财务报表,或者母公司根据自身采用的会计政策对境外子公司报送的财务报表进行调整,作为编制合并财务报表的基础。

(三)统一母公司与子公司的资产负债表日和会计期间

由于会计报表是反映企业一定日期的财务状况和一定会计期间内的经营成果的,所以只有在母公司和各子公司的个别财务报表反映财务状况的日期和反映经营成果的会计期间一致的情况下,才能以这些个别财务报表为基础编制合并财务报表。因此,为了编制合并财务报表,必须要求子公司的资产负债表日和会计期间与母公司保持一致,以便于统一企业集团内部各企业的资产负债表日和会计期间,各子公司均能够提供相同资产负债表日和会计期间的财务报表。对于境外子公司,由于受到当地法律限制,不能与境内母公司的资产负债表日和会计期间保持一致的,母公司应当按照自身的资产负债表日和会计期间对子公司的财务报表进行调整,也可以要求子公司按照母公司的资产负债表日和会计期间另行编制并报送个别财务报表。

(四)统一母公司与子公司的编报货币

会计报表是以货币为其计量单位而编制的,只有在母公司与子公司采用相同币种编报其个别会计报表的情况下,才能以它们为基础编制合并财务报表。在编制合并财务报表之前,必须将以外币编报的个别会计报表折算为母公司所采用的记账本位币表示的会计报表。在我

国,允许外币业务比较多的企业采用某一外币作为记账本位币,境外企业一般也是采用其所在国或地区的货币作为其记账本位币。在将这些企业的财务报表纳入合并财务报表时,则必须将其折算为用母公司所采用的记账本位币表示的财务报表。

三、合并财务报表的编制步骤

合并财务报表的编制程序和方法与个别报表的编制有很大的不同,编制合并财务报表的程序一般包括五大步骤。

(一)设置合并工作底稿

合并工作底稿的作用是为合并财务报表的编制提供基础。在合并工作底稿中,对母公司和纳入合并范围的子公司的个别财务报表各项目的数额进行汇总和抵销处理,最终计算出合并财务报表各项目的合并数。一般地,将合并利润表工作底稿、合并所有者权益变动表工作底稿和合并资产负债表工作底稿合在一张工作底稿中,合并现金流量表工作底稿单独设置。合并财务报表工作底稿具体格式如表 2—1 所示。

表 2—1　　　　　　　　　　**合并工作底稿**

年　月　日　　　　　　　　　　单位:万元

项　目	母公司			子公司			合计金额	抵销分录		少数股东权益	合并金额
	报表金额	调整分录		报表金额	调整分录			借方	贷方		
		借方	贷方		借方	贷方					
资产负债表项目											
流动资产:											
货币资金											
……											
利润表项目											
营业收入											
营业成本											
……											
现金流量表项目											
经营活动现金流:											
销售商品提供劳务收到的现金											
……											

(二)将个别报表数据过入工作底稿并加总

合并财务报表的编制要以个别财务报表为基础。将母公司、纳入合并范围的子公司的个别资产负债表、利润表、所有者权益变动表各项目的数据过入合并工作底稿,并在合并工作底稿中对母公司和子公司个别财务报表各项目的数据进行加总,计算得出个别资产负债表、个别利润表、个别所有者权益变动表各项目合计数额。

(三)编制调整和抵销分录

将母公司与子公司、子公司相互之间发生的经济业务对个别财务报表有关项目的影响进行调整抵销处理。编制调整与抵销分录、进行调整抵销处理是合并财务报表编制的关键和主要内容,其目的在于将个别财务报表各项目的加总数据中重复的因素予以抵销。

(四)计算合并财务报表各项目的合并数额

在母公司和纳入合并范围的子公司个别财务报表各项目加总数额的基础上,分别计算财务报表中的资产项目、负债项目、所有者权益项目、收入项目和费用项目的合并数。其计算方法如下:(1)资产类各项目,其合并数根据该项目加总金额,加上该项目抵销分录有关的借方发生额,减去该项目抵销分录有关的贷方发生额计算确定;(2)负债类各项目和所有者权益类项目,其合并数根据该项目加总的数额,减去该项目抵销分录有关的借方发生额,加上该项目抵销分录有关的贷方发生额计算确定;(3)收入类各项目,其合并数根据该项目加总的数额,减去该项目抵销分录的借方发生额,加上该项目抵销分录的贷方发生额计算确定;(4)费用类和利润分配各项目,其合并数根据该项目加总的数额,加上该项目抵销分录的借方发生额,减去该项目抵销分录的贷方发生额计算确定。

(五)填列合并财务报表

根据合并工作底稿中计算出的资产、负债、所有者权益、收入、成本费用类各项目的合并数,填列正式的合并财务报表。合并现金流量表的编制以此类推。

四、关于调整处理

编制抵销分录之前需要对个别财务报表有关项目进行调整。由于企业合并分为同一控制下企业合并和非同一控制下企业合并两种类型,而两种类型企业合并形成的子公司在合并资产负债表中净资产的报告价值及其对合并所有者权益的影响结果有所不同,所以,两种类型下合并报表工作底稿的调整内容必有不同。

根据《企业会计准则第33号——合并财务报表》的规定,有关调整分录的内容主要有:

(一)统一会计政策和会计期间

为统一会计政策、统一会计期间所作的调整,以实现抵销前的数据基础可比性。如果子公司采用的会计政策与母公司的不一致,应当按照母公司的会计政策对子公司财务报表进行必要的调整,或者要求子公司按照母公司的会计政策另行编制财务报表。如果子公司的会计期间与母公司的不一致,应当按照母公司的会计期间对子公司财务报表进行必要的调整,或者要求子公司按照母公司的会计期间另行编制财务报表。

(二)以可辨认净资产公允价值为基础

尤其应关注的是,对非同一控制下企业合并取得的子公司,要对子公司可辨认净资产按购买日公允价值为报告基础进行调整,以满足所选择的合并理论的要求。根据经济实体理论,子公司各项可辨认净资产按购买日公允价值报告,而在合并日后每期末的合并资产负债表中,子公司可辨认净资产的报告价值并不是期末评估的公允价值,而是把购买日可辨认净资产公允价值作为基础,再结合相关资产、负债报告期内的价值变动,对子公司个别财务报表账面价值进行调整。报告价值按照购买日可辨认净资产公允价值持续计量的做法,使得子公司净资产在合并财务报表中的报告,既保持了各期合并财务报表对子公司净资产报告价值的连续性,又确保了与相关会计准则对各项资产、负债后续计量规范相一致。

(三)将长期股权投资的成本法调整为权益法

将母公司对子公司长期股权投资的成本法结果按权益法进行调整。这一调整满足了会计实务工作者长期以来对抵销分录编制基础的惯性思维。值得一提的是,就母公司对子公司的长期股权投资来看,从“消除公司间一切关系的痕迹”理念出发,抵销分录的结果只能有一个——一切受到子公司股权投资影响的有关报表项目的金额均应抵销为零。既然如此,在成本法基础上进行抵销和在权益法基础上进行抵销,都能达到这个结果,只不过抵销分录涉及的具体项目或金额不完全相同而已。从这个意义上来说,合并工作底稿中将成本法调整为权益法这一调整工作实际上也可以省略。

五、关于抵销处理

合并财务报表编制程序中的核心环节是进行相关的抵销处理,即在合并工作底稿中编制各类相关的抵销分录。抵销分录是连接个别财务报表与合并财务报表的桥梁,编制合并财务报表时必须经过抵销处理这个环节。因此,我们需要对抵销分录有全面的认识。

(一)抵销分录的特点

抵销分录不同于一般的会计分录,主要具有以下几个特点:

1. 编制的会计主体不同

编制一般会计分录的主体是集团内的各成员企业。抵销分录的编制主体是企业集团,进行合并财务报表核算的是集团中的母公司。因此,母公司既要编制一般会计分录,也要编制抵销分录。

2. 编制的时期不同

一般会计分录是各成员企业针对原始发生的会计事项即时编制的,而且只处理已终结的会计事项,不会在下个会计期间重复处理上述已终结的会计事项。抵销分录是母公司在期末编制合并财务报表时对内部会计事项再次确认所编制的,而且抵销分录要处理已终结和未终结的内部会计事项,只要该事项所反映的内容未消失,就要在其延续的若干个合并期内重复进行抵销处理。

3. 编制的范围不同

一般会计分录的编制范围涉及发生于各成员企业的所有会计事项,抵销分录的编制范围只涉及集团公司的内部投资、内部交易等内部会计事项。

4. 编制的目的不同

一般会计分录是为了提供各成员企业的会计核算资料,并在此基础上编制企业的个别财务报表。编制抵销分录的目的在于消除内部会计事项对个别财务报表的影响,在此基础上编制企业集团的合并财务报表。

5. 编制的科目不同

一般会计分录编制时所运用的科目主要是会计准则和会计制度所规定的或允许使用的会计科目。抵销分录编制时所运用的科目是个别财务报表上的有关项目,另外还增加了几个专用科目,如“商誉”、“少数股东权益”、“少数股东损益”等。

(二)抵销分录的类别

抵销分录的编制范围只涉及集团公司的内部投资、内部交易等内部会计事项,我们从这一角度把合并报表工作底稿中抵销处理分为两大类:

1. 与内部股权投资有关的抵销处理

与内部股权投资有关的抵销处理主要包括两个抵销分录:(1)母公司长期股权投资与子公司所有者权益的抵销。母公司对子公司的长期股权投资与母公司在子公司所有者权益中所享有的份额应当互相抵销,同时抵销相应的长期股权投资减值准备。各子公司之间的长期股权投资及子公司对母公司的长期股权投资,应将长期股权投资与其对应的子公司或母公司所有者权益中所享有的份额相互抵销。母公司对子公司的权益性投资,在母公司的资产负债表上表现为长期股权投资项目,而在子公司资产负债表上则表现为实收资本等所有者权益项目。值得注意的是,在非同一控制下的企业合并中长期股权投资和持有的子公司的所有者权益份额不等时,子公司可辨认资产的公允价值与账面价值之差通过调整分录分摊于有关资产、负债项目,母公司合并成本与子公司可辨认净资产公允价值之差通过抵销分录确认为商誉(或营业外收入)。(2)母公司对子公司长期股权投资的投资收益与子公司利润分配项目的抵销,即为母公司的投资收益和子公司期初未分配利润与子公司本期利润分配和期末未分配利润的抵销。

2. 与内部交易有关的抵销处理

企业集团的内部交易事项,是指集团公司的母公司与所属子公司之间以及各子公司之间发生的除股权投资以外的各种往来业务及交易事项。本书将在第三章主要介绍集团内部交易的抵销事项,包括集团内部商品交易的抵销、内部非流动资产交易的抵销、内部债权债务的抵销。

上述两大类抵销处理会直接或间接服务于合并资产负债表、合并利润表及合并所有者权益变动表的信息生成。但是,在上述内部交易事项发生时,如果涉及现金结算的则会影响合并现金流量表,因此需要单独编制与内部现金流动有关的抵销处理。编制合并现金流量表时需要进行抵销处理的主要有如下项目:(1)企业集团内部当期以现金投资或收购股权增加的投资所产生的现金流量相互抵销;(2)企业集团内部当期取得投资收益收到的现金与分配股利、利润或偿付利息支付的现金相互抵销;(3)企业集团内部以现金结算债权与债务所产生的现金流量相互抵销;(4)企业集团内部当期销售商品所产生的现金流量相互抵销;(5)企业集团内部处置固定资产等收回的现金净额与购建固定资产等支付的现金相互抵销;(6)企业集团内部当期发生的其他内部交易所产生的现金流量相互抵销。

第四节　内部股权投资的合并处理(同一控制)

同一控制下的企业合并,母公司需编制的合并财务报表按其编制时间,可以分为合并日合并财务报表和合并日后合并财务报表。母公司常常在会计年度的中间取得对子公司的控制权,为了全面反映合并完成时企业集团的财务状况、经营成果、现金流量,合并日一般需要编制合并资产负债表、合并利润表、合并现金流量表,而且其会计处理一般只涉及内部股权投资(以母公司对子公司的股权投资为例)的抵销。合并日后各资产负债表日编制合并财务报表时,内部股权投资的相关报表项目可能已经发生变动,因此有必要进行相关的抵销处理。

一、同一控制下合并日合并财务报表的编制

根据现行会计准则,同一控制下进行企业合并的母公司在合并日需要编制合并资产负债表、合并利润表、合并现金流量表等合并财务报表。母公司在编制合并资产负债表时,一方面子公司的各项资产、负债应按其账面价值计量;另一方面,母公司对子公司的长期股权投资的

入账价值按合并日占子公司所有者权益账面价值的份额计量，并与子公司的所有者权益中归属于母公司的份额相抵销，同时确认子公司的少数股东权益。下面举例说明。

【例 2—1】 甲公司 2017 年 1 月 1 日以28 600万元的价格取得乙公司 80%的股权。乙公司净资产账面价值为34 000万元，甲公司在购买乙公司过程中发生审计、评估和法律服务等相关费用 150 万元。上述价款均以银行存款支付。甲公司与乙公司为同一控制下的企业，且乙公司采用的会计政策与甲公司一致。乙公司合并日当日的资产负债情况见表 2—2 中的乙公司数据。

表 2—2　**资产负债表(简表)**

编制单位：乙公司　2017 年 1 月 1 日　单位：万元

资　产	甲公司	乙公司	负债和所有者权益	甲公司	乙公司
流动资产：			流动负债：		
货币资金	19 000	10 000	应付票据	20 000	13 000
应收账款	12 000	5 000	应付账款	18 000	4 000
存货	31 000	20 000	预收账款	22 000	4 000
流动资产合计	62 000	35 000	流动负债合计	60 000	21 000
非流动资产：			非流动负债：		
固定资产	51 000	18 000	应付债券	26 000	5 000
长期股权投资	25 600	0	非流动负债合计	26 000	5 000
无形资产	17 400	7 000	负债合计	86 000	26 000
非流动资产合计	94 000	23 000	所有者权益：		
			股本	40 000	20 000
			资本公积	10 000	8 000
			盈余公积	11 000	3 400
			未分配利润	9 000	2 600
			所有者权益合计	70 000	34 000
资产总计	156 000	60 000	负债和所有者权益总计	156 000	60 000

要求：编制甲公司编制合并日合并资产负债表时的抵销分录(单位：万元)。

(1)由于甲公司与乙公司为同一控制下的企业，按同一控制下企业合并处理规定(见第一章)，甲公司对乙公司长期股权投资的初始成本为27 200万元(34 000×80%)，相关的审计、评估和法律服务等费用 150 万元计入管理费用。编制合并日合并资产负债表时，甲公司应当进行如下抵销分录：

借：股本　20 000
　　资本公积　8 000
　　盈余公积　3 400
　　未分配利润　2 600
　贷：长期股权投资　27 200
　　　少数股东权益　6 800

其中，少数股东权益6 800万元为合并日子公司所有者权益账面价值的 20%，即为34 000万元×20%。

(2)根据上述抵销分录，编制合并工作底稿如表 2—3 所示。

表 2—3 合并日合并工作底稿(简表)

2017年 1 月 1 日 单位：万元

项 目	甲公司	乙公司	抵销分录		合并数
			借	贷	
流动资产	62 000	35 000			97 000
无形资产	17 400	7 000			24 400
固定资产	51 000	18 000			69 000
长期股权投资	27 200	0		27 200	0
负债	86 000	26 000			112 000
股本	40 000	20 000	20 000		40 000
资本公积	10 000	8 000	8 000		10 000
盈余公积	11 000	3 400	3 400		11 000
未分配利润	9 000	2 600	2 600		9 000
少数股东权益	—	—		6 800	6 800

二、同一控制下合并日后合并财务报表的编制

同一控制下的企业合并编制合并日后合并财务报表时，与内部股权投资相关的合并处理可以分三个步骤进行：首先，将母公司对子公司长期股权投资由成本法调整为权益法，使母公司对子公司长期股权投资项目反映子公司所有者权益中母公司拥有权益的变动情况；其次，将母公司对子公司长期股权投资与子公司所有者权益进行抵销，将内部股权投资对个别财务报表的影响予以抵销；最后，将母公司的投资收益与子公司利润分配进行抵销，使合并财务报表反映母公司股东权益变动情况。

(一)按权益法调整对子公司的长期股权投资

进行内部股权投资抵销处理前，母公司需要根据长期股权投资成本法与权益法处理的不同，调整对子公司长期股权投资的核算结果。自取得子公司长期股权投资的年度起，逐年按照子公司当年实现的净利润中属于母公司享有的份额，调增对子公司长期股权投资的金额，并调增当年投资收益；对子公司当年宣告分派的现金股利中母公司享有的份额，则调整冲减长期股权投资的账面价值，同时调整减少原投资收益；对子公司当年除净损益以外所有者权益的其他变动，按照子公司当期计入资本公积的金额中母公司享有的份额，在增加长期股权投资的同时增加自身的资本公积。在取得子公司长期股权投资的第二年，在调整计算第一年年末权益法核算的对子公司长期股权投资的基础上，按照第二年子公司实现净利润中母公司所享有的份额调增长期股权投资，按照第二年子公司宣告分派的现金股利中母公司享有的份额调减长期股权投资，按照第二年子公司除净损益以外的其他所有者权益变动中母公司所享有的份额调整长期股权投资。以后年度的调整以此类推。

【例 2—2】 沿用例 2—1 资料，乙公司2017年 1 月 1 日所有者权益总额为34 000万元，其

中,股本为20 000万元,资本公积为8 000万元,盈余公积为3 400万元,未分配利润为2 600万元;2017年12月31日,所有者权益总额为42 000万元,其中,股本为20 000万元,资本公积为8 000万元,盈余公积为5 400万元,未分配利润为8 600万元。所有者权益的变动是由以下事项导致的:乙公司2017年全年实现净利润14 500万元,提取盈余公积2 000万元,向股东宣告分派现金股利6 500万元。

要求:计算甲公司对乙公司长期股权投资按权益法调整后的结果,并编制相关的调整分录(单位:万元)。

调整后的甲公司对乙公司的长期股权投资＝27 200＋14 500×80%－6 500×80%

＝33 600(万元)

将成本法调整为权益法的相关调整分录如下:

借:长期股权投资　11 600

　贷:投资收益　11 600

借:投资收益　5 200

　贷:长期股权投资　5 200

(二)母公司长期股权投资与子公司所有者权益抵销

母公司对子公司进行的股权投资,一方面反映为长期股权投资以外的其他资产的减少,另一方面反映为长期股权投资的增加,在其个别资产负债表中作为资产类项目中的长期股权投资列示。子公司接受这一投资时,一方面增加资产的数额,另一方面作为实收资本处理,在其个别资产负债表中一方面反映为实收资本的增加,另一方面反映为相对应的资产的增加。从企业集团整体来看,母公司对子公司的股权投资实际上相当于母公司将资本拨付下属核算单位,并不引起整个企业集团的资产、负债和所有者权益的增减变动。因此,编制合并财务报表时应当在母公司与子公司财务报表数据简单相加的基础上,将母公司对子公司长期股权投资项目与子公司所有者权益项目予以抵销。

对于同一控制下企业合并取得的子公司,在内部股权投资抵销过程中不产生差额,只需将母公司长期股权投资与子公司所有者权益中母公司享有的份额相抵销。对于全资子公司进行抵销处理时将对子公司长期股权投资的金额与子公司所有者权益全额抵销;而对于非全资子公司,子公司所有者权益中不属于母公司的部分确认为少数股东权益。下面举例说明。

【例2—3】 沿用例2—2资料,经过调整后甲公司对乙公司长期股权投资为33 600万元,乙公司所有者权益总额为42 000万元,且甲公司拥有乙公司80%的股权,即其余20%属于少数股东权益。

要求:编制甲公司长期股权投资与乙公司所有者权益的抵销分录(单位:万元)。

甲公司长期股权投资与乙公司所有者权益抵销时,其抵销分录如下:

借:股本　20 000

　资本公积　8 000

　盈余公积　5 400

　未分配利润　8 600

　贷:长期股权投资　33 600

　　少数股东权益　8 400

其中,少数股东权益8 400万元为资产负债表日子公司所有者权益账面价值的20%,即为42 000万元×20%。

(三)母公司投资收益与子公司利润分配抵销

从单一企业来讲,当年实现的净利润加上年初未分配利润是企业利润分配的来源,提取盈余公积、向所有者分配利润以及留待以后年度未分配利润是企业利润分配的去向。而子公司当年实现的净利润可以分为两部分:一部分属于母公司所有,即母公司的投资收益;另一部分属于少数股东所有,即少数股东本期损益。为了使合并财务报表反映母公司股东权益的变动情况及财务状况,则必须将母公司投资收益、少数股东损益和期初未分配利润与子公司当年利润分配以及未分配利润金额相抵销。

【例 2—4】 沿用例 2—3 资料,乙公司 2017 年全年实现净利润14 500万元,其中 80%属于母公司投资收益,20%属于少数股东损益。

要求:编制甲公司的投资收益与乙公司利润分配的抵销分录(单位:万元)。

甲公司的投资收益与乙公司的利润分配抵销时,其抵销分录如下:

借:投资收益	11 600	
少数股东损益	2 900	
未分配利润——年初	2 600	
贷:提取盈余公积		2 000
向所有者分配利润		6 500
未分配利润——年末		8 600

第五节　内部股权投资的合并处理(非同一控制)

非同一控制下的企业合并,母公司需编制的合并财务报表也可以按其编制时间,分为购买日合并财务报表和购买日后合并财务报表。母公司在购买日一般只需要编制合并资产负债表,购买日后各资产负债表日需编制合并资产负债表、合并利润表、合并现金流量表、合并所有者权益变动表及附注等内容。非同一控制下企业合并中的内部股权投资合并处理,比起同一控制下的企业合并更为复杂,主要表现在调整子公司个别财务报表相关项目为以公允价值列示,及确认合并过程中的合并商誉。

一、非同一控制下购买日合并财务报表的编制

根据现行会计准则,非同一控制下取得子公司,母公司在购买日只编制合并资产负债表。购买日合并资产负债表的编制要点是:(1)在购买日合并资产负债表中,因企业合并取得的被购买方各项可辨认资产、负债及或有负债,应当以公允价值列示。按照经济实体理论,无论母公司取得的子公司股权份额是否为 100%,合并资产负债表中子公司各项可辨认资产、负债及或有负债均按公允价值报告。这就意味着,在母公司非 100%控股的情况下,合并财务报表中少数股东权益中包含的子公司可辨认净资产也按其公允价值报告。(2)当母公司的合并成本大于取得的子公司可辨认净资产公允价值份额的差额,即母公司对子公司的长期股权投资(按合并成本计量)大于母公司在子公司所有者权益(按公允价值计量)中所享有的份额的差额,列作商誉。在存在少数股权的情况下,这就意味着合并商誉中并未包含子公司归属于少数股东

的商誉。[①] (3)母公司的合并成本小于取得的子公司可辨认净资产公允价值份额的差额,即母公司对子公司的长期股权投资(按合并成本计量)小于母公司在子公司所有者权益(按公允价值计量)中所享有的份额的差额,在合并日合并资产负债表中调整留存收益。[②] 下面举例予以说明。

【例2—5】 2017年1月1日,A公司以发行2 000万股普通股(每股面值1元),市场价格为8元,取得B公司60%的股份。假定A公司与B公司的企业合并属于非同一控制下的控股合并,2017年1月1日,B公司所有者权益总额为17 500万元,其中实收资本为10 000万元,资本公积为4 500万元,盈余公积为1 000万元,未分配利润为2 000万元。B公司2017年1月1日可辨认资产、负债的公允价值的资料如表2—4所示。其中,除一项固定资产外B公司可辨认资产、负债的账面价值均等于公允价值,该项固定资产增值是由B公司拥有的S办公楼引起的,S办公楼折旧年限为10年,按年限平均法计提折旧,净残值为零。假定B公司采用的会计政策和会计期间与A公司一致,不考虑相关税费的影响。

表2—4 **A公司备查簿——B公司**

2017年1月1日 单位:万元

项　目	购买日账面价值	购买日公允价值	账面价值与公允价值的差额	期末合并报表调整额	余额	备注
B公司:						
流动资产:	19 000	19 000				
长期资产:	10 500	11 000				
其中:固定资产——S办公楼	2 500	3 000	500	50	450	
资产总计	29 500	30 000				
流动负债:	7 500	7 500				
长期负债:	4 500	4 500				
负债合计	12 000	12 000				
股本	10 000	10 000				
资本公积	4 500	5 000				
盈余公积	1 000	1 000				
未分配利润	2 000	2 000				
所有者权益合计	17 500	18 000				
负债和所有者权益总计	29 500	30 000				

要求:编制A公司购买日合并资产负债表时的调整和抵销分录(单位:万元)。

(1)由于A公司并购B公司为非同一控制下的企业,A公司将购买取得B公司60%的股

① 经济实体理论要求存在少数股权时,少数股东权益列作合并股东权益的一部分,少数股东损益列作合并净利润的一部分,但是对合并商誉的计量却体现母公司理论要求。从而少数股东权益的计量介于两个理论之间。

② 如果编制合并利润表,这个差额需要调整营业外收入项目,从而对资产负债表的留存收益产生影响。但是,由于购买日不编制合并利润表,所以直接调整留存收益项目。

份作为长期股权投资入账时的账务处理如下：

借：长期股权投资　　16 000
　　贷：股本　　2 000
　　　　资本公积　　14 000

(2)编制购买日合并资产负债表时，将B公司资产和负债的评估增值或减值，分别调增或调减相关资产和负债项目金额，调整分录如下：

借：固定资产　　500
　　贷：资本公积　　500

(3)基于资产和负债的公允价值对B公司财务报表调整后，可以得到：

B公司调整后的资本公积＝4 500＋500＝5 000(万元)

B公司调整后的股东权益总额＝17 500＋500＝18 000(万元)

合并商誉＝16 000－18 000×60%＝5 200(万元)

少数股东权益＝18 000×40%＝7 200(万元)

因此，A公司的长期股权投资与B公司的所有者权益中A公司所享有的份额抵销时，其抵销分录如下：

借：股本　　10 000
　　资本公积　　5 000
　　盈余公积　　1 000
　　未分配利润　　2 000
　　商誉　　5 200
　　贷：长期股权投资　　16 000
　　　　少数股东权益　　7 200

二、非同一控制下购买日后合并财务报表的编制

母公司在非同一控制下取得子公司后，在未来持有该子公司的情况下，每一会计期末都需要将其纳入合并范围，并编制购买日后合并财务报表。在编制购买日后合并财务报表时，与内部股权投资相关的合并处理可以分四个步骤进行：首先，应当以购买日确定的各项可辨认资产、负债及或有负债的公允价值为基础，对子公司的财务报表进行调整；其次，将母公司对子公司长期股权投资由成本法调整权益法，对子公司的财务报表进行相应的调整；再次，将母公司对子公司长期股权投资与子公司所有者权益进行抵销，将内部股权投资对个别财务报表的影响予以抵销；最后，将母公司投资收益与子公司利润分配进行抵销，使合并财务报表反映母公司股东权益变动情况。

(一)按公允价值调整子公司财务报表相关项目

对于属于非同一控制下企业合并中取得的子公司，除了存在与母公司会计政策和会计期间不一致的情况，需要对该子公司的个别财务报表进行调整外，还应当根据母公司为该子公司设置的备查簿的记录，以记录的非同一控制下企业合并中取得的子公司各项可辨认资产、负债及或有负债等在购买日的公允价值为基础，通过编制调整分录，对该子公司提供的个别财务报表进行调整，以使子公司的个别财务报表反映为在购买日公允价值基础上确定的可辨认资产、负债及或有负债在本期资产负债表日的金额。

【例2—6】 沿用例2—5资料，A公司与B公司2017年12月31日的资产负债表分别如

表 2—5、表 2—6 所示，其他事项如下：

(1)2017 年，B 公司全年实现净利润6 000万元，提取盈余公积 600 万元，向股东宣告分派现金股利 400 万元。B 公司因接受股东无偿捐赠计入当期资本公积的金额为 500 万元。

(2)2017 年 12 月 31 日，B 公司所有者权益总额为23 600万元，其中实收资本为10 000万元，资本公积为5 000万元，盈余公积为1 600万元，未分配利润为7 000万元。

表 2—5 **资产负债表(简表)**

编制单位：A 公司 2017 年 12 月 31 日 单位：万元

资 产	期末余额	年初余额	负债和所有者权益	期末余额	年初余额
流动资产：			流动负债：		
货币资金	5 000	15 000	应付票据	5 000	5 000
应收票据	17 000	0	应付账款	15 000	10 000
其中：应收 B 公司票据	2 000	0	预收账款	1 000	1 500
应收账款	9 000	21 500	其中：预收 B 公司账款	500	0
其中：应收 B 公司账款	2 400	0	应付职工薪酬	5 000	10 500
预付账款	3 850	0	应交税费	4 000	5 000
存货	5 000	19 000	流动负债合计	30 000	32 000
其中：向 B 公司购入存货	5 000	0	长期负债：		
流动资产合计	39 850	55 500	长期借款	10 000	10 000
长期资产：			应付债券	3 000	3 000
持有至到期投资	1 000	0	长期负债合计	13 000	13 000
其中：持有 B 公司债券	1 000	0	负债合计	43 000	45 000
可供出售金融资产	1 000	1 000			
长期股权投资	29 500	14 500	所有者权益：		
其中：对 B 公司投资	16 000	0	股本	20 000	20 000
固定资产	13 500	10 500	资本公积	4 000	4 000
其中：向 B 公司购入固定资产	1 000	0	盈余公积	5 000	3 660
无形资产	3 150	3 500	未分配利润	16 000	12 340
长期资产合计	48 150	29 500	所有者权益合计	45 000	40 000
资产总计	88 000	85 000	负债和所有者权益总计	88 000	85 000

表 2—6 **资产负债表(简表)**

编制单位：B 公司 2017年 12 月 31 日 单位：万元

资 产	期末余额	年初余额	负债和所有者权益	期末余额	年初余额
流动资产：			流动负债：		
货币资金	8 000	1 500	应付票据	2 000	1 500

续表

资　产	期末余额	年初余额	负债和所有者权益	期末余额	年初余额
应收票据	1 500	0	其中:应付票据——A公司	2 000	0
应收账款	6 000	3 000	应付账款	2 500	3 000
预付账款	2 000	0	其中:应付A公司账款	2 400	0
其中:预付A公司账款	500	0	预收账款	0	250
存货	800	14 500	应付职工薪酬	500	1 750
流动资产合计	18 300	19 000	应交税费	300	1 000
长期资产:			应付股利	400	0
持有至到期投资	0	0	流动负债合计	5 700	7 500
其中:持有A公司债券	0	0	长期负债:		
可供出售金融资产	4 000	3 000	长期借款	3 500	4 500
长期股权投资	1 000	500	应付债券	1 000	0
固定资产	10 000	6 500	其中:应付债券——A公司	1 000	0
其中:向A公司购入固定资产	540	0	长期负债合计	4 500	4 500
无形资产	500	500	负债合计	10 200	12 000
长期资产合计	15 500	10 500	所有者权益:		
			股本	10 000	10 000
			资本公积	5 000	4 500
			其中:接受股东无偿捐赠	500	0
			盈余公积	1 600	1 000
			未分配利润	7 000	2 000
			所有者权益合计	23 600	17 500
资产总计	33 800	29 500	负债和所有者权益总计	33 800	29 500

要求:编制把B公司财务报表相关项目由账面价值调整为公允价值的分录(单位:万元)。

A公司在编制2017年合并资产负债表时,以B公司年初各项可辨认资产的公允价值为基础,对B公司的年末净利润进行调整,从表2—4中可以看出,B公司的固定资产中的S办公楼的账面价值与公允价值的差额需要调整,应补提折旧500÷10=50万元,则B公司2017年的净利润为6 000—50=5 950万元。在合并财务报表中应作的调整分录如下:

借:固定资产　　500
　　贷:资本公积　　500
借:管理费用　　50
　　贷:固定资产——累计折旧　　50

(二)按权益法调整对子公司的长期股权投资

根据现行准则,编制合并报表时母公司需要将对子公司的长期股权投资成本法结果调整为权益法结果,可以参照同一控制部分的做法。

【例 2—7】 沿用例 2—6 资料,B 公司全年实现净利润6 000万元,向股东宣告分派现金股利 400 万元,以及 B 公司因接受股东无偿捐赠计入当期资本公积的金额为 500 万元。上述三项事项权益法核算的结果与成本法核算的结果均不同,需要进行调整。

要求:计算 A 公司对 B 公司长期股权投资按权益法调整后的结果,并编制相关的调整分录(单位:万元)。

调整后的长期股权投资账面价值=16 000+5 950×60%-400×60%+500×60%
=19 630(万元)

在合并工作底稿中应作的调整分录如下:

借:长期股权投资　　3 570
　贷:投资收益　　3 570

借:投资收益　　240
　贷:长期股权投资　　240

借:长期股权投资　　300
　贷:资本公积　　300

上述三项调整分录也可合并为:

借:长期股权投资　　3 630
　贷:投资收益　　3 330
　　资本公积　　300——①

(三)将母公司的长期股权投资与子公司所有者权益抵销

非同一控制下的企业合并,母公司的长期股权投资与子公司的所有者权益中母公司所享有的份额抵销时,由于是以子公司可辨认净资产的公允价值为报告基础的,抵销过程中会产生差额。具体来说,在子公司为全资子公司的情况下,在合并工作底稿中编制的抵销分录为:借记“实收资本(或股本)”、“资本公积”、“盈余公积”和“未分配利润——年末”项目,贷记“长期股权投资”项目。当母公司对子公司长期股权投资的金额与应享有子公司所有者权益总额不一致时,其差额作为商誉处理,应按其差额,借记“商誉”项目。上述差额如为贷方差额,在合并当期应记入合并利润表,贷记“营业外收入”项目,在合并以后期间,调整期初未分配利润。在子公司为非全资子公司的情况下,在合并工作底稿中编制的抵销分录为:借记“实收资本(股本)”、“资本公积”、“盈余公积”和“未分配利润——年末”项目,贷记“长期股权投资”和“少数股东权益”项目。当母公司对子公司长期股权投资的金额与在子公司所有者权益中所享有的份额不一致时,其差额比照全资子公司情况下的处理。

【例 2—8】 沿用例 2—7 资料,经过调整后 A 公司对 B 公司长期股权投资为19 630万元,调整后的 B 公司所有者权益总额为24 050万元,且 A 公司拥有 B 公司 60%的股权,即其余40%属于少数股东权益。

要求:编制 A 公司长期股权投资与 B 公司所有者权益的抵销分录(单位:万元)。

2017 年 12 月 31 日,A 公司对 B 公司长期股权投资经调整后的金额为19 630万元,与其在 B 公司调整后的所有者权益总额中所享有的金额14 430万元[(所有者权益账面余额23 600+固定资产购买日公允价值高于账面价值的差额 500-固定资产购买日公允价值高于账面价值的差额按年限平均法10年计提的折旧额50)×60%]之间的差额5 200万元，应当作为商誉处理。至于B公司调整后股东权益中40%的部分，即9 620万元确认为少数股东权益。其抵销分录如下：

借：股本　10 000
　资本公积——年初　4 500
　　　　　——本年　1 000
　盈余公积——年初　1 000
　　　　　——本年　600
　未分配利润——年末　6 950
　商誉　5 200
　贷：长期股权投资　19 630
　　少数股东权益　9 620——②

根据上述调整和抵销分录，不考虑内部交易抵销，编制合并工作底稿如表2—7所示。

表2—7　合并日合并工作底稿(简表)

2017年12月31日　单位：万元

项目	A公司			B公司			合计金额	抵销分录		少数股东权益	合并金额
	报表金额	借方	贷方	报表金额	借方	贷方		借方	贷方		
流动资产：											
货币资金	5 000			8 000			13 000				13 000
应收票据	17 000			1 500			18 500				18 500
其中：应收B公司票据	2 000						2 000				2 000
应收账款	9 000			6 000			15 000				15 000
其中：应收B公司账款	2 400						2 400				2 400
预付账款	3 850			2 000			5 850				5 850
其中：预付A公司账款				500			500				500
存货	5 000			800			5 800				5 800
其中：向B公司购入存货	5 000						5 000				5 000
流动资产合计	39 850	0	0	183 000	0	0	58 150	0	0		58 150
长期资产：											
持有至到期投资	1 000			0			1 000				1 000
其中：持有B公司债券	1 000						1 000				1 000
可供出售金融资产	1 000			4 000			5 000				5 000
长期股权投资	29 500	①3 630		1 000			34 130		②19 630		14 500
其中：对B公司投资	16 000	①3 630					19 630		②19 630		0
固定资产	13 500			10 000	500	50	23 950				23 950
其中：向B公司购入固定资产	1 000						1 000				1 000
其中：向A公司购入固定资产				540			540				540

续表

项　目	A公司			B公司			合计金额	抵销分录		少数股东权益	合并金额
	报表金额	借方	贷方	报表金额	借方	贷方		借方	贷方		
无形资产	3 150			500			3 650				3 650
商誉	0			0			0	②5 200			5 200
长期资产合计	48 150	3 630	0	15 500	500	50	67 730	5 200	19 630		53 300
资产总计	88 000	3 630	0	33 800	500	50	125 880	5 200	19 360		111 450
流动负债：											
应付票据	5 000			2 000			7 000				7 000
应付账款	15 000			2 500			17 500				17 500
预收账款	1 000			0			1 000				1 000
其中：预收B公司账款	500						500				500
应付职工薪酬	5 000			500			5 500				5 500
应交税费	4 000			300			4 300				4 300
应付股利	0			400			400				400
流动负债合计	30 000	0	0	5 700	0	0	35 700	0	0		35 700
长期负债：											
长期借款	10 000			3 500			13 500				13 500
应付债券	3 000			1 000			4 000				4 000
长期负债合计	13 000	0	0	4 500	0	0	17 500	0	0	0	17 500
负债合计	43 000	0	0	10 200	0	0	53 200	0	0		53 200
所有者权益：											
股本	20 000			10 000			30 000	10 000			20 000
资本公积	4 000		①300	5 000		500	9 800	②5 500			4 300
其中：接受股东无偿捐赠				500			500	500			0
盈余公积	5 000			1 600			6 600	1 600			5 000
未分配利润	16 000		①3 330	7 000	50		26 280	②6 950			19 330
少数股东权益									②9 620	9 620	9 620
所有者权益合计	45 000	0	3 360	23 600	50	500	72 680	24 050	9 620	9 620	58 250
负债和所有者权益总计	88 000	0	3 360	33 800	50	500	125 880	24 050	9 620	9 620	111 450

(四)母公司投资收益与子公司利润分配抵销

内部投资收益是指母公司对子公司或子公司对母公司、子公司相互之间的长期股权投资的收益，实际上就是子公司当期营业收入减去营业成本和期间费用、所得税后的余额与其持股比例相乘的结果。由于合并报表中的本年利润分配项目是站在整个企业集团角度，反映对母公司股东和子公司的少数股东的利润分配情况，因此，子公司的个别报表中本年利润分配各项目的金额，包括提取盈余公积、向投资者分派利润和期末未分配利润的金额都必须予以抵销。

具体来说，在子公司为全资子公司的情况下，假定子公司期初未分配利润为零，子公司本期净利润就是本期子公司利润分配的来源，而子公司本期利润分配(包括提取盈余公积、向所有者分配利润等)的金额与期末未分配利润的金额则是本期利润分配的结果。为此，母公司对子公司的长期股权投资收益应与子公司的本年利润分配项目相抵销。在子公司为非全资子公司的情况下，同样假定子公司期初未分配利润为零，母公司本期对子公司股权投资收益与本期少数股东损益之和就是子公司本期净利润，母公司本期对子公司长期股权投资收益与本期少数股东损益之和，应与子公司本年利润分配项目相抵销。至于子公司个别所有者权益变动表中本年利润分配项目中的“未分配利润——年初”项目，作为子公司以前会计期间净利润的一部分，在全资子公司的情况下已全额包括在母公司以前会计期间的投资收益之中，从而包括在母公司本期期初未分配利润之中。为此，也应将其予以抵销。

将上述项目抵销时，若子公司为全资子公司，应当编制的抵销分录为：借记“投资收益”、“未分配利润——年初”项目，贷记“提取盈余公积”、“向所有者分配利润”、“未分配利润——年末”项目。若子公司为非全资子公司，应编制的抵销分录为：借记“投资收益”、“少数股东损益”、“未分配利润——年初”项目，贷记“提取盈余公积”、“向所有者分配利润”、“未分配利润——年末”项目。下面举例说明。

【例2—9】 沿用例2—8资料，A公司拥有B公司60%的股份。A公司按权益法确认的对B公司本期投资收益为3 570万元(5 950万元×60%)，B公司本期少数股东损益为2 380万元(5 950万元×40%)。B公司年初未分配利润为2 000万元，本期向股东宣告分派现金股利400万元。

要求：编制A公司的投资收益与B公司利润分配的抵销分录(单位：万元)。

A公司的投资收益与B公司利润分配的抵销分录如下：

借：投资收益	3 570	
少数股东损益	2 380	
未分配利润——年初	2 000	
贷：提取盈余公积		600
向所有者分配利润		400
未分配利润——年末		6 950

需要说明的是，在将母公司投资收益等项目与子公司本年利润分配项目抵销时，在合并财务报表中无须再将已经抵销的提取盈余公积的金额进行调整。另外，由于合并报表分录的抵销不涉及各公司账务上的调整，而只是对报表上数字的调整，因此在连续年度的合并报表抵销分录编制中，必须考虑到以前年度企业活动对本年度的累积影响。在对资产负债表项目中所有者权益的抵销处理中，其相关会计数据均为累积额，因此其会计处理同当年会计处理没有区别；但是利润表项目所反映的是当期会计业务的变化，在对母公司的投资收益与子公司利润分配进行抵销处理时要考虑到以前年度累计盈余公积的抵销处理。

本章小结

本章介绍了合并财务报表的基本概念、合并理论及合并范围的确定、合并财务报表的编制程序和内部股权投资的合并处理。合并财务报表是由合并资产负债表、合并利润表、合并现金流量表、合并所有者权益变动表及附注构成的，根据编制时间不同又可以分为购并日合并财务报表和购并日后合并财务报表。编制合并财务报表首先应掌握三大合并理论和合并范围，然后需做好编制前期准备工作，最后通过设置合并工作底稿等程序有步骤地进行编制工作。调整和抵销处理是编制合并财务报表步骤中的难点，其中与内部股权投资相关的调整抵销处理需要区分同一控制下和非同一控制下的企业合并，且需要理解合并商誉和少数股东权益的内涵,从而熟练掌握同一控制下与非同一控制下企业合并报表编制程序中调整和抵销处理的差异。

本章思考题

1. 什么是合并财务报表?其与个别财务报表相比有哪些特点?
2. 合并财务报表的合并理论有哪几种?它们之间有何不同?
3. 应纳入合并财务报表合并范围的子公司包括哪些?哪些子公司不能纳入合并财务报表的范围?
4. 编制合并财务报表应具备哪些前提条件?
5. 同一控制下的合并日合并财务报表编制与非同一控制下的购买日合并财务报表编制有何不同?
6. 同一控制下合并日后与非同一控制下购买日后,内部股权投资的合并处理分别包括哪些步骤?

本章业务题

1. 2017 年 6 月 1 日,A 公司以100 000元现金,同时发行市价为每股 3 元的股票10 000股(面值 1 元)购买B公司发行在外普通股的 60%。A 公司在并购过程中以现金支付法律咨询费用30 000元、证券发行费用2 000元,假设此次合并为非同一控制下企业合并。并购当日,A 公司所有者权益构成如下:股本20 000元,资本公积60 000元,留存收益120 000元。除以下资产、负债账面价值不等于公允价值外,其他资产负债账面价值等于公允价值,具体差额如下表所示:

A 公司备查簿——B 公司

项 目	差 额
存货	40 000
固定资产	160 000
应付债券	60 000
合 计	260 000

要求:

(1)编制 A 公司并购 B 公司时的会计分录;

(2)计算购买日的合并商誉及少数股东权益,并编制相应的购买日调整与抵销分录。

2. 2017 年 9 月 30 日,ABC 公司发行20 000股(每股面值 1 元,市价 4 元)的普通股,以交换法尔公司 90%的股权。合并中涉及法律咨询费用30 000元、股票注册费4 000元,均以现金支付。法尔公司 2017 年 9 月 30 日所有者权益账面价值为440 000元,具体构成如下:股本20 000元,资本公积280 000元,留存收益140 000元。

要求:编制 ABC 公司合并业务会计分录及合并日合并财务报表有关合并分录。

3. 甲公司于2017年 10 月 1 日以60 000万元的价格取得 A 公司 80%的股权,A 公司净资产的公允价值为76 000万元。上述价款均以银行存款支付。甲公司与 A 公司均为同一控制下的企业。A 公司采用的会计政策与甲公司一致。A 公司2017年 10 月 1 日的股东权益总额为70 000万元,其中股本为40 000万元,资本公积为20 000万元,盈余公积为4 000万元,未分配利润为6 000万元;2017年 12 月 31 日,股东权益总额为90 000万元,其中股本为40 000万元,资本公积为20 000万元,盈余公积为10 000万元,未分配利润为20 000万元。A 公司2017年全年实现净利润30 000万元,经公司董事会提议并经股东会批准,2017年提取盈余公积6 000万元,向股东宣告分派现金股利10 000万元。

要求:编制2017年 12 月 31 日甲公司对 A 公司长期股权投资的抵销分录。

4. M 公司 2016 年至2017年投资业务的有关资料如下:(1)2016 年 11 月 5 日,M 公司与 A 公司签订股权转让协议。该股权转让协议规定:M 公司收购 A 公司持有的 S 公司股份总额的 60%,收购价格为5 200万元,该股权协议生效日为2016年12月31日。该股权转让协议于2016年12月20日分别经M公司和A公司临时股东大会审议通过，并依法报经有关部门批准。2017年1月1日，S公司股东权益账面价值为16 000万元，可辨认净资产的公允价值为16 000万元。2017年1月1日，M公司以银行存款支付收购股权价款5 200万元，并办理了相关的股权划转手续。(2)2017年5月1日，S公司股东大会通过2016年度利润分配方案。该分配方案如下：按实现净利润的10%提取法定盈余公积，分配现金股利1 600万元。(3)2017年6月5日，M公司收到S公司分派的现金股利。(4)2017年，S公司实现净利润7 360万元。2017年6月12日，S公司因投资性房地产业务核算增加资本公积640万元(已扣除递延所得税影响)。

要求：

(1)确定购买日，编制M公司取得S公司股权的相关账务处理；

(2)编制M公司个别报表中2017年度长期股权投资相关的账务处理；

(3)编制M公司2017年末编制合并财务报表时对S公司股权投资的调整与抵销分录。

本章参考文献

1. 财政部：《企业会计准则第33号——合并财务报表》，2014年
2. 陈玲娣、花爱梅、金颖：《高级财务会计理论与实务》，清华大学出版社，2016年
3. 傅荣：《高级财务会计》，中国人民大学出版社，2016年
4. 刘永泽、傅荣：《高级财务会计》，东北财经大学出版社，2016年
5. 荣莉、彭晓洁：《高级财务会计》，中国财政经济出版社，2017年
6. 中国注册会计师协会：《注册会计师全国统一考试辅导教材(会计)》，2017年

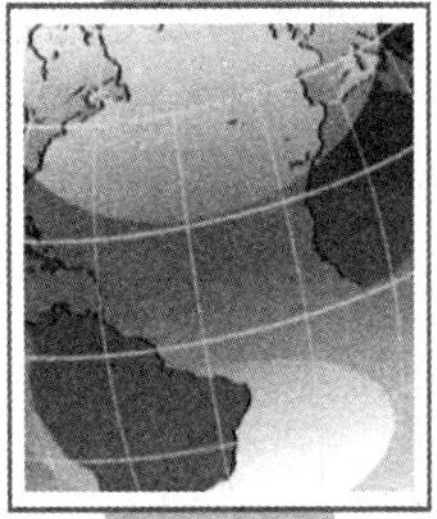

第三章 合并财务报表(下)

引入案例

随着互联网的兴起,互联网企业如雨后春笋般涌现,其中乐视网是近年来崛起的互联网企业的代表之一。目前,根据乐视网的披露,乐视生态模式包括4层架构(平台、内容、终端、应用)以及三核驱动(大屏生态、手机生态、汽车生态),跨界幅度十分广阔。该公司拥有硬件收入、内容收入、广告收入、应用分成收入四重盈利模式。然而,乐视网的2015年财务报告中有很多值得商榷的地方。

根据乐视网2015年的财务报表显示,公司的主营业务收入为130.16亿元,但营业利润只有0.69亿元,利润总额为0.74亿元,营业利润率仅0.53%,然而税后净利润却有2.17亿元,其实,这2.17亿元的主要来源是非营业所得,是依靠少数股东损益而带来的所得税费用的下降。2015年乐视网年报显示,终端收入60.89亿元,在营收中占比近一半,但81.86亿元的终端成本,意味着其终端业务出现了20.97亿元的亏损。

根据乐视网2015年年度报告显示,乐视网从乐视移动采购货款和会员分成的支出金额为3.46亿元,从乐视手机电子商务公司采购手机货款为17.72亿元。而乐视网当年又从乐视移动公司收取9.71亿元的会员、广告、技术使用费收入,从乐视手机电子商务公司处收取0.154 4亿元的技术使用费收入。首先,这对于乐视移动公司而言,净收入约为11亿元。这表明,乐视移动通过乐视网发布手机广告,而乐视网从乐视移动公司及其子公司采购手机,在自家的乐视商城平台上销售,而手机销售收入中,约有9.71亿元成为乐视网的会员收入、广告收入和技术使用费收入。这反映了乐视网的经营策略,不仅包括硬件收入,还有应用分成收入、会员分成收入、广告收入等。虽然收入模式较清晰,但是乐视网并没有披露会员收入分成、硬件销售收入如何在乐视网和乐视致新、乐视移动间分摊,没有任何详细的细节和数据介绍。其次,对于乐视移动而言,乐视网对其手机采购款加会员收入分成却难以弥补手机的整体制造成本,手机销售量越大,亏损额度就会越高。例如,以往的乐视电视运营主体乐视致新,2015年亏损额为7.31亿元。可见乐视网的盈利是以实际控制的子公司的巨大亏损做基础的,这导致乐视网自身财务业绩不断增长进而促使股价上升。①

这种模式本质上构成了同一控制下的内部交易,无疑有损于资本市场的公平、公正、公开原则,影响资本市场的健康发展,应当按照我国《企业会计准则第33号——合并财务报表》中的相关规定对内部交易进行披露和抵销。那么,何谓企业内部交易事项?企业内部交易事项有哪些?在编制合并财务报表时该如何对这些内部交易事项进行抵销处理?让我们带着这些问题开始本章的学习。

学习目的与要求

内部交易发生在企业集团内部成员中,交易内容多样,包括有形资产交易、无形资产交易、资金与劳务提供等;交易既可以有偿,也可以无偿;内部交易既可能是合法交易,也可能是不当交易甚至违法交易。

通过本章的学习应了解企业集团内部交易事项的各种类型,了解对内部交易事项的影响进行抵销的原因,理解未实现内部损益的含义,熟练掌握企业集团内部不同类型交易在当期和连续期间的影响以及如何进

① 曾银娥:“多元化经营背景下互联网企业会计处理探讨——以乐视网为例”,《财会通讯》,2017年第4期。

行抵销分录的编制。

集团内部母公司与其所属子公司之间以及子公司之间，除了股权投资以外还会发生各种内部交易事项，并反映在个别会计报表中。我国《企业会计准则第 33 号——合并财务报表》和《企业会计准则第 36 号——关联方披露》，都对合并财务报表内部交易事项应予以调整作了相关规定。因此，在编制合并财务报表时，企业管理层需要特别注意企业间发生的内部交易事项是否按照相关会计准则进行了调整，防止企业出具虚假报告。

第一节 内部交易事项类型及抵销原因

关联方交易是指关联方之间转移资源、提供劳务等行为。在编制合并财务报表时，企业集团关联方交易需要进行调整和抵销。

一、内部交易事项的含义及类型

出于节约交易成本、整合资源、增强竞争优势等目的，企业集团内部成员之间通常会建立紧密的经济联系，集团内部发生存货购销、资金往来拆借、固定资产和无形资产的交易等现象已经十分普遍，这些内部交易事项通常被称为关联方交易。

内部交易具有两面性：一方面，可以降低经营成本，增加利润，提高风险管理的效率，更有效地管理资本和债务；另一方面，可能导致风险传递，使得经营中发生的困难更加复杂化，甚至成为利润操纵的手段。

（一）内部交易的含义

内部交易是指由母公司与其所有子公司组成的企业集团范围内，母公司与子公司、子公司相互之间发生的提供商品劳务、租赁资产等经济业务。

母子公司是独立的法人，各自进行独立的会计核算，因而在企业集团内部成员之间发生的内部交易事项将会反映在各自的个别会计报表中。然而，站在企业集团的角度，这一类交易事项往往并未对集团内资产、负债和损益产生实质性的影响，因此，在合并财务报表中就不应该出现这一类内部交易事项产生的影响。在编制合并财务报表时，应当对内部交易产生的影响进行调整和抵销。

（二）内部交易事项的类型

1. 按内部交易事项的具体内容分类

企业集团的内部交易属于关联交易的范畴。按照《企业会计准则第 36 号——关联方披露》的规定，关联方交易可以分为：购买或销售商品、购买或销售商品以外的其他资产、提供或接受劳务、担保、提供资金、租赁、代理、研究与开发项目的转移、许可协议、代表企业或由企业代表另一方进行债务结算等。而在这些交易中，发生在企业集团内部，同时会对集团内个别会计报表有影响的集团内部交易，主要包括：企业集团内部购买或销售商品（主要为存货）业务、购买或销售商品以外的其他资产（主要包括固定资产、无形资产等长期资产）业务、提供资金（包括集团内的借贷、集团内的债券售购）业务、提供或接受劳务业务、租赁（主要为固定资产租赁）业务。因此，参考关联交易的分类，我们按其具体内容将企业集团内部交易分为：内部商品交易、内部债权债务、内部固定资产交易、内部无形资产交易、其他内部交易。

内部交易事项按其内容的分类如图 3－1 所示。

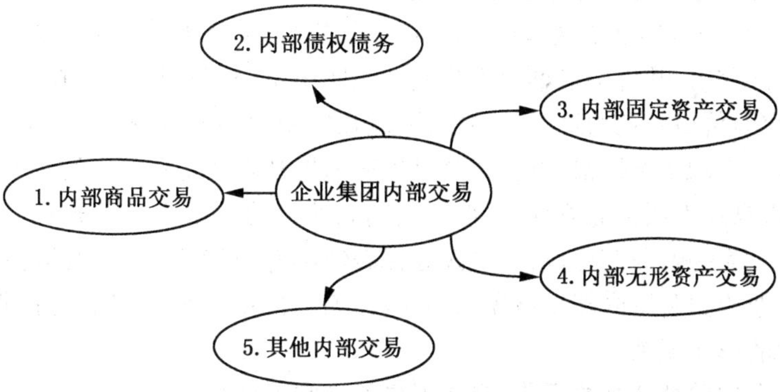

图 3—1 集团内部交易按具体内容的分类

2. 按内部交易事项是否涉及损益分类

(1)涉及损益的内部交易事项

集团内部成员之间发生的与损益有关的内部交易事项,包括只影响利润表的内部交易事项和既影响资产负债表又影响利润表的内部交易事项。其中,只影响利润表的内部交易,是指集团内部按成本价进行的资产现销业务,编制抵销分录时,只需抵销销货方确认的内部销售收入与内部销售成本;既影响资产负债表又影响利润表的内部交易事项,包括集团内部采用按非成本价进行的资产现销业务、所有的资产赊销业务、有偿的资金借贷业务、租赁业务等,对于此类业务,编制抵销分录时不仅应抵销未实现损益,还应抵销虚增或虚减的资产。

(2)不涉及损益的内部交易事项

不涉及损益的内部交易事项,是指企业集团内部成员间发生的只影响资产负债表项目,与各公司损益确定无关的内部交易。如集团内部的无息借贷业务,在编制抵销分录时只需抵销内部债权债务。

内部交易事项按是否涉及损益的分类如图 3—2 所示。

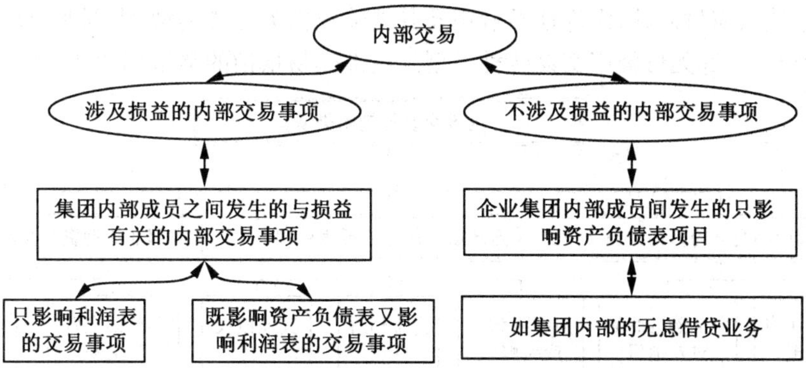

图 3—2 集团内部交易按是否涉及损益的分类

二、内部交易需要抵销的原因

编制合并财务报表时,企业集团内部交易需要进行调整和抵销,原因主要有两点。

(一)集团内部易于利用内部交易操纵利润

内部交易属于关联方交易的范畴。母公司与子公司、子公司之间为关联方关系,在这种密切的关系中进行的交易,其价格很难实现公允。集团中母公司往往掌握了内部交易发生的控制权,以及内部交易价格制定的绝对主导权,因此在编制集团合并财务报表时,如果不将内部交易对报表项目产生的影响抵销,母公司就可以通过控制内部交易发生的频率、操纵内部交易的价格,来达到操纵报表项目的数额,获得巨额利润的目的。在这种情况下,合并财务报表就不能够反映真实可靠的财务信息,甚至将误导报表使用者,使其作出错误的经济决策。

为了防止企业集团利用内部交易操纵利润,在编制合并财务报表时,应该将内部交易对合并财务报表产生的影响抵销。

(二)抵销集团内重复计算的损益,实现报告的真实可靠性

由于合并财务报表是在母、子公司个别会计报表合并的基础上编制的,这些初始合计的资产、负债和损益既包括对外交易的影响,也包括内部交易的影响。只有对外发生交易时产生的损益才是真实的,而集团内部之间的交易就类似于厂部与车间之间的交易,其本身是不应该使得集团资产、负债和利润发生增减变动的。例如,母公司将商品销售给子公司,子公司又将该商品出售给独立于集团的外部单位,那么母公司和子公司各自账上都记了销售收入并结转了销售成本,然而站在整个集团的角度,该商品的购买和销售都只实现了一次,在编制合并财务报表时,若将母子公司的个别会计报表的数字简单相加,就会导致同一事项重复入账。因此,在编制合并财务报表时,应该将内部交易产生的虚计资产、负债、损益以及内部交易产生的现金流予以抵销,以便使合并财务报表只反映集团对外的经济活动的结果。

三、内部交易抵销的类型

本章侧重于阐述编制合并财务报表时,对各类型的集团内部交易进行抵销的基本理论和方法。在介绍企业内部交易的抵销处理时,我们把企业内部交易的类型分成内部商品交易、内部债权债务、内部非流动资产交易三大类型。其中,企业内部商品交易按照内部购入商品的去向分成内部购入商品用于对外销售、内部购入商品作为固定资产使用两种类型;内部债权债务分成了应收账款与应付账款、内部债券购销及其他债权债务三种类型;内部非流动资产交易分为内部固定资产、内部无形资产交易两种类型。内部交易抵销的类型如图 3—3 所示。

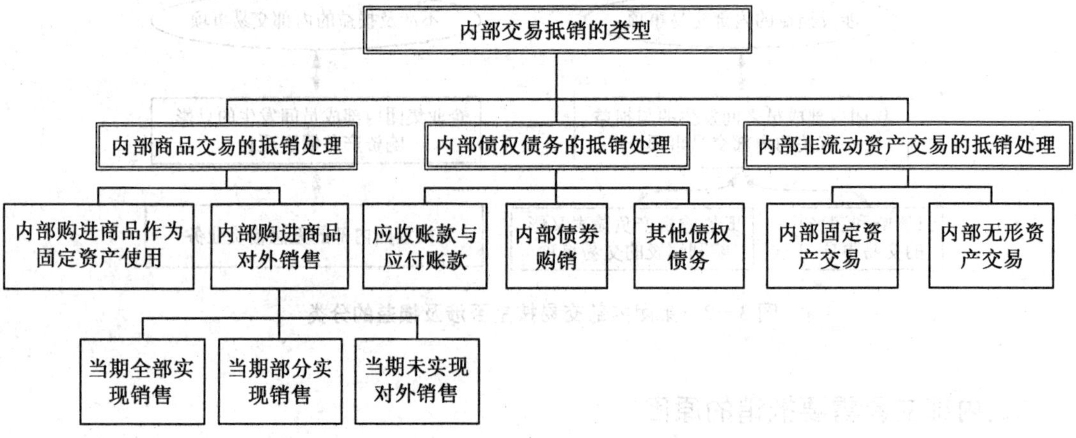

图 3—3 集团内部交易抵销的类型

第二节 内部商品交易的抵销处理

在企业集团内部母子公司及子公司相互之间发生内部购销交易的情况下，母公司和子公司各自进行会计核算。销售企业按照集团内部销售价格确认销售收入，结转相应的销售成本，并计算内部销售利润。对购买企业来说，其购进的商品既可能作为固定资产使用，也可能用于对外销售。当购买企业将内部交易购入的存货作为固定资产使用时，销售企业的销售毛利虚增了固定资产的入账价值。若购买企业将其内购商品对外销售，则可能出现以下三种情况：

第一种情况，内部购进的商品本期全部对外销售，按照实现的销售收入金额确认销售收入，并按照内部购入价格确认销售成本；

第二种情况，内部购进的商品本期全部未对外销售，购进商品形成期末存货，期末存货价值中包含了销售企业已经确认的销售毛利；

第三种情况，内部购进的商品本期部分对外销售，则销售企业实现的销售毛利一部分转入购买企业的销售成本，一部分计入购买企业的期末存货价值。

从企业集团来看，以上三种情况购买和销售业务都只各自实现了一次，集团的实际销售成本是内部交易售货方销售该商品时确认的成本(若为自制，则是生产成本；若是对外购买，则为购买成本)，集团实际销售收入则是内部交易购货方对外销售时确认的销售收入。从本质上说，集团内部之间的商品购销类似于企业内部物资调拨，既不会增加商品的价值，也并未实现利润。因此，在编制合并财务报表时应分情况将内部商品交易虚计的资产价值和利润予以抵销。

一、内部商品交易发生当年的抵销处理

内部销售收入是指企业集团内部母公司与子公司、子公司相互之间发生购销活动产生的销售收入。内部销售成本是指企业集团内部母公司与子公司、子公司相互之间发生购销活动产生的销售成本。

(一)内部购进的商品当期全部对外销售

在内部交易商品当期全部对外销售时，内部交易双方分别反映：对于销售企业来说是作为普通商品销售并进行会计处理，确认了销售收入，结转了销售成本，损益反映在个别利润表中；对于购买企业来说，则以实现的对外销售收入确认收入，按照内部购入价格确认销售成本并产生损益反映在个别利润表中。但从整个企业集团的角度来看，这一购销业务只是实现了一次损益，即只能按内部购买企业的对外销售收入确认销售收入，按内部销售企业的成本确认销售成本。内部销售企业销售该商品的收入属于内部销售收入，相应的内部购买企业销售该商品的销售成本则属于内部销售成本，因此，在编制合并财务报表时，就应将重复反映的内部销售收入与内部销售成本予以抵销。在进行抵销处理时，借记“营业收入”等项目，贷记“营业成本”等项目。

【例 3—1】 2017 年 2 月，宏远公司向其子公司华大公司销售 A 商品一批，销售价格[①]为 10 000元，宏远公司该批商品的成本为8 000元。年内华大公司将该批商品全部对集团外销

① 本章所说的售价均为不含增值税的价款，并假设母子公司均为一般纳税人。

售，销售价格为12 000元。假设不考虑所得税的影响。[①]

要求：根据上述资料，编制宏远公司2017年合并财务报表的相关抵销分录。

分析：该笔业务在宏远公司和华大公司的个别会计报表中的反映情况如表3—1所示。

表3—1 单位：元

主体	营业收入	营业成本
宏远公司	10 000	8 000
华大公司	12 000	10 000

但从企业集团的角度来看，该笔业务的实际成本是8 000元，实际销售收入为12 000元。因此，合并工作底稿中应编制如下抵销分录：

(1)抵销内部交易产生的未实现毛利：

借：营业收入 8 000

　　贷：营业成本 8 000

(2)抵销内部交易产生的现金流：

借：购买商品、接受劳务所支付的现金(10 000×1.17) 11 700

　　贷：销售商品、提供劳务所收到的现金 11 700

(二)内部购进的商品期末全部未对外销售

在内部购进商品当期全部未对外销售时，内部交易双方分别反映：销售企业作为一般的商品销售进行会计处理，在销售时确认销售收入，并结转销售成本，损益反映在个别利润表中；购买企业则以支付的内部购买价格作为存货的成本入账，并在个别资产负债表中列示。

由于内部购进的商品当年未实现对外销售，购买方期末资产负债表中列示的存货价值中实际上包括了两部分：一部分是真正的存货成本(即销售企业销售该商品的成本)，另一部分是销售企业未实现的销售毛利(即其销售收入减去其真实成本的差额)。但对整个企业集团来说，这一购销业务实际上只是商品的存放地点发生了转移，并未实现企业集团的对外销售，因而不应该确认销售收入与销售成本，期末存货中包含的这一部分销售毛利也应该抵销。因此，在编制合并财务报表时，应当将内部销售方确认的内部销售收入和内部购买方确认的内部销售成本予以抵销，同时要将存货价值中包含的未实现利润予以抵销。在进行抵销处理时，借记"营业收入"等项目，贷记"营业成本"、"存货"等项目。

【例3—2】 承例3—1，假设年内华大公司未将该批商品对外销售。

要求：根据上述资料，编制宏远公司2017年合并财务报表的相关抵销分录。

分析：该笔业务在宏远公司和华大公司的个别会计报表中的反映情况如表3—2所示。

表3—2 单位：元

主体	营业收入	营业成本	期末存货
宏远公司	10 000	8 000	
华大公司	0	0	10 000

从企业集团的角度来看，该笔业务没有实现对外销售，存货的价值只有8 000元。因此，合

① 若未作特别说明，本章例题均不涉及所得税的处理。

并工作底稿中应编制如下抵销分录：

(1)抵销内部交易产生的未实现毛利：

借:营业收入　　10 000
　　贷:营业成本　　8 000
　　　　存货　　2 000

(2)抵销内部交易产生的现金流：

借:购买商品、接受劳务所支付的现金　　11 700
　　贷:销售商品、提供劳务所收到的现金　　11 700

(三)内部购进的商品期末部分对外销售

当内部购进商品当期部分实现对外销售,其余形成期末存货时,只需要将内部购买的商品分解为两部分来理解:一部分视作当期购进并全部实现对外销售,另一部分视作当期购进但未实现对外销售。在进行抵销处理时,应按照内部销售方实现的内部销售收入,借记“营业收入”等项目,按照期末存货包含的未实现毛利,贷记“存货”,差额贷记“营业成本”。

【例3—3】 承例3—1,假设年内华大公司将该批商品对外销售了60%,销售价格为7 200元。

要求:根据上述资料,编制宏远公司2017年合并财务报表的相关抵销分录。

分析:该笔业务在宏远公司和华大公司的个别会计报表中的反映情况如表3—3所示。

表3—3　　单位:元

主体	营业收入	营业成本	期末存货
宏远公司	10 000	8 000	
华大公司	7 200	6 000	4 000

但从企业集团的角度来看,该笔业务的实际对外销售成本是4 800元(8 000×60%),实现的销售收入为7 200元,存货期末的实际成本为3 200元(8 000×40%)。在合并利润表上只能反映营业收入7 200元,营业成本4 800元。应抵销销售收入10 000元、销售成本9 200元、存货800 元。因此,合并工作底稿中应编制如下抵销分录:

(1)抵销内部交易产生的未实现毛利:

借:营业收入　　10 000
　　贷:营业成本　　10 000
借:营业成本　　800
　　贷:存货　　800

上两笔分录也可以合并成如下抵销分录:

借:营业收入　　10 000
　　贷:营业成本　　9 200
　　　　存货(10 000×40%×20%①)　　800

(2)抵销内部交易产生的现金流:

借:购买商品接受劳务所支付的现金　　11 700
　　贷:销售商品提供劳务所收到的现金　　11 700

① 毛利率20%=(10 000—8 000)/10 000。

(四)内部购进的商品作为固定资产使用

在内部销货方将存货销售给购货方作为固定资产使用的情况下,销售企业作为普通商品销售并进行会计处理,即在销售时确认销售收入和销售成本,销售损益反映在个别会计报表中;内部购货方以购买价格作为固定资产入账价值,其中包括固定资产真正的价值以及未实现销售毛利。从整个企业集团来说,固定资产价值应以销货方生产该产品的成本反映。因此,在编制合并财务报表时,应将销货方有关该内部交易的收入和成本予以抵销,同时将购货方固定资产账面价值予以调整。

本部分具体内容将在本章第四节第一部分中讲解,此处不再赘述。

二、连续年度编制合并财务报表时内部购销商品的抵销处理

连续年度编制企业集团内部购销商品业务的抵销分录时,首先需要分析期初存货是否包含了未实现内部损益,然后再分两种情况对当期内部购销商品业务的抵销进行处理。

(一)上期内部购进的商品在上期已全部实现对外销售

当上期内部购进的商品上期已经全部实现对外销售时,期初存货中就没有上期内部商品交易产生的未实现损益,期初未分配利润中也不包含未实现内部销售损益。因此,在编制合并财务报表时就不涉及调整期初存货未实现内部损益的问题。

(二)上期内部购进的商品在上期部分实现对外销售

上年做的抵销分录只是体现在上年的工作底稿中,并没有记入会计账簿,对个别会计报表数额并没有影响,而本期编制合并财务报表时是以母公司和子公司的本期个别会计报表为基础的。若期初存货中包含了上期内部购进商品,母公司和子公司本年的个别会计报表中期初未分配利润则包含了未实现损益。所以,集团在连续编制合并财务报表时,需调整本期期初未分配利润的数额。即按照上期内部购进存货中包含的未实现损益的数额,借记“期初未分配利润”项目,贷记“营业成本”或“存货”项目。①

调整完本期期初未分配利润之后再对本期发生的内部购销业务进行抵销处理。具体抵销处理程序如下:

(1)对于本期发生内部购销活动的,将内部销售收入、内部销售成本及内部购进存货中未实现内部销售损益予以抵销。即按照销售企业内部销售收入的数额,借记“营业收入”项目,贷记“营业成本”项目。

(2)将期末内部购进存货价值中包含的未实现内部销售损益予以抵销。对于期末内部购买形成的存货及上期结转的本期存货,应按照期末内部购入存货价值中包含的未实现内部销售损益的数额,借记“营业成本”项目,贷记“存货”项目。

【例3—4】 宏远公司为华大公司的母公司。华大公司2017年年初存货中有从宏远公司购进的A商品10 000元,本期又从宏远公司购进一批该商品,购进价格为20 000元。已知宏远公司本年及上年的销售毛利率都是20%。年内华大公司将上年从宏远公司购进的存货全部对外销售,本年购进的A商品对外销售了60%。

要求:根据上述资料,编制宏远公司2017年合并财务报表的相关抵销分录。

分析:华大公司本期产品销售成本为22 000元(10 000+20 000×60%),其中包括宏远公

① 实务中,期初存货的本期销售情况通常不会单独反映。为了简化核算,没有特别说明,通常假设存货采用先进先出法核算。

司上年内部销售的毛利2 000元(10 000×20%),宏远公司本年内部销售毛利2 400元(20 000×60%×20%)。华大公司期末存货成本中包含未实现毛利1 600元(20 000×40%×20%)。

宏远公司上年内部销售实现的毛利,虽然在上年末编制合并财务报表的工作底稿中予以抵销,但在个别会计报表中并未予以实际调整。集团公司本年编制合并财务报表时,应将华大公司本年虚增的营业成本与宏远公司的期初未分配利润抵销。根据上述资料,集团公司在合并工作底稿中应编制的抵销分录包括:

(1)将华大公司期初存货中的未实现利润与宏远公司的期初未分配利润抵销:

借:未分配利润——年初　　2 000
　　贷:营业成本　　2 000

(2)将本期内部交易存货的内部销售收入与销售成本及期末存货虚增的成本予以抵销:

借:营业收入　　20 000
　　贷:营业成本　　12 000
　　　　存货　　8 000

(3)抵销内部交易产生的现金流:

借:购买商品接受劳务所支付的现金(20 000×1.17)　　23 400
　　贷:销售商品提供劳务所收到的现金　　23 400

第三节　内部债权债务的抵销处理

企业集团内部债权债务是由于母子公司之间、子公司相互之间资产购销、资金拆借或暂时存放、债券购销等交易活动而产生的。如何进行内部债权债务的抵销处理是企业集团在编制合并财务报表时的重要内容之一。

企业集团的内部债权债务,在债权方资产负债表中表现为一项债权资产;在债务方报表中形成一项负债;但从企业集团整体角度来看,只是集团内部资金的转移,既不会因此而增加企业集团的资产,也不会增加企业集团的负债。因此,在编制合并财务报表时,需要将这些内部债权债务项目抵销,同时还要抵销由于这些债权债务项目所产生的未实现内部损益。

内部债权债务项目包括的内容主要有:(1)应收账款与应付账款;(2)应收票据与应付票据;(3)预收账款与预付账款;(4)应收利息与应付利息;(5)应收股利与应付股利;(6)其他应收款与其他应付款;(7)持有至到期投资与应付债券。本节将这些内容分为集团内部应收及应付账款、集团内部债券交易、其他债权债务三部分讲解。

一、应收账款与应付账款的抵销处理

(一)业务发生当年企业集团内部应收账款和应付账款的抵销处理

根据企业会计准则规定,企业对于包括应收账款、应收票据、预付账款以及其他应收款在内的所有应收款项,应当在期末根据具体情况,计提坏账准备并确认相应的资产减值损失。在企业合并当年一般假设企业集团内部应收、应付账款期初无余额。编制合并财务报表时,只要按照内部应收账款和应付账款的期末余额编制抵销分录,同时相应的坏账准备也应当予以抵销。

内部应收账款被抵销时,按应付账款的金额,借记“应付账款”项目,贷记“应收账款”项目;抵销计提的坏账准备时,按相应坏账准备期末余额借记“应收账款——坏账准备”,贷记“资产

减值损失”。

【例 3—5】 宏远公司是华大公司的母公司。2017 年末宏远公司账上有应收华大公司账面价值225 000元，系 2017 年宏远公司向华大公司销售商品发生的应收账款，宏远公司对该笔应收账款计提的坏账准备为25 000元。华大公司 2017 年个别资产负债表中应付账款为250 000元，系该年向宏远公司购买商品发生的应付货款。

要求：依据上述材料，编制宏远公司 2017 年合并财务报表的相关抵销分录。

分析：母公司在合并工作底稿中编制抵销分录时，需要将内部应收与应付账款抵销，同时还要将内部应收账款计提的坏账准备抵销，其抵销分录如下：

(1)抵销内部应收账款及应付账款：

借：应付账款	250 000	
贷：应收账款		250 000

(2)按本期计提的坏账准备数抵销相关损益：

借：应收账款——坏账准备	25 000	
贷：资产减值损失		25 000

(二)连续编制合并财务报表时内部应收账款和应付账款的抵销处理

在连续编制合并财务报表时，首先，应将上期相应的坏账准备的影响予以抵销，由于上期的抵销处理影响到资产减值损失进而影响到上期期末未分配利润，所以本期应借记“应收账款——坏账准备”，贷记“期初未分配利润”；接着再对本期账上应收应付账款余额进行抵销，借记“应付账款”，贷记“应收账款”；针对本期计提或转回的坏账准备金额，借记或贷记“应收账款——坏账准备”项目，贷记或借记“资产减值损失”项目。内部应收账款本期余额与上期余额不同，所涉及的账务处理也不同，以下将分三种情况介绍连续编制合并财务报表时内部应收账款和应付账款以及坏账准备的抵销处理。

第一种情况：内部应收账款本期余额等于上期余额。

【例 3—6】 宏远公司是华大公司的母公司，假设宏远公司 2017 年对华大公司内部应收账款价值与 2016 年相同，仍为4 500 000元，坏账准备余额仍为500 000元。华大公司个别资产负债表中应付账款5 000 000元系 2016 年向宏远公司购进商品存货发生的应付购货款。

要求：依据上述资料，编制宏远公司 2017 年合并财务报表的相关抵销分录。

分析：宏远公司在合并工作底稿中应进行如下抵销处理：

(1)将内部应收账款与应付账款相互抵销：

借：应付账款	5 000 000	
贷：应收账款		5 000 000

(2)将上期(2016 年)内部应收账款计提的坏账准备抵销。由于本期和上期应收账款余额相同，本期不需要计提或转回坏账准备，所以只需调整坏账准备余额和本期期初未分配利润的金额：

借：应收账款——坏账准备	500 000	
贷：未分配利润——年初		500 000

第二种情况：内部应收账款本期余额大于上期余额。

【例 3—7】 宏远公司是华大公司的母公司。2017 年末宏远公司对华大公司的应收账款账面价值6 750 000元，坏账准备余额为750 000元。已知 2018 年对华大公司应收账款净增加450 000元，坏账准备也增加了50 000元。华大公司应付账款为8 000 000元，是 2017 年和 2018

年向宏远公司购进商品发生的应付购货款。

要求:依据上述资料,编制宏远公司本年合并财务报表的抵销分录。

分析:当本期内部应收账款的期末余额大于上期期末余额时,债权方(即宏远公司)在上年已计提的坏账准备的基础上本期补提了坏账准备50 000元。因此,在编制合并财务报表时,一方面要将上期计提的坏账准备抵销,调整期初未分配利润;另一方面要将本期内补提的坏账准备予以抵销。

(1)抵销集团内部往来:

借:应付账款　8 000 000

　　贷:应收账款　8 000 000

(2)坏账准备与期初未分配利润抵销:

借:应收账款——坏账准备　750 000

　　贷:未分配利润——年初　750 000

(3)将本期补提的坏账准备抵销:

借:应收账款——坏账准备　50 000

　　贷:资产减值损失　50 000

第三种情况:内部应收账款本期余额小于上期余额时的抵销处理。

【例3—8】 宏远公司是华大公司的母公司,2017年末宏远公司对华大公司应收账款账面价值为5 400 000元,坏账准备余额为600 000元,应收账款比上年减少了900 000元,坏账准备减少了100 000元。华大公司2017年末应付账款为6 000 000元,是2017年向宏远公司购进商品发生的应付购货款的余额。

要求:依据上述资料,编制宏远公司2017年合并财务报表的相关抵销分录。

分析:当本期内部应收账款期末余额小于上期期末余额时,宏远公司在上期已计提的坏账准备的基础上转回了坏账准备。编制合并财务报表时,一方面要将上期计提的坏账准备抵销,调整期初未分配利润;另一方面要将本期内转销的坏账准备予以抵销。

(1)抵销集团内部往来:

借:应付账款　6 000 000

　　贷:应收账款　6 000 000

(2)坏账准备与期初未分配利润抵销:

借:应收账款——坏账准备　700 000

　　贷:未分配利润——年初　700 000

(3)将本期转销的坏账准备抵销:

借:资产减值损失　100 000

　　贷:应收账款——坏账准备　100 000

二、内部债券交易的抵销处理

(一)业务发生当年企业集团内部债券交易的抵销处理

企业集团内部母公司与子公司、子公司相互之间可能会发生购买对方债券的内部交易。从经济一体化观点来看,报表日企业集团内部因相互持有债券产生的内部债权债务不应该在合并资产负债表中列示,与之相关的损益也不应该在合并利润表中反映。

合并当年企业集团内部发生相互持有债券产生的债权债务业务时,假设集团内部该债权债务期初无余额，在企业集团编制合并财务报表时，只需在成员企业的明细资料中找出该内部交易产生的持有至到期投资与应付债券的期末余额，借记“应付债券”项目，贷记“持有至到期投资”项目，差额记入“投资收益”或“财务费用”项目①；此外，需将相关的利息费用与投资收益相互抵销，借记“投资收益”项目，贷记“财务费用”项目。

【例 3－9】 宏远公司为华大公司的母公司。2017 年 1 月 1 日，宏远公司支付价款1 000 000元购入华大公司同日发行的 5 年期债券，面值1 500 000元，票面利率 12%，每年末支付利息，本金到期一次性支付。实际利率为 24%。

要求：依据上述资料，编制宏远公司 2017 年合并财务报表的抵销分录。

分析：2017 年 12 月 31 日，

名义利息＝1 500 000×12%＝180 000(元)

实际利息＝1 000 000×24%＝240 000(元)

利息调整＝240 000－180 000＝60 000(元)

摊余成本＝1 000 000＋60 000＝1 060 000(元)

编制抵销分录如下：

(1)将资产负债表上的内部持有至到期投资与应付债券予以抵销：

借：应付债券	1 060 000	
贷：持有至到期投资		1 060 000

(2)抵销因内部计提债券利息产生的债权债务：

借：应付利息	180 000	
贷：应收利息		180 000

(3)将利润表中投资收益与财务费用予以抵销：

借：投资收益	240 000	
贷：财务费用		240 000

(二)连续编制合并财务报表时企业集团内部债券交易的抵销处理

【例 3－10】 宏远公司为华大公司的母公司。2015 年 12 月 31 日，宏远公司个别会计报表中应付债券为1 000 000元，并按实际利率法确认了相关财务费用21 000元，华大公司个别会计报表和账簿上显示华大公司从证券市场购回宏远公司发行在外债券的 40%，并准备持有至到期，到 2016 年末该投资的余额为402 000元，按实际利率法确认了投资收益8 100元。2016 年末，宏远公司应付债券的账面价值仍为1 000 000元，并确认了财务费用21 000元。华大公司该债券的账面余额为402 960元，确认了相关投资收益8 140元。假设无其他抵销事项。

要求：依据上述资料，编制宏远公司在 2016 年和 2017 年合并财务报表时的相关抵销分录。

宏远公司在编制 2016 年合并工作底稿抵销分录时：

(1)抵销内部债券购销产生的债权债务：

借：应付债券	400 000	
投资收益	2 000	

---

① 若债券是在证券市场上从独立的第三方手中购进的，则会产生差额。根据相关规定，若债券投资的余额大于应付债券的余额，则作为投资损失记入“投资收益”项目(借方)；若债券投资的余额小于应付债券的余额，则作为利息收入记入“财务费用”项目(贷方)。

贷:持有至到期投资 402 000

(2)抵销内部债券购销产生的损益:

借:投资收益 8 100

贷:财务费用 8 100

宏远公司在编制2017年合并工作底稿抵销分录时:

(1)抵销内部债券购销产生的债权债务:

借:应付债券 400 000

年初未分配利润 2 000

投资收益 960

贷:持有至到期投资 402 960

连续年度债券投资与应付债券相互抵销后,产生的差额使得年初未分配利润虚增2 000元,因此,差额先调整年初未分配利润,不足部分再调整本期投资收益项目。

(2)抵销内部债券购销产生的损益:

借:投资收益 8 140

贷:财务费用 8 140

由于内部债券购销业务产生的损益的抵销不影响年初未分配利润,因此连续年度在抵销内部购销债券产生的损益抵销中,不需要考虑年初未分配利润数,只需按本期投资收益的发生额做相关抵销分录。

三、企业集团内部其他债权债务的抵销

根据企业会计准则的规定,企业对于包括应收账款、应收票据、预付账款以及其他应收款在内的所有应收款项,应当根据其公允价值变动情况,确认资产减值损失,并计提坏账准备。以下例题均忽略坏账准备的计提。

【例3—11】 宏远公司2017年个别资产负债表中预收账款1 500 000元为其子公司华大公司的预付账款;应收票据5 000 000元为其子公司华大公司2017年向宏远公司购买商品开具的票面金额为5 000 000元的商业承兑汇票。

要求:根据上述资料,编制宏达公司2017年合并资产负债表的相关抵销分录。

分析:宏远公司在编制合并资产负债表时,应当编制如下抵销分录:

(1)将内部预收账款与内部预付账款抵销时:

借:预收账款 1 500 000

贷:预付账款 1 500 000

(2)将内部应收票据与内部应付票据抵销时:

借:应付票据 5 000 000

贷:应收票据 5 000 000

第四节 内部非流动资产交易的抵销处理

企业内部非流动资产交易,主是指母子公司之间和子公司之间发生的固定资产购销、租赁业务和无形资产受让业务。

与企业集团内部商品交易相比,企业内部非流动资产交易业务具有如下特点:

一是非流动资产交易业务一般较少发生。一旦企业集团的最高管理部门决定在集团内部建立存货的购销关系，内部商品交易将是非常频繁的，而企业集团内部的非流动资产交易业务一般较少发生。

二是所产生的未实现损益影响时期较长。由于商品一般在一年以内被售出或者消耗，内部商品交易产生的未实现内部损益通常在两个会计期间就能够实现。然而，非流动资产由于其使用年限较长，产生的未实现损益一直要到该资产对外出售或折旧计提完毕为止，才能全部实现，从而不再影响合并财务报表的编制。

本节分两个部分讨论内部非流动资产交易的抵销处理，即内部固定资产交易的抵销处理和内部无形资产交易的抵销处理。

一、内部固定资产交易的抵销处理

根据企业销售的是产品还是固定资产，通常可以将内部固定资产交易分为三种类型：一是企业集团内部一方企业销售自身使用的固定资产，另一方企业购入后仍作为固定资产使用；二是企业集团内部一方企业销售自身生产的产品，另一方企业购入后作为固定资产使用；三是企业集团内部一方企业销售自身使用的固定资产，另一方购入后作为普通商品对外销售。在实务工作中，最后一种类型的交易形式极少发生，即使发生，根据重要性原则也不需抵销。因此，本书仅介绍第一种和第二种情况的内部固定资产交易的抵销处理。

(一)内部交易形成的固定资产在购入当期的抵销处理

在业务发生当期，内部固定资产购销对个别会计报表产生的影响表现为：对于内部购买企业而言，将可能使得个别资产负债表中资产的价值虚增、虚减；对内部销售企业而言，将会虚增或虚减个别利润表的利润；若是款项已经支付，还会对现金流量表产生影响。下面就第一种和第二种内部固定资产交易的抵销事项分别加以说明。

1. 企业集团内部一方企业将自身使用的固定资产销售给另一方作为固定资产使用

当企业集团发生这种内部固定资产交易时，对销售企业而言，其固定资产的账面价值减少，处理固定资产所产生的净收益或净损失作为营业外支出或营业外收入影响当期利润；对于购买企业而言，其将购买的固定资产按照内部购买价格入账，期末反映在资产负债表中，该入账价格实际上不仅包括固定资产的真实价值，还包括未实现损益；对整个企业集团而言，这项内部固定资产购销业务实际上只是内部固定资产的调拨，表现为固定资产的存放地点发生变化，既不会使得固定资产的价值发生变化，也不会产生损益。因此，编制合并财务报表时，必须将固定资产账面价值的变化与未实现损益相抵销。编制抵销分录时，按照销售方内部交易实现的净收益或净损益，借记“营业外收入”或贷记“营业外支出”项目，同时贷记或借记“固定资产——原价”项目。

当购买企业对该固定资产计提了折旧时，由于购买企业是按照内部购买价格将该固定资产确认入账的，该价值包括了未实现内部销售损益，在这种情况下，相同的使用寿命下，企业对固定资产计提的折旧会不同于不包含未实现损益时计提的折旧费，因此就必须把多提或少提的折旧予以抵销。编制抵销分录时，按本年多提的折旧金额借记“固定资产——累计折旧”项目，贷记“管理费用”项目(假定该固定资产为购买企业的管理用固定资产，通过“管理费用”科目进行抵销，不考虑增值税)，少提折旧则编制相反的抵销分录。

【例 3—12】 2017 年 6 月，母公司宏远公司将其自己使用的一台机器设备销售给子公司华大公司作为管理用固定资产使用。宏远公司销售该机器设备取得销售收入为420 000元，该设备账面价值为400 000元。假设该固定资产预计使用年限为5年,预计净残值为零,按直线法计提折旧。

要求:依据上述材料,编制宏远公司2017年合并财务报表的相关抵销分录。

分析:如前所述,该业务会使宏远公司个别会计报表"营业外收入"虚增20 000元,使得子公司华大公司"固定资产"虚增20 000元,"累计折旧"多计提2 000元,"管理费用"虚增2 000元。

(1)抵销资产虚增的部分:

借:营业外收入　　20 000

　　贷:固定资产——原值　　20 000

(2)抵销因固定资产虚增而多提的折旧:

借:固定资产——累计折旧　　2 000

　　贷:管理费用　　2 000

(3)抵销内部交易产生的现金流:

借:购建固定资产、无形资产其他长期资产所支付的现金　　420 000

　　贷:处置固定资产、无形资产其他长期资产所收到的现金　　420 000

2. 企业集团内部一方企业将自身生产的产品销售给另一方作为固定资产使用

当购买方内部购进的商品作为固定资产使用时,销售企业按照该固定资产的销售价格、账面价值分别确认销售收入、结转成本,形成损益反映在个别利润表中;购买企业将该固定资产按照购买价格确认入账,在资产负债表中列示;而从整个集团角度看,这种形式的内部固定资产的交易,实际上就类似于通过在建工程构建固定资产并交付使用,既不会实现销售收入,也不会产生销售成本。因此,在编制抵销分录时,内部交易形成的销售收入、销售成本以及原价中包含的未实现内部损益应当予以抵销。编制抵销分录时,按照内部交易销售方的收入借记"营业收入"项目,按照内部交易销售方的成本贷记"营业成本"项目,按照未实现内部损益贷记"固定资产——原价"项目。同时,按照本年因资产虚增多提折旧的金额借记"固定资产——累计折旧"项目,贷记"管理费用"项目,少提折旧则编制相反抵销分录。

【例3—13】 2017年1月1日,母公司宏远公司将其自己生产的产品销售给子公司华大公司作为固定资产使用。宏远公司销售该产品取得销售收入为100 000元,销售成本为80 000元,华大公司以100 000元作为该固定资产的入账价值。假设该项固定资产预计使用年限为5年,预计净残值为零,按直线法计提折旧。

要求:依据上述资料,编制宏远公司2017年合并财务报表的相关抵销分录。

分析:母公司宏远公司的营业收入增加100 000元,营业成本增加80 000元,;华大公司固定资产增加100 000元,管理费用中折旧费用增加20 000元,累计折旧就增加20 000元。从企业集团的角度看,只是存货减少了80 000元,固定资产增加了80 000元,本期应计提折旧16 000元。因此,编制如下抵销分录:

(1)抵销内部交易未实现毛利和固定资产价值虚增的部分:

借:营业收入　　100 000

　　贷:营业成本　　80 000

　　　　固定资产——原价　　20 000

(2)抵销因固定资产虚增而多提的折旧:

借:固定资产——累计折旧　　4 000

　　贷:管理费用　　4 000

(3)抵销内部交易产生的现金流：

借：购建固定资产、无形资产其他长期资产所支付的现金 117 000

贷：销售商品提供劳务所收到的现金(100 000×1.17) 117 000

(二)内部交易形成的固定资产以后会计期间的抵销处理

一般而言，企业购入固定资产往往不是为了转售而是为了长期使用，因此固定资产的使用期限往往会跨越多个会计年度，所以其内部交易产生的未实现损益不仅仅影响到内部交易发生当期合并财务报表的编制，还会影响到以后各期的合并财务报表。

在以后的会计期间，该内部交易形成的固定资产仍然以内部交易价格在购买企业的个别资产负债中列示，因此须将包含的未实现内部损益的金额予以抵销；相应的销售企业以前会计期间由于该内部交易实现销售利润，形成销售当期净利润的一部分，并结转到以后会计期间，在其个别会计报表中列示，由此应将期初未分配利润中包含的该未实现损益的金额予以抵销，借记"年初未分配利润"项目，贷记"固定资产——原价"项目。

对于该固定资产在以前会计期间计提折旧而形成的累计多计提折旧，应按照累计多计提的折旧额，借记"固定资产 ——累计折旧"项目，贷记"年初未分配利润"项目。该内部交易形成的固定资产在本期多计提的折旧也应该予以抵销，借记"固定资产——累计折旧"项目，贷记"管理费用"项目。

【例 3—14】 以例 3—12 的资料为例。要求：编制宏远公司 2017 年合并财务报表的相关抵销分录。

分析：从企业集团角度来看，"固定资产"的余额应为400 000元，而个别财务报表"固定资产"的余额为420 000元，需要抵销20 000元的固定资产原价中包含的未实现内部损益；从企业集团角度来看，"累计折旧"的余额应为120 000元(400 000÷5×1.5)，而个别财务报表"累计折旧"的余额为126 000元(上期余额42 000＋本期计提数84 000)，需要抵销6 000元多计的累计折旧，其中2 000元为期初未分配利润中包含的未实现损益。因此，2017 年抵销分录为：

(1)抵销固定资产原价中包含的未实现内部损益：

借：年初未分配利润 20 000

贷：固定资产——原价 20 000

(2)抵销固定资产虚增导致的累计多计提折旧：

借：固定资产——累计折旧 6 000

贷：管理费用 4 000

年初未分配利润 2 000

(三)内部交易形成的固定资产在清理期间的抵销处理

内部交易的固定资产因报废或出售而转入清理时，其原始价值中包含的未实现内部损益随着该固定资产退出企业集团而转为实现。但是，由于固定资产清理导致的固定资产价值的注销，使得清理期末合并财务报表工作底稿中的抵销分录同以前各期有所不同；而且在不同时期清理的固定资产，其未实现内部损益的抵销分录也不同。由于固定资产的折旧年限是其估计的使用年限，所以在实务工作中，固定资产清理的时间可能出现三种情况：期满清理、超期清理和提前清理。

1. 期满清理

内部交易的固定资产在使用期满转入清理的情况下，一方面由于固定资产实体已经退出企业集团，期初未分配利润中的固定资产内部交易未实现利润随之转为实现，而且该固定资产原值已经注销,所以不存在抵销固定资产原价中包含的未实现损益问题;另一方面,由于不存在未实现利润,随着固定资产的清理,其累计折旧额已经注销,也就不存在对按未实现利润多提折旧的抵销问题。但是,需要将当年按期初未实现利润多提的折旧导致的本年管理费用与期初未分配利润进行调整,调整分录为:借记“年初未分配利润”项目,贷记“管理费用”项目(本年多计提的折旧)。

2. 超期清理

内部交易固定资产在超过预定使用年限后才清理的情况下,由于固定资产已经退出企业集团,其价值已经注销,期初未分配利润中的固定资产交易未实现利润已经转为实现,不存在抵销未实现利润问题;由于已经超期使用,本年不再计提折旧,所以也不必调整管理费用。因此,清理年度的年末合并财务报表的工作底稿中不必编制任何抵销分录。

3. 提前清理

在固定资产未满使用年限提前报废(或出售)进行清理核算时,随着内部交易形成的固定资产退出企业集团,期初未分配利润中有一部分转为实现——相当于以前年度因未实现内部利润多提的折旧金额,对此可以不编制抵销分录。但是,由于固定资产提前报废,购买企业记入“营业外收入”的固定资产清理净损失中含有固定资产原价中一部分未实现的内部销售利润,需要与销售企业期初未分配利润相抵销;此外,本期管理费用中包含的就未实现销售利润多计提的折旧费用也需要予以抵销。年末编制合并财务报表的有关抵销分录为:借记“年初未分配利润”项目,贷记“营业外收入”项目(尚未按未实现利润多计提的折旧)、“管理费用”项目(当年按未实现利润多计提的折旧)。

【例 3－15】 宏远公司将其自己生产的产品销售给子公司华大公司作为固定资产使用,销售过程中确认销售收入50 000元,结转销售成本40 000元。华大公司按50 000元作为固定资产入账。假设该设备预计可使用 5 年,预计净残值为零,按直线法计提折旧(自年初开始)。

要求:

(1)编制宏远公司第 1 年至第 4 年合并财务报表的相关抵销分录;

(2)分别期满清理、超期使用至第 7 年清理、提前清理(假设第 4 年该固定资产清理报废,个别会计报表结转了净损失)三种情况编制合并财务报表的抵销分录。

(1) 编制第 1 年至第 4 年合并财务报表的相关抵销分录:

①第 1 年

借:营业收入　　50 000

　　贷:营业成本　　40 000

　　　　固定资产——原价　　10 000

借:固定资产——累计折旧　　2 000

　　贷:管理费用　　2 000

②第 2 至第 4 年

借:年初未分配利润　　10 000(该笔分录需每年编制)

　　贷:固定资产——原价　　10 000

	第 2 年	第 3 年	第 4 年
借:固定资产——累计折旧	2 000	4 000	6 000
贷:年初未分配利润	2 000	4 000	6 000

借：固定资产——累计折旧　　2 000(该笔分录需每年编制)
　　贷：管理费用　　2 000

(2)分别期满清理、超期清理、提前清理编制合并财务报表的抵销分录：

①期满清理

借：年初未分配利润　　2 000
　　贷：管理费用　　2 000

②超期清理

a. 期满当年

借：年初未分配利润　　10 000
　　贷：固定资产——原价　　10 000
借：固定资产——累计折旧　　8 000
　　贷：年初未分配利润　　8 000
借：固定资产——累计折旧　　2 000
　　贷：管理费用　　2 000

b. 期满后下一年(第 6 年)仍未报废

借：年初未分配利润　　10 000
　　贷：固定资产——原价　　10 000
借：固定资产——累计折旧　　10 000
　　贷：年初未分配利润　　10 000

c. 清理年度(第 7 年)

不需要编制任何抵销分录。

③提前报废

借：年初未分配利润　　10 000
　　贷：营业外支出　　10 000
借：营业外支出　　2 000
　　贷：管理费用　　2 000
借：营业外支出　　6 000
　　贷：年初未分配利润　　6 000

二、内部无形资产交易的抵销处理

内部无形资产交易，是企业集团内部发生无形资产的交易。例如，企业集团内部某一成员将自身拥有的土地使用权转让或出售给集团内部另一成员作为无形资产使用。

对于内部无形资产交易，在编制合并财务报表时，类似于第一种类型的内部固定资产交易的抵销处理：一方面必须将内部售方由于转让出售无形资产所产生的收入、成本及购入企业无形资产入账价值中包含的未实现损益予以抵销；另一方面，随着无形资产价值的摊销，需要对累计多摊销的金额进行抵销处理。

(一)无形资产交易当期的抵销处理

在企业集团内部无形资产交易发生当期，购买方按照购买价将购进的无形资产入账。该入账价格中除了无形资产的真实价值之外还包含了未实现利润。销售方确认与该无形资产转让相关的营业外收支。而从整个集团的角度来看，该项交易只是无形资产位置发生了转移，并未产生损益,无形资产的价值也并未发生变化。因此,在编制合并财务报表时,应将该无形资产账面价值中包含的未实现损益予以抵销,按照该无形资产的内部交易价格与该无形资产的原账面价值的差额,借记“营业外收入”项目,贷记“无形资产”项目;同时,必须将多计或少计的摊销的金额抵销,借记“无形资产——累计摊销”项目,贷记“管理费用”项目。

(二)无形资产交易连续会计期间的抵销处理

在连续编制合并财务报表的情况下,上年编制的抵销分录只是体现在上年的工作底稿中,并没有记入母公司与子公司的会计账簿。本期编制合并财务报表时是以母公司和子公司的本期个别会计报表为基础编制的。因此,内部无形资产交易所产生的未实现内部损益不仅仅影响到内部交易发生当期的调整,还会影响到以后各期。

在以后的会计期间,该内部交易形成的无形资产仍然以内部交易价格在购买企业的个别资产负债表中列示,因此需将包含的未实现损益的金额予以抵销,相应地调整销售方期初未分配利润的金额。因此,首先应按照未实现损益的数额,借记“期初未分配利润”项目,贷记“无形资产”项目;然后,以前各期累计多摊销的金额,借记“无形资产——累计摊销”项目,贷记“期初未分配利润”项目;最后按照本期多摊销的金额,借记“无形资产——累计摊销”项目,贷记“管理费用”项目。

【例3－16】 集团内母公司宏远公司2017年7月1日出售一项专利技术给子公司华大公司,这项专利技术在宏远公司账面价值为1 000 000元,以1 200 000元的价格出售给华大公司。假设华大公司将这项专利技术按照年限平均法摊销,预计摊销年限为10年。

要求:依据以上资料,编制宏远公司2017年合并财务报表的相关抵销分录。

分析:华大公司将购入的专利以1 200 000元的价值入账,虚增无形资产价值与营业外收入200 000元。2017年12月31日,编制合并财务报表,应编制抵销分录:

(1)抵销内部交易未发生损益和无形资产虚增的部分:

借:营业外收入	200 000	
贷:无形资产		200 000

由这笔内部交易导致无形资产虚增了200 000元,那么,华大公司2017年度对该项资产多计摊销10 000元,应予以抵销:

(2)抵销因无形资产虚增而多摊销的费用:

借:无形资产——累计摊销	10 000	
贷:管理费用		10 000

(3)抵销内部交易产生的现金流:

借:购建固定资产、无形资产其他长期资产所支付的现金	1 200 000	
贷:处置固定资产、无形资产其他长期资产所收到的现金		1 200 000

通过上述处理,能更真实地反映该企业集团的财务状况和经营成果与现金流量信息,从而为该合并财务报表的使用者提供相关的更真实可靠的财务信息。

本章小结

本章着重阐述了在编制合并财务报表时,对集团内部交易事项产生的影响进行消除的基本理论和基本方法。在介绍企业内部交易时,我们把企业内部交易的类型分成了内部商品交易、内部债权债务、内部非流动资产的交易三大类型进行抵销处理的分析讲解。其中,企业内部商品交易按照内部购入商品的去向分成内部购入商品用于对外销售及内部购入商品作为固定资产使用两种类型；内部债权债务分成了应收账款与应付账款、内部债权购销及其他债权债务三种类型；内部非流动资产交易分为内部固定资产和内部无形资产交易两种类型。在编制合并财务报表时，不同的内部交易类型有不同的会计处理方法。除此之外，我们还要注意区分同一类型的内部交易在合并当期和连续期间编制合并财务报表的情况下会计处理的差别。

本章思考题

1. 简述连续期间编制合并财务报表时，坏账准备抵销的处理。

2. 合并财务报表的使用者主要是哪些人？他们需要什么样的信息？

3. 合并财务报表与母公司个别会计报表之间净利润差异的产生原因具体有哪些？

4. 固定资产内部交易中，售出的存货作为购入方的固定资产，与双方均作为存货时的合并抵销有无区别？

5. 内部交易的存在常常使得合并财务报表与母公司个别会计报表之间净利润存在差异，这种差异影响报表使用者的判断和决策吗？如何影响？

6. 由于合并财务报表是对原有的母公司和子公司个别会计报表的会计数据进行抵销、整理和重新合并而成的，所反映的会计信息的精确度与个别会计报表的信息相对而言，其结果是否不够精确，是否会使财务报表缺乏准确性？

本章业务题

1. 甲、乙两公司为母子公司，按规定应编制合并财务报表。经查，2017 年度两公司内部存货交易业务情况如下：

(1)乙公司年初存货中有从甲公司购入未售出的 A 商品，购入价为 50 万元；本年乙公司又从甲公司购入 A 商品 120 万元；年末乙公司已将 A 商品全部售出，售价共计 210 万元。

(2)乙公司年初存货中还有从甲公司购入未售出的 B 商品，购入价为 45 万元；本年乙公司又从甲公司购入 B 商品 230 万元；年末乙公司已将 B 商品年初结存数出售了 90%，售价 60 万元，本年购入数出售了 70%，售价 190 万元。

(3)2017 年 12 月 31 日，乙公司应付甲公司 300 万元，甲公司按照应收账款余额的 10%计提坏账准备。

甲公司 A、B 两种存货的销售利润率均为 20%。

要求：根据上述资料编制抵销分录(答案中的金额单位用万元表示)。

2. A 公司和 B 公司是母子公司关系，A 公司从 2017 年初获得 B 公司 90%的股份。2017 年，A 公司与 B 公司之间发生如下交易：

(1)2017 年 A 公司出售甲商品给 B 公司，售价(不含增值税)5 000万元，成本4 000万元。至 2017 年 12 月 31 日，B 公司向 A 公司购买的上述存货中尚有 50%未对外出售，这批存货的可变现净值为2 000万元。2017 年 12 月 31 日，A 公司对 B 公司的应收账款为2 500万元，并按应收账款期末余额的 10%计提坏账准备。

(2)2017 年 3 月 31 日，A 公司出售乙商品给 B 公司，售价(不含税)400 万元，成本 300 万元，B 公司购入后作为管理用固定资产，双方款项已结清。该资产预计使用年限 4 年，折旧方法为直线法，净残值为零。

(3)2017 年 6 月 30 日，A 公司购入 B 公司平价发行的债券 100 万元，票面利率为 10%。A 公司将此债券作为持有至到期投资。2017 年，B 公司计提 5 万元应付利息(尚未支付)计入财务费用。

要求：编制上述内部交易事项的抵销分录。

本章参考文献

1. 财政部会计资格评价中心:《高级会计实务》,经济科学出版社,2017 年
2. 陈玲娣、花爱梅、金颖:《高级财务会计理论与实务》,清华大学出版社,2016 年
3. 储一昀:《高级财务会计》,中国人民大学出版社,2016 年
4. 刘永泽、傅荣:《高级财务会计》,东北财经大学出版社,2016 年
5. 荣莉、彭晓洁:《高级财务会计》,中国财政经济出版社,2017 年
6. 张陶勇:《高级财务会计》,科学出版社,2018 年
7. 中国注册会计师协会:《会计》,中国财政经济出版社,2017 年

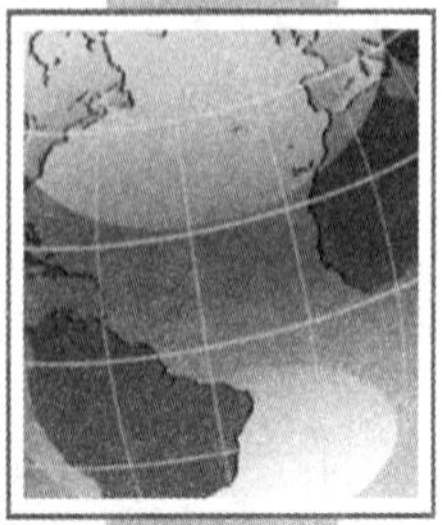

第四章 分支机构会计

案例导入

随着企业经营规模的扩大、经营场所区域上的扩张，为了取得规模经济效益，达到拓展销售市场和提高管理水平的目的，分支机构应运而生。分支机构在西方发达国家已有上百年的发展历史，一些大型企业开设的分支机构遍布全球，规模极大。我国的分支机构历史相对较短，始于20世纪80年代。改革开放后，我国经济以突飞猛进的势头发展，以餐饮、酒店和零售业为代表的服务产业分支机构发展尤为明显，而且分支机构配套的管理措施也日趋完善。

7天连锁酒店集团(7 Days Group Holdings Limited)，自2005年成立以来，经过快速发展，截至2017年末，分店总数从最初的3家已经超过2 000家，覆盖全国300座城市，成为中国经济型酒店行业的第一品牌。[1]从“红海”一片的连锁酒店业脱颖而出，不仅实现了从行业之末到行业前三的跨越，而且在美国纽约证券交易所成功上市。可见，分支机构是企业提高经营业绩、产生规模效益的重要途径之一。

子公司与分公司都是现代大公司企业经营组织的重要形式。那么，一家公司为什么安排它的某些附属单位作为子公司，而另一些附属单位又作为分公司？子公司与分公司，到底哪个才是公司设立分支机构的上上之选呢？在回答这些问题之前，我们必须了解分公司和子公司的特征、会计处理程序和方法。所以，学好本章内容对大家即将踏入工作岗位大有裨益。新的学习旅程即将开启，你准备好了吗？

学习目的与要求

随着企业经营规模的扩大和经营地域的拓展，企业分支机构遍地开花。分支机构需要设立独立的会计核算系统，由此产生了分支机构会计的处理问题。总公司在其账簿上设立“分支机构往来”账户以核算其在分支机构投资的净资产净额，而分支机构则在账上设立“总公司往来”账户与之对应。

通过本章的学习，应掌握总公司与分公司之间、分公司与分公司之间往来事项，尤其是内部调拨存货的会计处理，了解联合会计报表的编制。其中，联合会计报表重点掌握工作底稿的编制、公司内部损益和相对账户等抵销分录的编制，以及账结分录的编制。

分支机构是企业集团的一个组成部分，它在经营业务、经营方针等各方面都要受到公司总部不同程度的控制。分支机构不是独立的法律主体，但通常是一个独立的会计主体。在企业拓展经营过程中，或者通过企业合并、或者通过设立分支机构来实现其扩大经营规模、增强竞争能力的目的。分支机构的特征，尤其是分支机构会计主体的相对性决定了分支机构会计的基本特征。

---

① 摘自百度百科 https://baike.baidu.com/item。

第一节　分支机构会计概述

扩大企业的经营规模，拓展企业的经营业务和市场，取得最大的规模经济效益，是许多企业努力的目标。企业主要从两个方面达到扩张的目的：一是地域性的扩大；二是行业突破以实现多元化经营。

第一种扩张形式的基本表现是企业设立分支机构。企业一般将分支机构设立在总部以外的地区和城市，也可以开设在总公司同一城市的不同地区。在展开阐述分支机构的会计处理之前，我们必须掌握与分支机构相关的一些概念。

一、分支机构的相关概念

(一)分支机构的定义

分支机构是指某公司(一般称为总公司)设立的，不具备法人资格，经营管理受总公司控制，民事责任由总公司承担的业务经营单位，分支机构可以与总公司设立在同一城市，也可以设立在总公司以外的地区，它是现代企业拓展延伸的一种组织形式。《中华人民共和国公司法》(以下简称《公司法》)明确规定："公司可以设立分公司，设立分公司应当向公司登记机关申请登记，领取营业执照。分公司不具有法人资格，其民事责任由公司承担。"可见，分支机构虽然是一个独立的会计主体，但它并不是独立的法律主体，不是真正意义上的公司。分支机构在不同的行业有不同的称呼，本章为方便，在阐述时一律采用分支机构或者分公司名称。

(二)分支机构的类型

1. 区域型分公司

区域型分公司分为跨国分公司和国内分公司。国内的分公司按地域又可细分为东北地区、华北地区、华东地区、华中地区、华南地区等分公司，从事商品贸易的公司和银行业一般按区域设置分公司。

2. 生产环节型分公司

总公司可以按照生产工艺的不同分别设置不同的分公司，分为零件分厂、产品装配厂、设备维修厂等分公司，这类划分主要发生在大型的制造企业，专业化程度较高。

3. 业务部门型分公司

业务部门型分公司是将企业内部的职能部门转换成分公司，一般分为采购、生产、销售、咨询等分公司，这类划分主要发生在大型的综合型总公司。

4. 行业型分公司

分公司在不同行业有不同的名称。例如：在商业系统中称为分店，如上海市百安居闸北区共和新路分店；在银行系统中称为分行，如中国工商银行江西省分行；在证券公司中称为营业部，如广发证券南宁营业部。

5. 核算区分型分公司

按核算方式可以分为完全独立会计核算、完全不独立会计核算和不完全独立会计核算三种。完全独立会计核算的分支机构，由总公司投资，按照总公司统一经营管理，拥有一定的业务经营自主权；完全不独立会计核算的分支机构，所有的会计业务均由总公司统一记录，针对具体业务只需将凭证报送总公司；不完全独立会计核算的分支机构，进行业务处理时应设置部分账簿，另一部分业务由总公司记录。

(三)分支机构的基本特征

1. 分支机构不具备法人资格

从法律角度来看,分支机构只是企业的一个组成部分,是独立的会计主体,不具有独立的法人地位,不具备对外筹集资本、对外投资的功能。《公司法》第14条明确规定:"分公司不具有法人资格,其民事责任由总公司承担。"可见,分公司是在总公司的严格控制和直接管理下从事生产经营活动的。

2. 分支机构的核算制度有分散核算制度和集中核算制度两种

分支机构作为一个会计主体,其独立性和完备性取决于总公司对分支机构的控制程度,按控制程度的不同,分支机构一般分为分散核算制和集中核算制两种体制。分散核算制度下,分支机构以一个相对独立的会计主体形式存在,拥有一套完整的会计账簿,用于记录总公司拨来的运营资金和商品以及外购外销的相关业务,会计核算相对独立。分支机构可以以自己的名义在银行开设账户,有一定的经营自主权,有权支配营运资金,拥有完备的商品购销权,可以单独核算盈亏,分支机构会定期编制会计报表,向总公司报告。分散核算制度一般适用于经营规模较大的分支机构。集中核算制度下,由于分支机构不是独立的会计主体,不实行独立的会计核算,分支机构一切均需听从总部的安排,不具备经营自主权。分支机构不设置正式账簿,只是根据日常管理的需要设置一些必要的辅助或者备查账簿,所有会计事项和凭证都要随时报送总公司,由总公司统一入账。分公司在总公司统一经营方针和管理原则下进行经营。集中核算制度一般适用于经营规模较小的分支机构,或者是总公司尤其需要加强对分支机构控制的集团公司。

3. 分支机构可以是独立的核算经营单位,也可以是独立核算的会计主体

虽然不是所有的分支机构都一定属于独立的会计主体,但大多数的分支机构都是独立的会计主体,它们按照"权责发生制"的基础或原则进行核算,遵循总公司统一的经营管理方针,拥有一定的业务经营自主权。

(四)分支机构会计的特点

1. 账户设置具有对应性

总公司设立"分支机构往来"账户,借方登记总公司拨给分公司的货币资金、商品存货和其他资产,贷方登记由分支机构交还的货币资金、商品存货和其他资产。"分支机构往来"账户既可以视为长期投资类账户,也可以视为应收项目类账户。分公司设立"总公司往来"账户,借方登记分公司向总公司交还的货币资金、商品存货和其他资产,贷方登记收到总公司拨来的现金、商品存货和其他资产。"总公司往来"账户既可以视为所有者权益类账户,也可以视为负债类账户。在编制联合会计报表时,"总公司往来"与"分支机构往来"账户相互抵销,不出现在联合会计报表中。

2. 商品计价的可选择性

分支机构从总公司取得的内部存货和分支机构从公司外部购进的存货的计价是有差别的。从外部购买商品存货,其账务处理与一般的商品购销业务的账务处理类似。而从总公司集中购买的存货,可以按成本计价,也可以按高于成本计价。由于计价方法不同,分支机构存货记账金额的不同将导致总公司和分支机构的会计核算受到影响,同时,总公司和分支机构的收益核算也将受到影响。

3. 总分支机构会计信息的披露要求不同

总公司和分支机构作为独立的会计核算主体应分别编制个别会计报表。但是,要想对外

提供会计信息，还需编制联合会计报表，以反映整个企业的财务状况和经营成果。因此，总公司与分支机构间的内部会计事项，在对外提供联合会计报表时需要进行抵销和调整。

4. 需编制联合会计报表

一套完整的分支机构会计处理系统包括总部的会计处理系统和分支机构经营的会计处理系统。总公司和分支机构为了达到会计处理的目的可采用各自独立的会计处理系统。但是，为了满足整个企业对外报告的需求，总公司和分支机构应根据各自单独的会计报表编制联合会计报表，以反映公司整体的财务状况、经营成果和现金流量。在编制联合会计报表时，总公司和分支机构各自账簿中相对应的科目予以抵销，其他账户简单加以合计，由于内部交易而产生的未实现损益也应加以抵销。

二、分支机构与子公司、销售代理处的区别

（一）分公司与子公司的区别

子公司从法律角度来说，是一个独立的法律主体，可以依法独立承担民事责任。虽然控制权由母公司掌握，但日常经营由子公司独立完成，有独立的会计核算体系，并且单独纳税。母子公司之间的交易和事项要完全按照法人之间的处理规定进行会计核算，多数子公司还存在少数股东，且子公司具有投资、筹资和利润分配等交易或事项的权利。

分公司（或事业部）虽然是一个独立的会计主体，但不是一个独立的法律主体，没有独立的法律地位，不承担独立民事责任。所有投资来源于总公司，经营和管理必须在总公司的直接控制下进行。分公司的会计核算属于企业内部会计核算，核算具有很大的灵活性，但因为分支机构没有筹资和投资的权利，所以并不涉及利润分配的业务，相比之下，业务范围较少。另外，分公司的经营自主权是直接由总公司决定的，不同分公司的自主权千差万别。

（二）分公司与销售代理处的区别

销售代理处不同于分公司，设立销售代理处是为了商品展销和与客户签订订单，所取得的收入存入总公司的银行账户。代理处一般不直接将商品供应给客户，通常只是以商品展销的方式，与客户签订订单交给总公司，再由总公司生产商品并将成品直接发给客户。另外，销售代理处不具备独立的经营自主权，而且无权赊账，应收账款由总公司入账并负责催收。销售代理处的会计核算内容少而简单，会计处理类似于普通的备用金制度，只涉及现金收支，其他业务如销售收入和成本费用核算则由总公司会计系统加以记录。

分公司通常存储商品存货销售给客户，除了总公司拨来的商品外，还可以自行购进并销售商品。分公司可以独立从事商品的赊销，赊销商品引起的应收账款由分公司登记入账并负责催收。分公司可以以分公司自己的名义在银行开设账户，发生的销售收入和销售费用可以由分公司账户拨收（付）。分公司的会计核算内容较全面，会计账簿齐全。

第二节　内部调拨存货的会计处理

总公司与外界的业务往来由总公司会计部门自行记录，分公司的经济业务大多是企业内部的往来，包括总公司、分公司之间的内部往来，也包括各分公司之间的业务往来。核算内容包括货币资金，也包括固定资产、商品往来以及劳务等，其重点和难点是内部调拨商品存货的会计处理。一般来说，总分公司之间内部调拨存货常见的计价标准有按成本计价和按高于成本计价两种模式。

一、按成本计价的会计处理

在成本计价模式下，按企业从外部购进商品的成本或自制存货的成本来确定调拨价格，无需按市场价格或加成率进行调整，表现出的利润是售价与总公司的取得成本之差，这些利润在分支机构中实现，缺乏客观标准从而合理地在总分公司间分配，容易夸大分支机构的获利能力。另外，在这种方式下，总公司在发出商品时，不能在账面上确认收益，只有转回分公司取得的收入时，才能真正确认本期实现的净收益。分支机构的日常账务处理相对简单，但期末损益计算和调整相对复杂。总体来说，在成本计价模式下，可以避免存货中含有未实现利润，并使分支机构的会计报表反映的经营成果更有意义；然而，按成本计价，使得整个企业所有利润归入分支机构，在夸大分支机构获利能力的同时或将影响到总公司的积极性，这种情况下按成本计价就不是转移商品存货较理想的模式。

【例 4—1】 2017 年初，上海某玩具公司在武汉设立分公司，总公司与分公司均采用永续盘存制，分公司的营运资金由总公司负责供给，分公司经营的商品主要由总公司拨付，少量商品自己从外界供货商处购买，且按成本计价。武汉分公司在 2017 年度的经济业务如下：

(1)分公司存款账户收到总公司拨来的营运资金400 000元；

(2)分公司收到总公司运交来的商品，成本价1 000 000元；

(3)分公司从外界供货商处赊购800 000元的商品；

(4)分公司对外销售由总公司调拨来的商品，成本计价为700 000元，取得销售收入1 000 000元，对方已将款项以转账的形式支付；

(5)分公司偿还之前欠某供货商的货款240 000元，存款付讫；

(6)分公司收回某客户所欠的货款200 000元，存款收讫；

(7)分公司支付销售部员工工资等费用32 000元，存款付讫；

(8)分公司对外赊销外购商品，货款尚未收到，销售成本为600 000元，售价960 000元；

(9)分公司支付销售费用160 000元，存款付讫；

(10)分公司按照总公司要求将存款448 000元汇回总公司。

要求：根据以上资料编制总分公司会计分录、联合会计报表工作底稿(含抵销分录)。

(1)总分公司会计分录如表 4—1 所示：

表 4—1 **总分公司会计分录** 单位：元

总公司			分公司		
(1)将现金拨付给武汉分公司			(1)收到总公司拨来现金		
借：分公司往来——武汉分公司	400 000		借：银行存款	400 000	
贷：银行存款		400 000	贷：总公司往来		400 000
(2)按成本价向分公司发货			(2)收到总公司运来商品		
借：分公司往来——武汉分公司	1 000 000		借：总公司运来商品	1 000 000	
贷：运交分公司商品		1 000 000	贷：总公司往来		1 000 000
(3)			(3)从外界赊购商品		
			借：库存商品——外购	800 000	
			贷：应付账款		800 000

续表

总公司	分公司
(4)	(4)对外销售商品 借:银行存款　　1 000 000 　　贷:主营业务收入　　1 000 000 借:主营业务成本　　700 000 　　贷:总公司运来商品　　700 000
(5)	(5)支付前欠货款 借:应付账款　　240 000 　　贷:银行存款　　240 000
(6)	(6)收到应收账款 借:银行存款　　200 000 　　贷:应收账款　　200 000
(7)	(7)记录支付的费用 借:销售费用　　32 000 　　贷:银行存款　　32 000
(8)	(8)对外赊销商品 借:应收账款　　960 000 　　贷:主营业务收入　　960 000 借:主营业务成本　　600 000 　　贷:库存商品——外购　　600 000
(9)	(9)支付销售费用 借:销售费用　　160 000 　　贷:银行存款　　160 000
(10)收到分公司汇来存款 借:银行存款　　448 000 　　贷:分公司往来　　448 000	(10)将存款汇回总公司 借:总公司往来　　448 000 　　贷:银行存款　　448 000

从上表相关业务的会计分录中可以看出,总公司账簿上反映的只是与分支机构发生的往来事项,不涉及其他业务的相关记录。总公司与分公司之间往来事项的会计分录登记在分公司账上的“总公司往来”账户和总公司账上的“分公司往来”账户,并结算出余额。双方的往来账户发生额及余额情况如图 4—1 所示。

分公司往来	
(1)400 000	
(2)1 000 000	
	(10)448 000
952 000	

总公司往来	
	(1)400 000
	(2)1 000 000
(10)448 000	
	952 000

图 4—1　总公司和分公司往来账户发生额及余额情况

期末,通过对账达到“账证相符、账账相符、账实相符”的目的,进而在此基础上进行期末损益类账户的结转。

分公司账上:

借:主营业务收入　　1 960 000

贷:本年利润 1 960 000

借:本年利润 1 492 000

贷:主营业务成本 1 300 000

销售费用 192 000

借:本年利润 468 000

贷:总公司往来 468 000

总公司账上:

借:分公司往来 468 000

贷:本年利润 468 000

年终,总公司和分公司应根据各自的会计记录,分别编制会计报表,反映各自的经营成果和财务状况。但是,总分公司单独的会计报表只能供内部使用,不能对外提供。为了向投资者、债权人以及其他报表的使用者提供整个企业的会计信息,总公司需编制联合会计报表。

(2)联合会计报表的编制。

总公司和分公司会根据各自的会计分录编制个别会计报表,总公司再以总公司和分公司单独编制的个别会计报表作为基础,编制联合会计报表。

第一,总公司和分公司单独编制的个别会计报表只供企业内部管理使用,不对外提供。因此,总公司可以将总分公司各自的资产负债表、利润表与股东权益变动表,列入工作底稿中的"总公司"栏和"分公司"栏。

第二,从联合会计报表的编制目的出发,将总公司与分公司联为一体,提供相关的会计信息,因此需要调整和抵销总公司与分公司之间相应的项目。本例中只简单地设置"总公司往来"和"分公司往来"项目。

抵销分录为:

借:总公司往来 952 000

贷:分公司往来 952 000

分析说明:上述抵销分录只是为了编制联合会计报表,并不需要记入总公司或分公司的会计账簿。除此之外,其他项目均以总公司和分支机构各自报表数据计算填列在联合会计报表的各个项目内。

年终,总公司和分公司应根据各自的会计记录,分别编制会计报表,反映各自的经营成果和财务状况。但是,总分公司单独的会计报表只能内部使用,不能对外提供。为了向投资者、债权人以及其他报表的使用者提供整个企业的会计信息,总公司需编制联合会计报表。总公司与分公司联合会计报表的工作底稿见表4—2。

表4—2 总公司与分公司联合会计报表工作底稿 单位:元

总公司及分公司工作底稿 2017年度					
	总公司	分公司	调整与抵销		联合会计报表
利润表					
营业收入	6 000 000	1 960 000			7 960 000
减:营业成本	4 000 000	1 300 000			5 300 000
销售费用	600 000	192 000			792 000

续表

总公司及分公司工作底稿　2017 年度					
	总公司	分公司	调整与抵销		联合会计报表
利润总额	1 400 000	468 000			1 868 000
减:所得税费用	561 200				561 200
净利润	838 800	468 000			1 306 800
所有者权益变动表					
净利润	838 800	468 000			1 306 800
加:未分配利润——年初	0	0			
可供分配利润	838 800	468 000			1 306 800
减:应付利润	400 000				40 000
未分配利润——年末	438 800	468 000			906 800
资产负债表					
货币资金	1 300 000	720 000			2 020 000
应收账款	500 000	760 000			1 260 000
存货	1 160 000	500 000			1 660 000
分公司往来	952 000			952 000	0
固定资产	2 040 000				2 040 000
资产总计	5 952 000	1 980 000		952 000	6 980 000
应付账款	604 000	560 000			1 164 000
其他应付款	509 200				509 200
总公司往来		952 000	952 000		0
实收资本	4 400 000				4 400 000
未分配利润——年末	438 800	468 000			906 800
负债及所有者权益总计	5 952 000	1 980 000	952 000		6 980 000

注:上述联合会计报表工作底稿中,“总公司”栏数据均为已知数据。

第三,将工作底稿中联合会计报表数额栏的数据按标准的格式填入利润表(见表 4—3)、所有者权益变动表(见表 4—4)及资产负债表(见表 4—5),即可得到总公司对外报出会计报表的基本数据。

表 4—3　　**联合利润表**　　单位:元

项　目	金　额
营业收入	7 960 000
减:营业成本	5 300 000
减:销售费用	792 000

续表

项目	金额
营业利润	1 868 000
利润总额	1 868 000
减:所得税费用	561 200
净利润	1 306 800

表 4—4 **联合所有者权益变动表** 单位:元

项目	金额
净利润	1 306 800
加:未分配利润——年初	0
可供分配利润	1 306 800
减:应付利润	400 000
未分配利润——年末	906 800

表 4—5 **联合资产负债表** 单位:元

资产	金额	负债及所有者权益	金额
货币资金	2 020 000	应付账款	1 164 000
应收账款	1 260 000	其他应付款	509 200
存货	1 660 000	实收资本	4 400 000
固定资产	2 040 000	未分配利润	906 800
资产总计	6 980 000	负债及所有者权益总计	6 980 000

二、按高于成本计价的会计处理

在实务操作中,总公司可以选择按高于成本的计价模式向分支机构发送商品存货。按高于成本计价模式的会计核算包括成本加成法和售价法两种。由于,成本加成法与售价法两者之间的区别仅仅在于售价高于成本的幅度,其会计处理完全相同,因此本章我们仅介绍成本加成法。按高于成本计价的原因在于,可以使总公司分配到合理的毛利,或者将收入平均分配于各分支机构、追求存货定价的效率,或者为了对分支机构保密,不让其熟悉实际的边际利润等。

(一)按高于成本计价模式的原理

在以高于成本的价格为计价标准时,一般的处理方式是总公司账上按运交分公司的商品存货成本记录存货的减少,按调拨价高于成本的差额部分记入"存货加价"账户。"存货加价"账户用于核算商品调拨价高于成本的差额,即未实现的利润。待分公司将存货出售并转回总公司时,再确认已实现的利润,总公司将调拨价高于成本部分与分公司的记录相互抵销,以最终确定本期的净损益。

这样操作,不会改变"总公司往来"与"分支机构往来"账户的对应关系,"总公司运来商品"账户按转移价格计价,"运交分支机构商品"账户按成本计价,两者的差额记入"存货加价"。

"存货加价"反映的是分支机构存货中未实现的利润。即:总公司运来商品＝运交分支机构商品＋存货加价。

当分支机构将总公司成本加成后的商品出售,结果使得销货成本高估而利润被低估了。总公司是通过"分支机构利润"和"分支机构往来"账户,以分支机构报告的利润记录分支机构利润,所以,总公司记录的分支机构利润同样被低估了。期末,对分支机构已销的存货,从"存货加价"账户结转到"分支机构利润"账户,即编制调整分录,减少"存货加价"账户的余额,以反映分支机构对外销货而实现的利润,从而之前总公司被低估的利润得到调整。调整之后"存货加价"的余额将等于分支机构期末存货中未实现的利润,下一个会计期间,总公司"存货加价"账户期初余额又重新等于分支机构期初存货中的未实现利润。

(二)按高于成本计价的会计处理特点

(1)分公司按高于成本价记录总公司发交的存货,这样方便将存货销售的利润根据一定的比例分别反映在总公司和分公司的账簿上,不仅考虑总公司的经营成果,而且考虑到了分公司的经营成果,有利于客观地评价总、分公司的赢利能力和经营业绩,一定程度上克服了按成本计价的缺陷。

(2)分公司的账面存货的计价由成本和加成两部分构成,不仅影响了总分公司间计价标准的一致性,而且按高于成本计价,成本加成比的确定具有一定的主观性。另外,期末存货中还包含了内部未实现利润,在编制联合会计报表时还需调整,使得联合会计报表的编制程序与成本计价模式相比较为复杂。

尽管如此,在编制联合会计报表时,总公司对存货加价部分会加以抵销,故按高于成本计价提供的信息与按成本计价提供的信息是一致的。

(三)按高于成本计价的实务操作

在存货高于成本计价的情况下,如果总公司运交分支机构的商品本期全部售完而无存货,则仅仅表现为分支机构的主营业务成本多计,会计处理比较简单;如果总公司运交分支机构的商品,分支机构未在当期全部售完而形成了期末的存货,则未售出的存货包含了存货加价,不能直接并入按成本计价的总公司的会计报表。下面分别介绍无期初存货和有期初存货两种情况下相关的会计核算。

1. 无期初存货的情况

【例4—2】 上海总公司在苏州设立分公司。苏州分公司2017年度的商品全部是由总公司提供的,总公司运交给分公司的商品按成本加价10%计价,且总分公司均采用永续盘存制核算。苏州分公司在2017年度发生的经济业务如下:

(1)分公司存款账户收到总公司拨来的营运资金400 000元;

(2)分公司收到总公司已按成本加价后,价值为880 000元的商品;

(3)分公司对外销售(2)中总公司运来商品的80%,即按成本加价后价值704 000元的商品,销售总额为1 120 000元,已收到货款600 000元,其余货款尚未收到;

(4)分公司支付销售员工工资等费用120 000元,存款付讫;

(5)分公司按照总公司要求将银行存款200 000元汇交总公司。

要求:根据以上资料编制总分公司会计分录、联合会计报表工作底稿(含抵销分录)。

(1) 总分公司会计分录如表4—6所示:

表 4—6　**总分公司会计分录**　单位:元

总公司			分公司		
(1)将现金拨付给苏州分公司			(1)收到总公司拨来现金		
借:分公司往来——苏州分公司	400 000		借:银行存款	400 000	
贷:银行存款		400 000	贷:总公司往来		400 000
(2)按成本加价向分公司发货			(2)收到总公司运来商品		
借:分公司往来——苏州分公司	880 000		借:总公司运来商品	880 000	
贷:运交分公司商品		800 000	贷:总公司往来		880 000
存货加价		80 000			
(3)			(3)对外销售商品		
			借:银行存款	600 000	
			应收账款	520 000	
			贷:主营业务收入		1 120 000
			借:主营业务成本	704 000	
			贷:总公司运来商品		704 000
(4)			(4)记录支付的费用		
			借:销售费用	120 000	
			贷:银行存款		120 000
(5)收到分公司现款			(5)将现金汇回总公司		
借:银行存款	200 000		借:总公司往来	200 000	
贷:分公司往来——苏州分公司		200 000	贷:银行存款		200 000

上述总公司账簿记录的“存货加价”80 000元,其实质是由于总公司调拨给分公司的商品按高于成本作价而产生的内部未实现利润。总公司与分公司之间往来事项的会计分录可以分别登记分公司账上的“总公司往来”账户和总公司账上的“分公司往来”账户,并结算出期末余额。双方的往来账户发生额及余额情况如图 4—2 所示。

分公司往来

借方	贷方
(1)400 000	
(2)880 000	
	(5)200 000
1 080 000	

总公司往来

借方	贷方
	(1)400 000
	(2)880 000
(5)200 000	
	1 080 000

图 4—2　总公司和分公司双方往来账户发生额及余额情况

按成本加成模式核算,高估了分公司的主营业务成本、低估了利润,最终导致总公司记录的分公司利润同样被低估。可以通过调整分录调整,减少“存货加价”余额,从而客观反映年度内由分公司对外销售商品而实现的利润。期末,总公司和分公司通过对账后,进行期末结转,从而达到“账证相符、账账相符、账实相符”的目的。

分公司账上:

借:主营业务收入　　1 120 000
　　贷:主营业务成本　　704 000
　　　　销售费用　　120 000

本年利润　　296 000

借：本年利润　　296 000

贷：总公司往来　　296 000

总公司账上：

借：分公司往来——苏州　　296 000

存货加价　　64 000

贷：本年利润　　360 000

在联合会计报表工作底稿中，应做以下抵销分录：

借：存货加价　　80 000

贷：主营业务成本　　64 000

存货　　16 000

借：总公司往来　　1 080 000

贷：分公司往来　　1 080 000

(2)联合会计报表的编制。

年终，总公司和分公司应根据各自的会计记录，分别编制会计报表，反映各自的经营成果和财务状况。但是，总分公司单独的会计报表只能内部使用，不能对外提供。为了向投资者、债权人以及其他报表使用者提供整个企业的会计信息，总公司需编制联合会计报表。总公司与分公司联合会计报表的工作底稿见表4—7。

表4—7　　总公司与分公司联合会计报表工作底稿　　单位：元

总公司及分公司工作底稿　2017年度					
	总公司	分公司	调整与抵销		联合会计报表
利润表					
营业收入	6 000 000	1 120 000			7 120 000
减：营业成本	4 000 000	704 000		64 000	4 640 000
销售费用	600 000	120 000			720 000
利润总额	1 400 000	296 000		64 000	1 760 000
减：所得税费用	561 200				561 200
净利润	838 800	296 000		64 000	1 198 800
所有者权益变动表					
净利润	838 800	296 000			1 198 800
加：未分配利润——年初	0	0			
可供分配利润	838 800	296 000			1 198 800
减：应付利润	400 000				400 000
未分配利润——年末	438 800	296 000			798 800
资产负债表					
货币资金	1 300 000	520 400			1 820 400

续表

总公司及分公司工作底稿　2017 年度					
	总公司	分公司	调整与抵销		联合会计报表
应收账款	500 000	680 000			1 180 000
存货	1 160 000	215 600		16 000	1 359 600
分公司往来	1 080 000			1 080 000	0
减:存货加价	80 000		80 000		0
固定资产	2 040 000				2 040 000
资产总计	6 000 000	1 416 000	80 000	1 096 000	6 400 000
应付账款	604 000	40 000			644 000
其他应付款	557 200				557 200
总公司往来		1 080 000	1 080 000		0
实收资本	4 400 000				4 400 000
未分配利润——年末	438 800	296 000		64 000	798 800
负债及所有者权益总计	6 000 000	1 416 000	1 080 000	64 000	6 400 000

根据上述工作底稿的联合会计报表栏汇总得到的数据编制联合利润表(见表 4—8)、联合所有者权益变动表(见表 4—9)及联合资产负债表(见表 4—10)。

表 4—8　　联合利润表　　单位:元

项　目	金　额
营业收入	7 120 000
减:营业成本	4 640 000
减:销售费用	720 000
营业利润	1 760 000
利润总额	1 760 000
减:所得税费用	561 200
净利润	1 198 800

表 4—9　　联合所有者权益变动表　　单位:元

项　目	金　额
净利润	1 198 800
加:未分配利润——年初	0
可供分配利润	1 198 800
减:应付利润	400 000
未分配利润——年末	798 800

表 4—10　　联合资产负债表　　单位:元

资　产	金　额	负债及所有者权益	金　额
货币资金	1 820 400	应付账款	644 000
应收账款	1 180 000	其他应付款	557 200
存货	1 359 600	实收资本	4 400 000
固定资产	2 040 000	未分配利润	798 800
资产总计	6 400 000	负债及所有者权益总计	6 400 000

2. 有期初存货的情况

持续经营的过程中,总公司和分支机构一般存在期初存货。对于存货由总公司拨付并按成本加成运交分公司的情况来说,在编制联合会计报表时应按以下三种不同的销售情况编制抵销分录。

(1)当期调拨的存货和期初存货,本期全部销售完成。

借:存货加价

　　贷:营业成本

(2)当期调拨的存货和期初存货,本期全部未销售形成期末存货。

借:存货加价

　　贷:存货

(3)当期调拨的存货和期初存货,本期部分销售、部分形成期末存货。

借:存货加价

　　贷:营业成本

　　　　存货

除此之外,总公司与分支机构之间往来事项的会计处理及其联合会计报表工作底稿的编制方法,与前述按高于成本价期初无存货的情况相同,故不再赘述。

第三节　分公司相关会计问题的处理

一、两种存货盘存制度

分公司存货一般采用永续盘存制,但有些分公司由于商品存货收发频繁(如五金商品)及自然损耗大、数量不稳定等原因,为了减少日常工作量,也可能采用实地盘存制对存货进行管理。

(一)永续盘存制的特点

永续盘存制也称账面盘存制,就是通过设置存货明细账,对日常发生的存货增加或减少,都必须根据会计凭证在账簿中进行连续登记,并随时在账面上结算各项存货的结存数并定期与实际盘存数对比,确定存货盘盈盘亏的一种制度。采用这种方法时,库存品明细账卡要按每一品种、规格设置。在明细账卡中,要登记收、发、结存数量,有的还同时登记金额。永续盘存制的优点是:加强了对库存品的管理。在库存品明细账卡中,可以随时反映出每种库存品的收入、发出和结存情况,并在数量和金额两方面进行控制。明细账卡的结存数量,可以通过盘点与实存数量进行核对。当发生库存溢余或短缺，可以查明原因，及时纠正。此外，明细账卡上的结存数，还可以随时与预定的最高和最低库存限额进行比较，取得库存积压或不足的资料，以便及时组织库存品的购销或处理，加速资金周转。

【例 4—3】 沪江公司 2017 年在杭州设立分公司，分公司所销售的商品可由总公司拨付，少量商品由分公司自己从外界购货商处购买，总公司与分公司均采用永续盘存制，且按成本加成 20%计价。2017 年度分公司发生下列经济业务：

(1)杭州分公司设立时，收到总公司划拨的60 000元的设立款项；

(2)杭州分公司向外赊购成本价为40 000元的产品；

(3)分公司应记录总公司发来已按成本加价后的商品，加价后的价款为240 000元；

(4)分公司承担由总公司转来应由分公司支付的折旧费用10 000元；

(5)分公司支付销售费用6 000元，存款付讫；

(6)分公司偿还之前所欠货款40 000元，存款付讫；

(7)分公司赊购本期自购商品，成本价为20 000元，售价30 000元；

(8)分公司对外销售(3)中总公司运来商品的 50%，加价后的价款为120 000元，对外销售取得的销售额为150 000元；

(9)分公司将超过备用金40 000元以外的银行存款全部交付总公司。

要求：根据以上资料编制总分公司会计分录、联合会计报表工作底稿(含抵销分录)。

(1)总分公司会计分录如表 4—11 所示：

表 4—11　　总分公司会计分录　　单位：元

总公司			分公司		
(1)将现金拨付给杭州分公司			(1)收到总公司拨来现金		
借：分公司往来——杭州分公司	60 000		借：银行存款	60 000	
贷：银行存款		60 000	贷：总公司往来		60 000
(2)			(2)向外赊购商品		
			借：库存商品	40 000	
			贷：应付账款		40 000
(3)运交分公司商品			(3)总公司运来商品		
借：分公司往来	240 000		借：总公司运来商品	240 000	
贷：运交分公司商品		200 000	贷：总公司往来		240 000
存货加价		40 000			
(4)转出分公司应负担的费用			(4)记录支付的费用		
借：分公司往来	10 000		借：销售费用	10 000	
贷：销售费用		10 000	贷：总公司往来		10 000
(5)			(5)记录支付的费用		
			借：销售费用	6 000	
			贷：银行存款		6 000
(6)			(6)偿还前欠货款		
			借：应付账款	40 000	
			贷：银行存款		40 000

续表

总公司	分公司
(7)	(7)对外赊销商品 借:应收账款　30 000 　贷:主营业务收入　30 000 借:主营业务成本　20 000 　贷:库存商品　20 000
(8)	(8)出售总公司拨来商品 借:银行存款　150 000 　贷:主营业务收入　150 000 借:主营业务成本　120 000 　贷:总公司运来商品　120 000
(9)收到分公司汇交的现金 借:银行存款　124 000 　贷:分公司往来　124 000	(9)现金汇交总公司 借:总公司往来　124 000 　贷:银行存款　124 000

上述总公司账簿记录的“存货加价”40 000元,其实质是由于总公司调拨给分公司的商品按高于成本作价而产生的内部未实现利润。总公司与分公司之间往来事项的会计分录可以分别登记分公司账上的“总公司往来”账户和总公司账上的“分公司往来”账户,并结算出期末余额。双方的往来账户发生额及余额情况如图4—3所示。

分公司往来

(1)60 000	
(3)240 000	
(4)10 000	
	(9)124 000
186 000	

总公司往来

	(1)60 000
	(3)240 000
	(4)10 000
(9)124 000	
	186 000

图4—3　总公司和分公司双方往来账户发生额及余额情况

(2)账结分录与抵销分录。

按成本加成计价模式核算,高估了分公司的主营业务成本、低估了利润,最终导致总公司记录的分公司利润同样被低估。可以通过调整分录调整,减少“存货加价”余额,从而客观反映年度内由分公司对外销售商品而实现的利润。期末,总公司和分公司通过对账后,进行期末结转,从而达到“账证相符、账账相符、账实相符”的目的。

分公司账上:

①结清收入与费用:

借:主营业务收入　180 000

　贷:主营业务成本　140 000

　　销售费用　16 000

　　本年利润　24 000

②将利润结转到总公司:

借:本年利润　24 000

　　　贷:总公司往来　　　　　　　　　　　　　　　　　24 000

　总公司账上:

　　借:分公司往来——杭州　　　　　　　　　　　　24 000

　　　存货加价　　　　　　　　　　　　　　　　　　20 000

　　　贷:本年利润　　　　　　　　　　　　　　　　　44 000

　在联合会计报表工作底稿中应做以下抵销分录:

　　借:存货加价　　　　　　　　　　　　　　　　　40 000

　　　贷:营业成本　　　　　　　　　　　　　　　　　20 000

　　　　存货　　　　　　　　　　　　　　　　　　　　20 000

　　借:总公司往来　　　　　　　　　　　　　　　　186 000

　　　贷:分公司往来　　　　　　　　　　　　　　　　186 000

(3)联合会计报表的编制。

年终,总公司和分公司应根据各自的会计记录,分别编制个别会计报表,反映各自的经营成果和财务状况。但是,总分公司单独的个别会计报表只能内部使用,不能对外提供。为了向投资者、债权人,以及其他报表的使用者提供整个企业的会计信息,总公司需编制联合会计报表。总公司与分公司联合会计报表的工作底稿见表4—12。

表4—12　　总公司与分公司联合会计报表工作底稿　　单位:元

总公司及分公司工作底稿　2017年度					
	总公司	分公司	调整与抵销		联合会计报表
利润表					
营业收入	3 000 000	180 000			3 180 000
减:营业成本	2 200 000	140 000		20 000	2 320 000
销售费用	140 000	16 000			156 000
利润总额			0	20 000	
减:所得税费用	660 000	24 000	0	20 000	704 000
净利润	460 000	24 000	0	20 000	504 000
所有者权益变动表					
净利润	460 000	24 000			504 000
加:未分配利润——年初	100 000				100 000
减:应付利润	80 000				80 000
未分配利润——年末	480 000	24 000		20 000	524 000
资产负债表					
货币资金	120 000	40 000			160 000
应收账款	360 000	30 000			390 000
分公司往来	186 000			186 000	0
存货	400 000	140 000		20 000	520 000

续表

总公司及分公司工作底稿　2017 年度					
	总公司	分公司	调整与抵销		联合会计报表
减:存货加价	40 000		40 000		0
固定资产	500 000				500 000
资产总计	1 526 000	210 000	40 000	206 000	1 570 000
应付账款	126 000				126 000
应交税费					0
总公司往来		186 000	186 000		0
实收资本	800 000				800 000
盈余公积	120 000				120 000
未分配利润——年末	480 000	24 000			524 000
负债及所有者权益总计	1 526 000	210 000	186 000	20 000	1 570 000

(二)定期盘存制的特点

定期盘存制又称实地盘存制,是根据财产清查结果确定账面结存数量的方法。由于这种方法一般是在会计期末计算和确定结存存货成本和本期销售或耗用存货成本时采用的,所以称为定期盘存制。采用实地盘点的方法时,会计期末,根据清查的结果确定期末存货账面结存数量及其金额。在存货的明细账记录中,存货的增加要根据有关会计凭证,逐笔连续记录,但存货因正常业务的发出不作记录,平时不结算账面结存数量和金额,而是根据期末实地盘点的结果,确定存货账面结存数量和金额,并采用倒挤的方法计算本期销售或耗用的存货数量和金额。应该意识到,定期盘存制一般适用于价值较低、进出频繁的存货(如五金商品)及自然损耗大、数量不稳定的鲜活商品,其他存货很少采用。故非因特殊原因,一般不宜采用定期盘存制。

【例 4—4】　沿用例 4—3 资料,总公司和分公司均采用定期盘存制,假设该分公司期初存货余额为20 000元,没有从总公司运来的商品,通过盘点,确认期末存货余额为160 000元,其中总公司运来商品期末余额为120 000元。其余会计事项同例 4—3。

要求:根据以上资料编制总分公司会计分录、联合会计报表工作底稿(含抵销分录)。

(1)总分公司会计分录如表 4—13 所示:

表 4—13　　**总分公司会计分录**　　单位:元

总公司	分公司
(1)将现金拨付给杭州分公司 借:分公司往来——杭州分公司　60 000 　贷:银行存款　60 000	(1)收到总公司拨来现金 借:银行存款　60 000 　贷:总公司往来　60 000
(2)	(2)向外赊购商品 借:库存商品　40 000 　贷:应付账款　40 000
(3)运交分公司商品 借:分公司往来　240 000 　贷:运交分公司商品　200 000 　　存货加价　40 000	(3)总公司运来商品 借:总公司运来商品　240 000 　贷:总公司往来　240 000

续表

总公司	分公司
(4)转出分公司应负担的费用 借:分公司往来　10 000 　贷:销售费用　10 000	(4)记录支付的费用 借:销售费用　10 000 　贷:总公司往来　10 000
(5)	(5)记录支付的费用 借:销售费用　6 000 　贷:银行存款　6 000
(6)	(6)偿还前欠货款 借:应付账款　40 000 　贷:银行存款　40 000
(7)	(7)对外赊销商品 借:应收账款　30 000 　贷:主营业务收入　30 000
(8)	(8)出售总公司拨来商品 借:银行存款　150 000 　贷:主营业务收入　150 000
(9)收到分公司汇交的现金 借:银行存款　124 000 　贷:分公司往来　124 000	(9)现金汇交总公司 借:总公司往来　124 000 　贷:银行存款　124 000

(2)账结分录与抵销分录。

按成本加成计价模式核算,高估了分公司的主营业务成本、低估了利润,最终导致总公司记录的分公司利润同样被低估。可以通过调整分录调整,减少“存货加价”余额,从而客观反映年度内由分公司对外销售商品而实现的利润。期末,总公司和分公司通过对账后,进行期末结转,从而达到“账证相符、账账相符、账实相符”的目的。

分公司账上:

①结清收入与费用:

借:主营业务收入　180 000
　存货——期末　160 000
　贷:存货——期初　20 000
　　销售费用　16 000
　　购货　40 000
　　总公司运来商品　240 000
　　本年利润　24 000

②将利润结转到总公司:

借:本年利润　24 000
　贷:总公司往来　24 000

总公司账上:

借:分公司往来——杭州　24 000
　存货加价　20 000
　贷:本年利润　44 000

在联合会计报表工作底稿中，应做以下抵销分录：

①抵销资产负债表中“总公司往来”与“分公司往来”的期末余额：

借：总公司往来　　186 000

　　贷：分公司往来　　186 000

②抵销利润表中的“总公司运来商品”与“运交分公司商品”：

借：存货加价　　40 000

　　运交分公司商品　　200 000

　　贷：总公司运来商品　　240 000

③抵销分公司期末存货中高于成本的部分：

借：存货——期末　　20 000

　　贷：营业成本　　20 000

(3)联合会计报表编制。

年终，总公司和分公司应根据各自的会计记录，分别编制会计报表，反映各自的经营成果和财务状况。但是，总分公司单独的会计报表只能内部使用，不能对外提供。为了向投资者、债权人以及其他报表的使用者提供整个企业的会计信息，总公司需编制联合会计报表。总公司与分公司联合会计报表的工作底稿见表4—14。

表4—14　　总公司与分公司联合会计报表工作底稿　　单位：元

总公司及分公司工作底稿　2017年度					
	总公司	分公司	调整与抵销		联合会计报表
利润表					
营业收入	3 000 000	180 000	0		3 180 000
减：营业成本	2 200 000	140 000		20 000	2 320 000
存货——期初	1 040 000	20 000			1 060 000
购货	1 820 000	40 000			1 860 000
减：运交分公司商品	200 000	0	20 000		0
加：总公司运来商品	0	240 000		240 000	0
存货——期末	460 000	160 000	20 000		600 000
销售费用	140 000	16 000			156 000
利润总额	660 000	24 000		20 000	704 000
减：所得税费用	200 000				200 000
净利润	460 000	24 000		20 000	504 000
所有者权益变动表					
净利润	460 000	24 000	0	20 000	504 000
加：未分配利润——年初	100 000				100 000
减：应付利润	80 000				80 000
未分配利润——年末	480 000	24 000	0	20 000	524 000

续表

总公司及分公司工作底稿 2017 年度					
	总公司	分公司	调整与抵销		联合会计报表
资产负债表					
货币资金	120 000	40 000			160 000
应收账款	360 000	30 000			390 000
分公司往来	186 000			186 000	0
存货	400 000	140 000		20 000	520 000
减:存货加价	40 000		40 000		0
固定资产	500 000				500 000
资产总计	1 526 000	210 000	40 000	206 000	1 570 000
应付账款	126 000				126 000
总公司往来		186 000	186 000		0
实收资本	800 000				800 000
盈余公积	120 000				120 000
未分配利润——年末	480 000	24 000		20 000	524 000
负债及所有者权益总计	1 526 000	210 000	186 000	20 000	1 570 000

二、总分公司间往来事项的会计处理

除了总公司与分公司之间的往来外，分公司与分公司之间也可能发生业务往来。理论上，可以相互设置往来账，但为了便于总公司统一控制，分公司之间的往来一般由总公司统一处理。往来事项主要包括三方面内容：一是关于运费的会计处理，包括正常发生的运费如何计入总公司和分支机构的存货成本，以及非正常调拨产生的运费如何处理；二是总公司与分支机构间期间费用的分摊；三是总公司与分支机构间相对账户的调整问题。

(一)存货的运费

1. 正常的运费

【例 4—5】 假定南昌玩具总公司将成本为40 000元的玩具按成本加成 20%的价格运交武汉分公司，并以银行存款支付2 500元的运费。

要求：根据以上资料，编制南昌总公司和武汉分公司相关业务的会计分录。

总公司和分公司的会计分录如下：

(1)总公司会计分录：

借：分公司往来——武汉分公司	50 500	
贷：运交分公司商品		40 000
存货加价		8 000
银行存款		2 500

(2)分公司会计分录：

借：总公司运来商品	48 000	
总公司来货运费	2 500	

贷:总公司往来 50 500

如果分公司年底有一半玩具未售出,则其报告的销货成本为25 250元,分公司存货成本则为25 250元(成本24 000元加上运费1 250元)。

2. 退货发生的运费

【例 4—6】 假定武汉分公司支付运费1 250元,期末由于产品质量问题,武汉分公司将一半商品退回南昌总公司。

要求:根据以上资料,编制南昌总公司和武汉分公司相关业务的会计分录。

总公司和分公司的会计分录如下:

(1)总公司会计分录:

借:运交分公司商品 20 000
　存货加价 4 000
　管理费用——超额运费损失 2 500
　贷:分支机构往来——武汉分公司 26 500

(2)分公司会计分录:

借:总公司往来 26 500
　贷:总公司运来商品 24 000
　　总公司来货运费 1 250
　　银行存款 1 250

分析说明:退回商品是由于产品质量问题,故由此产生的运费记入"管理费用——超额运费损失",代表管理的失误,不应作为正常的货运费用记入"营业费用"。

3. 总分公司间转运商品发生的运费

【例 4—7】 假定南昌玩具总公司将成本为200 000元的商品运给武汉分公司,并支付8 000元运费。一周后,因长沙分公司存货短缺而将这批货由武汉运到长沙,武汉分公司支付运费4 800元。将这批商品直接由南昌运到长沙需要支付运费7 200元。

要求:根据以上资料,编制这批玩具从南昌总公司运到武汉分公司,再转运到长沙分公司的相关的会计分录。

商品运到武汉后又转运到长沙,相关的会计分录记录如下:

(1)南昌总公司运到武汉分公司会计分录:

南昌总公司账上:

借:分公司往来——武汉分公司 208 000
　贷:运交分支机构商品——武汉分公司 200 000
　　银行存款 8 000

武汉分公司账上:

借:总公司运来商品 200 000
　总公司来货运费 8 000
　贷:总公司往来 208 000

(2)武汉分公司转运到长沙分公司会计分录:

南昌总公司账上:

借:分公司往来——长沙分公司 207 200
　管理费用——超额运费损失 5 600

运交分公司商品——武汉分公司　　200 000
　贷：分公司往来——武汉分公司　　212 800
　　运交分公司商品——长沙分公司　　200 000

武汉分公司账上：

借：总公司往来　　212 800
　贷：总公司运来商品　　200 000
　　总公司来货运费　　8 000
　　银行存款　　4 800

长沙分公司账上：

借：总公司运来商品　　200 000
　总公司来货运费　　7 200
　贷：总公司往来　　207 200

分析说明：双重运费是总公司管理上的失误，所以超额的运费应列为总公司的损失。

（二）期间费用的分摊

总公司与分公司之间经营业务的关联性决定了总公司发生的费用有些应由分公司负担（或者相反），如期间费用（销售费用、管理费用、财务费用）的分摊，对于准确衡量企业各分公司的获利能力和经营业绩是十分重要的。

发生时可由分公司承担的部分可以直接记入分公司的相关账户，如果发生的费用应由总公司和分公司直接分摊，可以先记入总公司的账户，然后定期按一定的分配比例和标准进行分摊。

【例4-8】 上海百货公司下设苏州分公司和杭州分公司，2017年，苏州分公司发生广告费用20 000元，广告费用由上海总公司和苏州分公司共同分摊。另外，总公司退休保险费用和一般管理费用分别为160 000元和200 000元，这些费用已经支出，其中，苏州分公司和杭州分公司分别承担其中的40%。

要求：根据以上资料，编制上海总公司、苏州分公司和杭州分公司相应的会计分录。

总分公司相关的会计分录如下：

(1)广告费用的会计处理：

苏州分公司：

借：销售费用——广告费　　10 000
　总公司往来　　10 000
　贷：银行存款　　20 000

上海总公司：

借：销售费用——广告费　　10 000
　贷：分公司往来——苏州分公司　　10 000

(2)退休保险费用和一般管理费用会计处理：

上海总公司：

借：分公司往来——苏州分公司　　144 000
　分公司往来——杭州分公司　　144 000
　贷：管理费用——一般管理费用　　160 000
　　——退休管理费用　　128 000

苏州分公司：

借：管理费用——一般管理费用　　80 000
　　　　——退休管理费用　　64 000
　贷：总公司往来　　144 000

杭州分公司：

借：管理费用——一般管理费用　　80 000
　　　　——退休管理费用　　64 000
　贷：总公司往来　　144 000

（三）往来账户的调节

记录往来交易时发生错误，或者一方已入账而另一方未入账，将会造成期末总公司与分公司的往来账户余额不相等的情况出现，那么就需要在期末进行调节。期末调节总公司和分公司往来账户余额的方法类似于银行存款余额调节表的编制。

【例4—9】 合肥某化工总公司与芜湖分公司的相关资料如下：

（1）2017 年 12 月 31 日，芜湖分公司账上“总公司往来”账户余额901 000元；合肥总公司账上“分公司往来——芜湖分公司”账户余额984 000元；

（2）2017 年 12 月 25 日，总公司将成本为30 000元的商品按 45 000 元转移价格运给芜湖分公司，而芜湖分公司到 2018 年 1 月 10 日才收到；

（3）2017 年 12 月 31 日，芜湖分公司将一张36 000元的支票送往总公司，总公司于 2018 年 1 月 5 日才收到；

（4）总公司将8 800元广告费分摊给芜湖分公司，芜湖分公司将金额误记为6 800元。

要求：根据上述资料，编制合肥化工公司相关的会计分录。

该化工公司相关的会计分录如下：

（1）2017 年 12 月 31 日，总公司在途支票的补记：

借：银行存款——在途支票　　36 000
　贷：分公司往来——芜湖分公司　　36 000

（2）2017 年 12 月 31 日，芜湖分公司编制以下分录：

借：总公司运来商品——在途　　45 000
　贷：总公司往来　　45 000
借：销售费用　　2 000
　贷：总公司往来　　2 000

通过上述会计分录，总公司与分公司往来账户余额将会相等，即具有相对性。总公司和分公司相对账户调节表如表 4—15 所示。

表 4—15　　合肥某化工公司及其芜湖分公司相对账户调节表　　单位：元

	总公司往来（分公司账）	分公司往来——芜湖分公司（总公司账）
2017 年 12 月 31 日账上余额	901 000	984 000
在途支票	—	（36 000）
在途商品	45 000	—
差错更正	2 000	—
2017 年 12 月 31 日调节后余额	948 000	948 000

三、销售代理处的会计处理

分支机构和销售代理处在管理上和组织上的不同特点，决定了两者在会计处理程序上的不同。一般，销售代理处不需要完整的会计处理系统来处理其有限的经营业务，只需记录现金的收支，至多再包括相对详细的资产和收益数据而已。销售代理处的销售业务则由总公司的会计处理系统负责处理。通常这类销售代理处的职能较为简单，或者处于初创阶段。此时一般也没有专属于代理处的固定资产，也无须进行简单核算。在简单销售代理处会计系统中，除了现金和样品存货需要设置该代理处为明细科目外，费用类账户均不需要具体到该代理处。

如果总公司需要销售代理处的详细资料，并将销售代理处的经营成果单独核算，那么，代理处的营业收入和费用就需要在记账时设置明细账户，单独反映代理处的利润。

【例4－10】 假设永新公司因发展需要，2017年在南昌设立永佳销售代理处，永新公司对该销售代理处实行定额备用金和考核其净收益的核算制度。2017年度发生如下经济业务：

(1)永佳代理处成立伊始，永新公司为永佳代理处建立定额为10 000元的备用金，并通过银行存款予以支付；

(2)永新公司向南昌永佳销售代理处拨送商品样品10件，每件样品的成本为200元；

(3)年底，南昌永佳代理处按每件产品280元的价格向某客户赊销该产品1 000件，南昌永佳代理处将这些产品发送给客户并及时结转了销售成本；

(4)本年，南昌永佳代理处发生销售费用12 000元，并及时从永新公司补充了银行存款备用金。

要求：根据上述资料，结转、考核南昌销售代理处的净收益。

(1)为设立销售代理处而拨付的备用金：

借：其他应收款——南昌代理处	10 000	
贷：银行存款		10 000

(2)将样品运交销售代理处：

借：存货——南昌代理处	2 000	
贷：库存商品		2 000

(3)对外赊销商品：

借：应收账款	280 000	
贷：主营业务收入——南昌代理处		280 000

永新公司结转赊销产品的销售成本：

借：主营业务成本——南昌代理处	200 000	
贷：存货——库存商品		200 000

(4)代理处报销销售费用，永新公司以银行存款支付：

借：销售费用——南昌代理处	12 000	
贷：库存现金		12 000

(5)年底结转南昌代理处的净收益：

借：主营业务收入——南昌代理处	280 000	
贷：主营业务成本——南昌代理处		200 000
销售费用——南昌代理处		12 000
本年利润——南昌代理处		68 000

需要特别说明的是，如果不需要单独反映南昌代理处的利润，则有关收入、费用账户不需要按照南昌代理处开设明细账，也不需要单独核算利润。

本章小结

当企业发展到一定规模后，为了适应经营活动的需要，企业会在本地或者外地设立分支机构从事生产经营。分支机构是企业拓展延伸的一种组织形式，是企业的一个组成部分，但不是独立的法人，作为一个会计主体，既可以独立核算，也可以非独立核算。本章详述了总分公司之间内部调拨存货按成本计价和按高于成本计价两种存货计价核算方式，对比了永续盘存制和实地盘存制对会计核算的不同处理，介绍了总公司与分公司间往来业务三种类型的会计处理。在此基础上，着重介绍了联合会计报表的编制原理、方法和步骤。

本章思考题

1. 企业分支机构和企业子公司有何区别？
2. 简述分支机构会计的特征。
3. 总公司净利润和分支机构净利润之和等于整个企业的联合净利润吗？请说明理由。
4. 请评价总公司与分公司之间内部调拨存货计价两种模式的优缺点。
5. 总公司编制的抵销分录有哪些内容？编制目的是什么？
6. 请解释“总公司往来”和“分支机构往来”这两个账户的用途及关系。
7. 什么是联合会计报表？为什么在编制联合会计报表之前需要进行账项调整？
8. 编制联合会计报表的基本步骤是什么？简述各步骤的要点。

本章业务题

1. 沪江公司下设群江分公司，2017 年度发生如下往来业务：

(1)总公司向分公司拨付现金 50 万元，按成本价拨付存货 80 万元；

(2)总公司购入 30 万元的设备转交给分公司，并由分公司当年计提折旧 8 万元；

(3)分公司本期取得销售收入 75 万元，发生销售成本 45 万元(全部为总公司购入)，支付销售费用 10 万元(不考虑增值税)；

(4)总公司本期支付其他销售费用共计 33 万元，其中由分公司负担 3 万元；

(5)分公司交回总公司现金 40 万元。

要求：

(1)编制分公司的会计分录；

(2)编制总公司的会计分录；

(3)编制联合会计报表的抵销分录；

(4)编制账结分录。

2. 永佳公司上海分公司本期来自总部的商品金额为66 000元(永佳公司按成本加价 10%计价)。由于杭州分公司急需这批商品，故上海分公司将此商品运送至杭州分公司，由上海分公司支付运费。假设从总部运往上海分公司的运费为3 000元(运费由总部承担)，而从上海分公司运往杭州分公司的运费为1 500元(运费由上海分公司支付)，而直接从总部运往杭州分公司的运费是3 600元，将多付的运费作为超额运费记录。

要求：根据以上资料，编制相关会计分录。

3. 2017 年度，百果园公司杭州分部期初存有红枣36 000元，其中6 000元来自总公司。本期来自总公司的一批红枣金额为55 000元。期末存货为8 000元，其中一半是由外界供应商处购入的，总公司对分支机构的销货均以成本加价10%计价。年末，总分公司的红枣销售收入、销售成本和营业费用分别为210 000元和78 000元、16 000元和30 000元、10 500元和3 900元，结账前“分支机构往来”和“总公司往来”两个账户的余额均为80 000元。

要求：

(1)编制分公司的会计分录；

(2)编制总公司的调整分录和账结分录；

(3)编制联合会计报表的抵销分录。

4. 宏华实业有限公司的总公司及两家分公司2017年12月31日的比较试算表如下表所示：

宏华实业总分公司2017年12月31日的比较试算表 单位：元

	总公司	深圳分公司	珠海分公司
货币资金	10 000	30 000	44 000
应收账款	160 000	60 000	80 000
存货	300 000	120 000	96 000
分公司往来——深圳	340 000	—	—
分公司往来——珠海	330 000	—	—
固定资产——净值	1 460 000	500 000	400 000
购货	1 800 000	—	—
总公司运来商品	—	600 000	480 000
费用	600 000	150 000	100 000
合计	5 000 000	1 460 000	1 200 000
应付账款	200 000	90 000	60 000
其他应付款	160 000	30 000	10 000
存货加价	216 000	—	—
股本	1 000 000	—	—
未分配利润	524 000	—	—
总公司往来	—	340 000	330 000
销售收入	2 000 000	1 000 000	800 000
运交分公司商品	900 000	—	—
合计	5 000 000	1 460 000	1 200 000

其他资料：2017年12月31日，总公司及分公司的存货如下：

总公司(按成本计价)	240 000
深圳分公司	144 000
珠海分公司	192 000

所有运交分公司的商品均按总公司成本的110%计价。

要求：

(1)核算宏华实业有限公司2017年12月31日的存货；

(2)编制2017年12月31日总公司和其他两家分公司的账结分录；

(3)编制宏华实业有限公司 2017 年度总公司的利润表(非联合会计报表);

(4)编制宏华实业有限公司 2017 年 12 月 31 日的联合资产负债表。

本章参考文献

1. 储一昀:《高级财务会计》,上海财经大学出版社,2016 年
2. 傅荣:《高级财务会计》,中国人民大学出版社,2016 年
3. 刘永泽、傅荣:《高级财务会计》,东北财经大学出版社,2016 年
4. 荣莉、彭晓洁:《高级财务会计》,中国财政经济出版社,2017 年

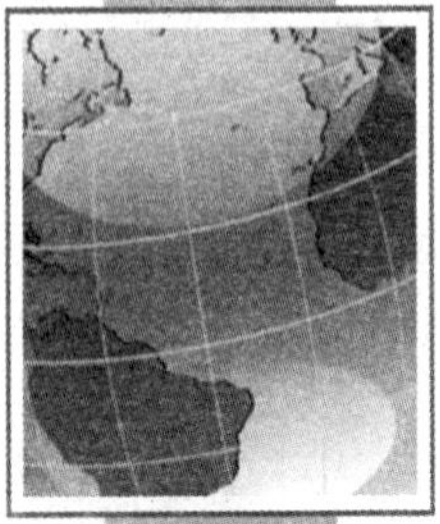

第五章 合伙企业会计

案例导入

企业组织形式一般分为独资、合伙和公司制三种形式。许多国际知名的大企业都采用或曾经采用过合伙企业这种组织形式。例如，微软公司是在比尔·盖茨和保罗·艾伦的合伙企业的基础上发展起来的;索尼公司本身就是由盛田昭夫和井深大众创办的合伙企业;福特公司也源自福特与马克姆森的合伙企业,还有德勤、安永等国际大型会计师事务所也采用合伙制。在我国较常采用合伙制的领域主要在于第三产业,例如律师事务所、会计师事务所、PE、VC等。

2013年3月20日,《中国证券报》“有限公司变合伙制企业‘大小限’们避税有道”的评论引起了各界人士的关注。“有限责任公司还能变更为合伙制企业?”一位私募投资总监面对东方电热的一纸股东名称变更公告发出了这样的疑问。疑惑的不仅是金融界人士,法律界人士也同样不解。有限责任公司仅通过更名就能变更为合伙制企业?事情就是如此超乎想象。这一在专业人士看来不可能完成的任务已被A股市场上10余家上市公司的股东完成。除东方电热外,已有天业通联、海康威视、章源钨业等10余家A股上市公司的小股东如法炮制,完成了从“有限”到“合伙”的蜕变。业内人士分析,它们如此特立独行的做法背后只有一个动机——在减持限售股时实现避税。同年,马云的“类合伙制”让阿里巴巴在香港的IPO计划搁浅,这令“合伙制”再度成为市场的热词。作为大小摩、高盛等几乎所有的国际大型投行曾经赖以发迹的利器,合伙制由于其先天的法律缺陷而被全球各大交易所拒在了IPO大门之外,为了上市,高盛和两摩根等不得不放弃其延续数十年甚至上百年的合伙制而转向公司制,合伙制似乎遭到了市场的遗弃。尽管如此,没有人能够否认合伙制在华尔街顶级投行发迹史上的基石地位,而且在我国金融业大幅降低门槛向市场开放之际,市场预计合伙制这一企业制度有望在我国的金融领域焕发出第二春。①

综上,合伙企业作为一种企业的组织形式,在现代社会经济中扮演着越来越重要的角色。那么,何谓合伙企业?合伙企业的会计特征是什么?合伙企业应如何进行会计处理?让我们带着这些问题进入本章的学习吧。

学习目的与要求

合伙企业是由两个或两个以上的自然人通过订立合伙协议,共同出资经营、共负盈亏、共担风险的企业组织形式。其中的有限合伙是指一名以上普通合伙人与一名以上有限合伙人所组成的合伙。虽然在表面上及一些具体程序与做法上,它是介于合伙与有限责任公司之间的一种企业形式,但必须强调的是,在本质上它是合伙的特殊形式之一,而不是公司。

通过本章的学习,了解合伙企业的含义及特征、合伙协议的内容,掌握合伙企业红利法和商誉法的含义及其会计处理,掌握合伙企业权益变动、合伙企业损益分配的会计处理,了解合伙企业清算的程序及会计处理。

---

① 摘自东方财富网 http://finance.eastmoney.com/news/1371,20130925325264473.html。

企业组织形式一般分为独资、合伙和公司制三种。在世界经济中，公司制企业发挥着举足轻重的作用，且公司制企业的规模一般要大于前两种企业组织形式的规模。但不容忽视的是，独资和合伙形式的企业在数量上却远远超过公司制企业。

第一节　合伙企业概述

根据2006年8月27日第十届全国人民代表大会常务委员会第23次会议修订的《中华人民共和国合伙企业法》(以下简称《合伙企业法》，自2007年6月1日起施行)的规定，合伙企业是指自然人、法人和其他组织依照本法在中国境内设立的普通合伙企业和有限合伙企业。普通合伙企业由普通合伙人组成，合伙人对合伙企业债务承担无限连带责任；有限合伙企业由普通合伙人和有限合伙人组成，普通合伙人对合伙企业债务承担无限连带责任，有限合伙人以其认缴的出资额为限对合伙企业债务承担有限责任。国有独资公司、国有企业、上市公司以及公益性的事业单位、社会团体不得成为普通合伙人。

一、合伙企业的特征

与股份制企业相比，合伙企业具有比较鲜明的特征：

(一)非独立的法律主体

合伙企业没有法人资格，其对外业务须以合伙人个人的名义进行。但合伙企业是一个独立的经济和会计主体。

(二)设立容易，存续期有限

合伙企业的设立是在合伙协议的基础上合伙人的自愿联合，由两个或两个以上合伙人以契约约定，设立较为容易。一旦合伙人签订合伙协议，就宣布合伙企业成立。合伙企业的任一合伙人死亡、退出或者新的合伙人加入，都意味着原合伙企业告终而新的合伙企业诞生。

(三)财产共有，相互代理机制

合伙企业在存续期限内，合伙人的出资和所有以合伙企业名义取得的收益均为合伙企业财产。所有合伙人共同拥有合伙企业资产，任何一个单一合伙人都不能对某项特定的资产提出要求权，也不能单独占有与该资产相关的收益。不经全体合伙人一致同意，任何一个合伙人都无权处置相应资产，也不能独立占有相关收益及对某项特定资产提出要求权。合伙企业的经营活动，由合伙人共同决定，合伙人有执行和监督的权利。每个合伙人代表合伙企业所发生的经济行为对所有合伙人均有约束力。

(四)非纳税主体

合伙企业无须对其经营所得缴纳所得税，因为它并非纳税主体。合伙企业和独资企业均以个人名义缴纳个人所得税。

(五)责任无限

普通合伙人必须对合伙企业债务承担连带责任。当合伙企业的债权人向合伙企业追债困难，可以要求任何一个合伙人给予支付，只要其个人的资产大于负债，就有偿还的义务。

二、合伙协议的内容

合伙协议是合伙企业的章程和合伙企业运行的基本行为指南，也是区别于独资企业最重要的一点。虽然合伙协议可以通过口头的方式订立，但从约束力和严格的角度而言，书面协议更值得提倡。

(一)合伙协议应当载明的事项

我国《合伙企业法》第18条规定,合伙协议应当载明下列事项:

(1)合伙企业的名称和主要经营场所的地点;

(2)合伙目的和合伙经营范围;

(3)合伙人的姓名或名称、住所;

(4)合伙人的出资方式、数额与缴付期限;

(5)利润分配、亏损承担方式;

(6)合伙事务的执行;

(7)入伙与退伙;

(8)争议解决办法;

(9)合伙企业的解散与清算;

(10)违约责任。

(二)有限合伙企业的合伙协议还应载明的事项

我国《合伙企业法》第63条规定,有限合伙企业的合伙协议中还应包括:

(1)普通合伙人和有限合伙人的姓名或者名称、住所;

(2)执行事务合伙人应具备的条件和选择程序;

(3)执行事务合伙人权限和违约处理办法;

(4)执行事务合伙人的除名条件和更换程序;

(5)有限合伙人入伙、退伙的条件、程序以及相关责任;

(6)有限合伙人和普通合伙人相互转换程序等。

合伙协议未约定或者约定不明确的事项,由合伙人协商决定。协商不成的,依照《合伙企业法》和其他有关法律、行政法规的规定处理。合伙协议经全体合伙人签名、盖章后生效。合伙人依照合伙协议享有权利、履行义务。修改或者补充合伙协议,应当经全体合伙人一致同意,合伙协议另有约定的除外。

三、合伙企业会计的特征

合伙企业会计与独资、公司制企业会计的不同之处在于损益分配及所有者权益科目的设置。合伙企业会计实务中,设置两个所有者权益科目,即"合伙人资本"科目和"合伙人提款"科目;长期的借贷款项可以通过"应付合伙人贷款"和"应收合伙人借款"两个账户来进行核算。

"合伙人资本"账户,核算合伙人投入的资本以及分享的经营积累财产。原始投资投入时,按公允价值借记所投入的资产账户,贷记"合伙人资本"账户。原始投资投入后,合伙人的权益随着增加投资及在净利润中分享所占份额而增加,随着提用资产及在净损失中分担所占份额而减少。此外,合伙人的权益,还可能因合伙人的变动而增减。

"合伙人提款"账户,是"合伙人资本"账户的备抵账户,用来核算合伙人当期从合伙企业提取的资产,和从合伙企业中提出用于个人花费的支出(包括应得的工资等)。使合伙人的所有者权益永久减少的巨额提款,则应直接借记"合伙人资本"账户。

"应付合伙人贷款"账户,用来反映合伙企业对合伙人的长期负债。合伙企业从合伙人处借入长期资金记入该账户的贷方;合伙人收到合伙企业归还的长期借款记入该账户的借方。期末余额应在贷方,表示合伙企业对合伙人的长期负债。

“应收合伙人借款”账户，用来反映合伙企业对合伙人的长期债权。合伙企业借给合伙人的长期资金记入该账户的借方；合伙企业收到合伙人归还的长期借款记入该账户的贷方。期末余额应在借方，表示合伙企业对合伙人的长期债权。

四、合伙企业的财务报告

普通合伙企业的财务报告包括利润表及利润分配表、合伙人资本状况变动表（或称合伙人权益变动表）、资产负债表和现金流量表等。

合伙企业的财务报告主要是为了满足合伙人、合伙企业债权人和税务机构这三类使用者的需要，不需编制供公众使用的财务报告。其中：合伙人需要会计信息来规划和控制合伙企业的资产和经营活动，可以为其投资决策提供参考。除非合伙协议中另有规定，任一合伙人均有权随时查阅合伙企业的财务报告等资料。合伙企业债权人，如银行或其他金融机构等，需要阅读财务报告以审核合伙企业的借款申请。税务机关需要通过财务报告审核合伙企业的利润，以便审核并确定每一个合伙人应缴纳的个人所得税。

第二节 合伙企业的初始投资和经营

合伙人应当按照合伙协议约定的出资方式、数额和缴付期限，履行出资义务。合伙人可以用货币、实物、知识产权、土地使用权或者其他财产权利出资，也可以用劳务出资。合伙人以实物、知识产权、土地使用权或者其他财产权利出资，需要评估作价的，可以由全体合伙人协商确定，也可以由全体合伙人委托法定评估机构评估。合伙人以劳务出资的，其评估办法由全体合伙人协商确定，并在合伙协议中载明。但只有普通合伙人可以以劳务抵作资本，有限合伙人不得以劳务出资。以非货币财产出资的，依照法律、行政法规的规定，需要办理财产权转移手续的，应当依法办理。对于合伙企业的初始投资，应按每一个合伙人设置“合伙人资本”账户予以反映。

一、合伙企业的初始投资

根据合伙协议的约定，合伙企业的初始投资有三种不同的会计处理方法。第一种方法是投资净额法(net investment approach)，即处理合伙人初始投资时，每一位合伙人的资本账户均按其投入合伙企业的可辨认净资产的公允价值入账。第二种方法是红利法(bonus approach)，即投入资本的合计数等于每一位合伙人投入合伙企业的可辨认净资产公允价值的合计数，但是，每一位合伙人资本账户的入账金额并不等于其投入合伙企业的可辨认净资产的公允价值。资本账户入账金额小于其出资额的合伙人相当于给了资本账户入账金额大于其出资额的合伙人红利。第三种方法是商誉法(goodwill approach)，商誉法下合伙企业账上不仅需要记录可辨认的资产，而且还需要记录不可辨认的净资产，即商誉。

【例5—1】 王某和李某经协商订立合伙协议，设立一家合伙企业。依照协议，王某投入现金170 000元，投入商品存货30 000元，并以一项专利协议作价20 000元入伙；李某投入现金30 000元，以及投入经评估双方认同价值为150 000元的机器设备入伙。

要求：根据以上资料，分别采用投资净额法、红利法和商誉法编制会计分录。

(1)投资净额法。

如果王某和李某约定各人的资本份额等于其投入净资产的金额，则各人投入的净资产不同，取得的资本份额也不同。当合伙企业设立时，合伙人投入资本的会计分录如下：

借：库存现金	200 000	
存货	30 000	
无形资产	20 000	
固定资产——设备	150 000	
贷：合伙人资本——王某		220 000
——李某		180 000

如果各合伙人约定从合伙企业得到的资本份额相等，或合伙协议未明确写明而视同资本份额相等的，则应将各合伙人的资本账户余额调整一致，这时的会计处理方法有红利法和商誉法两种。

(2)红利法。

若合伙协议中约定王某和李某资本权益均等，且投入的资本总额不变，可视为出资人王某给出资人李某支付了20 000元的红利，则红利法的会计分录如下：

借：库存现金	200 000	
存货	30 000	
无形资产	20 000	
固定资产——设备	150 000	
贷：合伙人资本——王某		200 000
——李某		200 000

(3)商誉法。

若合伙协议中约定王某和李某资本权益均等，并确认属于李某的不可辨认的商誉40 000元，即整个合伙企业资本总额提高的情况下，商誉法的会计分录如下：

借：库存现金	200 000	
存货	30 000	
无形资产	20 000	
固定资产——设备	150 000	
商誉	40 000	
贷：合伙人资本——王某		220 000
——李某		220 000

红利法和商誉法均可使资本账户与合伙协议一致，而且可以公平地分配资本权益给各合伙人，究竟采用哪一种方法应根据实际情况而定；另一方面，实务中采用红利法还是商誉法来处理合伙企业会计事项，合伙人在签订合伙协议时，就应有充分的了解和共识，并在合伙协议中加以明确。

二、合伙企业的增资与减资

合伙企业在合伙协议中应对增资与减资的处理条款予以明确。合伙人增资时就应根据上述初始投资的计价规则确定如何记入“合伙人资本”科目。数目巨大且不正常的减资，应借记“合伙人资本”科目。

【例 5－2】 假定王某减资40 000元，则应编制以下会计分录：

借：合伙人资本——王某	40 000	

贷:库存现金　　40 000

三、合伙人提款

合伙人与有薪酬的合伙企业职工不一样,他们的报酬是合伙企业以利润的形式支付的。一般情况下,执行业务的合伙人按周或月从合伙企业的利润中提取相当数量的现金,借记“合伙人提款”科目,而不是直接记入“合伙人资本”科目。

【例5—3】 假定王某和李某每月从合伙企业提款10 000元,则应编制以下会计分录:

借:合伙人提款——王某　　10 000
　　　　　　　——李某　　10 000
　贷:库存现金　　20 000

会计期间结束时,合伙企业应将“合伙人提款”账户结转到“合伙人资本”账户。这样进行会计处理,虽然与发生合伙人提款时直接借记“合伙人资本”账户的结果一样,但通过“合伙人提款”账户可以了解各合伙人在经营期间的提款情况,并可与合伙协议上约定的提款数额保持一致,便于财务人员对合伙人提款情况建立监督(控制)。

【例5—4】 假定王某和李某在一年中每月从合伙企业提款10 000元,则“合伙人提款——王某”和“合伙人提款——李某”账户的年底余额都为120 000元,将其结转到“合伙人资本”账户,则应编制会计分录:

借:合伙人资本——王某　　120 000
　　　　　　　——李某　　120 000
　贷:合伙人提款——王某　　120 000
　　　　　　　　——李某　　120 000

合伙人的定期提款命名可能不同(如领取工资、奖金或者红利等),但其实质与数量巨大且不正常的减资一样,都是合伙人资本的减少,而且经过结转后,其对合伙人资本账户的影响完全一致。在编制合伙企业资产负债表前,应将“合伙人提款”账户结转到“合伙人资本”账户。

四、合伙人借贷

合伙人与合伙企业通过借贷款项发生债权、债务关系,应通过“应收合伙人借款”和“应付合伙人贷款”账户进行核算。

【例5—5】 假定王某从合伙企业借款20 000元,合伙企业开出现金支票,则应编制以下会计分录:

借:应收合伙人借款——王某　　20 000
　贷:银行存款　　20 000

【例5—6】 假定李某将40 000元的款项借给合伙企业,合伙企业现金收讫,则应编制以下会计分录:

借:库存现金　　40 000
　贷:应付合伙人贷款——李某　　40 000

五、合伙人资本变动

合伙企业编制合伙人资本变动表(合伙人权益变动表)是为了反映利润分配前后资本变动的情况,比较期初资本余额与投入资本净额,便于合伙人制定投资或减资政策。合伙人资本变动表是合伙企业所特有的报表。下面举例说明。

【例 5—7】 王某和李某是某合伙企业合伙人，约定损益分配比例为 6∶4。2017 年有关合伙权益发生的资料如表 5—1 所示。

表 5—1 **2017 年合伙权益发生业务** 单位：元

项　目	王某	李某
合伙人资本	220 000	180 000
合伙人提款	60 000	30 000
合伙人增资	20 000	50 000
合伙净利润	100 000	

根据上述资料编制的合伙人资本变动表，如表 5—2 所示。

表 5—2 **合伙人资本变动表**

2017 年 12 月 31 日 单位：元

项　目	王某	李某	合计
期初资本余额(2017.1.1)	220 000	180 000	400 000
加：增资	20 000	50 000	70 000
减：减资			
提款	(60 000)	(30 000)	(90 000)
投入资本净额	180 000	200 000	380 000
加：本期净利润	60 000	40 000	100 000
期末资本余额(2017.12.31)	240 000	240 000	480 000

注：表中加括号数字表示该数字为负，本章下同。

(1)将本年利润按 6∶4 的损益分配比例分给王某和李某。

借：本年利润　100 000

　贷：合伙人资本——王某　60 000

　　　　　　　——李某　40 000

(2)将“合伙人提款”账户结转到“合伙人资本”账户。

借：合伙人资本——王某　60 000

　　　　　　——李某　30 000

　贷：合伙人提款——王某　60 000

　　　　　　　——李某　30 000

第三节　合伙权益的变动

在合伙企业的经营过程中，由于各种情况的发生，合伙企业权益会经常发生变动。不过，大多数合伙权益的变动并不影响合伙企业的经营。合伙权益的变动主要分为新合伙人入伙和原合伙人退伙两种情况。

一、新合伙人入伙

新合伙人入伙首先需要征得原合伙人的同意。入伙的一种方法是向原合伙人购买全部或部分合伙权益，合伙企业并未收到任何资源；另一种方法是直接向合伙企业投资，合伙企业收到了新的资源。

(一)新合伙人向原合伙人购买全部或部分权益入伙

新合伙人从原合伙人那里购买全部或部分权益不会影响原合伙企业的资产和负债，所有者权益总额不会发生增减变动(除非资产、负债评估有价值变动)，只是改变各合伙人在权益总额中的份额。在会计处理上，只需将原合伙人的资本明细账全部或部分转到新合伙人的资本明细账。

【例5—8】 王某和李某成立某合伙企业并约定损益平均分配，王某和李某的资本余额分别为220 000元和180 000元。现张某要求向王某和李某支付现金125 000元入伙，王某和李某都表示同意。新合伙协议约定王某、李某和张某三人的资本余额比例分别为25%、25%、50%。

要求：根据以上资料，编制张某购买权益入伙的分录。

(1) 红利法。

红利法的会计处理思路是：对合伙企业可辨认资产、负债进行重估，将所有资产、负债的账面价值调整到公允价值，并按损益分配比例分配给原合伙人，但不确认不可辨认的商誉。

①计算接受张某入伙后，王某、李某和张某的资本余额：

王某资本余额＝400 000×25%＝100 000(元)

李某资本余额＝400 000×25%＝100 000(元)

张某资本余额＝400 000×50%＝200 000(元)

②计算张某入伙后王某、李某应转让的资本及张某应增加的资本：

王某应转让资本＝220 000－100 000＝120 000(元)

李某应转让资本＝180 000－100 000＝80 000(元)

张某应增加资本＝400 000×50%＝200 000(元)

③采用红利法的会计分录：

借：合伙人资本——王某	120 000	
——李某	80 000	
贷：合伙人资本——张某		200 000

(2)商誉法。

商誉法的要点是，不仅需要对合伙企业可辨认资产、负债进行重估，将所有可辨认资产、负债的账面价值调整至公允价值，并按损益分配比例分配给原合伙人，还需要在此基础上确认不可辨认的净资产(商誉)。

①先确认合伙企业的商誉并将商誉分配给王某和李某：

商誉＝(250 000÷50%)－(220 000＋180 000)＝100 000(元)

借：商誉	100 000	
贷：合伙人资本——王某		50 000
——李某		50 000

经过以上处理，合伙人王某资本余额为270 000元，李某资本余额为230 000元。

②计算接受张某入伙后三人的资本余额：

王某资本余额＝500 000×25％＝125 000（元）

李某资本余额＝500 000×25％＝125 000（元）

张某资本余额＝500 000×50％＝250 000（元）

③计算张某入伙后王某、李某应转让的资本及张某应增加的资本：

王某应转让资本＝270 000－125 000＝145 000（元）

李某应转让资本＝230 000－125 000＝105 000（元）

张某应增加资本＝500 000×50％＝250 000（元）

④采用商誉法的会计分录：

借：合伙人资本——王某　　145 000

　　　　　　——李某　　105 000

　贷：合伙人资本——张某　　250 000

（二）新合伙人直接向原合伙企业投资入伙

新合伙人向原合伙企业投资入伙不会减少原合伙人的资本，只会增加合伙企业的资本规模。全体合伙人要根据新合伙人的能力和原合伙企业的获利情况，重新确定全体合伙人的资本额，并对企业的资产、负债进行重新评估，将各项资产、负债的账面价值调整为公允价值。

新合伙人投入资本并取得合伙权，根据协商的结果，最终新合伙人取得的合伙权可能会出现三种情况：一是新合伙人取得的所有权等于其投资额；二是新合伙人取得的所有权小于其投资额；三是新合伙人取得的所有权大于其投资额。

1. 新合伙人取得的所有权等于其投资额

如果新合伙人投资入伙时，合伙企业的资产在当时并不存在高估或低估的情况下，新合伙人按照实际投资额取得合伙权益份额；如果原合伙企业资产存在被高估或低估的情形，则需要将原合伙企业的全部资产和负债进行评估，以评估价值重新入账，因评估产生的损益在原合伙人之间进行分配，按调整后的资本总额计算新合伙人的权益比例。此时，合伙企业的资产、负债账面价值等于公允价值。

【例5－9】 王某和李某成立某合伙企业并约定损益平均分配，王某和李某的资本余额分别为220 000元和180 000元。现有新合伙人张某拟以现金200 000元投入合伙企业入伙，假定原合伙企业的公允价值与原合伙资本总额相等，则新合伙人张某取得的权益等于其投资额，且占新合伙企业1/3的权益比例。

要求：根据以上资料，编制张某入伙的会计分录。

借：库存现金　　200 000

　贷：合伙人资本——张某　　200 000

2. 新合伙人取得的所有权小于其投资额

如果合伙企业已经成立多年，具有较强的获利能力，此时新合伙人提出入伙，原合伙人可能要求新合伙人付出较高的投资额而取得低于其投资额的权益份额。此种情况下的会计处理方法有红利法和商誉法两种。

【例5－10】 王某和李某成立某合伙企业并约定损益平均分配，王某和李某的资本余额分别为220 000元和180 000元。假定原合伙人王某和李某要求新合伙人张某以现金260 000元出资投入合伙企业，并取得合伙企业1/3的股权。

要求：根据以上资料，编制张某入伙的会计分录。

(1)红利法。

新合伙人的投资额大于其所获得的权益额的差额记入原合伙人的资本账户，作为新合伙人给原合伙人的红利。

新合伙企业权益总额＝220 000＋180 000＋260 000＝660 000(元)

1/3的合伙权益＝660 000×1/3＝220 000(元)

张某多付＝260 000－220 000＝40 000(元)

借:库存现金	260 000	
贷:合伙人资本——王某		20 000
——李某		20 000
——张某		220 000

(2)商誉法。

商誉法下，新合伙人入伙后，合伙企业的权益总额与投资总额的差额计入合伙企业商誉。

新合伙企业权益总额＝260 000÷1/3＝780 000(元)

新合伙企业可辨认资产余额＝220 000＋180 000＋260 000＝660 000(元)

两者差额(商誉)＝780 000－660 000＝120 000(元)

借:库存现金	260 000	
商誉	120 000	
贷:合伙人资本——王某		60 000
——李某		60 000
——张某		260 000

3. 新合伙人取得的所有权大于其投资额

当合伙企业急需增加资金或新合伙人具有独特技术和管理才能，或新合伙人能给企业带来较高的声誉和较广阔的市场，原合伙人会以比较优惠的条件吸引新合伙人入伙，新合伙人会取得高于其投资额的权益。此种情况下的会计处理方法也有红利法和商誉法两种。

【例5－11】 王某和李某成立某合伙企业并约定损益平均分配，王某和李某的资本余额分别为220 000元和180 000元。由于张某拥有独特技术，原合伙人王某和李某同意新合伙人张某以现金170 000元投入合伙企业，并取得合伙企业1/3的股权。

要求:根据以上资料，编制张某入伙的会计分录。

(1)红利法。

红利法下，新合伙人投入较低的资金取得较高的合伙权，其差额由原合伙人承担，可作为原合伙人给新合伙人的红利。

新合伙企业权益总额＝220 000＋180 000＋170 000＝570 000(元)

1/3的合伙权益＝570 000×1/3＝190 000(元)

张某少付＝190 000－170 000＝20 000(元)

借:库存现金	170 000	
合伙人资本——王某	10 000	
——李某	10 000	
贷:合伙人资本——张某		190 000

(2)商誉法。

新合伙人入伙时投资额小于其所占新合伙企业的权益额的差额计作商誉，表明此差额是新合伙人给合伙企业带来的商誉。

新合伙企业权益总额＝400 000÷2/3＝600 000(元)

新合伙企业可辨认资产公允价值＝220 000＋180 000＋170 000＝570 000(元)

两者差额(商誉)＝600 000－570 000＝30 000(元)

借:库存现金	170 000	
商誉	30 000	
贷:合伙人资本——张某		200 000

二、合伙人退伙

合伙企业在经营过程中,当某合伙人因年老准备退休或死亡又无继承人时,或因发生意外事件,经其他合伙人同意,可以退伙。合伙人在退伙时可将其全部权益出售给新合伙人及其他合伙人,也可以从合伙企业抽出资本。

合伙人退伙时,会计上应将其资本账户结清。退还给退伙人的资本通常可能出现以下三种不同的情况:一是退还的退伙金等于退伙人账面资本额;二是退还的退伙金小于退伙人账面资本额;三是退还的退伙金大于退伙人账面资本额。

(一)退还的金额等于退伙人账面资本额

【例5—12】 某合伙企业中,王某、李某和张某的资本余额分别为90 000元、60 000元和30 000元,约定的损益分配比例为5∶3∶2。现张某决定退伙,其他合伙人同意其以账面数撤出资本。假定张某退伙时无会计差错。

要求:根据以上资料,编制合伙人退伙的会计分录。

借:合伙人资本——张某	30 000	
贷:库存现金		30 000

(二)退还的金额小于退伙人账面资本额

若合伙人急于退伙而自愿放弃一部分资产,则经合伙人一致同意退伙金小于退伙人资本额差额部分作为给其他合伙人的红利,按其合伙人损益分配比例记入其他合伙人资本账户。

【例5—13】 某合伙企业中,王某、李某和张某的资本余额分别为90 000元、60 000元和30 000元,约定的损益分配比例为5∶3∶2。现张某决定退伙,经协商,张某从合伙企业取得现金26 000元。假定张某退伙时无会计差错。

要求:根据以上资料,编制合伙人张某退伙的会计分录。

(1)红利法。

付给张某的退伙金额比其资本余额少的4 000元作为对合伙人王某和李某的红利处理。

借:合伙人资本——张某	30 000	
贷:库存现金		26 000
合伙人资本——王某		2 500
——李某		1 500

(2)商誉法。

付给张某的退伙金额比其资本余额少4 000元,商誉法下的会计处理可理解为,现存合伙企业资本高估20 000元[(30 000－26 000)÷20%],若有证据表明这一高估,则应指明所高估的资产为何资产,并将其降为公允价值。

借:合伙人资本——王某	10 000	

——李某　　6 000
——张某　　4 000
贷：商誉　　20 000
借：合伙人资本——张某　　26 000
贷：库存现金　　26 000

(三)退还的金额大于退伙人账面资本额

当企业退还给退伙人的退伙金高于其在合伙企业中的资本余额时，表明合伙人一致认为合伙企业存在未入账的商誉，则应重新评估合伙企业的资产价值，调整合伙人账面资本，以调整后的账面资本额退还给退伙人。这时的会计处理方法有商誉法和红利法两种。

【例5－14】 某合伙企业中，王某、李某和张某的资本余额分别为90 000元、60 000元和30 000元，约定的损益分配比例为5∶3∶2。现张某决定退伙，经协商张某从合伙企业取得现金34 000元。假定张某退伙时无会计差错。

要求：根据以上资料，编制合伙人退伙的会计分录。

(1)红利法。

红利法下不确认商誉，直接按损益分配比例分配给其他合伙人，调整各合伙人的权益。

借：合伙人资本——王某　　2 500
——李某　　1 500
——张某　　30 000
贷：库存现金　　34 000

(2)商誉法。

商誉法下要先确认整个合伙企业未确认的商誉后再做退伙处理。

接上例，退伙人张某的实际抽回资本额高于其账面资本额4 000元，说明合伙企业存在商誉。

合伙企业的商誉总额为20 000元(4 000÷20%)。

各合伙人的资本增加为：

王某应分配商誉额＝20 000×50%＝10 000(元)

李某应分配商誉额＝20 000×30%＝6 000(元)

王某应分配商誉额＝20 000×20%＝4 000(元)

则合伙企业的会计处理如下：

借：商誉　　20 000
贷：合伙人资本——王某　　10 000
——李某　　6 000
——张某　　4 000
借：合伙人资本——张某　　34 000
贷：库存现金　　34 000

第四节　合伙企业的损益分配

合伙企业是以合伙人共同盈利为目的的企业组织形式。其经营成果无论是盈利还是亏损，均应由合伙人共同享有或分摊。在计量合伙企业损益时，要注意合伙人的工资津贴与利息津贴等是合伙企业的损益分配项目，而不是合伙企业的费用。

一、合伙企业损益的分配原则

通常在合伙协议中要明确规定损益分配的原则和方法。对于普通合伙企业而言，合伙协议不得约定将全部利润分配给部分合伙人或由部分合伙人承担全部的亏损。如果合伙协议中没有规定损益分配比例和方法时，应对损益进行平均分配、分担。合伙企业在确定损益分配比例时，应考虑以下因素：

(1)各合伙人的投资额；

(2)各合伙人提供的劳务量；

(3)各合伙人承担的风险；

(4)其他事项。

二、合伙企业损益的分配方法

合伙企业损益分配方法主要有约定比例分配法、资本比例分配法和工资或利息补贴后余额比例分配法。

(一)约定比例分配法

约定比例分配法是合伙人进行损益分配时，按事先在合伙协议中确定的比例进行损益分配的一种分配方法。

【例 5—15】 某合伙企业的王某、李某和张某三个合伙人事先在协议中规定的损益分配比例为 5∶3∶2。当年合伙企业可供分配的利润为50 000元。

要求：根据以上资料，按约定比例分配法分配利润并编制会计分录。

按约定比例分配法分配利润并编制会计分录如下：

(1)计算王某、李某和张某应分配的利润：

王某应分利润＝50 000×5/10＝25 000(元)

李某应分利润＝50 000×3/10＝15 000(元)

张某应分利润＝50 000×2/10＝10 000(元)

(2)采用约定比例分配法的会计分录：

借：本年利润	50 000	
贷：合伙人资本——王某		25 000
——李某		15 000
——张某		10 000

(二)资本比例分配法

资本比例分配法是以合伙人的投资多少为依据来计算损益分配比例的一种损益分配方法。由于合伙人资本账户的余额可能会有增减变动，因此资本比例分配法又可分为按期初资本比例分配法、按期末资本比例分配法和按加权平均资本比例分配法。

1. 期初资本比例分配法

期初资本比例分配法是以各合伙人每年年初的资本额比例作为损益分配的标准。

【例 5—16】 某合伙企业的王某、李某和张某三个合伙人本年初资本余额分别为50 000元、30 000元和20 000元。当年合伙企业可供分配的利润为50 000元。

要求：根据以上资料，按期初资本比例分配法分配利润并编制会计分录。

按期初资本比例分配法分配利润并编制会计分录如下：

(1)计算王某、李某和张某应分配的利润：

$$王某应分利润=50\ 000\times\frac{50\ 000}{50\ 000+30\ 000+20\ 000}=25\ 000(元)$$

$$李某应分利润=50\ 000\times\frac{30\ 000}{50\ 000+30\ 000+20\ 000}=15\ 000(元)$$

$$张某应分利润=50\ 000\times\frac{20\ 000}{50\ 000+30\ 000+20\ 000}=10\ 000(元)$$

(2)采用期初资本比例分配法的会计分录：

借：本年利润	50 000	
贷：合伙人资本——王某		25 000
——李某		15 000
——张某		10 000

该方法计算较为简单，但未考虑合伙人在当期投资额的增减，所以一般适用于投资额变化不大或对合伙人投入或抽回资本额有严格限制的企业。

2. 期末资本比例分配法

期末资本比例分配法是以各合伙人每年年末的资本额比例作为损益分配的标准。

【例 5—17】 某合伙企业的王某、李某和张某三个合伙人本年初资本余额分别为50 000元、30 000元和20 000元。已知，4 月 1 日王某抽回投资6 000元，7 月 1 日李某追加投资4 000元，10 月 1 日张某追加投资2 000元。当年合伙企业可供分配的利润为50 000元。

要求：根据以上资料，按期末资本比例分配法分配利润并编制会计分录。

按期末资本比例分配法分配利润并编制会计分录如下：

(1)计算王某、李某和张某年末资本余额：

王某年末资本余额＝50 000－6 000＝44 000(元)

李某年末资本余额＝30 000＋4 000＝34 000(元)

张某年末资本余额＝20 000＋2 000＝22 000(元)

(2)计算王某、李某和张某应分配的利润：

$$王某应分利润=50\ 000\times\frac{44\ 000}{44\ 000+34\ 000+22\ 000}=22\ 000(元)$$

$$李某应分利润=50\ 000\times\frac{34\ 000}{44\ 000+34\ 000+22\ 000}=17\ 000(元)$$

$$张某应分利润=50\ 000\times\frac{22\ 000}{44\ 000+34\ 000+22\ 000}=11\ 000(元)$$

(3)采用期末资本比例分配法的会计分录：

借：本年利润	50 000	
贷：合伙人资本——王某		22 000
——李某		17 000
——张某		11 000

该方法考虑合伙人在当期投资额的增减，具有一定的合理性，但是未考虑到各合伙人资本增减变动的时间早晚因素。

3. 加权平均资本比例分配法

加权平均资本比例分配法是以各合伙人每年加权平均资本额的比例作为损益分配的标准。加权平均资本额以资本存在时间为权数，经加权平均计算求得。

【例5－18】 王某和李某两人于2017年1月1日成立合伙企业，每个合伙人均投资36 000元现金，假设该合伙企业2017年度实现利润100 000元。2017年内资本账户增减变动情况如表5－3所示。

表5－3 **资本账户增减变动表** 单位：元

	王某	李某
资本余额(2017.1.1)	36 000	36 000
增资(4.1)	2 000	
减资(7.1)		(5 000)
增资(9.1)	3 000	
减资(10.1)		(4 000)
增资(12.31)		9 000
资本余额(2017.12.31)	41 000	36 000

要求：根据资料，按加权平均资本比例分配法分配利润并编制会计分录。

按加权平均资本比例分配法分配利润并编制会计分录如下：

(1)计算王某和李某的年加权平均资本余额：

$$\text{王某的年加权平均资本余额}=\frac{36\ 000\times3+38\ 000\times5+41\ 000\times4}{12}=38\ 500(\text{元})$$

$$\text{李某的年加权平均资本余额}=\frac{36\ 000\times6+31\ 000\times3+27\ 000\times3}{12}=32\ 500(\text{元})$$

(2)采用加权平均资本余额比例分配法的会计分录：

借：本年利润　　100 000

　　贷：合伙人资本——王某　　54 225.35

　　　　　　　　　——李某　　45 774.65

(三) 工资或利息补贴后余额比例分配法

工资或利息补贴后余额比例分配法是将合伙人的劳动报酬、投资报酬和风险报酬结合起来进行损益分配的。其具体做法是：先根据各合伙人的能力和对企业的贡献大小，为每个合伙人核定一个工资额；然后依据各合伙人的投入资本额和市场利率计算各合伙人应得的资本利息；最后将可分配净收益扣除各合伙人的工资和资本利息后的余额，按合伙协议的比例进行分配。

【例5－19】 某合伙企业可分配净收益为200 000元，合伙协议约定可分配净收益先分配合伙人王某、李某工资，分别为30 000元和50 000元，然后按期末资本余额(王某100 000元，李某50 000元)的5%分配资本利息补贴，最后将剩余的净收益按6∶4的比例在王某、李某间进行分配。

要求：根据以上资料，按工资或利息补贴后余额比例分配法分配利润并编制会计分录。

按工资或利息补贴后余额比例分配法分配利润并编制会计分录如下：

(1)计算王某、李某工资补贴和资本利息补贴：

王某工资补贴和资本利息补贴＝30 000＋100 000×5%＝35 000(元)

李某工资补贴和资本利息补贴＝50 000＋50 000×5%＝52 500(元)

(2)计算王某、李某应分配的剩余利润：

王某应分剩余利润＝(200 000－35 000－52 500)×60%＝67 500(元)

李某应分剩余利润＝(200 000－35 000－52 500)×40%＝45 000(元)

(3)计算王某、李某应分配的收益总额：

王某应分收益总额＝35 000＋67 500＝102 500(元)

李某应分收益总额＝52 500＋45 000＝97 500(元)

(4)采用工资或利息补贴后余额比例分配法的会计分录：

借：本年利润	200 000	
贷：合伙人资本——王某		102 500
——李某		97 500

第五节　合伙企业的清算

合伙企业的清算是指合伙企业符合合伙人约定或法律规定的终止、解散条件或者合伙企业出现其他客观事实状态时，清算人依法对合伙企业的财产及债权债务进行清理、清偿和分配的行为。

一、合伙企业清算及其程序

当合伙企业的经营期满，或没有达到原合伙经营的目的，或因其他原因合伙人无意继续经营下去，经全体合伙人协商同意，可停止经营、办理清算。

(一)合伙企业清算的原因

《合伙企业法》规定，合伙企业有下列情形之一的，应当解散：

(1)合伙期限届满，合伙人决定不再经营；

(2)合伙协议约定的解散事由出现；

(3)全体合伙人决定解散；

(4)合伙人已不具备法定人数满30天；

(5)合伙协议约定的合伙目的已经实现或无法实现；

(6)依法被吊销营业执照、责令关闭或者被撤销；

(7)法律、法规规定的其他情形。

(二)合伙企业清算的程序

合伙企业解散，应当由清算人进行清算。合伙企业应出售所有资产，收回全部债权，偿付全部债务，并把剩余现金分配给合伙人。

《合伙企业法》规定，合伙企业在支付了清偿费用后，企业财产按下列顺序清偿：

(1)合伙企业所欠的职工工资、社会保险费用和法定补偿金；

(2)合伙企业所欠的税款；

(3)合伙企业的债务；

(4)返还合伙人的出资。

二、合伙企业清算的会计处理

假定合伙企业有足够财产偿还债务，所有合伙人对合伙企业的净资产享有分配权，已经清偿所有合伙人的债务，并且在向代理合伙人分配前所有财产均已转换为现金，如果同时满足这些条件，清算就比较简单，采用一次分配清算就可以了；否则，清算就会变得比较复杂，通常这种情况下采用分期分配清算法。

（一）一次分配清算法

一次分配清算也称一次总付清算，是指合伙企业将全部非现金资产一次兑现，并在支付清算费用和偿付所有债务后一次性地将剩余现金分配给各合伙人的一种清算方法。这种清算方法能够避免因财产过早地被分配而造成企业剩余财产不足以偿还企业债务的情况，一般在清算期较短时使用。

【例5—20】 王某、张某和李某三人共同投资经营一合伙企业，合伙协议确定的损益分配比例为4∶4∶2。2017年12月31日，合伙企业因经营不善、效益不佳，经协商宣告解散，并进入清算。当日的资产负债表如表5—4所示。

表5—4 **资产负债表（简化）** 单位：元

资　产	余　额	负债及所有者权益	余　额
库存现金	50 000	应付账款	20 000
应收账款	32 000	合伙人——王某	180 000
库存商品	100 000	合伙人——张某	120 000
固定资产原值	200 000	合伙人——李某	50 000
减：累计折旧	12 000		
合　计	370 000	合　计	370 000

在清算过程中发生如下业务：

（1）收回应收账款30 000元；

（2）库存商品作价90 000元一次出售；

（3）支付所欠应付账款20 000元；

（4）出售固定资产收取资金200 000元；

（5）支付清算费用5 000元。

要求：根据上述资料，编制合伙企业清算的会计分录。

合伙企业清算的会计分录如下：

（1）收回应收账款：

借：库存现金　　30 000
　　清算收益　　2 000
　贷：应收账款　　32 000

（2）出售库存商品：

借：库存现金　　90 000
　　清算收益　　10 000
　贷：库存商品　　100 000

(3)支付应付账款：

借：应付账款　　20 000

　　贷：库存现金　　20 000

(4)变卖固定资产：

借：库存现金　　200 000

　　累计折旧　　12 000

　　贷：固定资产　　200 000

　　　　清算收益　　12 000

(5)支付清算费用：

借：清算收益　　5 000

　　贷：库存现金　　5 000

(6)分配清算损益账户余额：

清算收益总分配额＝－2 000－10 000＋12 000－5 000＝－5 000(元)

王某应分配清算损益＝－5 000×40％＝－2 000(元)

张某应分配清算损益＝－5 000×40％＝－2 000(元)

李某应分配清算损益＝－5 000×20％＝－1 000(元)

(7)分配清算收益的会计分录：

借：合伙人资本——王某　　2 000

　　　　　　　——张某　　2 000

　　　　　　　——李某　　1 000

　　贷：清算收益　　5 000

(8)分配合伙企业剩余资金及会计分录：

合伙企业剩余资金＝50 000＋30 000＋90 000－20 000＋200 000－5 000＝345 000(元)

"合伙人资本"账户余额为345 000元，其中王某为178 000元，张某为118 000元，李某为49 000元。将剩余现金按资本账户余额全部分给合伙人。

借：合伙人资本——王某　　178 000

　　　　　　　——张某　　118 000

　　　　　　　——李某　　49 000

　　贷：库存现金　　345 000

(二)分次分配清算法

分次分配清算法是指在清算期较长的情况下，合伙人随资产变现陆续分次分配现金的一种清算方法。采用分次分配清算法从稳健性角度出发，需编制分次现金分配计划，以确定每次可分配现金的数额。为此应在每次分配余额前编制"安全清偿表"或在所有分配前预先制订"现金分配计划"。

1. 安全清偿表

在合伙人的资本账户余额比例不尽相同时，为避免超额分配，应在每次向合伙人分配现金前编制安全清偿表，直到各合伙人的资本余额比与损益分配比例相同时，再按损益分配比例进行分配。安全清偿表的编制基础为：

(1)预计全部可能发生的费用，并将这些费用按损益分配比例在各合伙人之间进行分摊；

(2)假定尚未变现的资产不能变现，即非现金资产的价值为零，并将相应的损失按损益分配比例在各合伙人之间予以分摊；

(3)若某合伙人资本账户出现红字，应视为不能收回该款项，应由有资本贷方余额的合伙人分摊损失，即认为相应的合伙人没有能力弥补资本借方余额；

(4)将上述项目扣除后的余额方可分配给合伙人。

【例 5—21】 王某、张某和李某三人共同投资经营一合伙企业，合伙协议确定的损益分配比例为 5∶3∶2。2017 年 12 月 31 日，合伙企业因经营不善、效益不佳，经协商宣告解散，进入清算。当日的资产负债表如表 5—5 所示。

表 5—5 **资产负债表(简化)** 单位：元

资　产	余　额	负债及所有者权益	余　额
库存现金	60 000	应付合伙人贷款——李某	10 000
存货	40 000	合伙人资本——王某	30 000
固定资产	120 000	合伙人资本——张某	70 000
减：累计折旧	20 000	合伙人资本——李某	90 000
合　计	200 000	合　计	200 000

合伙企业所有的对外债务已清偿完毕。经合伙人协商，决定预留10 000元作为清偿费用，其余现金进行安全分配。

要求：根据以上资料，编制安全清算表来处理合伙清算事项。

编制安全清算表处理合伙清算事项，如表 5—6 所示。

表 5—6 **安全清偿表** 单位：元

项　目	可能损失	合伙人王某	合伙人张某	合伙人李某
损益分配比例		5	3	2
合伙人权益		30 000	70 000	100 000
清算费用	10 000	(5 000)	(3 000)	(2 000)
余额		25 000	67 000	98 000
非现金资产损失	140 000	(70 000)	(42 000)	(28 000)
余额		(45 000)	25 000	70 000
因王某可能产生的损失	45 000		(27 000)	(18 000)
余额			(2 000)	52 000
因李某可能产生的损失	2 000			(2 000)
余额				50 000

如表 5—6 所示，现有的50 000元可安全清偿给张某，而不能安全清偿给王某和李某。

借：合伙人资本——李某　　40 000
　　应付合伙人贷款——李某　　10 000
　　贷：库存现金　　50 000

编制上述分录后的资产负债表如表 5—7 所示。

表 5—7　**资产负债表(简化)**　单位:元

资　产	余　额	负债及所有者权益	余　额
库存现金	10 000	应付合伙人贷款——李某	0
存货	40 000	合伙人资本——王某	30 000
固定资产	120 000	合伙人资本——张某	70 000
减:累计折旧	20 000	合伙人资本——李某	50 000
合　计	150 000	合　计	150 000

以后出售非现金资产获得现金后再按上述程序进行,直至资产分配完毕。但在实务中,安全清算有时难以进行,因为有的合伙人可能会反对将现金立即分配给其他合伙人。

安全清偿表是一种计算安全清偿给各合伙人的金额,以防止资金超额分配的方法。但资产如果进行分期清偿,则每次分配资金前都必须编制安全清偿表,直至资本余额比例相当于损益分配比例。因此,采用安全付款表手续较为麻烦,而且它不能提供每一合伙人现金分配的顺序及金额的信息。

2. 现金分配计划

现金分配计划又称为安全付款计划,用来确定合伙企业分期清偿过程每一次的现金分配情况。现金分配计划是分次清算时用于测算各合伙人分配顺序并据以计算每次分配合伙企业资产时所采用的一种方式。编制现金分配计划的步骤如下:

(1)从清算前的合伙人资本余额开始,确定将抵销某一合伙人资本余额的最小资产变现损失;

(2)按照损益分配比例将可抵销的资产变现损失分配于各合伙人的资本账户;

(3)对仍拥有资本余额的合伙人,再确定其可抵销的最小资产变现损失,并按损益分配比例分配于这些合伙人;

(4)重复第(3)步,一直到抵销所有合伙人的资本余额;

(5)根据以上计算和分配的结果,列出现金分配计划。

【例 5—22】 某合伙企业正处在清算之中,王某、张某和李某三个合伙人的损益分配比例为 5∶3∶2,当日的资产负债表如表 5—8 所示。

表 5—8　**资产负债表(简化)**　单位:元

资　产	余　额	负债及所有者权益	余　额
库存现金	50 000	应付账款	35 000
其他资产	53 000	合伙人——王某	20 000
		合伙人——张某	30 000
		合伙人——李某	18 000
合　计	103 000	合　计	103 000

要求:根据以上资料,编制现金分配计划处理合伙清算事项。

编制现金分配计划如下:

(1)根据各合伙人资本账户余额和损益分配比例,计算出各合伙人负担资产变现损失的潜在能力，如表 5—9 所示。

表 5—9　　各合伙人负担资产变现损失的潜力

合伙人	合伙人资本余额（元）	合伙损益分配比例（%）	可抵销的资产变现损失（元）
王某	20 000	50	40 000（即20 000/50%）
张某	30 000	30	100 000（即30 000/30%）
李某	18 000	20	90 000（即18 000/20%）

由表 5—9 可以看出，合伙人王某可能抵销资产变现损失的潜力最低，当发生损失40 000元时，其资本账户余额成为 0，而超过40 000元时，则给其他合伙人带来亏损。

(2)计算抵销最小资产变现损失后各合伙人的资本账户余额，如表 5—10 所示。

表 5—10　　抵销资产变现损失后合伙人资本余额　　单位：元

项　目	王某	张某	李某
清算前账户余额	20 000	30 000	18 000
抵销资产变现损失40 000	20 000	12 000	8 000
抵销损失后各资本账户余额	0	18 000	10 000

(3)按同样的方法计算出合伙人张某与李某负担资产变现损失的潜在能力，如表 5—11 所示。

表 5—11　　各合伙人负担资产变现损失的潜力

合伙人	合伙人资本余额（元）	合伙损益分配比例（%）	可抵销的资产变现损失（元）
张某	18 000	60	30 000（即18 000/60%）
李某	10 000	40	25 000（即10 000/40%）

注：表中合伙人张某损益分配比例为 30%/(30%+20%)=60%，合伙人李某损益分配比例为 20%/(30%+20%)=40%。

由表 5—11 可以看出，合伙人李某可能抵销资产变现损失的潜力最低，当发生损失25 000元时，其资本账户余额成为 0，而超过25 000元时，则给其他合伙人带来亏损。

(4)计算抵销最小资产变现损失25 000元后的资本账户余额，如表 5—12 所示。

表 5—12　　抵销资产变现损失后合伙人资本余额　　单位：元

项　目	张某	李某
清算前账户余额	18 000	10 000
抵销资产变现损失25 000	15 000	10 000
抵销损失后各资本账户余额	3 000	0

(5)编制现金分配计划，如表 5—13 所示。

表 5—13　　**现金分配计划表**　　单位：元

项　目	现金数额	现金受让人	分配比例
第一次	35 000	债权人	
第二次	3 000	张某	100%
第三次	25 000	张某、李某	60%∶40%
第四次	40 000(或更多)	张某、李某、王某	30%∶20%∶50%

从以上分配过程可以看出，由于事先考虑了可能发生的净资产变现损失，因此现金分配计划是一种比较谨慎的方法。这种方法一方面保护了债权人的利益，现金不致闲置浪费；另一方面又使合伙人在分期清算时避免出现过早付款所引起的现金不足，即先分得现金后出现资本亏损的现象。

本章小结

合伙企业是一种由两人或两人以上通过订立合伙协议，共同出资经营、共负盈亏、共担风险的企业组织。合伙企业是企业组织形式之一。合伙企业的特征有：设立容易，存续期有限；财产共有，相互代理机制；责任无限；非独立的法律主体；非纳税主体。合伙企业会计与独资、公司制企业会计的不同之处在于损益分配及所有者权益科目的设置。

本章按照合伙企业的性质与特征、合伙企业初始投资和经营、合伙权益变动、合伙企业损益分配、合伙企业清算的逻辑顺序展开讲解。其中，合伙企业初始投资和权益变动介绍了合伙企业初始投资、新合伙人入伙和合伙人退伙的会计处理，介绍了红利法和商誉法的含义及其理念，是本章的重点和难点；合伙企业损益分配的方法主要有约定比例法、资本比例分配法和工资或利息补贴后余额比例分配法，其中资本比例分配法又可分为按期初资本比例分配法、按期末资本比例分配法和按加权平均资本比例分配法三种，其中按加权平均资本比例分配法是比较公平的一种损益分配方法；而合伙企业清算介绍了一次分配清算法和分次分配清算法，其中分次分配清算法包括安全清偿和现金分配计划。

本章思考题

1. 合伙企业会计特征有哪些？
2. 合伙企业初始投资的会计处理方法有哪些？各方法有何不同？
3. 如何评价合伙权益变动中所采用的红利法和商誉法？
4. 如何进行合伙企业的损益分配？
5. 在编制安全清偿表时，为什么采用合伙人权益而不是合伙人资本账户余额？

本章业务题

1. 张明、王伟、徐强三人组建了一合伙企业，2017 年初的资本余额分别为50 000元、50 000元和80 000元，协议规定的损益分配比例为 3∶3∶4。2017 年 10 月 1 日，李华经各合伙人同意，以180 000元现金加入合伙企业并取得 40%的合伙权。2014 年初，王伟的资本余额为68 000元，他退出合伙企业，并获得75 000元的退伙金。

要求：

(1)根据以上资料,用商誉法和红利法编制李华入伙业务的会计分录;

(2)根据以上资料,用商誉法和红利法编制王伟退伙业务的会计分录。

2. 某合伙企业2017年12月31日的合伙资产负债表如下表所示。2018年1月1日全体合伙人决定对合伙企业进行清算:存货变卖取得现金28 000元,应收账款收现24 000元,固定资产变卖获得现金32 000元。合伙协议中规定合伙人张明、王伟按照7∶3的比例分配损益。

某合伙企业资产负债表(简表)

单位:元

资　产	金　额	负债及权益	
现金	20 000	应付账款	32 000
应收账款	30 000	应付合伙人借款——王伟	10 000
存货	32 000	合伙人资本——张明	35 000
固定资产	40 000	合伙人资本——王伟	45 000
合　计	122 000	合　计	122 000

要求:根据以上资料,采用一次分配清算法编制合伙清算事项的会计分录。

本章参考文献

1. 《中华人民共和国合伙企业法》(2006年修订),中国法律法规资讯网,http://www.dycoal.cn
2. 储一昀:《高级财务会计》,上海财经大学出版社,2016年
3. 傅荣:《高级财务会计》,中国人民大学出版社,2016年
4. 刘永泽、傅荣:《高级财务会计》,东北财经大学出版社,2016年
5. 荣莉、彭晓洁:《高级财务会计》,中国财政经济出版社,2017年

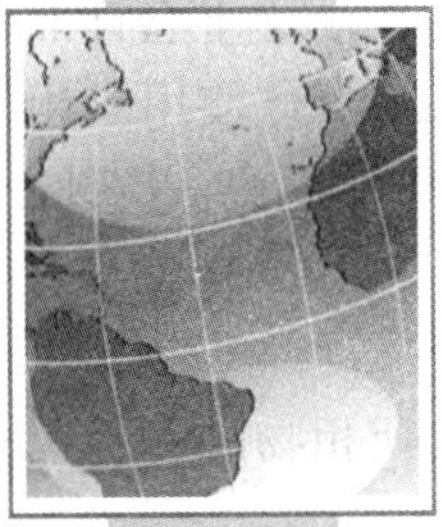

第六章 租赁会计

案例导入

满堂红建筑有限公司由于生产经营规模的扩大，需要增加一台机器设备。由于所需设备涉及的金额较大，使用周期也较长，公司领导层决定召开中层以上管理人员会议，听取各方面意见。大家在会上热烈地讨论开了，施工部张总说："直接购买，对机器设备拥有所有权，有利于公司的生产经营。"采购部李总说："采用经营租赁方式去大华租赁公司租赁，可以获得设备的使用权，且不需要一次性支付大笔现金。"财务部王总说："采用融资租赁方式去大华租赁公司租赁，可以在长达8年以上的时间里慢慢付租金。"公司领导层听完大家的意见后得知，公司内部有以下三种意见：一是直接购买。但是这种方式需要一次性支付大量的现金。二是采用经营租赁方式向大华租赁公司租赁。但这种方式不能满足公司长期使用该设备的要求。三是采用融资租赁方式向大华租赁公司租赁。这种方式则需要与大华租赁公司协商租赁的条件。

那么，满堂红建筑有限公司对于该机器设备究竟是选择直接购买还是租赁方式？如果选择租赁，是采取经营租赁方式还是融资租赁方式？经营租赁和融资租赁如何划分，两者在账务处理中有何不同？亲爱的同学，学完本章，你能替公司作出决定吗？

学习目的与要求

在市场经济条件下，租赁成为一项日益重要的经济活动。在租赁活动中，出租人将自己所拥有的某物品交予承租人使用，但所有权仍保留在出租人手里。承租人需向出租人支付一定的租金。

通过对本章的学习，应理解租赁会计的相关概念，掌握租赁的分类，出租人和承租人在经营租赁、融资租赁和售后租回中的会计处理。

租赁是指在约定的期间内，出租人将资产的使用权让与承租人，以获取租金的协议。租赁会计是一门对经营租赁、融资租赁和售后租回业务进行会计核算的专门会计。

第一节　租赁会计概述

在企业的日常经营活动中，租赁是一种比较重要的融资活动。在承租期内，承租人可以通过支付较少的租赁费而获得大型机器设备的使用权，缓解了企业购买设备需要支付大量现金的压力。而且，租赁的手续简便、引进速度快，有利于企业及时将设备投入生产经营活动中。因此，在现代生产经营活动中，租赁是很多企业优先选择的一种融资方式。

一、租赁的概念和特征

《国际会计准则第17号——租赁》(以下简称IAS17)对租赁的定义是：租赁，是指出租人在约定的期限内，将一项资产提供给承租人使用以换取租金作为回报的协议。《美国财务会计准则第 13 号——租赁会计》(以下简称 FAS13)将租赁定义为：在一个规定的期间内转让财产、厂房和设备(土地和可折旧资产)的使用权的协议。按照我国财政部颁布的《企业会计准则第 21 号——租赁》(以下简称 CAS21)，租赁是指在约定的期间内，出租人将资产使用权让与承租人，以获取租金的协议。由此可见，租赁的实质是出租人通过让渡资产使用权，以获取一定的收益。从租赁的概念可以得知，租赁具有三大特征。

(一)所有权与使用权相分离

这是租赁与一般的买卖交易相区别的主要特征。在约定的租赁期内，所租物品的所有权属于出租人，而使用权归承租人。

(二)融资与融物相结合

租赁是一种商业活动，它以“融物”代替融资，并把融资与“融物”结合起来，同时进行。

(三)互惠互利达到最优

租赁中出租方的目的是为了取得租金，而承租方的目的是以较少的付现成本获得所需的资产的使用权。

二、租赁的分类

租赁按照不同的分类标准可以分为很多种类。按照与租赁资产所有权有关的全部风险和报酬是否转移给承租人为标准，租赁可分为融资租赁和经营租赁。与资产所有权有关的风险是指由于资产闲置或技术陈旧而发生的损失，以及由于经营情况变化造成相关收益变动。与资产所有权有关的报酬，是指在资产的有效使用年限内直接使用资产可能获取的收益、资产增值以及变卖资产所可能获得的收益。按交易方式的不同，可以将租赁分为直接租赁、售后租回和转租赁。按出租人对融资风险的承担程度不同，可分为委托租赁、杠杆租赁和联合租赁。其中最常见、最普遍的分类是划分为融资租赁和经营租赁。因此，本章以融资租赁和经营租赁这种租赁划分类型展开讲解。

(一)融资租赁的界定

根据 CAS21 的相关规定，融资租赁是指实质上转移了与资产所有权有关的全部风险和报酬的租赁。其所有权最终可能转移，也可能不转移。因此，判断一项租赁业务是否为融资租赁，不应该看租赁合同所采取的形式，而应该看出租人是否将与资产所有权有关的风险和报酬转移给了承租人。只要符合下列一项或数项数据标准，就可以认定为融资租赁：

(1)在租赁期届满时，租赁资产的所有权转移给承租人。如果在租赁合同中有明确约定，在租赁期届满时，将租赁资产的所有权转移给承租人。在这种情况下，可以将租赁认定为融资租赁。

(2)承租人有购买租赁资产的选择权，所订立的购买价款预计将远低于行使选择权时租赁资产的公允价值，因而在租赁开始日就可以合理确定承租人将会行使这种选择权。

例如，出租人与承租人签订了一份租赁协议，租赁期限为 5 年，在租赁期届满时承租人有权以1 000元的价格购买该租赁资产，但是在签订租赁协议时可以估计该租赁资产在租赁期届满时的公允价值为50 000元，由于购买价格仅为公允价值的 2%，远低于其公允价值，所以可以判定在租赁期届满时承租人会行使这种购买选择权。

(3)即使资产的所有权不转移，但租赁期占租赁资产使用寿命的大部分。其中，“大部分”是指租赁期占租赁开始日租赁资产使用寿命的 75%以上(含 75%)。但是，如果租赁资产在开始租赁前已使用年限超过该资产全新时可使用年限的75%以上时，则该判断标准不适用。

例如，某机器设备全新时的使用年限为5年，在使用了1年后，该机器设备出租给甲企业使用，租赁期为3年。由于在租赁开始时该设备可使用年限为4年，租赁期占剩余可使用年限的75%(3年/4年)，所以，符合此条判断标准，该租赁应划分为融资租赁。如果在租赁开始时该机器设备已使用4年，租赁期为1年，虽然租赁期占剩余可使用年限的100%(1年/1年)，但由于在租赁开始时，该设备已经使用了4年，占全新时可使用年限的80%(4年/5年)，故不符合此条判断标准。

(4)承租人在租赁开始日的最低租赁付款额现值，几乎相当于租赁开始日租赁资产公允价值；出租人在租赁开始日的最低租赁收款额现值，几乎相当于租赁开始日租赁资产公允价值。"几乎相当于"是指大于或等于90%，即承租人在租赁开始日的最低租赁付款额现值占租赁开始日租赁资产公允价值的90%以上(含90%，下同)；出租人在租赁开始日的最低租赁收款额现值占租赁资产公允价值的比例在90%以上。

(5)租赁资产性质特殊，如果不作较大改造，只有承租人才能使用。

(二)经营租赁的界定

经营租赁是指除融资租赁以外的其他租赁。一般来说，在经营租赁中，租赁资产的所有权不转移，租赁期届满时，承租人有退租或续租的选择权，但不存在优惠购买选择权。

通常情况下，承租人和出租人均应在租赁开始日将租赁分为融资租赁和经营租赁。如果承租人有权选择续租该资产，并且在租赁开始日就可以合理确定承租人将会行使这种选择权，不论是否再支付租金，续租期也包括在租赁期之内。

三、租赁会计涉及的主要概念

《企业会计准则案例讲解2016》[①]对CAS21中涉及的一些重要概念作了详细解释。本章将对与租赁有关的概念作进一步概括和总结。

(一)租赁期

租赁期，是指租赁合同规定的不可撤销的租赁期间。租赁合同签订后一般不可撤销，但以下所列情况除外：一是经出租人同意；二是承租人与原出租人就同一资产或同类资产签订了新的租赁合同；三是承租人支付一笔足够大的额外款项；四是发生某些很少会出现的或有事项。

(二)租赁开始日

租赁开始日，是指租赁协议日与租赁各方就主要租赁条款作出承诺日中的较早者。而且，承租人和出租人对同一项租赁的分类应该一致，如果承租人将该项租赁划分为经营租赁，那出租人也应当将该项租赁划分为经营租赁来作账务处理。

(三)租赁期开始日

租赁期开始日，是指承租人有权行使其使用租赁资产权利的日期，表明租赁行为的开始。在租赁期开始日，承租人应当对租入资产、最低租赁付款额和未确认融资费用进行初始确认；出租人应当对应收融资租赁款、未担保余值和未实现融资收益进行初始确认。

(四)担保余值

担保余值，就承租人而言是指由承租人或与其有关的第三方担保的资产余值；就出租人而言是指就承租人而言的担保余值加上独立于承租人和出租人的第三方担保的资产余值。其

① 企业会计准则编审委员会：《企业会计准则案例讲解2016》，立信会计出版社，2017年。

中，资产余值是指在租赁开始日估计的租赁期届满时租赁资产的公允价值。为了促使承租人谨慎地使用租赁资产，尽量减少出租人的损失，租赁协议有时要求承租人或与其有关的第三方对租赁资产的余值进行担保，此时的担保余值是针对承租人而言的。除此以外，担保人还可能是独立于承租人和出租人的第三方，如担保公司，此时的担保余值是针对出租人而言的。

（五）未担保余值

未担保余值，是指租赁资产余值中扣除就出租人而言的担保余值以后的资产余值。对出租人而言，如果租赁资产余值中包含未担保余值，表明这部分余值的风险和报酬并没有转移，其风险应由出租人承担。因此，未担保余值不能作为应收融资租赁款的一部分。

（六）最低租赁付款额

最低租赁付款额，是指在租赁期内，承租人应支付或可能被要求支付的款项（不包括或有租金和履约成本），加上由承租人或与其有关的第三方担保的资产余值，或者加上行使选择权时支付的优惠购置款。

（七）最低租赁收款额

最低租赁收款额，是指在最低租赁付款额的基础上，加上独立于承租人和出租人的第三方对出租人担保的资产余值。

（八）租赁内含利率

租赁内含利率，是指在租赁开始日，使最低租赁收款额的现值与未担保余值的现值之和等于租赁资产公允价值与出租人的初始直接费用之和的折现率。

（九）其他需要解释的概念

（1）初始直接费用，是指租赁双方在租赁谈判和签订租赁合同过程中发生的、可归属于租赁项目的相关费用，主要包括手续费、律师费、差旅费、印花税等。

（2）或有租金，是指金额不固定、以时间长短以外的其他因素（如销售量、使用量、物价指数等）为依据计算的租金。

（3）履约成本，是指租赁期内为租赁资产支付的各种使用费用，如技术咨询和服务费、人员培训费、维修费、保险费等。

第二节　承租人的会计处理

CAS21 分别对承租人和出租人的融资租赁和经营租赁的会计核算方法进行了规范。本节将从承租人的角度分别阐述融资租赁和经营租赁的账务处理程序。

一、承租人对经营租赁的会计处理

经营租赁是指融资租赁以外的其他租赁，其在实质上并没有转移与租赁资产所有权有关的风险和报酬。经营租赁中的承租人主要是为了获得资产的临时使用权，因此，承租人不需要对租赁资产进行核算，只需在企业备查簿中予以反映，因而其会计处理较简单。对于经营租赁的租金，承租人应当在租赁期内各个期间按照直线法计入相关资产成本或当期损益；如果有其他更为系统合理的方法，也可以采用其他方法，如按生产工时、实际支付额等。

双方在租赁谈判和签订租赁合同过程中发生的、可归属于租赁项目的相关费用，包括手续费、律师费、差旅费、印花税等初始直接费用，由承租人承担的，应当计入当期损益。

承租人在经营租赁中一般会涉及以下账务处理：发生的初始直接费用，借记“管理费用”等科目，贷记“银行存款”等科目；预付租金时，借记“长期待摊费用”，贷记“银行存款”；确认各期租金费用时，借记“销售费用”、“管理费用”、“制造费用”等科目，贷记“长期待摊费用”；发生的或有租金，应借记“财务费用”、“销售费用”等科目，贷记“银行存款”科目。

【例 6－1】 2017 年 1 月 1 日，A 公司从 B 租赁公司租赁了全新办公设备一台，租期为 3 年。设备账面价值为2 000 000元，预计使用年限为 10 年。租赁合同规定，租赁开始日 A 公司向 B 租赁公司一次性预付租金300 000元，第一年末支付租金200 000元，第二年末支付租金250 000元，第三年末支付租金300 000元。租赁期满后预付租金不退回，且 B 租赁公司收回办公设备。

要求：根据上述资料，编制 A 公司相关会计分录。

分析：此项租赁没有满足融资租赁判断标准的任何一条，因此应作为经营租赁处理。确认租金费用时，不能依据各期实际支付租金的金额确定，而应采用直线法分摊确认各期的租金费用。此项租赁费用总额为1 050 000元，按直线法计算，每年应分摊的租金费用为350 000元。

A 公司相关会计分录如下：

(1)2017 年 1 月 1 日一次性预付租金时：

借：长期待摊费用	300 000	
贷：银行存款		300 000

(2)2017 年 12 月 31 日支付并确认当年租金时：

借：管理费用	350 000	
贷：银行存款		200 000
长期待摊费用		150 000

(3)2018 年 12 月 31 日支付并确认第二年租金时：

借：管理费用	350 000	
贷：银行存款		250 000
长期待摊费用		100 000

(4)2019 年 12 月 31 日支付并确认第三年租金时：

借：管理费用	350 000	
贷：银行存款		300 000
长期待摊费用		50 000

对于重大的经营租赁业务，承租人不仅需要进行账务处理，还应当在附注中披露下列信息：

(1)资产负债表日后连续三个会计年度每年将支付的不可撤销经营租赁的最低租赁付款额；

(2)以后年度将支付的不可撤销经营租赁的最低租赁付款额总额。

二、承租人对融资租赁的会计处理

融资租赁是指实质上转移了与租赁资产所有权有关的全部风险和报酬的租赁。CAS21 详细规定了承租人在融资租赁中的会计核算方法。

对于承租人而言，融资租赁实质上是一种融资手段。承租人应当设置“未确认融资费用”科目，核算企业应当分期摊销计入利息费用的未确认融资费用。在融资租赁中，承租人应当将租赁资产视为自有资产进行管理。

(一)租赁期开始日的会计处理

在租赁期开始日,承租人应将租赁资产公允价值与最低租赁付款额现值两者中较低者作为租赁资产的入账价值,将租入的资产作为固定资产入账,借记"固定资产——融资租入固定资产",并按照自有固定资产的核算方法对融资租入资产进行后续核算。另外,承租人在租赁谈判和签订租赁合同过程中发生的、可归属于租赁项目的手续费、律师费、差旅费、印花税等初始直接费用,也应当计入租入资产价值。此外,应支付给出租人的最低租赁付款金额总额,贷记"长期应付款——应付融资租赁款"科目,差额记入"未确认融资费用"科目。

如果承租人能够取得出租人的租赁内含利率,应该以租赁内含利率作为折现率对最低租赁付款额进行折现;否则,应当采用租赁合同规定的利率。如果租赁内含利率和合同规定的利率都无法取得,应当以银行同期贷款利率作为折现率。

(二)按期支付租金的会计处理

承租人在按期支付租金时,借记"长期应付款——应付融资租赁款"科目,贷记"银行存款"科目。

(三)逐期分摊未确认融资费用时的会计处理

未确认融资费用应当在租赁期内的各个期间进行分摊。分期摊销未确认融资费用时,借记"财务费用"科目,贷记"未确认融资费用"科目。承租人应当采用合理的方法计算确认当期的融资费用。所谓合理的方法,是指承租人应当根据租赁期开始日租入资产入账价值的不同情况,对未确认融资费用采用不同的分摊率。具体分为四种情况:

(1)以出租人的租赁内含利率为折现率将最低租赁付款额折现,且以该现值作为租赁资产入账价值的,应当将租赁内含利率作为未确认融资费用的分摊率。

(2)以合同规定利率为折现率将最低租赁付款额折现,且以该现值作为租赁资产入账价值的,应当将合同规定利率作为未确认融资费用的分摊率。

(3)以银行同期贷款利率为折现率将最低租赁付款额折现,且以该现值作为租赁资产入账价值的,应当将银行同期贷款利率作为未确认融资费用的分摊率。

(4)以租赁资产公允价值作为入账价值的,应当重新计算分摊率。该分摊率是使最低租赁付款额的现值与租赁资产公允价值相等的折现率。

(四)租赁资产计提折旧的会计处理

在确定应计提的折旧额时,如果承租人或与其有关的第三方对租赁资产提供了担保,则应计折旧额为租赁期开始日固定资产的入账价值扣除担保余值后的余额;如果承租人或与其有关的第三方未提供担保,则应计折旧额为租赁期开始日租赁资产的入账价值。承租人应当采用与自有固定资产相一致的折旧政策对租赁资产计提折旧。能够合理确定租赁期届满时取得租赁资产所有权的,应当在租赁资产使用寿命内计提折旧。无法合理确定租赁期满时能够取得租赁资产所有权的,应当在租赁期与租赁资产使用寿命两者中较短的期间内计提折旧。

(五)或有租金和履约成本的会计处理

或有租金和履约成本都应当在实际发生时直接计入当期损益。

(六)租赁期届满时的会计处理

租赁期满时,应对租赁资产分为返还、续租和留购三种情况进行会计处理。

当承租人向出租人返还租赁资产时,会计处理为:借记"长期应付款——应付融资租赁款"、"累计折旧"等科目,贷记"固定资产——融资租入固定资产"科目。

当承租人优惠续租租赁资产时,如果承租人行使优惠续租选择权,那么应该看作该项租赁一直存在而做相应的账务处理。如果期满没有续租，根据租赁合同要向出租人支付违约金时，借记“营业外支出”科目，贷记“银行存款”等科目。

当承租人留购租赁资产时，在承租人享有优惠购买选择权支付购价时，借记“长期应付款——应付融资租赁款”，贷记“银行存款”等科目；同时，将固定资产从“融资租入固定资产”明细科目转入自有固定资产的明细科目。

（七）相关会计信息的列报与披露

承租人应当在资产负债表中，将与融资租赁相关的长期应付款减去未确认融资费用的差额，分别长期负债和一年内到期的长期负债列示。此外，承租人还应当在附注中披露与融资租赁有关的下列信息：

（1）各类租入固定资产的期初和期末原价、累计折旧额。

（2）资产负债表日后连续三个会计年度每年将支付的最低租赁付款额以及以后年度将支付的最低租赁付款额总额。

（3）未确认融资费用的余额以及分摊未确认融资费用所采用的方法。

【例6—2】 2017年12月1日，甲公司与乙租赁公司签订了一份租赁合同，合同主要条款如下：

（1）租赁标的物：挖掘机。

（2）起租日：2018年1月1日。

（3）租赁期：2018年1月1日至2021年12月31日，共4年。

（4）租金支付方式：2018年至2021年每年年末支付租金200 000元。

（5）该挖掘机在2017年12月1日的公允价值为700 000元。该挖掘机属于全新设备。

（6）租赁合同规定的年利率是7%。

（7）甲公司在租赁谈判和签订租赁合同过程中发生可归属于租赁项目的手续费、差旅费共3 000元。

（8）该挖掘机的估计使用年限是5年，期满无残值。承租人采用年限平均法计提折旧。

（9）租赁期届满时，甲公司享有优惠购买该挖掘机的选择权，购买价为200元，租赁期届满时租赁资产的公允价值为100 000元。

（10）2018年和2019年两年，甲公司每年按照该挖掘机所获收入的6%与乙租赁公司分享经营收入。

（11）2018年5月，甲公司支付该挖掘机发生的保险费、维修费共20 000元。

（12）2018年和2019年，甲公司分别实现挖掘机收入400 000元和450 000元。

要求：根据上述资料，编制甲公司相关会计分录。

甲公司的相关会计分录如下：

（1）租赁开始日的账务处理。

第一步：判断租赁类型。

本例中，承租人拥有优惠购买权，优惠购买价格远远低于行使选择权日租赁资产的公允价值100 000元（200/100 000=0.2%<5%），所以在2017年12月1日就可以确定承租人会行使这种选择权，这符合融资租赁判断标准中第二条判断标准，因此可以认定这项租赁为融资租赁。

第二步：确定租赁资产入账价值。

计算最低租赁付款额的现值时，由于承租人不知道出租人的租赁内含利率，故使用租赁合同规定的年利率7%作为折现率。

最低租赁付款额=各期租金之和+行使优惠购买选择权支付的金额

=200 000×4+200=800 200(元)

计算现值的过程如下：

每期租金200 000元的年金现值=200 000×(*P*/*A*,7%,4)，查表得知：

(*P*/*A*,7%,4)=3.387 2

每期租金的现值之和=200 000×3.387 2=677 440(元)

优惠购买选择权行使价200元的复利现值=200×(*P*/*F*,7%,4)，查表得知：(*P*/*F*,7%,4)=0.762 9

优惠购买选择权行使价200元的复利现值=200×0.762 9=152.58(元)

最低租赁付款额现值=677 440+152.58=677 592.58(元)，小于租赁资产公允价值700 000元。

根据孰低原则，租赁资产的入账价值为最低租赁付款额现值677 592.58元。

未确认融资费用的计算过程如下：

未确认融资费用=最低租赁付款额-最低租赁付款额现值

=800 200-677 592.58=122 607.42(元)

2018年1月1日，租入固定资产时：

借：固定资产——融资租入固定资产　　680 592.58

　未确认融资费用　　122 607.42

　贷：长期应付款——应付融资租赁款　　800 200

　　银行存款　　3 000

(2)分摊未确认融资费用的会计处理。

第一步：确定融资费用分摊率。

由于租赁资产的入账价值为其最低租赁付款额的折现值，因此，该折现率就是其融资费用分摊率，即7%。

第二步：在租赁期内采用实际利率法分摊未确认融资费用(见表6-1)。

表6-1　　未确认融资费用分摊表(实际利率法)

2017年12月31日　　单位：元

日期 ①	租金 ②	确认的融资费用 ③=期初⑤×7%	应付本金减少额 ④=②-③	应付本金余额期末 ⑤=期初⑤-④
2017.12.31				677 592.58
2018.12.31	200 000	47 431.48	152 568.52	525 024.06
2019.12.31	200 000	36 751.68	163 248.32	361 775.74
2020.12.31	200 000	25 324.30	174 675.70	187 100.05
2021.12.31	200 000	13 099.95*	186 900.05	200.00
2021.12.31	200			0
合　计	800 200	122 607.42	677 392.58	

注：*作尾数调整13 099.95=200 000-186 900.05。

2018 年 12 月 31 日，支付第一期租金时：

借：长期应付款——应付融资租赁款　　200 000

　　贷：银行存款　　200 000

借：财务费用　　47 431.48

　　贷：未确认融资费用　　47 431.48

2019 年 12 月 31 日，支付第二期租金时：

借：长期应付款——应付融资租赁款　　200 000

　　贷：银行存款　　200 000

借：财务费用　　36 751.68

　　贷：未确认融资费用　　36 751.68

2020 年 12 月 31 日，支付第三期租金时：

借：长期应付款——应付融资租赁款　　200 000

　　贷：银行存款　　200 000

借：财务费用　　25 324.30

　　贷：未确认融资费用　　25 324.30

2021 年 12 月 31 日，支付第四期租金时：

借：长期应付款——应付融资租赁款　　200 000

　　贷：银行存款　　200 000

借：财务费用　　13 099.95

　　贷：未确认融资费用　　13 099.95

(3)租赁资产折旧的会计处理。

本例中承租人采用年限平均法对租赁资产计提折旧，且期末无残值，因而折旧总额为租赁期开始日固定资产价值677 592.58 元。由于可以合理确定承租人在租赁期满时将会行使优惠购买选择权，从而认定承租人拥有该项资产的使用寿命 5 年，所以每月的折旧费用为11 293.21元。计提折旧时：

借：制造费用——折旧费　　11 293.21

　　贷：累计折旧　　11 293.21

(4)或有租金的会计处理。

根据租赁合同的规定，这两年应向乙租赁公司支付经营分享收入分别为24 000元和27 000元。

2018 年 12 月 31 日确认应支付经营分享收入时：

借：销售费用　　24 000

　　贷：其他应付款——乙公司　　24 000

2019 年 12 月 31 日确认应支付经营分享收入时：

借：销售费用　　27 000

　　贷：其他应付款——乙公司　　27 000

(5)履约成本的会计处理。

从本例中可知，2019 年 5 月，甲公司支付该挖掘机发生的保险费、维修费共20 000元，支付保险费、维修费时：

借：制造费用　　20 000

贷:银行存款 20 000

(6)租赁期满时的会计处理。

从本例中可以判断承租人享有优惠购买选择权时,期满会选择留购该租赁资产。

2020 年 12 月 31 日留购租赁资产时:

借:长期应付款——应付融资租赁款 200
　　贷:银行存款 200
借:固定资产——挖掘机 677 592.58
　　贷:固定资产——融资租入固定资产 677 592.58

第三节　出租人的会计处理

CAS21 同时对出租人在经营租赁和融资租赁中的会计核算方法也进行了规范。在经营租赁中,出租人应分为专业租赁公司和非专业租赁公司进行会计处理。在融资租赁中,出租人的会计处理应包括以下内容:一是融资租赁开始日的会计处理;二是未实现融资收益分配的会计处理;三是或有租金的会计处理;四是租赁期届满时的会计处理;等等。

一、出租人对经营租赁的会计处理

在经营租赁业务中,出租人出租资产是为了获得租金收入,而不是销售租赁资产,因此与出租资产所有权相关的风险和报酬在实质上并没有转移给承租人。所以,经营租出的资产所有权仍保留在出租方,且需在资产负债表中列示。出租人不仅要核算租金收入,若租赁资产属于固定资产,还要对租赁资产计提折旧。对于经营租赁的租金,出租人应该在租赁期内的各个期间按直线法确认为当期损益;如果有其他方法更加系统合理的,也可以采用其他方法。此外,出租人发生的初始直接费用,也应当计入当期损益。在会计处理中,应当将出租人分为非租赁公司和租赁公司两种情况进行会计处理,两种情况有所区别。

(一)出租人属于非专业租赁公司

如果出租人属于非租赁公司,出租人在经营租赁中一般会涉及下列账务处理:对于出租人在经营租赁中发生的初始直接费用,应确认为当期费用,其账务处理为:借记"管理费用"等科目,贷记"银行存款"等科目。收到预收租金时,借记"银行存款"科目,贷记"其他应收款"科目。出租人确认租金收入时,应借记"银行存款"等科目,贷记"其他业务收入"等科目。如果经营租赁的资产是固定资产,出租人应当采用类似资产的折旧政策计提折旧,借记"其他业务成本"等科目,贷记"累计折旧"等科目;对于其他经营租赁资产,应当采用系统合理的方法进行摊销。发生的或有租金,借记"银行存款"科目,贷记"其他业务收入"科目。

【例 6—3】 2017 年 1 月 1 日,A 公司从 B 公司(非专业租赁公司)租赁了一台全新办公设备,租期为 3 年。设备账面价值为2 000 000元,预计使用年限为 10 年。租赁合同规定,租赁开始日 B 公司向 A 公司一次性预收租金300 000元,第一年末收取租金200 000元,第二年末收取租金250 000元,第三年末收取租金300 000元。租赁期满后预收租金不退回,且 B 公司收回办公设备。在租赁期间,B 公司每月按照直线法对租赁资产计提折旧,预计净残值为200 000元。

要求:根据上述资料,编制 B 公司相关会计分录。

分析:此项租赁没有满足融资租赁判断标准的任何一条,因此应作为经营租赁处理。确认租金收入时，不能依据各期实际收取租金的金额确定，而应采用直线法分摊确认各期的租金收入。此项租赁收入总额为1 050 000元，按直线法计算，每年应确认的租金收入为350 000元。

B公司的相关会计分录如下：

2017年1月1日一次性预收租金时：

借：银行存款　　300 000

　贷：预收账款　　300 000

2017年12月31日收取第一年租金时：

借：银行存款　　200 000

　　预收账款　　150 000

　贷：其他业务收入　　350 000

2018年12月31日收取第二年租金时：

借：银行存款　　250 000

　　预收账款　　100 000

　贷：其他业务收入　　350 000

2019年12月31日收取第三年租金时：

借：银行存款　　300 000

　　预收账款　　50 000

　贷：其他业务收入　　350 000

按月计提折旧时：

年折旧额＝(2 000 000－200 000)÷10＝180 000(元)

月折旧额＝180 000÷12＝15 000(元)

借：其他业务成本　　15 000

　贷：累计折旧　　15 000

(二)出租人属于专业租赁公司

如果出租人属于专业的租赁公司，那么专业租赁公司对于经营租赁业务应增设“经营租赁资产”、“累计折旧——经营租赁资产折旧”和“租赁收入——经营租赁资产”等专用科目。“经营租赁资产”科目用于核算出租人为经营性租赁而购入资产的实际成本(包括购买价款、运杂费、保险费及进口关税、仓储保险费等)；“经营租赁资产折旧”科目核算企业采用经营租赁方式租出资产的累计折旧；“租赁收入”用于核算租赁企业根据租赁准则确认的经营租赁收入。

【例6－4】 2017年1月1日，B租赁公司将一台全新办公设备租赁给A公司，租期为3年。设备账面价值为2 000 000元，预计使用年限为10年。租赁合同规定，租赁开始日B租赁公司向A公司一次性预收租金300 000元，第一年末收取租金200 000元，第二年末收取租金250 000元，第三年末收取租金300 000元。租赁期满后预收租金不退回，且B租赁公司收回办公设备。在租赁期间，B租赁公司每月按照直线法对租赁资产计提折旧，预计净残值为200 000元。

要求：根据上述资料，编制B公司相关会计分录。

分析：此项租赁没有满足融资租赁判断标准的任何一条，因此应作为经营租赁处理。确认租金收入时，不能依据各期实际收取租金的金额确定，而应采用直线法分摊确认各期的租金收入。此项租赁收入总额为1 050 000元，按直线法计算，每年应确认的租金收入为350 000元。且此项租赁中的出租人是专业的租赁公司，应该采用出租人属于专业的租赁公司的会计处理方法。

B租赁公司的相关会计分录如下：

2017年1月1日一次性预收租金时：

借：银行存款　　300 000

　贷：预收账款　　300 000

2017年12月31日收取第一年租金时：

借：银行存款　　200 000

　预收账款　　150 000

　贷：租赁收入——经营性租赁资产　　350 000

2018年12月31日收取第二年租金时：

借：银行存款　　250 000

　预收账款　　100 000

　贷：租赁收入——经营性租赁资产　　350 000

2019年12月31日收取第三年租金时：

借：银行存款　　300 000

　预收账款　　50 000

　贷：租赁收入——经营性租赁资产　　350 000

B租赁公司按月计提折旧时：

年折旧额＝(2 000 000－200 000)÷10＝180 000(元)

月折旧额＝180 000÷12＝15 000(元)

借：主营业务成本　　15 000

　贷：累计折旧——经营租赁资产累计折旧　　15 000

另外，除了进行上述会计处理，对于经营租赁，出租人还应当在附注中披露各类租出资产的账面价值。

二、出租人在融资租赁中的会计处理

在融资租赁中，出租人将租赁资产的使用权长期转让给了承租人，以此获取租金。因此，出租人的租赁资产在租赁开始日实际上变成了收取租金的债权。且从事融资租赁的出租人一般为专业租赁公司，为了正确核算其租赁业务，出租人一般需要设置租赁专用会计科目。

(一)租赁期开始日的会计处理

在租赁期开始日，出租人应将租赁开始日最低租赁收款额与初始直接费用之和作为应收融资租赁款的入账价值，借记"长期应收款——应收融资租赁款"科目；按未担保余值的金额，借记"未担保余值"科目；按租赁资产的公允价值，贷记"融资租赁资产"科目；租赁资产公允价值与账面价值的差额，借记"营业外支出"科目或贷记"营业外收入"科目；按发生的初始直接费用，贷记"银行存款"等科目；按借方与贷方的差额，贷记"未实现融资收益"科目。

(二)未实现融资收益分配的会计处理

未实现融资收益应当在租赁期内各个期间进行分配，确认为各期的融资收入。分配未实现融资收益时，出租人应当采用实际利率法计算当期应确认的融资收入。出租人采用实际利率法分配未实现融资收益时，应当将租赁内含利率作为未实现融资收益的分配率。出租人每期收到租金时，按收到的租金，借记"银行存款"科目，贷记"长期应收款——应收融资租赁款"

科目。每期采用合理方法分配未实现融资收益时，按当期应确认的融资收入金额，借记“未实现融资收益”科目，贷记“租赁收入”科目。

（三）应收融资租赁款坏账准备的计提

根据谨慎性原则的要求，出租人应当定期根据承租人的财务及经营管理情况，以及租金的逾期期限等因素，分析应收融资租赁款的风险程度和回收的可能性，对应收融资租赁款减去未实现融资收益的差额部分合理计提坏账准备，借记“资产减值损失”科目，贷记“坏账准备”科目。坏账准备的计提方法一经确定，不得随意变更。

（四）未担保余值发生变动的会计处理

根据谨慎性原则的要求，出租人至少在每年年末应对未担保余值进行一次检查。如果有证据表明未担保余值已经减少和已确认损失的未担保余值得以恢复，应当重新计算租赁内含利率，以后各期根据修正后的租赁投资净额和重新计算的租赁内含利率确定应确认的租赁收入。在未担保余值增加时，不做任何调整。其会计处理为：

（1）期末，出租人的未担保余值的预计可收回金额低于其账面价值的差额，借记“资产减值损失”科目，贷记“未担保余值减值准备”科目。同时，将上述减值金额与由此所产生的租赁投资净额的减少额之间的差额，借记“未实现融资收益”科目，贷记“资产减值损失”科目。

（2）如果已确认损失的未担保余值得以恢复，应按未担保余值恢复的金额，借记“未担保余值减值准备”科目，贷记“资产减值损失”科目。同时，按原减值额与由此所产生租赁投资净额的增加额之间的差额，借记“资产减值损失”科目，贷记“未实现融资收益”科目。

（五）或有租金的会计处理

出租人在融资租赁下收到的或有租金，应在实际发生时确认为当期收入。其会计处理为：借记“银行存款”等科目，贷记“租赁收入”科目。

（六）租赁期届满时的会计处理

租赁期届满时，出租人应分收回租赁资产、优惠续租租赁资产和留购租赁资产三种情况进行账务处理。

1. 收回租赁资产

出租人收回租赁资产时，通常可能出现以下四种情况：

（1）存在担保余值，不存在未担保余值。出租人收到承租人返还的租赁资产时，借记“融资租赁资产”科目，贷记“长期应收款——应收融资租赁款”科目。

（2）存在担保余值，同时存在未担保余值。出租人收到承租人返还的租赁资产时，借记“融资租赁资产”科目，贷记“长期应收款——应收融资租赁款”、“未担保余值”等科目。如果收回租赁资产的价值扣除未担保余值后的金额低于担保余值，对向承租人收取的价值损失补偿金，借记“其他应收款”科目，贷记“营业外收入”科目。

（3）存在未担保余值，不存在担保余值。出租人收到承租人返还的租赁资产时，借记“融资租赁资产”科目，贷记“未担保余值”科目。

（4）担保余值和未担保余值均不存在。此时，出租人无需作会计处理，只需作相应的备查登记。

2. 承租人优惠续租租赁资产

如果在租赁期届满时，承租人按照租赁合同的约定行使了优惠续租选择权，则出租人应该视同该项租赁一直存在而进行账务处理，如继续分配未实现融资收益等。如果在租赁期届满时，承租人没有按照租赁合同的约定行使优惠续租选择权，则出租人有权向承租人收取违约金，借记"银行存款"科目，贷记"营业外收入"科目。同时，收回租赁资产，相关会计处理参照第一种情况进行。

3. 承租人留购租赁资产

租赁期届满时，如果承租人行使了优惠购买租赁资产的选择权，则出租人应按收到的承租人支付的购买租赁资产的价款，借记"银行存款"科目，贷记"长期应收款——应收融资租赁款"科目。

（七）相关会计信息的披露

出租人应在财务报告中披露与融资租赁有关的以下事项：

(1)资产负债表日后连续三个会计年度每年将收到的最低租赁收款额及以后年度将收到的最低租赁收款额总额。

(2)未实现融资收益的余额。

(3)分配未实现融资收益所采用的方法。

【例6—5】 承例6—2的资料。乙租赁公司的有关资料如下：

(1)该挖掘机的账面价值为700 000元。

(2)采用实际利率法确认本期应分配的未实现融资收益。

(3)乙公司为签订该项租赁合同发生的初始直接费用为3 000元。

(3)2018年和2019年，甲公司分别实现挖掘机收入400 000元和450 000元。

(4)2021年12月31日，乙公司收回该挖掘机。

要求：根据上述资料，编制乙公司相关会计分录。

乙公司的相关会计分录如下：

(1)租赁开始日的会计处理。

第一步：计算租赁内含利率。

根据租赁内含利率的定义，租赁内含利率是指在租赁开始日，使最低租赁收款额的现值与未担保余值的现值之和等于租赁资产公允价值与出租人的初始直接费用之和的折现率。而本例中不存在独立于承租人和出租人的第三方对出租人担保的资产余值，因此，最低租赁收款额等于最低租赁付款额，即租金×期数+承租人担保余值=200 000×4+0=800 000(元)。因此，有$200\ 000\times(P/A,R,4)+200\times(P/F,R,4)=700\ 000+3\ 000=703\ 000$(元)。

根据这一等式，可在多次测试的基础上，用插值法计算租赁内含利率。

当$R=5\%$时，

$200\ 000\times3.546+200\times0.822\ 7=709\ 364.54$(元)$>703\ 000$(元)

当$R=6\%$时，

$200\ 000\times3.465\ 1+200\times0.792\ 1=693\ 178.42$(元)$<703\ 000$(元)

因此，$5\%<R<6\%$。用插值法计算如下：

现值	利率
709 364.54	5%
703 000	R
693 178.42	6%

$(709\ 364.54-703\ 000)/(709\ 364.54-693\ 178.42)=(5\%-R)/(5\%-6\%)$

算得$R=5.39\%$，即租赁内含利率为5.39%。

第二步：计算租赁期开始日最低租赁收款额和未实现融资收益。

由于本例不存在担保余值和未担保余值，因此，

最低租赁收款额＝租金×期数＋优惠购买价格

＝200 000×4＋200

＝800 200(元)

最低租赁收款额现值＝200 000×(P/A,5.39%,4)＋200×(P/F,5.39%,4)

＝703 000(元)

未实现融资收益＝(最低租赁收款额＋未担保余值)－(最低租赁收款额的现值＋未担保余值的现值)

＝800 200－700 000

＝100 200(元)

第三步：判断租赁类型。

本例中，最低租赁收款额的现值为703 000元，大于租赁资产原账面价值的90%，即630 000元(700 000×90%)，满足融资租赁的第四条标准。因此，应当将该项租赁认定为融资租赁。

第四步：账务处理。

2017年1月1日，租出挖掘机，发生初始直接费用时：

借：长期应收款——应收融资租赁款　　803 200

　　贷：融资租赁固定资产　　700 000

　　　　银行存款　　3 000

　　　　未实现融资收益　　100 200

(2)未实现融资收益分配的会计处理。

第一步：计算租赁期内各租金收取期应分配的未实现融资收益(见表6—2)。

表6—2　　未实现融资收益分配表(实际利率法)

2017年12月31日　　单位：元

日期 ①	租金 ②	确认的融资费用 ③＝期初⑤×7%	应付本金减少额 ④＝②－③	应付本金余额期末 ⑤＝期初⑤－④
2017.12.31				703 000
2018.12.31	200 000	37 891.7	162 108.3	540 891.7
2019.12.31	200 000	29 154.06	170 845.94	370 045.76
2020.12.31	200 000	19 945.47	180 054.53	189 991.23
2021.12.31	200 000	10 008.77*	189 991.23	200
2021.12.31	200		200	0
合　计	800 200	97 000	703 200	

注：*作尾数调整10 008.77＝200 000－189 991.23。

第二步：编制每期收取租金和确认租赁收益的相关会计分录。

2018年12月31日收到第一期租金时：

借：银行存款　　200 000

　　贷：长期应收款——应收融资租赁款　　200 000

同时：

借：未实现融资收益　　37 891.70

　　贷：租赁收入　　37 891.70

2019 年 12 月 31 日收到第二期租金时：

借：银行存款　　200 000

　　贷：长期应收款——应收融资租赁款　　200 000

同时：

借：未实现融资收益　　29 154.06

　　贷：租赁收入　　29 154.06

2020 年 12 月 31 日收到第三期租金时：

借：银行存款　　200 000

　　贷：长期应收款——应收融资租赁款　　200 000

同时：

借：未实现融资收益　　19 945.47

　　贷：租赁收入　　19 945.47

2021 年 12 月 31 日收到第三期租金时：

借：银行存款　　200 000

　　贷：长期应收款——应收融资租赁款　　200 000

同时：

借：未实现融资收益　　10 008.77

　　贷：租赁收入　　10 008.77

(3)或有租金的会计处理。

由例题可知，2018 年和 2019 年，甲公司分别实现挖掘机收入400 000元和450 000元。根据租赁合同的规定，这两年应向甲公司收取的经营分享收入分别为24 000元和27 000元。

2018 年收到经营分享收入时：

借：银行存款　　24 000

　　贷：租赁收入　　24 000

2019 年收到经营分享收入时：

借：银行存款　　27 000

　　贷：租赁收入　　27 000

(4)租赁期届满时的会计处理

借：银行存款　　200

　　贷：长期应收款——应收融资租赁款　　200

第四节　售后租回交易的会计处理

售后租回交易是一种特殊的租赁形式，是指资产所有者将资产出售后，又将该项资产从买主处租回，也称为“售后回租”。在售后租回交易中，卖主既是租赁资产的销售者，又是租赁资产的承租人。而买主既是租赁资产的购买者，也是租赁资产的出租人。

对于售后租回交易，无论是承租人还是出租人，都应当按照 CAS21 规定的标准，将售后租回交易划分为融资租赁和经营租赁，并进行相应的账务处理。

一、售后租回交易形成经营租赁

（一）售后租回形成的经营租赁的会计处理原则

如果售后租回交易没有满足融资租赁的确认条件，则应将该交易认定为售后租回形成的经营租赁。这时应该分情况进行账务处理：

（1）如有确凿证据表明售后租回交易是按照公允价值达成的，在这种情况下，资产的销售通常被认为是一项正常的交易，应按正常固定资产处置的会计方法来处理，因此，售价与资产账面价值的差额应当计入当期损益。

（2）如果售后租回交易不是按照公允价值达成的，有关损益应于当期确认；但若该损失将由低于市价的未来租赁付款额补偿，应将其递延，并按与确认租金费用相一致的方法分摊于预计的资产使用期限内。

（3）如果售价高于公允价值的，其高出公允价值的部分应予以递延，并在预计的使用期限内摊销。

（二）售后租回形成的经营租赁的会计处理方法

（1）出售资产时，按固定资产账面净值，借记“固定资产清理”科目；按固定资产已提折旧，借记“累计折旧”科目；按固定资产的账面原价，贷记“固定资产”科目；如果出售资产已计提减值准备，还应结转已计提的减值准备。

（2）收到出售资产的价款时，借记“银行存款”科目，贷记“固定资产清理”科目，借记或贷记“递延收益——未实现售后租回损益”科目或“营业外收入”、“营业外支出”科目。

（3）租回资产时，如果形成经营租赁，则作备查登记。

（4）各期根据租金支付比例分摊未实现售后租回损益时，借记或贷记“递延收益——未实现售后租回损益（经营租赁）”科目，贷记或借记“制造费用”、“销售费用”、“管理费用”等科目。

【例6—6】 2017年1月1日，甲公司将一台办公设备按照2 600 000元的价格出售给乙租赁公司，并于当日签订了一份租赁合同，从乙租赁公司中租回该办公设备，租期为3年。该办公设备账面价值为1 900 000元（原值3 100 000元，累计折旧1 200 000元），公允价值为2 000 000元，预计使用年限为10年。租赁合同规定，年租金为210 000元。租赁期满后乙租赁公司收回办公设备使用权。

要求：根据上述资料，编制甲公司的相关会计分录。

甲公司的相关会计分录如下：

第一步：判断租赁类型。

该项租赁不符合融资租赁的任何一条标准，应作为经营租赁处理，并且是售后租回交易形成经营租赁。

第二步：计算未实现售后租回损益与当期损益。

未实现售后租回损益＝售价－资产账面价值

＝2 300 000－2 000 000

＝300 000（元）

当期损益＝2 000 000－1 900 000＝100 000（元）

第三步：在租赁期内分摊未实现售后租回损益（参见表6—3）。

表 6—3　　**未实现售后租回损益分摊表**

2017 年 1 月 1 日　　单位：元

日　期	售价	固定资产账面价值	支付的租金	租金支付比例	摊销额	未实现售后租回损益
2017.1.1	2 300 000	1 900 000				300 000
2017.12.31			210 000	33.33%	100 000	200 000
2018.12.31			210 000	33.33%	100 000	100 000
2019.12.31			210 000	33.34%	100 000	0
合　计	2 300 000	1 900 000	630 000	100%	300 000	

第四步：编制甲公司相关会计分录。

2017 年 1 月 1 日向乙租赁公司出售办公设备时：

借：固定资产清理　　1 900 000
　　累计折旧　　1 300 000
　　贷：固定资产　　3 200 000
借：银行存款　　2 300 000
　　贷：固定资产清理　　1 900 000
　　　　递延收益——未实现售后租回损益　　300 000
　　　　营业外收入——处置非流动资产利得　　100 000

2017 年 12 月 31 日支付第一年租金时：

借：管理费用——租赁费　　210 000
　　贷：银行存款　　210 000
借：递延收益——未实现售后租回损益　　200 000
　　贷：管理费用——租赁费　　200 000

2018 年 12 月 31 日支付第二年租金时：

借：管理费用——租赁费　　210 000
　　贷：银行存款　　210 000
借：递延收益——未实现售后租回损益　　100 000
　　贷：管理费用——租赁费　　100 000

2019 年 12 月 31 日支付第三年租金时：

借：管理费用——租赁费　　210 000
　　贷：银行存款　　210 000
借：递延收益——未实现售后租回损益　　100 000
　　贷：管理费用——租赁费　　100 000

租赁期满时甲公司不需要作任何账务处理。另外，递延收益时需要按月分摊的，本例为了简化核算，采用按年分摊。

二、售后租回交易形成融资租赁

如果售后租回交易符合融资租赁的确认条件，那么这种交易实质上是承租人以该项资产作为担保，出租人提供资金给承租人。因此，该项交易实质上是一项融资行为，而不是销售行为。

售价与资产账面价值之间的差额(无论是售价高于资产账面价值还是低于资产账面价值)在会计上均未实现,售价高于资产账面价值实际上在出售时高估了资产的价值,而售价低于资产账面价值实际上在出售时低估了资产的价值,卖主(即承租人)应将售价与资产账面价值的差额(无论是售价高于资产账面价值还是售价低于资产账面价值)予以递延,并按该项租赁资产的折旧进度进行分摊,作为折旧费用的调整。按折旧进度进行分摊是指在对该项租赁资产计提折旧时,按与该项资产计提折旧所采用的折旧率相同的比例对未实现售后租回损益进行分摊。

在会计处理方面,承租人应设置"递延收益——未实现售后租回收益(融资租赁)"科目,用以核算在售后租回交易中售价与资产账面价值的差额。租赁资产按高于资产账面价值出售时,借记"银行存款"科目,贷记"固定资产清理"、"递延收益——未实现售后租回收益(融资租赁)"等科目;租赁资产按低于资产账面价值出售时,借记"银行存款","递延收益——未实现售后租回损益(融资租赁)"等科目,贷记"固定资产清理"等科目。

各期根据租金支付比例分摊未实现售后租回损益时,借记或贷记"递延收益——未实现售后租回损益(融资租赁)"科目,贷记或借记"制造费用"、"销售费用"、"管理费用"等科目。

承租人和出租人除应当按照相关规定披露售后租回交易外,还应当对售后租回合同中的特殊条款作出披露。这里的"特殊条款"是指售后租回合同中规定的区别于一般租赁交易的条款,如租赁标的物的售价等。

【例 6－7】 2017 年 1 月 1 日,甲公司将一台账面价值为2 000 000元(账面原价为2 500 000元,已提折旧为500 000元)的大型挖掘机出售给乙租赁公司,取得收入2 100 000元,将款项存入银行。该挖掘机的公允价值为2 100 000元。同时又签订了一份租赁合同将该挖掘机收回。

租赁合同相关内容如下:

(1)租赁标的物:大型挖掘机。

(2)租赁期开始日:2017 年 1 月 1 日。

(3)租赁期:2017 年 1 月 1 日至 2020 年 12 月 31 日,共 4 年。2016 年 12 月 1 日,经评估该项资产的使用寿命为 5 年。

(4)甲公司对该挖掘机采用年限平均法计提折旧,且净残值为 0。

(5)租金支付:自租赁期开始日每年年末支付租金600 000元。

(6)租赁合同规定的年利率为 6%。

(7)租赁期届满时,甲公司将该挖掘机归还乙租赁公司。

要求:根据上述资料,编制甲公司相关会计分录。

甲公司相关会计分录如下:

第一步:租赁开始日的会计处理。

①判断租赁类型。

甲公司将自有挖掘机出售给乙公司,取得收入2 100 000元,并将其存入银行。同时,甲公司又从乙租赁公司中租回该挖掘机,租赁期为 4 年,租赁开始日该挖掘机的使用寿命为 5 年,租赁期占租赁资产使用寿命 75%以上,符合融资租赁的第三条判断标准;另外,最低租赁付款额的现值为2 079 060元,大于租赁资产公允价值的 90%(即1 890 000元),符合融资租赁的第四条判断标准。所以,这项租赁应当认定为售后租回交易形成融资租赁。

②确定未实现售后租回损益。

未实现售后租回损益＝售价－资产账面价值

=2 100 000−2 000 000

=100 000(元)

2017 年 1 月 1 日,结转出售资产的成本时:

借:固定资产清理　　2 000 000

　累计折旧　　500 000

　贷:固定资产　　2 500 000

2017 年 1 月 1 日,向乙租赁公司出售挖掘机时:

借:银行存款　　2 100 000

　贷:固定资产清理　　2 000 000

　　递延收益——未实现售后租回损益(融资租赁)　　100 000

第二步:在租赁期开始日的会计处理。

①确定租赁资产入账价值。

最低租赁付款额的现值=600 000×$(P/A,6\%,4)$

=600 000×3.465 1

=2 079 060(元)

承租人应当将租赁开始日租赁资产公允价值2 100 000元与最低租赁付款额现值2 079 060元两者中较低者作为租赁资产的入账价值,因此租赁资产的入账价值为2 079 060元。

②租赁期开始日的会计分录。

2017 年 1 月 1 日,向乙租赁公司租回挖掘机时:

借:固定资产——融资租赁固定资产　　2 079 060

　未确认融资费用　　320 940

　贷:长期应付款——应付融资租赁款　　2 400 000

第三步:在租赁期间的会计处理。

①确定租赁费用分摊率。

由于在该例中租赁资产是以最低租赁付款额的现值为入账价值的,根据 CAS21 的相关规定,6%就是融资费用分摊率。租赁期间应该按照实际利率法逐期确认融资费用(见表 6—4)。

表 6—4　　未确认融资费用分摊表(实际利率法)

2017 年 1 月 1 日　　单位:元

日期 ①	租金 ②	确认的融资费用 ③=期初⑤×7%	应付本金减少额 ④=②−③	应付本金余额期末 ⑤=期初⑤−④
2017.1.1				2 079 060
2017.12.31	600 000	124 743.6	475 256.4	1 603 803.6
2018.12.31	600 000	96 228.22	503 771.78	1 100 031.82
2019.12.31	600 000	66 001.91	533 998.09	566 033.72
2020.12.31	600 000	33 966.28*	566 033.72	0
合　计	2 400 000	320 940	2 079 060	

注:* 作尾数调整:33 966.28=600 000−566 033.72。

②每期相关会计分录。

2017 年 12 月 31 日，支付第一期租金时：

借：长期应付款——应付融资租赁款 600 000

贷：银行存款 600 000

借：财务费用 124 743.60

贷：未确认融资费用 124 743.60

2018 年 12 月 31 日，支付第二期租金时：

借：长期应付款——应付融资租赁款 600 000

贷：银行存款 600 000

借：财务费用 96 228.22

贷：未确认融资费用 96 228.22

2019 年 12 月 31 日，支付第三期租金时：

借：长期应付款——应付融资租赁款 600 000

贷：银行存款 600 000

借：财务费用 66 001.91

贷：未确认融资费用 66 001.91

2020 年 12 月 31 日，支付第四期租金时：

借：长期应付款——应付融资租赁款 600 000

贷：银行存款 600 000

借：财务费用 33 966.28

贷：未确认融资费用 33 966.28

③租赁资产折旧的会计处理。

承租人每月的折旧费用为43 313.75 元(2 079 060÷4÷12)。租赁期间每月的相关会计分录为：

借：制造费用——折旧费 43 313.75

贷：累计折旧 43 313.75

④未实现售后租回损益的会计处理。

如果售后租回交易形成一项融资租赁，售价与资产账面价值之间的差额应予递延，并按该项租赁资产的折旧进度进行分摊，作为折旧费用的调整。承租人每年应分摊未实现售后租回损益的计算过程如表 6—5 所示。

表 6—5　　未实现售后租回损益分摊表(年限平均法)

2017 年 1 月 1 日　　单位：元

日期	售价	固定资产账面价值	摊销期	分摊率	摊销额	未实现售后租回损益
2017.1.1	2 100 000	2 000 000	4 年			100 000
2017.12.31				25%	25 000	75 000
2018.12.31				25%	25 000	50 000
2019.12.31				25%	25 000	25 000
2020.12.31				25%	25 000	0
合计	2 100 000	2 000 000		100%	100 000	

2017 年 12 月 31 日，确认本年度应该分摊的未实现售后租回损益时：

借：递延收益——未实现售后租回损益（融资租赁）	25 000	
贷：制造费用——折旧费		25 000

其他各期会计分录不再赘述。

第四步：租赁期满时的会计处理。

2020 年 12 月 31 日，甲公司将挖掘机归还给乙公司时：

借：累计折旧	2 079 060	
贷：固定资产——融资租赁固定资产		2 079 060

第五节　国际会计准则下承租方的会计处理

2016 年 1 月，国际会计准则理事会发布《国际会计准则第 16 号——租赁》（以下简称 IFRS16），对企业租赁业务予以规范，于 2019 年 1 月 1 日正式生效。为了解决现行租赁会计准则实施中存在的问题，以及与国际会计准则的趋同，财政部 2018 年 1 月已经发布了《企业会计准则第 21 号——租赁（修订）（征求意见稿）》，因此了解和学习 IFRS16 是非常有必要的。由于出租方没有受到 IFRS16 影响，所以，本节主要介绍国际会计准则下承租方的会计处理。

一、《国际会计准则第 16 号——租赁》概述

IFSR16 提出了建设使用权结构模型，通过这种模型将租赁过程产生的租赁权利以及租赁义务都包含在内。使用权结构模型是在租赁业务发生时，业务租赁人要承担因租赁而可能带来的租赁负债。

（一）IFRS16 适用范围及目标

IFRS16 能够适用于大多数租赁活动，但以下租赁活动则不属于 IFRS16 的适用范围：一是天然气、石油等开采非再生资源租赁活动；二是生物资产租赁活动；三是无形资产（无形资产主要包括个人形象、名誉）等租赁活动。

IFRS 16 基于对租赁的确认、计量、列报和披露的原则而制定，目的是让承租人和出租人向财务报告使用者提供关于租赁引起的现金流量的金额、时点和不确定性的有用信息，以便让财务报告使用者能够评价由租赁所引发的对企业财务状况、经营状况和现金流量的影响。

（二）租赁的确认

IFRS 规定在合同中同时满足以下两个条件则可以确认租赁：

（1）客户通过租赁可以获得所有的经济利益；

（2）客户能够对标的资产行使权利。

（三）租赁期

租赁期一般由承租人与客户商议确立，并在签署租赁合同中有明确规定。租赁期一般不会改变，承租方发生重大事件或变化，且影响承租方是否继续行使相应的选择权，企业应当重新确定租赁期。

（四）租赁分类

IFRS16 将租赁类型分为长期租赁、短期租赁、高价值资产租赁和低价值资产租赁。短期租赁，是指在租赁期开始日，租赁期不超过 12 个月的租赁；与其相对的长期租赁是指租赁期在

12个月以上的租赁。

低价值资产租赁，是指单项租赁资产为新资产时价值较低的租赁。低价值资产还应当符合下列条件：

(1)承租人可从单独使用该资产或将其与易于获得的其他资源一起使用中获利；

(2)该资产与其他资产不存在高度依赖或高度关联关系。

高价值资产租赁是指不符合低价值资产租赁确认条件的租赁。

二、承租方会计处理

(一)承租方的初始计量

(1)在租赁期开始日，承租人应当对租赁确认使用权资产和租赁负债。使用权资产，是指承租人可在租赁期内使用租赁资产的权利。租赁期开始日，是指出租人提供租赁资产使其可供承租人使用的日期。

(2)对于短期租赁和低价值资产租赁，承租人可以选择不确认使用权资产和租赁负债。作出该选择的，承租人应当将短期租赁和低价值资产租赁的租赁付款额，在租赁期内各个期间按照直线法或其他系统合理的方法计入相关资产成本或当期损益。其他系统合理的方法能够更好地反映承租人的受益模式的，承租人应当采用该方法。

(3)使用权资产应当按照成本进行初始计量。该成本包括：

①租赁负债的初始计量金额。

②在租赁期开始日或之前支付的租赁付款额；存在租赁激励的，扣除租赁激励相关金额。

③承租人发生的初始直接费用。

④承租人为拆卸及移除租赁资产、复原租赁资产所在场地或将租赁资产恢复至租赁条款约定状态预计将发生的成本。前述成本属于为生产存货而发生的除外。

在租赁开始时期或由于使用租赁资产的这一段时期，承租人应当对这些成本的支付义务进行确认和计量。

租赁激励，是指出租人为达成租赁向承租人提供的优惠，包括出租人向承租人支付的与租赁有关的款项以及出租人为承租人偿付或承担的成本。

初始直接费用，是指为达成租赁所发生的增量成本。增量成本是指若企业不取得该租赁，则不会发生的成本。

(4)租赁负债应当按照租赁期开始日尚未支付的租赁付款额的现值进行初始计量。在计算租赁付款额的现值时，承租人应当采用租赁内含利率作为折现率；无法确定租赁内含利率的，应当采用承租人增量借款利率作为折现率。

承租人增量借款利率，是指承租人在类似经济环境下为获得与使用权资产价值接近的资产，在类似期间以类似抵押条件借入资金须支付的利率。

(5)租赁付款额，是指承租人向出租人支付的与在租赁期内使用租赁资产的权利相关的款项，包括：

①固定付款额及实质固定付款额；存在租赁激励的，扣除租赁激励相关金额。

②取决于指数或比率的可变租赁付款额。

③购买选择权的行权价格，前提是承租人合理确定将行使该选择权。

④行使终止租赁选择权须支付的款项，前提是租赁期反映出承租人将行使终止租赁选择权。

⑤根据承租人提供的余值担保预计应支付的款项。

实质固定付款额，是指在形式上可能包含变量但实质上无法避免的付款额。

可变租赁付款额，是指承租人为取得在租赁期内使用租赁资产的权利，向出租人支付的因租赁期开始日后的事实或情况发生变化（而非时间推移）而变动的款项。取决于指数或比率的可变租赁付款额包括与消费者价格指数挂钩的款项、与基准利率挂钩的款项等。

(6)余值担保，是指与出租人无关的一方向出租人提供的在租赁结束时租赁资产的价值至少为某指定金额的担保。

未担保余值，是指租赁资产余值中，出租人无法保证能够实现或仅由与出租人有关的一方予以担保的部分。

(7)租赁内含利率，是指使租赁收款额与未担保余值的现值之和等于租赁资产公允价值与出租人的初始直接费用之和的利率。

【例 6—8】 甲公司是一家从事远洋打捞业务的公司，2017 年 12 月 31 日，其资产总额为20 000万元，负债总额为8 000万元。为了实现公司经营扩张，2018 年 1 月 1 日，以租赁方式取得打捞船、货轮等设备，租赁期为 5 年，每年租赁费为2 000万元，租金每年末支付一次，甲公司为了此次租赁的完成，发生的相关初始直接费用为 18.43 万元，租赁设备的尚可使用年限均为 10 年，甲公司的资本成本为 10%。根据上述资料以及 IFRS16，编制甲公司的相关会计分录。

(1)租赁类型的判断。

甲公司租赁设备的期限以及金额都不满足短期租赁或者低价值资产租赁的条件，故在租赁开始日时，应当确认一项使用资产和租赁负债。

(2)使用资产（固定资产）的入账价值＝2 000×(P/A，10%，5)＋18.43＝7 600（万元）。

(3)长期应付款的账面价值＝2 000×5＝10 000（万元）。

(4)未确认融资费用＝10 000－7 600＝1 400（万元）。

2018 年 1 月 1 日：

借：固定资产——租入固定资产	7 600	
未确认融资费用	2 400	
贷：长期应付款		10 000

(二)后续计量

(1)承租人应当采用实际利率法计算租赁期内各个期间的利息，并计入当期损益。按照其他准则规定应当计入相关资产成本的，从其规定。

(2)承租人可参照类似应计提折旧资产通常所采用的折旧政策来计提折旧，折旧年限为租赁期和使用权资产使用寿命中的较短者。

(3)承租人应当按照《国际会计准则第 36 号——资产减值》的规定，确定使用权资产是否发生减值，并对已识别的减值损失进行会计处理。

【例 6—9】 承例 6—8，假设计提的折旧计入当期损益，在租赁期内没有减值迹象，编制甲公司 2018 年至 2022 年的会计分录。

2018 年至 2022 年期末计提的折旧：

借：管理费用	1 520	
贷：累计折旧(7 600÷5)		1 520

2018 年 12 月 31 日确认的利息费用、支付租金：

长期应付款的摊余成本＝10 000－2 400＝7 600（万元）

借:财务费用　　760

　　贷:未确认融资费用(7 600×10%)　　760

借:长期应付款　　2 000

　　贷:银行存款　　2 000

2019年12月31日确认的利息费用、支付租金:

2019年12月31日长期应收款的摊余成本=10 000−2 000−2 400+760=6 360(万元)

借:财务费用　　636

　　贷:未确认融资费用(6 360×10%)　　636

借:长期应付款　　2 000

　　贷:银行存款　　2 000

2020年12月31日确认的利息费用、支付租金:

2020年12月31日长期应收款的摊余成本=10 000−2 000×2−2 400+760+636=4 996(万元)

借:财务费用　　499.6

　　贷:未确认融资费用(4 996×10%)　　499.6

借:长期应付款　　2 000

　　贷:银行存款　　2 000

2021年12月31日确认的利息费用、支付租金:

2021年12月31日长期应收款的摊余成本

=10 000−2 000×3−2 400+760+636+499.6=3 495.6(万元)

借:财务费用　　349.56

　　贷:未确认融资费用(3 495.6×10%)　　349.56

借:长期应付款　　2 000

　　贷:银行存款　　2 000

2022年12月31日确认的利息费用:

未确认融资费用=2 400−760−636−499.6−349.56=154.84(万元)

借:财务费用　　154.84

　　贷:未确认融资费用　　154.84

借:长期应付款　　2 000

　　贷:银行存款　　2 000

本章小结

按照风险和报酬是否转移,租赁可划分为融资租赁和经营租赁两类。本章主要阐述此种租赁类型划分的标准,以及承租人和出租人的会计处理。承租人和出租人的会计处理又可分为在经营租赁中的会计处理、融资租赁中的会计处理和售后租回交易中的会计处理。融资租赁是指实质上转移了与资产所有权有关的全部风险和报酬的租赁。经营租赁是指除融资租赁以外的其他租赁,是承租人为了经营活动中的短期性、临时性及季节性需要而向出租人租用某种资产的行为。售后租回是指承租人将资产出售后,又将该项资产从买主处租回,也称为“售后回租”。

本章思考题

1. 怎样对租赁业务进行分类？一般可划分为几类？
2. 我国准则规定的融资租赁业务的判断标准有哪些？
3. 在计算最低租赁付款额现值时应如何选择折现率？
4. 为什么即使有些企业的租赁类型实质上属于融资租赁，但企业却总想将该租赁归类为经营租赁？
5. 简述融资租赁中承租人与出租人的会计处理方法。
6. 何为售后租回？简述售后租回业务中承租人与出租人的会计处理方法。

本章业务题

1. 2017 年 12 月 1 日，甲公司购买设备一台，成本为400 000元，预计使用年限为 10 年，净残值为 0。2018 年 1 月 1 日，甲公司将该设备出租给乙公司，租期为 3 年。租赁合同规定：租赁开始日乙公司向甲公司一次性预付租金36 000元，第一年年末支付租金30 000元，第二年年末支付租金30 000元，第三年年末支付租金12 000元，乙公司将该设备用于生产产品。租赁期满后预付租金不退回，甲公司收回设备。

要求：根据上述资料，编制甲公司和乙公司的相关会计分录。

2. 2017 年 12 月 1 日，A 公司与 B 公司签订了一份租赁合同，合同约定 A 公司以融资租赁方式向 B 公司租入一台设备，合同主要条款如下：

(1)租赁期开始日：2018 年 1 月 1 日。

(2)租赁期：2018 年 1 月 1 日至 2021 年 12 月 31 日，共 4 年。

(3)租金支付：自租赁期开始日每年年末支付租金50 000元。

(4)该设备在 2017 年 12 月 1 日的账面价值及公允价值均为200 000元，估计使用年限为 5 年，按直线法计提折旧。

(5)租赁合同规定的利率为 7%。

(6)承租人和出租人的初始直接费用均为1 000元。

(7)租赁期届满时，A 公司享有优惠购买该设备的选择权，购买价为 200 元，估计该日设备的公允价值为30 000元。

要求：根据上述资料，编制 A 公司的相关会计分录。

3. 2017 年 12 月 10 日，A 公司(承租人)与 B 公司(出租人)签订了一份租赁合同。合同的主要条款如下：

(1)租赁标的物：机床。

(2)租赁期开始日：2018 年 1 月 1 日。

(3)租赁期：从起租日起 4 年，即 2018 年 1 月 1 日至 2021 年 12 月 31 日。

(4)租金的支付方式：从 2018 年 1 月 1 日起每年年末支付租金100 000元。

(5)A 公司与 B 公司均未发生初始直接费用。

(6)该设备的保险、维修费用均由 A 公司自行承担，每年1 000元。

(7)该机床在 2017 年 12 月 10 日的公允价值为600 000元。

(8)合同规定的利率为 5%(年利率)，A 公司并不知道 B 公司的租赁内含利率。

(9)该机床预计使用 10 年，已使用了 4 年，期满无残值。A 公司采用双倍余额递减法计提折旧。

(10)租赁期满，A 公司享有优先购买的权利，购买价为700 000元，估计该日该机床的公允价值为600 000元。

(11)2018 年、2019 年和 2020 年每年按该机床生产产品销售收入的 4%向 B 公司支付经营收入。

假设：该机床不需要安装，A 公司采用实际利率法进行摊销，2018 年、2019 年和 2020 年 A 公司利用该机床生产产品的销售收入为1 000 000元、1 100 000元和1 200 000元。

要求：根据上述资料，编制 A 公司和 B 公司的相关会计分录。

4. 2017 年，甲公司把一套公允价值为2 500 000元的新设备，以3 000 000元的价格销售给乙公司，同时还签订了一项租赁合同，将该设备从乙公司租回，租期为 5 年。该设备的原账面价值为2 500 000元，预计使用年限为 10 年。合同规定，在租期的每年年末支付租金50 000元。租赁期满后乙公司收回该设备的使用权(假如甲公司与乙公司都在年末确认租金费用和经营租赁收入，同时不存在租金逾期支付的情况)。

要求：根据上述资料，编制甲公司的相关会计分录。

本章参考文献

1. 财政部会计司：《企业会计准则第 21 号——租赁(修订)(征求意见稿)》，2018 年
2. 陈玲娣、花爱梅、金颖：《高级财务会计理论与实务》，清华大学出版社，2016 年
3. 刘永泽、傅荣：《高级财务会计》，东北财经大学出版社，2016 年
4. 荣莉、彭晓洁：《高级财务会计》，中国财政经济出版社，2017 年
5. 张陶勇：《高级财务会计》，科学出版社，2018 年
6. 中国会计准则委员会组织：《国际财务报告准则第 16 号——租赁》，中国财政经济出版社，2016 年
7. 中国注册会计师协会：《会计》，中国财政经济出版社，2017 年

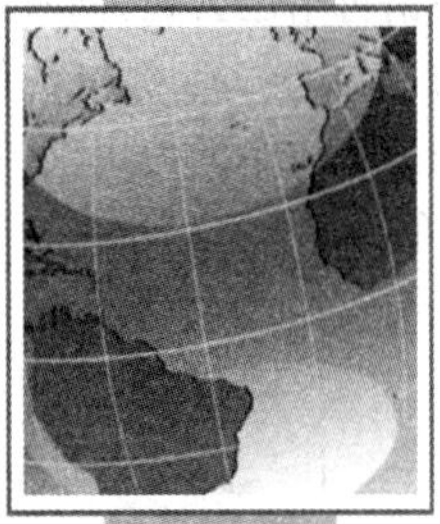

第七章 外币交易与外币报表折算

案例导入

岳青山同学从某财经类院校毕业后顺利进入了一家跨国大企业北京鸿达股份有限公司(以下简称京鸿达)从事财务工作。京鸿达是1993年5月6日采取定向募集方式设立的股份有限公司。该公司的B股和A股分别于1997年6月8日和2001年1月2日在深交所上市。由于与国外企业交易频繁,京鸿达有港元、台币、美元、日元、欧元、英镑、新加坡元、瑞士法郎等多种外币交易。

2018年1月,京鸿达与美国AFE的全资持有人Craig Brown签署决议,收购AFE持有的占香港绿康科技已发行普通股总数51.56%的股份,并支付收购总价款21.5亿港元。京鸿达选择人民币作为记账本位币,那么该项海外并购应如何折算为人民币记账?编制外币会计报表时,企业应以人民币作为记账本位币,京鸿达对报告期的外币资金应如何进行折算?编制合并会计报表时,京鸿达对绿康科技的外币会计报表应如何进行折算?这些问题都是岳同学需要解决的会计事项。亲爱的同学,如果你愿意为岳同学指点迷津,那么就请先扎实地掌握本章的内容吧。

学习目的与要求

因进出口贸易等业务引起的外币交易在会计计量中导入了外国货币单位。外币交易本身虽然是以外国货币来计量的,但在计量和记录这些交易时必须重新表述为统一的货币计量单位。另一方面,由于国外会计主体账面记录可能是功能性货币,也可能是外币,在编制合并会计报表时则需要对国外会计主体的外币会计报表进行折算或者重新计量。综上,外币业务包括外币交易和外币会计报表折算两方面的内容。

通过本章的学习,了解与外币交易相关的一些概念,熟悉外币交易的一项交易观和两项交易观,掌握外币交易的核算和期末汇兑损益的处理,了解外币会计报表折算四种方法的优缺点,掌握现行汇率法下外币会计报表折算,了解恶性通货膨胀经济情况下外币财务报表的折算。

我国加入WTO后,企业国际贸易进一步扩大,随着商品进出口、设备和技术的引进或出口、国际信贷和其他国际融资的开展,外币交易将越来越普遍。跨国贸易和跨国融资在多种货币环境下运作,承担了多种货币间相对价值变化的风险,即汇率变动的风险。因此,对于从事跨国活动的企业来说,外汇风险管理政策的重要性日益凸显。而外汇管理的前提是会计上对汇率风险的恰当核算,以便为管理层提供一个恰当的预警信号。因此,在会计核算中不可避免要涉及外币业务的核算。另一方面,随着国际经济一体化的发展和金融市场国际化,一些企业在境外设立分公司或设立子公司从事境外经营活动。由于在各自东道国从事经营活动,大量的经济业务都是以当地货币进行结算和交易的,也即当地货币就成为这些公司的记账本位币。根据我国企业会计准则的规定,在合并这些分支机构和子公司或合营公司的会计报表时,首先要将外币折算为人民币,然后再进行合并,这就产生了外币报表折算的问题。

第一节　与外币交易相关的概念

与外币交易相关的概念主要有外汇与外币、外币兑换与折算、外币交易与对外交易、外汇市场与外汇汇率等。

一、外汇与外币

会计上，外币和外汇的概念有较大的区别。外汇原意就是指外国货币，但实际上具有比外国货币更广泛的含义。而外币则是指记账本位币以外的货币，甚至可以是本国货币。

（一）外汇

外汇（foreign exchange）原意就是指外国货币，实际上外汇具有比外国货币更广泛的含义，现通常指以外币表示的用于国际结算的支付凭证。[①] 国际货币基金组织（IMF）曾将“外汇”定义为“是货币行政当局（中央银行、货币管理机构、外汇平准基金组织及财政部）以银行存款、国库券、长短期政府债券等形式所保有的在国际收支逆差时可以使用的债权”。根据我国《外汇管理条例》的规定，外汇一般包括：

（1）外币现钞，包括纸币、铸币等；

（2）外汇收支凭证，包括票据、银行存款凭证、银行卡等；

（3）外币有价证券，包括债券、股票等；

（4）特别提款权；

（5）其他外汇资产。

在会计上，外币现钞是现付手段；外汇收支凭证是外币交易在结算过程中采用的支付工具或形成的短期外币债权、债务；其余项则构成其他外币资产或负债。

（二）外币

外币是指记账本位币以外的货币，它可以是本国货币。记账本位币，是指企业经营所处的主要经济环境中的货币。记账本位币的作用在于其能在会计上统一汇总反映各类以不同币种计价的经济业务。企业选定的记账本位币以外的货币在会计核算上均视为外币。以企业选定的记账本位币以外的货币计价的经济业务，则均属于外币业务。我国企业会计准则规定，企业通常应选择人民币作为记账本位币。业务收支以人民币以外的货币为主的企业，可以按照规定选择人民币以外的一种货币作为记账本位币。但是，编报的财务报表应当折算为人民币。企业在确定记账本位币时，应考虑其经营所处的主要经济环境中的货币。可将影响其商品和劳务销售价格的货币，以及影响提供商品和劳务所需人工、材料和其他费用的主要货币确定为记账本位币。企业记账本位币一经确定，不得随意变更，除非企业经营所处的主要经济环境发生重大变化。

二、外币兑换与折算

外币兑换与外币折算是一对很容易混淆的概念。

---

① 外汇可以从动态和静态两个方面来理解。动态的外汇指的是国际汇兑这个名词的简称，它指一种活动，或者说是一种行为，就是把一个国家的货币兑换成另外一个国家的货币，借以清偿国际间债权债务关系的一种专门性的经营活动。静态的外汇是指一种以外币表示的支付手段，用于国际间的结算。

(一)外币兑换

外币兑换(conversion of foreign currency)是指将外币换成本国货币,或将本国货币换成外国货币,或将不同外币进行互换。两种不同货币间的兑换比率就是汇率(exchange rate)。外币兑换通常由外汇市场中的商业银行办理。当企业、其他组织或个人兑出外汇时,在银行则为买入外汇;反之,兑入时,在银行则为卖出外汇。因此,外币兑换时的汇率有买入价(bid rate)与卖出价(offer rate)之分,买入价与卖出价之间的差额就是银行经营外汇兑换业务的毛利。

(二)外币折算

外币折算(translation of foreign currency)是指在经济业务中将实际使用的外币转换为其他种类货币的折合换算过程。由于会计计量需要一个单一的计量尺度,将外币交易记入账册之前,必须将外币金额折算成与本国货币(或特定的外币)等值。否则,用不同货币单位表述的金额是不可能用来总括地反映经济事项和编制财务报表的。这种折算不是进行实际的货币转换,也不是货币之间的兑换,而只是改变货币表述,是将在收支过程中实际使用的外币折合为等值的编报货币。这样,外币交易虽然是以某一种外币来计量的,但会计在计量和记录时又要折算成同一计量尺度的货币来反映,即对外币交易进行双重的计量和反映,也即所谓的复币记账。

三、外币交易与对外交易

此处的"外币"是指企业记账本位币以外的货币,还应注意,对外交易不一定是外币交易。

(一)外币交易

外币交易(foreign currency transactions)是指以外币计量或者结算的交易。外币交易一般包括:买入或者卖出以外币计价的商品或劳务;借入或者借出外币资金;其他以外币计价或者结算的交易。

(二)对外交易

对外交易(foreign transactions)是指两个国家(或地区)之间和不同国家(或地区)企业之间的交易。绝大多数对外交易是商品或劳务的进口与出口,进出口是对外交易,但不一定是外币交易,除非这些交易是以外币标价的。

四、外汇市场与外汇汇率

外汇汇率类型多种多样,会计上较常用的汇率名词有即期汇率、即期汇率的近似汇率、历史汇率和平均汇率等。

(一)外汇市场

外汇市场(foreign exchange market)是指经营不同种货币兑换的交易场所。与股票市场的股票交易不同,外汇市场并没有一个交易者可以面对面交易的有形场所。大多数外汇交易都是通过商业银行进行的,少部分是通过专门从事外汇交易的经纪人市场进行的。外汇市场的主要参与者有进出口商、投机者和规避外汇风险的套期保值者(套头交易者)等。外汇市场有现汇市场和期汇市场两种,大部分外汇交易都发生在现汇市场,这种市场也称为即期交割的外汇市场。

(二)外汇汇率

汇率有时也称为汇价,不同场合适用的汇率可能不尽一致。不同场合适用的汇率一般可分为四类，即直接汇率和间接汇率；即期汇率和远期汇率；现行汇率、历史汇率和平均汇率；固定汇率、浮动汇率和复汇率。

1. 直接汇率和间接汇率

直接汇率又称直接标价法(direct quoting method)、应付标价法，是指每单位外币可兑换的本国货币金额。或者说，它是以一定单位的外国货币为标准，来计算应付若干单位的本国货币。间接汇率又称间接标价法(indirect quoting method)、应收标价法，是指每单位本国货币可兑换的外币金额。或者说，它是以一定单位的本国货币为标准，来计算应收若干单位的外国货币。直接标价法是国际上通行的惯例，我国国家外汇管理局对外公布的外汇牌价采用的就是直接标价法。在世界最大的两个外汇市场中，美国纽约外汇市场美元对西方主要货币的汇率报价时，对英镑、澳元等采用直接标价法，对日元、加拿大元和欧元等都采用间接标价法；而伦敦金融市场则长期采用间接标价法。

例如，以人民币为本国货币，美元为外币，如表述为 USD＄1＝RMB￥6.272 5 则为直接标价；反之表述为 USD＄0.159 4＝RMB￥1 则为间接标价。很显然，直接标价与间接标价互为倒数关系。在直接标价法下，如果兑换 1 单位外币所支付的本国货币比以前多，则表明外币的币值上升，本国货币的币值在下降；反之，则表明外币币值贬值，本国货币币值上升。在间接标价法下，兑出 1 单位本国货币收回的外币比以前少，则表明外币币值上升，本国货币币值下降；反之，则表明外币币值贬值，而本国货币币值升值。

2. 即期汇率和远期汇率

即期汇率(spot rate)又称现汇汇率，是指即期外汇买卖的汇率。即外汇买卖成交后，买卖双方在当天或在两个营业日内进行交割所使用的汇率。即期汇率是由当场交货时货币的供求关系情况决定的。一般在外汇市场上挂牌的汇率，除特别标明远期汇率以外，一般指即期汇率。根据支付凭证的不同，现汇又分为电汇、信汇和票汇三种，其汇率也有所不同。由于电汇交款迅速，国际上大额款项大多采用电汇方式，世界各国外汇市场公布的即期汇率指的也是电汇汇率。远期汇率(forward rate)又称期汇汇率，是指外汇买卖成交后，在未来的某个确定时间内办理交割手续的外汇交易所使用的汇率。远期外汇汇率与即期外汇汇率是有差额的，这种差额称为远期差价，用升水、贴水或平价来表示。升水表示远期汇率比即期汇率高，贴水则反之，平价表示二者相等。

即期汇率和远期汇率为市场术语。为方便核算，我国企业会计准则中企业用于记账的即期汇率一般指当日中国人民银行公布的人民币汇率的中间价。若汇率变动不大，为简化核算，也可以选择即期汇率的近似汇率折算。即期汇率的近似汇率是"按照系统合理的方法确定的、与交易发生日即期汇率近似的汇率"，通常是指当期平均汇率或加权平均汇率等。确定即期汇率的近似汇率的方法应在前后期保持一致。

3. 现行汇率、历史汇率和平均汇率

现行汇率(current rate)，是指资产负债表日 1 单位本国货币兑换成外币金额(和 1 单位外国货币兑换成本国货币金额)的比率。历史汇率(historical rate)，是指在具体事项和交易实际发生当天的即期汇率，可以理解为最初取得外币资产或最初承担外币负债时的汇率。平均汇率(average rate)，是会计上为了简化处理，而将现行汇率和历史汇率进行简单的或者加权平均后的汇率。现行汇率、历史汇率和平均汇率为会计术语，其中，现行汇率和历史汇率实际上是指同一汇率，在记录外币原始交易之日，应用的折算汇率就是现行汇率。但此日一过，这一汇率也就变成了历史汇率。所以，现行汇率和历史汇率，一般是相对于资产负债表日而言的。

4. 固定汇率、浮动汇率和复汇率

固定汇率(fixed rate)又称法定汇率或官方汇率，是浮动汇率的对称，指政府为稳定外汇市场而规定的外汇汇率。在对外汇进行管制的国家，固定汇率通常表现为国家制定公布的外汇牌价。浮动汇率(floating rate)又称市场汇率，是指随市场供求关系而变动的汇率。除通货膨胀和贸易量会影响汇率的浮动外，利率和投机等因素也会导致汇率的浮动。复汇率(multiple rate)又称多元汇率或多重汇率，是指一种货币(或一个国家)有两种或两种以上汇率，不同的汇率用于不同的国际经贸活动。复汇率是外汇管制的一种产物。设置复汇率的主要目的在于鼓励或限制某些商品出口、鼓励或限制某些货物进口、鼓励某些商品在国内生产、借高价卖出或低价买入以充实国库等。例如，德国在 20 世纪 30 年代曾对战备物资的进口给予较优惠的汇率，对其他物品的进口则以较高的汇率来兑换。

第二节　外币交易的记账方法和会计观点

外币交易的记账方法有外币统账制和外币分账制两种。而外币交易过程中所产生的汇兑损益如何处理，有两种观点，即一笔交易观和两笔交易观。

一、外币交易的记账方法

外币交易的记账方法有外币统账制和外币分账制两种。外币统账制下，企业应根据本企业的实际情况和会计管理的需要选择一种货币作为记账本位币。其他各种以非记账本位币计价、收付和核算的交易，在业务发生时均应按一定的汇率全部折为记账本位币金额入账，非记账本位币金额只在账上作辅助记录。外币分账制，是指外币业务发生时，可直接按外币金额记入各外币账户，不需要逐日逐笔折算为记账本位币。到月末编制前，将各外币账户余额一次性按月末市场汇率折算成记账本位币金额。此方法一般适用于外币业务比较频繁、外币种类比较多的单位，如银行等少数金融企业。我国外币交易选择的方法是外币统账制。外币统账制下，企业的外币记账方法一般有逐日折算法和标准汇率法两种。

(一)逐日折算法

逐日折算法又称成本法，是指按交易发生时的即期汇率将外币折算为本国货币的金额入账的一种方法。对于外币业务，通常要求在记录折算金额的同时也记录外币的实际金额，即用复币记账方法记录外币业务(前述“外币折算”时也曾提到复币记账)。外币栏采用永续盘存制。复币记账要求在每期期末进行调整，以使本国货币与外币现行价值相一致，差异调整数记入“汇兑损益”或其他项目。

【例 7—1】 已知中国某出口商“银行存款”美元账户期初余额为零、“应收账款”美元账户期初余额为零；2017 年 12 月 31 日的即期汇率为 1 美元＝6.24 元人民币；2017 年 12 月份发生如下外币业务(不考虑相关税费)：

(1)12 月 5 日向美国推特尔公司赊销22 000美元的货物，当日的即期汇率为 1 美元＝6.28 元人民币。

(2)12 月 12 日，按 1 美元＝6.52 元人民币的汇率购入15 000美元，当日的即期汇率为 1 美元＝6.40 元人民币。

(3)12 月 21 日，收到美国推特尔公司汇入的 12 月 5 日的销货款12 000美元，当日的即期汇率为 1 美元＝6.32 元人民币。

(4)12 月 28 日，支付11 000美元购入货物一批，当日的即期汇率为 1 美元=6.22 元人民币。

要求：根据上述资料，按照逐日折算法编制会计分录。

逐日折算法编制会计分录如下：

(1)12 月 5 日赊销时：

借：应收账款——美元户(22 000×6.28)　　138 160

　　贷：主营业务收入　　138 160

(2)12 月 12 日购入外汇时：

借：银行存款——美元户(15 000×6.40)　　96 000

　　财务费用　　1 800

　　贷：银行存款——人民币户(15 000×6.52)　　97 800

(3)12 月 21 日收到赊销款时：

借：银行存款——美元户(12 000×6.32)　　75 840

　　贷：应收账款——美元户　　75 840

(4)12 月 28 日购入存货时：

借：库存商品(或其他存货类科目)　　68 420

　　贷：银行存款——美元户(11 000×6.22)　　68 420

(5)12 月 31 日期末时：

借：汇兑损益　　3 580

　　贷：银行存款——美元户　　3 580

12 月 31 日的调整分录中，3 580元的期末汇兑损益可以根据设立的银行存款(美元户)总分类账计算得出，具体如表 7—1 所示。

表 7—1　　**银行存款(美元户)**　　单位：人民币元

2017 年		摘　要	借　方			贷　方			余　额		
月	日		美元	汇率	人民币	美元	汇率	人民币	美元	汇率	人民币
12	1	余额							0		0
	12		15 000	6.4	96 000				15 000		96 000
	21		12 000	6.32	75 840				27 000		171 840
	28					11 000	6.22	68 420	16 000		103 420
	31	调整数						3 580			99 840
	31	发生额及余额	27 000		171 840	11 000		72 000	16 000		99 840

同理，由于该出口商年末还持有外币性资产——应收账款10 000美元，因此，期末企业还需要编制涉及该外币账户汇兑损益的调整分录。调整分录如下：

借：应收账款——美元户[10 000×6.24—(138 160—75 840)]　　80

　　贷：汇兑损益　　80

(二)标准汇率法

标准汇率法又称月终调整法，是指外币在入账时均按标准汇率记录，外币业务发生时，除外币兑换业务外，借贷双方均采用月内同一的汇率记账，也无须分别注销原有外币账户的账面汇率，平时不确认汇兑损益，到期末将所有外币账户按期末现行汇率调整，一并倒轧确认其全月的汇兑损益。此方法适用于外币业务较多的企业。标准汇率可理解为即期汇率的近似汇率，通常取有代表意义的平均汇率，我国多数企业均采用当月1日的汇率为标准汇率。

【例7—2】 续例7—1，假定采用标准汇率法，该标准汇率为1美元=6.30元人民币。要求：根据上述资料，按照标准汇率法编制会计分录。

按标准汇率法编制会计分录如下：

(1)12月5日赊销时：

借：应收账款——美元户(22 000×6.30)　　138 600

　　贷：主营业务收入　　138 600

(2)12月12日购入外汇时：

借：银行存款——美元户(15 000×6.30)　　94 500

　　财务费用　　3 300

　　贷：银行存款——人民币户(15 000×6.52)　　97 800

(3)12月21日收到赊销款时：

借：银行存款——美元户(12 000×6.30)　　75 600

　　贷：应收账款——美元户　　75 600

(4)12月28日购入存货时：

借：库存商品(或其他存货类科目)　　69 300

　　贷：银行存款——美元户(11 000×6.30)　　69 300

(5)12月31日期末时：

借：汇兑损益　　960

　　贷：银行存款——美元户　　960

12月31日的调整分录中，960元的期末汇兑损益可以根据设立的银行存款(美元户)总分类账计算得出，具体如表7—2所示。

表7—2　　银行存款(美元户)　　单位：人民币元

2017年		摘要	借方			贷方			余额		
月	日		美元	汇率	人民币	美元	汇率	人民币	美元	汇率	人民币
12	1	余额							0		0
	12		15 000	6.3	94 500				15 000		94 500
	21		12 000	6.3	75 600				27 000		170 100
	28					11 000	6.2	69 300	16 000		100 800
	31	调整数						960			99 840
	31	发生额及余额	27 000		170 100	11 000		70 260	16 000		99 840

同理，由于该出口商年末还持有外币性资产——应收账款10 000美元，因此，期末企业还需要编制涉及该外币账户汇兑损益的调整分录。调整分录如下：

借：汇兑损益　　600

　　贷：应收账款——美元户[10 000×6.24－(138 600－75 600)]　　600

我国企业会计准则规定，外币交易应当在初始确认时，采用交易发生日的即期汇率将外币金额折算为记账本位币金额；也可以采用按照系统合理的方法确定的、与交易发生日即期汇率近似的汇率折算。不难看出，对企业发生的外币业务，既可以采用逐日折算法，又可以采用标准汇率法。具体选择哪种方法由企业自行确定，但必须保持折算方法的一致性。

二、外币交易会计的两种观点

在对外币交易进行会计处理时，由于外币交易事项的发生日、结算日和编报日的汇率不同，从而会产生相同的交易金额在不同的时点折合成记账本位币的金额不同，由此产生的差额就是汇兑损益。外币交易过程中所产生的汇兑损益该如何处理，目前主要有两种观点，即一笔交易观与两笔交易观。

(一)一笔交易观

一笔交易观认为，以外币结算的购买和销售交易，应该在账款结算之日才算完成。即将销售或购货及随后的账款结算视为一项单一的交易，而销售或购货及随后的账款结算则被认为是这一单一交易的两个阶段。按照这种观点，汇率变动的影响应处理为对原先入账的销售收入或购货成本的调整，结算时所产生的汇兑损益应调整原购销业务涉及的“销售收入”和“购货成本”等账户，而不予以单独确认。

(二)两笔交易观

两笔交易观认为，以外币结算的购买和销售交易，交易的发生和随后账款的结算应该视作两项独立的交易。按照这种观点，购货成本或销售收入均按交易发生时的汇率将外币金额折算成记账本位币确定下来，而与以后账款的结算无关。发生日至结算日之间发生的汇率波动，属于财务风险，应反映为企业的财务损益，并与外币兑换交易所产生的损益合在一起，反映在“汇兑损益”账户中，而不需要调整原购买成本或者销售收入。

两笔交易观的汇兑损益既可以采用当期确认法，也可以采用递延法。其中，当期确认法，即将外币折算损益计入当期损益。如果某笔外币交易发生日与结算日分别属于两个不同的会计期间，为了如实反映汇率变动跨越两个会计期间的实际情况，企业应该在每期期末按期末汇率将外币账户的外币金额调整为记账本位币金额，并在当期确认由于汇率变动而形成的汇兑损益。而递延法则认为，按期末汇率将外币账户的外币金额调整为记账本位币金额时，由于汇率变动而产生的未实现汇兑损益不应该计入当期损益，应该将它递延到下一个会计期间的结算日，故应反映在“递延汇兑损益”账户，递延到以后各期，待外币交易结算时，再将递延汇兑损益转入“汇兑损益”账户。

【例 7—3】 已知中国某出口商的记账本位币为人民币，并以业务发生当日的即期汇率作为记账汇率。2017 年 12 月 6 日，该公司从美国摩根公司进口一批商品，价款为100 000美元。根据合同规定，货款将于 2018 年 1 月 20 日支付。假设该期间汇率变动情况如下：2017 年 12 月 6 日即期汇率为 1 美元＝6.20 元人民币；2017 年 12 月 31 日即期汇率为 1 美元＝6.30 元人民币；2018 年 1 月 20 日即期汇率为 1 美元＝6.25 元人民币。

要求：根据上述资料，按照一笔交易观和两笔交易观（当期确认法和递延法）分别编制会计分录。

按一笔交易观和两笔交易观（当期确认法和递延法）编制的会计分录如表 7—3 所示：

表 7—3　　不同交易观下的会计处理方法　　单位:元

日　期	一笔交易观	两笔交易观	
		当期确认法	递 延 法
2017.12.6 进口商品时	借:库存商品　620 000 　贷:应付账款　620 000	借:库存商品　620 000 　贷:应付账款　620 000	借:库存商品　620 000 　贷:应付账款　620 000
2017.12.31 期末调整时	借:库存商品　10 000 　贷:应付账款　10 000	借:汇兑损益　10 000 　贷:应付账款　10 000	借:递延汇兑损益　10 000 　贷:应付账款　10 000
2018.1.20 支付货款时	借:应付账款　5 000 　贷:库存商品　5 000 借:应付账款　625 000 　贷:银行存款　625 000	借:应付账款　5 000 　贷:汇兑损益　5 000 借:应付账款　625 000 　贷:银行存款　625 000	借:应付账款　5 000 　贷:递延汇兑损益　5 000 借:应付账款　625 000 　贷:银行存款　625 000 借:汇兑损益　5 000 　贷:递延汇兑损益　5 000

(三)一笔交易观与两笔交易观的比较

一笔交易观和两笔交易观的主要分歧就是汇率变动所产生的折算差额是调整原始的入账金额还是作为汇兑损益单独确认。一笔交易观不确认汇兑损益而将其作为相应项目的调整。这种方法不符合国际公认的收入确认原则,也没有反映外币交易的汇率风险。两笔交易观确认了汇兑损益,其中当期确认法将汇兑损益计入当期损益,而递延法则将未实现的汇兑损益递延到交易结算的时候才计入损益。如果未实现汇兑损益的数额不大,时间跨度也不大,那么递延法和当期确认法所产生的差异不大。当期确认法比较简单,它使当期会计报表能够及时反映汇率变动对企业财务状况的潜在影响,但在汇率发生大幅度变动的情况下,会导致企业当期收益既包括巨额未实现汇兑损益又包括正常的经营损益,从而使会计报表不能正确地反映当期经营成果。对于注册资本以外币计价的企业,这种方法可能导致资本难以保全。例如,如果汇率不断上涨,企业外币资产大于外币负债将导致巨额汇兑损益计入当期损益并缴纳所得税,而那部分以利润表现出来的汇兑损益则可能作为利润分配出去。如此,可能导致以外币表现的注册资本被侵蚀,即需要更多的人民币方能保证账面上按原先汇率计价的外币注册资本完整无损。递延法则在一定程度上弥补了当期确认法的不足。在汇率大幅度发生逆向变动的情况下,如果发生未实现汇兑损益则可以延期纳税。

国际会计准则委员会在《外币汇率变动影响的会计处理》中建议采用两笔交易观,并主张在多数情况下采用当期确认法;美国财务会计准则委员会在《外币交易会计和外币财务报表折算》中也建议采用两笔交易观,并要求采用当期确认法;我国企业会计准则也明确规定,对外币交易的会计处理采用两笔交易观,并采用当期确认法。

第三节　外币交易的会计处理

为使读者对外币交易会计处理有一个较完整的认识,本部分将按照我国企业会计准则的规定,对外币业务汇兑损益的产生、外币账户的设置,以及外币交易的账务处理(包括外币交易的初始确认、期末调整)作全面的阐述。

一、汇兑损益的产生

如前所述,企业发生各种外币交易事项时,应该根据选定的折算汇率,将外币折算为记账本位币进行记账；企业在国外的子公司和分支机构以所在国家货币编制的会计报表，在母公司编制合并报表时也应该按一定的汇率折合为记账本位币表示的报表。由于汇率频繁变动，外币交易事项发生日与结算日或编报日的汇率不尽相同，相同的外币金额在不同的时点由于汇率不同而导致其折合的记账本位币金额也不相同，由此而产生的差额就是汇兑损益。简言之，汇兑损益就是企业各个外币账户、外币报表的各个项目由于账务处理的时间和汇率不同而产生的折合记账本位币的差额。汇兑损益根据其产生的原因主要分为三种情况：一是外币兑换产生的汇兑损益；二是外币性账户后续计量产生的汇兑损益；三是外币报表折算产生的汇兑损益。

二、外币账户的设置

外币统账制下，所有外币货币性项目应该设置外币户进行明细核算，如“银行存款——美元户”账户。发生外币交易时，首先将外币金额按照交易日的即期汇率或即期汇率的近似汇率折算为记账本位币金额；其次，期末将所有外币货币性项目的外币余额按照期末即期汇率折算为记账本位币金额，并与原记账本位币金额相比较，其差额记入“财务费用——汇兑差额”科目；最后，结算外币货币性项目时，将其外币结算金额按照当日即期汇率折算为记账本位币金额，并与原记账本位币金额相比较，其差额记入“财务费用——汇兑差额”科目。对外币交易金额因汇率变动而产生的差额可在“财务费用”科目下设置二级科目“汇兑差额”反映。该科目借方反映因汇率变动而产生的汇兑损失，贷方反映因汇率变动而产生的汇兑收益。期末余额结转入“本年利润”科目后一般无余额。

三、外币交易的账务处理

根据我国企业会计准则的规定，外币交易后续计量所发生的汇兑损益，在资产负债表日，企业应当分别外币货币性项目和外币非货币性项目进行处理。

(一)外币货币性项目的后续计量

货币性项目，是指企业持有的货币资金和将以固定或可确定的金额收取的资产或者偿付的负债。货币性项目分为货币性资产和货币性负债。货币性资产包括库存现金、银行存款、应收票据、应收账款、其他应收款和长期应收款等；货币性负债包括应付票据、应付账款、其他应付款和长期应付款等。对于外币货币性项目，后续计量应当采用资产负债表日的即期汇率折算，该项目因当日即期汇率不同于该项目初始入账时或前一资产负债表日即期汇率而产生的汇率差额计入当期损益，同时调增或调减外币货币性项目的记账本位币金额；需要计提资产减值准备的，应当按资产负债表日的即期汇率折算后，再计提资产减值准备。

【例7—4】 某工业企业采用当日即期汇率对外币业务进行折算，并按月计算汇兑损益，假设不考虑所发生的各项流转税。该企业2017年11月30日有关外币账户期末余额分别为银行存款40万美元、应收账款20万美元、应付账款10万美元。另已知，11月30日即期汇率1美元＝6.23元人民币。该企业2017年12月份发生如下外币业务：

(1)12月8日，对外销售产品一批，销售收入为40万美元，当日即期汇率为1美元＝6.21元人民币，款项尚未收回。

(2)12月10日，从银行借入短期外币借款30万美元，当日即期汇率为1美元＝6.20元人民币。

(3)12月15日，从国外进口原材料一批，共计50万美元，款项由外币存款支付，当日即期汇率为1美元=6.22元人民币。

(4)12月18日,购进原材料一批,价款总计20万美元,款项尚未支付,当日即期汇率为1美元=6.23元人民币。

(5)12月25日,收到12月8日赊销款15万美元,当日即期汇率为1美元=6.24元人民币。

(6)12月31日,偿还12月10日借入的外币30万美元,当日即期汇率为1美元=6.21元人民币。

要求:编制该企业12月份外币业务相关会计分录(含期末汇兑损益的计算及其会计分录)。

该企业12月份外币业务相关会计分录如下:

(1)12月8日赊销时:

借:应收账款——美元户(400 000×6.21)	2 484 000	
贷:主营业务收入		2 484 000

(2)12月10日借款时:

借:银行存款——美元户(300 000×6.2)	1 860 000	
贷:短期借款——美元户		1 860 000

(3)12月15日外购材料时:

借:原材料	3 110 000	
贷:银行存款——美元户(500 000×6.22)		3 110 000

(4)12月18日赊购时:

借:原材料	1 246 000	
贷:应付账款——美元户(200 000×6.23)		1 246 000

(5)12月25日收到赊销款:

借:银行存款——美元(150 000×6.24)	936 000	
贷:应收账款——美元		936 000

(6)12月31日还款时:

借:短期借款——美元(300 000×6.21)	1 863 000	
贷:银行存款——美元		1 863 000

(7)计算12月份的汇兑损益并编制会计分录:

银行存款账户的汇兑损益=[(400 000+300 000+150 000)-(500 000+300 000)]×6.21-[(400 000×6.23+300 000×6.2+150 000×6.24)-(500 000× 6.22+300 000×6.21)]=-4 500(元)

应收账款账户的汇兑损益=[(200 000+400 000)-150 000]×6.21-[(200 000×6.23+400 000×6.21)-150 000×6.24]=500(元)

短期借款账户的汇兑损益=(300 000-300 000)×6.21-(300 000×6.20-300 000×6.21)=3 000(元)

应付账款账户的汇兑损益=(100 000+200 000)×6.21-(100 000×6.23+200 000×6.23)=-6 000(元)

账务处理:

借:应收账款——美元户	500	

应付账款——美元户　　6 000
财务费用——汇兑差额　　1 000
贷：银行存款——美元户　　4 500
短期借款——美元户　　3 000

【例 7—5】 甲公司的记账本位币为人民币，2017 年 12 月 17 日以人民币向中国银行买入 8 000 美元，甲公司以中国人民银行公布的人民币汇率中间价作为即期汇率，当日的即期汇率为 1 美元＝6.25 元人民币，中国银行当日美元卖出价为 1 美元＝6.65 元人民币。

要求：编制涉及外币兑换业务的会计分录。

本例中，企业发生的外币交易属外币兑换业务或涉及外币兑换的交易事项，应当以交易实际采用的汇率，即银行买入价或卖出价折算。因此，甲公司当日应作会计分录为：

借：银行存款——美元户（8 000×6.25）　　50 000
财务费用——汇兑差额　　3 200
贷：银行存款——人民币户（8 000×6.65）　　53 200

注意，其中“银行存款——美元户”也需参照例 7—4 所述，与当期所有外币业务一并计算期末的汇兑损益并编制会计分录，此处不再赘述。

（二）外币非货币性项目的后续计量

非货币性项目，是货币性项目以外的项目，包括存货、长期股权投资、固定资产、无形资产、实收资本、资本公积等。资产负债表日对于以历史成本计量的外币非货币性项目，已在交易发生日按当日即期汇率折算，资产负债表日不应改变其原记账本位币金额，不产生汇兑差额；资产负债表日，对于以公允价值计量的股票、基金等非货币性项目，如果期末的公允价值以外币反映，则应当先将该外币按照公允价值确定当日的即期汇率折算为记账本位币金额，再与原记账本位币金额进行比较，其差额作为公允价值变动损益，计入当期损益；资产负债表日，对于以成本与可变现净值孰低计量的存货，如果其可变现净值以外币确定，则在确定存货的期末价值时，应先将可变现净值按照资产负债表日即期汇率折算为记账本位币，再与以记账本位币反映的存货成本进行比较。

【例 7—6】 国内甲公司的记账本位币为人民币。假定不考虑相关税费的影响。2017 年至 2018 年涉及某外币交易性金融资产的业务如下：

（1）2017 年 12 月 12 日，以每股 6.5 美元的价格购入乙公司 B 股12 000股作为交易性金融资产，当日汇率为 1 美元＝6.25 元人民币，款项已付；

（2）2017 年 12 月 31 日，由于市价变动，当月购入的乙公司 B 股的市价变为每股 5.2 美元，当日汇率为 1 美元＝6.21 元人民币；

（3）2018 年 2 月 27 日，甲公司将所购乙公司 B 股股票按当日市价每股 5.6 美元全部售出，所得价款为67 200美元，当日汇率为 1 美元＝6.24 元人民币。

要求：根据上述资料编制相关会计分录。

甲公司应编制的会计分录如下：

（1）2017 年 12 月 12 日投资时：

借：交易性金融资产　　487 500
贷：银行存款——美元户（6.5×12 000×6.25）　　487 500

（2）2017 年 12 月 31 日期末时：

借：公允价值变动损益　　99 996

贷:交易性金融资产　　99 996

分析:根据我国企业会计准则的规定,交易性金融资产以公允价值计量。由于该项交易性金融资产是以外币计价的,在资产负债表日,不仅应考虑美元市价的变动,还应一并考虑美元与人民币之间汇率变动的影响,上述交易性金融资产在资产负债表日的人民币金额为387 504元(5.2×12 000×6.21)入账,与原账面价值487 500元的差额为99 996元人民币,计入公允价值变动损益。99 996元人民币既包含甲公司所购乙公司B股股票公允价值变动的影响,又包含人民币与美元之间汇率变动的影响。

(3)2018 年 2 月 27 日出售时:

借:银行存款——美元户(5.6×12 000×6.24)　　419 328
　　贷:交易性金融资产　　387 504
　　　　投资收益　　31 824
借:投资收益　　99 996
　　贷:公允价值变动损益　　99 996

分析:2018 年 2 月 27 日,甲公司将所购乙公司B股股票按当日市价每股 5.6 美元全部售出,所得价款为67 200美元,按当日汇率 1 美元=6.24 元人民币折算为人民币,金额为419 328元,与其原账面价值人民币金额387 504元的差额为31 824元人民币,对于汇率的变动和股票市价的变动不进行区分,均作为投资收益进行处理。同时,还应将该项交易性金融资产公允价值变动原计入当期损益的部分转入投资收益。

【例 7—7】 某上市公司以人民币为记账本位币,存货在资产负债日采用成本与可变现净值孰低计量。2017 年 10 月,接受旺达公司订单,为旺达生产一台设备,所需新型甲材料在内地市场没有供应。为此,该公司于 12 月 20 日以21 000美元从美国某供货商处购入一批甲材料,并于当日支付了美元,该日的即期汇率是 1 美元=6.32 元人民币。2017 年 12 月 31 日,甲材料尚未生产领用,国内市场仍无甲材料供应,甲材料在国际市场的价格降至18 000美元,该日的即期汇率是 1 美元=6.21 元人民币。假定不考虑增值税等相关税费。

要求:考虑汇率变动的影响编制计提存货跌价准备的会计分录。

该上市公司应编制的会计分录如下:

(1)12 月 20 日购入材料时:

借:原材料——甲材料　　132 720
　　贷:银行存款——美元户(21 000×6.32)　　132 720

(2)12 月 31 日计提存货跌价准备时:

借:资产减值损失　　20 940
　　贷:存货跌价准备[132 720—(18 000×6.21)]　　20 940

第四节　外币会计报表折算

外币会计报表在两种情况下需要折算:一是母公司为了编制合并会计报表的需要而折算国外子公司、分支机构的外币报表,或者投资企业出于以权益法核算国外联营企业的需要而折算联营企业的外币会计报表;二是企业为了跨国上市和融资等目的而将其自身的报表折算为呈报货币。本节将介绍的外币报表折算主要指上述第一种情形,至于第二种情形的外币报表折算,在方法上与母公司折算相对独立的国外实体的外币报表的方法一致。折算国外子公司或国外联营企业（以下简称国外实体）的外币报表之前，首先应当调整境外经营的会计期间和会计政策，使之与企业会计期间和会计政策相一致，根据调整后会计政策及会计期间编制相应货币（记账本位币以外的货币）的财务报表，再按照合适的折算方法对境外经营财务报表进行折算。

一、外币会计报表的折算方法

尽管外币财务报表折算只不过是将外币表示的资产、负债和收入、费用等项目乘以汇率而已，但由于汇率不固定，世界各国对外币报表的折算方法尚未形成统一的认识。常见的外币报表折算方法有现行汇率法、流动与非流动项目法、货币性与非货币性项目法和时态法四种。被广泛接受的折算方法是现行汇率法和时态法。若在国外主体的经营活动不是母公司经营活动的延伸，则应按现行汇率法对国外主体的财务报表予以折算，以恰当反映国外主体的独立经营活动成果。现行汇率法下，折算损益应作为所有者权益的调整数；若在国外主体的经营活动是母公司经营活动的延伸时，则通常应按时态法对国外主体的财务报表予以重新计量，以使折算后的结果与当时国外主体在业务发生时就采用记账本位币记账一样。时态法下，折算损益应计入当期汇兑损益。

（一）现行汇率法

现行汇率法又称期末汇率法，是指外币报表中的所有资产和负债项目都按期末的现行汇率进行折算。现行汇率法是一种单一汇率法，将按功能性货币[①]计量的外币报表折算为母公司或投资公司的呈报货币应采用现行汇率法。这种方法保持了被折算公司财务报表的财务结构，折算只是改变了货币计量单位。具体折算程序如下：

（1）外币报表中的所有资产和负债项目，都按期末的现行汇率进行换算。

（2）外币报表中的收入和费用项目，应按照确认这些项目时的现时汇率折算，也可以简化核算而采用当期的平均汇率（简单平均或加权平均，下同）折算。

（3）留存收益是在按现时汇率折算的基础上得出的。

（4）除留存收益外的其他所有者权益项目仍按股份发行日的历史汇率折算。

（5）折算过程中形成的差额确认为包括在股东权益内的“折算调整额”。

（二）流动性与非流动性项目法

流动性与非流动性项目法，是指将资产负债表上的资产和负债项目划分为流动性项目与非流动性项目两大类，并分别选用不同的汇率进行折算。一方面，该方法对流动性项目采用现行汇率折算，对非流动性项目采用历史汇率折算，这样的处理缺乏足够的理论支持，如其对存货与库存现金、应收账款一并采用现行汇率折算，意味着存货与库存现金、应收账款一样承受汇率风险，这样未能反映出存货的实际情况；又如其对长期应收款、长期应付款、长期借款、应付债券等项目均采用历史汇率折算，没有反映这些项目承受的汇率风险；另一方面，该方法与外币交易会计处理方法未能协调一致。因此，这种方法目前只有少数国家采用。该方法具体折算程序如下：

（1）外币报表中的流动资产和流动负债项目的外币金额，按编表日的现行汇率折算。

---

① 在国际会计准则和美国相应的准则中，与我国记账本位币对应的概念是功能性货币。当功能性货币确定后，功能性货币就成为计量企业现金流动进而计量企业经营成果的统一尺度。而该功能性货币以外的货币就变成了外币，并承受汇率变动的风险。

(2)外币报表中的非流动性资产和负债项目，按其原入账时的历史汇率折算。

(3)除留存收益外的其他所有者权益项目仍按股份发行日的历史汇率折算，留存收益则为轧算的平衡数。

(4)利润和利润分配表各项目，除折旧费用和摊销费用各项目按照相关资产入账时的历史汇率折算外，其他收入和费用各项目均按会计期内的平均汇率折算。销货成本项目则在对期初存货、期末存货、当期购货分别进行折算的基础上，按照“期初存货＋当期购货－期末存货＝当期销货”的等式来计算确定(其中，期初存货和期末存货按照各自的历史汇率折算，当期购货按照当期平均汇率折算)。

(5)在折算过程中形成的折算损益，记入当期利润表中。

(三)货币性与非货币性项目法

货币性与非货币性项目法是将资产负债表上的资产、负债项目划分为货币性项目与非货币性项目，并分别选用不同的汇率进行折算。由于货币性项目或者是现在收到或支付的金额固定的现金，或者是将来收到或支付的金额固定的现金，它会直接受到汇率变动的影响，且这种折算方法是与外币交易会计处理方法协调一致的。因此，该方法的理论依据比较充分且有一定的逻辑性。但是，如果设置于国外的子公司或分支机构独立性很强，很少使用母公司货币进行收付，那么按照货币性与非货币性项目法，将由于汇率变动导致的折算差额计入当期损益，会降低利润和利润分配表反映利润的真实性。因此，这一方法只适用于国外子公司或分支机构与国内母公司依赖性强、业务往来频繁，从而对母公司经营活动现金流量影响较大的情况，即通常所说的母公司经营活动在国外的延伸这种情况。该方法具体折算程序如下：

(1)外币金额固定的货币性资产和负债项目，应按编表日的现行汇率折算。

(2)非货币性项目，则采用交易或事项发生日的历史汇率折算。

(3)除留存收益外的其他所有者权益项目按股份发行日的历史汇率折算，留存收益则为轧算的平衡数。

(4)利润和利润分配表项目，折旧费用和摊销费用各项目按照相关资产入账时的历史汇率折算；销货成本项目则在对期初存货、期末存货、当期购货分别进行折算的基础上，按照“期初存货＋当期购货－期末存货＝当期销货”的等式来计算确定(其中，期初存货和期末存货按照各自的历史汇率折算，当期购货按照当期平均汇率折算)；提取盈余公积、分配现金股利等利润分配项目按照发生日的汇率折算；对于年末未分配利润项目则按照资产负债表中未分配利润项目折算后的金额填列；其他收入、费用项目则按照会计期间内的平均汇率折算。

(5)在折算过程中形成的折算损益，记入当期利润表中。

(四)时态法

时态法是针对货币与非货币性项目法的不足，从会计计量理论的角度推导出的一种外币报表折算方法。基于外币报表折算只是一种计量变换的程序，是对按外币计量的既定价值的重新表述，它不应改变计量项目的属性(会计基础)，而只是改变计量的货币单位，即对外币改用本国货币计量。根据这一原则，无论在历史成本计量还是在现行成本计量模式下，货币性项目都应按照资产负债表日的汇率折算，这是货币性资产和负债项目的属性；而非货币性资产和负债项目，在历史成本计量属性下，应按取得时的汇率进行折算，在现行成本计量模式下，则应按资产负债表日的汇率折算。该方法具体折算程序如下：

(1)货币性资产和货币性负债项目，应按资产负债表日的即期汇率折算。

(2)非货币性资产或者负债按资产取得时的历史汇率折算，但如果该资产或者负债是以现行成本表述的，则按照现行汇率折算。

(3)除留存收益外的其他所有者权益项目按股份发行日的历史汇率折算，留存收益为轧算的平衡数。

(4)收入和费用项目按平均汇率折算；折旧费和摊销费按资产购置日的历史汇率折算；销货成本通过如下公式计算：销售成本＝期初存货＋当期存货－期末存货，计算公式中的各项目按适用汇率折算。

(5)在折算过程中形成的折算损益，均记入当期利润表中。

二、外币报表折算方法的比较

上述四种方法汇率的选用和折算结果如表 7—4 所示：

表 7—4　　不同折算方法下资产负债表各项目所选用的汇率

资产负债表项目	现行汇率法	流动性与非流动性项目法	货币性与非货币性项目法	时态法
库存现金	C	C	C	C
应收账款	C	C	C	C
存货：				
按成本	C	C	H	H
按市价	C	C	H	C
投资：				
按成本	C	H	H	H
按市价	C	H	H	C
固定资产	C	H	H	H
其他资产	C	H	H	H
应付账款	C	C	C	C
长期负债	C	H	C	C
股本	H	H	H	H
留存利润	※	※	※	※

注：C 代表现行汇率；H 代表历史汇率；※为轧平的平衡数字，其中在现行汇率法下，为利润和留存利润表折算结果，再通过轧算平衡得出累计折算调整数额。

三、我国外币报表折算的规定

根据我国《企业会计准则第 19 号——外币折算》的规定，企业对境外经营的财务报表进行折算时，应当遵循下列规定：

(1)资产负债表中的资产和负债项目，采用资产负债表日的即期汇率折算，所有者权益项目除“未分配利润”项目外，其他项目采用发生时的即期汇率折算。

(2)利润表中的收入和费用项目，可以采用交易发生日的即期汇率折算；也可以采用按照系统合理的方法确定的、与交易发生日即期汇率近似的汇率折算。

按照上述(1)、(2)折算产生的外币财务报表折算差额，在资产负债表中所有者权益项目下单独列示。比较财务报表的折算比照上述规定处理。

我国所规定的外币折算方法同现行汇率法相似，但也有不同的地方：

(1)我国对会计期末以外币计量的非货币性项目进行处理时，只提到了以历史成本计量的外币非货币性项目；现行汇率法则是对以公允价值计量的外币非货币性项目规定应按公允价值确定日的汇率进行折算。

(2)我国对主体在境外经营的带有投资性质的长期应收、长期应付款净额，期末的汇率调整没有专门说明；现行汇率法规定，在同时包括国外经营和报表主体的财务报表中，这些汇兑差额初始确认时，应单独列作权益项目，并且在对该净额进行处置时转入处置当期损益。

(3)我国只提到记账本位币，列报货币则只提到人民币；现行汇率法要求主体财务报表可以按任意一种(或几种)货币列报。如果列报货币不同于主体的功能性货币，其经营成果和财务状况需要折算成列报货币。

【例7—8】 国内甲公司的记账本位币为人民币，该公司在美国有一联营公司乙公司，乙公司确定的记账本位币为美元。甲公司拥有乙公司30%的股权，并能够对乙公司的财务和经营政策施加重大影响。2017年12月31日，甲公司确认其在乙公司的投资应分享或分担的乙公司实现的净损益的份额时，需要先将乙公司的美元财务报表折算为人民币表述。

2017年12月31日的汇率为1美元=6.2元人民币；2017年的平均汇率为1美元=6.3元人民币；实收资本发生日的即期汇率为1美元=7元人民币；2016年12月31日的累计盈余公积为140万美元，折算为人民币为1 190万元，累计未分配利润为100万美元，折算为人民币为900万元，甲、乙公司均在年末提取盈余公积。其余资料如表7—5、表7—6、表7—7所示。

要求：按照我国的相关规定，对外币会计报表进行折算。

外币会计报表折算如下：

表7—5 **利润表(简表)**

2017年 单位：万元

项　目	期末数(美元)	折算汇率	折算为人民币金额(人民币)
一、营业收入	3 000	6.3	18 900
减：营业成本	1 800	6.3	11 340
管理费用	200	6.3	1 260
财务费用	100	6.3	630
二、营业利润	900	—	5 670
加：营业外收入	100	6.3	630
三、利润总额	1 000	—	6 300
减：所得税费用	300	6.3	1 890
四、净利润	700	—	4 410

表 7—6

所有者权益变动表(简表)

2017 年度

单位:万元

项目	本年金额								
	实收资本			盈余公积			未分配利润		所有者权益
	美元	汇率	人民币	美元	汇率	人民币	美元	人民币	人民币
一、本年年初余额	6 000	7	42 000	140		1 190	100	900	44 090
二、本年增减变动金额				160	6.3	1 008	540	3 402	4 410
(一)净利润							700	4 410	
(二)利润分配									
提取盈余公积				160	6.3	1 008			
三、本年年末余额	6 000	7	42 000	300		2 198	640	4 302	48 500

注:表中的未分配利润本期增减变动金额 540＝本年实现的净利润 700－本年提取的盈余公积 160;未分配利润本期增减变动金额折算后的人民币金额3 402＝本年实现的净利润折算后的人民币金额4 410－本年度提取的盈余公积折算后的人民币金额1 008。

表 7—7

资产负债表(简表)

2017 年 12 月 31 日

单位:万元

资产	期末数(美元)	折算汇率	折算金额(人民币)	负债和股东权益	期末数(美元)	折算汇率	折算金额(人民币)
流动资产:				流动负债:			
货币资金	1 000	6.2	6 200	应付账款	360	6.2	2232
应收账款	1 800	6.2	11 160	应付职工薪酬	800	6.2	4 960
存货	1 500	6.2	9 300				
流动资产合计	4 300		26 660	流动负债合计	1 160		7 192
非流动资产:				非流动负债:			
长期应收款	1 000	6.2	6 200	长期负债	1 200	6.2	7 440
固定资产	5 000	6.2	31 000	非流动负债合计	1 200		7 440
减:累计折旧	2 000	6.2	12 400	负债合计	2 360		14 632
无形资产	1 000	6.2	6 200	股东权益:			
非流动资产合计	5 000		31 000	实收资本	6 000	7	42 000
				盈余公积	300		2 198
				未分配利润	640		4 302
				外币报表折算差额			－5 472
				股东权益合计	6 940		43 028
资产总计	9 300		57 660	权益总计	9 300		57 660

注:表中的“外币报表折算差额”＝57 660－[14 632 ＋(42 000＋2 198＋4 302)]＝－5 472。

四、恶性通货膨胀经济情况下外币会计报表的折算

当一个国家经济环境显示出(但不局限于)以下特征,则此时应当判定该国处于恶性通货膨胀经济中:三年累计通货膨胀率接近或超过100%;利率、工资和物价与物价指数挂钩,物价指数是物价变动趋势和幅度的相对数;一般公众不是以当地货币,而是以相对稳定的外币为单位作为衡量货币金额的基础;一般公众倾向于以非货币性资产或相对稳定的外币来保持自己的财富,持有的当地货币立即用于投资以保持购买力;即使信用期限很短,赊销、赊购交易仍按补偿信用期预计购买力损失的价格成交。

企业对处于恶性通货膨胀经济中的境外经营的财务报表,应当先予以重述,即按资产负债表日的计量单位对资产负债表和利润表项目进行重述后,再按资产负债表日的即期汇率将资产负债表和利润表折算为记账本位币报表。

(一)资产负债表项目的重述

在对资产负债表项目进行重述时,由于库存现金、应收账款、其他应收款等货币性项目已经以资产负债表日的计量单位表述,因此不需要对其进行重述;通过协议与物价变动挂钩的资产和负债,应根据协议约定进行调整;非货币项目中,有些是以资产负债表日的计量单位列示的,如存货如果已经以可变现净值列示,资产负债表日就不需要进行重述;其他非货币性项目,如固定资产、投资、无形资产等,应自购置日起以一般物价指数变动予以重述。

(二)利润表项目的重述

在对利润表项目进行重述时,所有项目金额都需要自其初始确认之日起,以一般物价指数变动进行重述,以使利润表的所有项目都以资产负债表日的计量单位表述。由于上述重述而产生的差额计入当期净利润。

本章小结

本章首先阐述了与外币交易相关的概念,如外汇与外币、外币兑换与折算、外币交易与对外交易、外汇市场与外汇汇率;其次介绍了外币交易统账制下的逐日折算法和标准汇率法,以及一笔交易观和两笔交易观;再次按照我国企业会计准则的规定,对外币业务汇兑损益的产生、外币账户的设置,以及外币交易的账务处理(包括外币交易的初始确认、期末调整)作了较全面的举例;最后对比分析了外币会计报表的四种折算方法,并对我国外币报表的折算进行了较详细的说明。

本章思考题

1. 何为记账本位币?如何确定记账本位币?
2. 外币报表折算有哪四种方法?试比较各方法的不同。
3. 外币报表折算的实质是什么?你认为历史上出现的四种方法中哪种方法最合理?请说明理由。
4. 简述流动与非流动项目法的折算程序,并说明它不被广泛接受的原因。
5. 简述外币报表折算与合并会计报表的关系。

本章业务题

1. 国内A公司的记账本位币为人民币,属于增值税一般纳税人企业,增值税税率为17%。某年5月份

发生如下经济业务：

(1)5 月 5 日，向国外乙公司出口销售商品一批，根据销售合同，货款共计100 000美元，当日的即期汇率为 1 美元＝7.9 元人民币，货款尚未收到。

(2)5 月 8 日，从国外购入某原材料，共计50 000欧元，当日的即期汇率为 1 欧元＝8.6 元人民币，按照规定计算应缴纳的进口关税为48 000元人民币，支付的进口增值税为73 100元人民币，货款尚未支付，进口关税及增值税已用银行存款支付。

(3)5 月 12 日，从中国银行借入英镑10 000元，期限为 6 个月，年利率为 6%，当日的即期汇率为 1 英镑＝11 元人民币。假定借入的英镑暂存银行。

(4)5 月 21 日，与某外商签订投资合同，当日收到外商投入资本20 000美元，当日汇率为 1 美元＝7.8 元人民币，假定投资合同约定汇率为 1 美元＝8.0 元人民币。

(5)5 月 28 日，该公司自银行购入240 000美元，银行当日的美元卖出价为 1 美元＝8.0 元人民币，当日市场汇率为 1 美元＝7.9 元人民币。

要求：根据上述资料，编制相关会计分录。

2. 网视通公司所属的一个境外子公司会计报表中部分资料如下表所示：

会计报表中部分资料　　　　单位：万美元

项　目	金　额	项　目	金　额
资产总额	5 000	净利润	2 000
负债总额	1 000	年初未分配利润	300
股本	3 000	分配现金股利	1 300
年末未分配利润	1 000		

另已知：年初未分配利润折算后的数额为人民币2 460万元；年初即期汇率 1 美元＝8.2 元人民币；年末即期汇率 1 美元＝8.5 元人民币；投入资本时即期汇率 1 美元＝8.0 元人民币。

要求：

(1)根据以上资料计算题中所列项目折算后的金额。

(2)计算“外币会计报表折算差额”项目的数字。

本章参考文献

1. 财政部制定：《企业会计准则第 19 号——外币折算》，经济科学出版社，2006 年
2. 储一昀：《高级财务会计》，上海财经大学出版社，2016 年
3. 傅荣：《高级财务会计》，中国人民大学出版社，2016 年
4. 刘永泽、傅荣：《高级财务会计》，东北财经大学出版社，2016 年
5. 企业会计准则编审委员会编：《企业会计准则应用指南》，立信会计出版社，2017 年
6. 荣莉、彭晓洁：《高级财务会计》，中国财政经济出版社，2017 年
7. 中国注册会计师协会：《会计》，中国财政经济出版社，2017 年

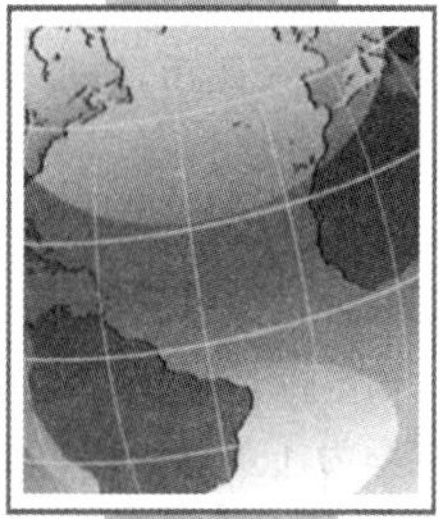

第八章 中期财务报告及分部报告

案例导入

合慧伟业商贸(北京)有限公司(以下简称合慧伟业)持有内蒙发展12.43%的股份，为内蒙发展的第一大股东。合慧伟业的法定代表人为马雅。马雅和其丈夫赵伟分别持有合慧伟业50%的股权。自2013年10月8日起，马雅和赵伟通过与上海灵狮投资管理中心(以下简称乙方，授权代表王某钊)签订投融资服务协议，与王某钊签订《个人借款合同》、《股权转让协议》等行为，将两人所持有的内蒙发展第一大股东合慧伟业100%的股权出让给王某钊，但是内蒙发展并未及时披露实际控制人控制公司的情况发生变化这一事实。内蒙发展的上述行为违反了《证券法》第六十七条第二款第(八)项和第六十三条的规定，构成《证券法》第一百九十三条第一款所述情形。2016年6月30日，证监会根据《证券法》第一百九十三条的规定，对内蒙发展作出责令改正，给予警告和处以40万元罚款的行政处罚决定；对赵伟、马雅作出给予警告，并分别处以10万元罚款的行政处罚决定。①

正是会计信息披露的不及时，导致会计信息使用者无法快速了解企业的现状。为了及时地获得所需要的会计信息，会计信息使用者越来越重视中期财务报告的披露。并且随着企业合并浪潮的此起彼伏，企业的规模和经营范围越来越大，合并财务报表很难全面地涉及控股子公司的相关会计信息的披露，中小投资者也就更加难以对该公司的经营进行有实质意义的分析。因此，编制分部报告也已是一种必然的趋势。

但是，中期财务报告和分部报告在我国的发展时间较短，人们对两者的认识尚浅。何谓中期财务报告和分部报告？为什么要编制中期财务报告和分部报告？应该按照什么要求编制中期财务报告和分部报告？这些都是需要解决的现实问题。

学习目的与要求

企业披露中期财务报告时，应该按照重要性的要求，采用与年度财务报告保持一致的会计政策，为信息使用者提供更加及时的、重要的会计信息。企业之所以编制分部报告，是因为合并财务报表并不能提供足够的信息，所以应当以经营分部为基础确定报告分部，并按规定披露分部信息。

通过本章的学习，充分了解中期财务报告的要求和内容、确认和计量的方法，以及发生会计政策变更之后的会计处理方式，还应当熟悉分部报告的定义、经营分部的相关内容、报告分部的确定条件，以及分部报告的披露内容。

在过去的几十年间，中期财务报告的问题似乎并未引起人们特别的重视与兴趣。尽管西方一些国家实行中期财务报告制度已有多年，但是大多数国家在近几年才开始引起重视。从20世纪90年代开始，我国陆续出台了一系列法律法规对上市公司季度会计信息的披露作出了规定，并开始规范和完善上市公司的中期财务报告体系。虽然我国传统意义上编制的月报、

① 案例摘自百分网 http://www.oh100.com/peixun/qiyepeixun/261456.html。

季报实际上也是一种中期财务报告，但从其编制的目的、依据的理论基础、确认计量的原则以及编制的方法等方面来看，都与真正意义上的中期财务报告有所不同。

第一节　中期财务报告

从理论上来说，相对于年度财务报告，中期财务报告对信息的提供更为及时，但是不足在于信息较不完整。中期财务报告反映的是及时性与可靠性之间的权衡，因为在确定相关收益影响时，需要适当估计以解决年度财务报告列示的计量问题。

一、中期财务报告的概念和意义

中期财务报告是信息使用者越来越重视信息时效性的产物，因此，合理确定会计中期并编制中期财务报告就显得尤为重要。

（一）中期财务报告的概念

中期财务报告，是以中期为基础编制的财务报告。“中期”是指短于一个完整的会计年度（自公历1月1日起至12月31日止）的报告期间，如1个月、1个季度或者半年，甚至可能是其他短于一个会计年度的期间，如1月1日至9月30日的期间等。因此，月度、季度、半年度的财务报告，甚至是2月1日至3月31日的财务报告，都可能是中期财务报告。但是，还应该注意在一些特殊情况下，如何确定会计中期：

（1）企业在某一会计年度中间开业，那么企业应该将开业日至中期期末视为一个中期。例如，某企业5月3日开始营业，那么该企业按季度提供的中期财务报告期间为5月3日至6月30日。企业应该将这段时间视为一个中期，编制第二季度的中期财务报告。

（2）企业在停业或者歇业时，此时对中期的确认不应该排除停业的期间。例如，某企业在2月15日至4月15日因装修其经营场所而暂停营业，则企业披露的半年度财务报告的期间仍为1月1日至6月30日。

（3）企业在确定中期时，不应受到企业改制的影响，应按照正常的公历年度予以确定。例如，某企业于7月5日改制为股份有限公司，股票于8月8日正式发行，则该企业披露的第三季度财务报告区间为7月1日至9月30日，而不是7月5日至9月30日或者8月8日至9月30日。

（二）编制中期财务报告的意义

1. 有利于及时提供重要的会计信息

会计信息的价值在于为信息使用者作出决策提供帮助，具有时效性。如果不及时提供，那么即使是可靠的、相关的会计信息，对于使用者而言，也将大大降低信息的效力。编制中期财务报告的目的是及时提供更为详细、有用的经济信息。一般来说，企业年度信息报告披露的时间跨度太长，在年度终了之后的三至四个月之后才能对外公布，信息使用者难以及时获取企业的会计信息。但是，现代社会经济快速发展，市场状况瞬息万变，企业决策者越来越希望尽快地获得与财务状况、经营成果和现金流量相关的信息。因此，能够满足这一条件的中期财务报告应运而生，不仅解决了年度财务报告的时间瓶颈，更有利于提高决策的正确性和准确性，会计信息的质量也得到了大大的提高。

2. 有利于完善信息的披露制度

中期财务报告和年度财务报告同为信息披露制度的组成部分，两者相结合将更加全面地满足信息使用者对于会计信息高质量的需求，有助于建立更完善的信息披露制度，有效地分配资源，提高证券市场效率。

3. 有利于规范企业的经营行为

财务报告制度是评价企业业绩和监督企业经营行为的重要方式，定期编制企业的中期财务报告，能够促进投资者、债权人对企业经营状况的了解，并对企业进行有效的监管，及时发现和解决企业的经营问题，规范企业经营者的行为。

二、中期财务报告的理论基础和主要问题

中期财务报告因为所涵盖的会计期间较短，会计中期作为整个会计年度的一部分，在编制中期财务报告的过程中，可能会出现是应该采用与年度财务报告相一致的方法和政策以本期实际发生额为基础，还是应该以全年的预计数为标准的问题。为了解决此类可能面临的选择，就应先了解中期财务报告的理论基础。

(一)中期财务报告的理论基础

关于如何处理中期财务报告编制中的问题，会计界主要有两种不同的看法，即独立观理论和一体观理论。两种理论的具体内容如表 8—1 所示。

表 8—1　　中期财务报告的理论基础

	理论概念	特　点	优缺点
独立观理论	独立观是将每一个中期视为一个独立的会计期间	中期财务报告所采用的会计政策以及确认、计量的原则应与年度财务报告相一致，以本期的财务数据作为确认和计量的基础。	优点：有利于实务操作，所反映的会计信息比较可靠，不易被操纵。 缺点：容易导致各中期收入与费用的不合理配比，影响业绩评价，导致各中期列报的收益波动较大。
一体观理论	一体观是将每一个中期视为年度会计期间的组成部分	所应用的处理方式需考虑到全年将要发生的情况，对会计年度内发生的成本费用以年度预计活动水平为基础，分配至各个中期。	优点：避免因会计期间的不同而导致各中期收益的非正常波动，有利于预测年度收益。 缺点：成本费用的估计以预计的年度结果为基础，需要较高的职业判断，缺少可靠的证据作为佐证，容易受到操纵，进而影响到中期财务报告的可靠性。

独立观和一体观理论的区别主要在于对费用的确认和计量方式不同。独立观理论对于费用的确认和计量与年度财务报告相一致，处理比较简单，即确认和计量的基础为每一中期的实际发生额。但是，一体观理论的处理则根据费用和收入项目的相关程度的不同，采用不同的处理方式。按照我国《企业会计准则第 32 号——中期财务报告》的要求，我国采用的是独立观理论，要求企业在编制中期财务报告时应当遵循与年度财务报告相一致的会计政策，在编制中期财务报告时不得随意变更会计政策。

(二)中期财务报告涉及的主要问题

1. 关于季节性收入及费用的确认

对于一些季节性强的企业，受到季节性波动的影响，收入在各中期期间升降的变化较大，

还可能产生一些不均匀发生的费用，如重组费用、大修理费用等。此时，如果按照收入和费用发生时确认的原则，年度内收入或者利润的预测就可能受到误导。因此，在中期的确认与计量中，尤其应该考虑季节性、周期性收入的特殊性。对于季节性收入，除了在会计年度末允许预计或者递延的之外，企业应当在发生时予以确认和计量，不应当在中期财务报表中预计或者递延；而对于季节性费用的处理方式主要有两种：一是将其直接计入当期；二是在不同的会计中期里，根据费用收益期间对估计数进行预提和待摊。

2. 中期财务报告中关于所得税的处理

对于中期所得税费用中的永久性差异问题，在编制时是将其在发生时体现在中期财务报告中，还是将估计数在全年内的各中期进行分摊是需要探讨的问题。若不计算中期所得税，将影响企业的利润分配项目和资产负债表中的所有者权益项目。因此，在计算中期所得税时，需要考虑全年的情况，并预估全年有效所得税率。

三、编制中期财务报告的要求

在对中期财务报告进行编制时，需要遵循与年度财务报告一致的会计政策，遵循重要性和及时性原则，再按照相关要求在附注中对相关信息进行披露。

（一）编制中期财务报告的原则

1. 遵循与年度财务报告相一致的会计政策

企业在编制中期财务报告时，所采用的会计政策应当与年度财务报告相一致，不得随意变更。保证企业前后各期的会计政策具有一致性，提高会计信息的可比性和有用性。中期财务报告所采用的会计政策、会计要素的确认与计量原则都应该与年度财务报告保持一致，并且不得随意变更。如果企业需要在中期对会计政策进行变更，则应当按照《企业会计准则第 28 号——会计政策、会计估计变更和差错更正》中的相关规定处理。

2. 坚持重要性原则

重要性原则是企业编制中期财务报告的一项十分重要的原则，具体应注意的问题如下：

(1)企业编制中期财务报告时，应当以中期财务数据作为重要性程度判断的基础，不应该以预计的年度财务数据为基础。这里所指的中期财务数据，既包括本中期的财务数据，也包括年初至本中期末的财务数据。

(2)企业在运用重要性原则披露中期财务信息时，应当保证报告中涵盖了理解企业中期末财务状况和经营状况的相关信息，避免中期财务报告由于不确认、不披露或者忽略某些信息而对信息使用者的决策造成误导。

(3)在判断重要性程度时，需要根据具体情况作具体分析和职业判断。一般来说，应该全面考虑项目的金额和性质，以此判断某一项目的重要性程度。在判断项目金额的重要性时，应该以资产、负债、净资产、营业收入、净利润等直接相关项目数字作为比较基础，再综合考虑其他相关因素。不过，一些特殊情况下，单独依据项目的金额或者性质就可以判断其重要性。比如，企业所采用的会计政策的变更，虽然该变更事项对本期的影响较小，却较严重地影响着以后期间反映的财务状况和损益。因此，从性质上来说，会计政策的变更属于重要事项，应当在财务报告中予以披露。

3. 贯彻及时性原则

编制中期财务报告主要是为了将信息更为及时地提供给会计信息使用者，提高会计信息的效用性。由于中期财务报告的编报时间相对于年度财务报告来说较短，因此，在编制中期财务报告时，计量方式就更依赖于会计估计。例如，在会计年度终了时，企业为了更加真实地反映实际库存状况，达到更加精确的计量，通常会全面、详细地盘点企业的存货。但是在中期末，考虑到时间的限制和编制成本，就可能不会对存货进行全面、详细的实地盘点。此时，主要依靠会计估计来对中期期末存货进行计价。虽然中期财务报告相对于年度财务报告来说编报要求较为宽松，但还是应该保证所提供的中期财务报告中包括了相关的重要信息。

(二)编制中期财务报告的要求

1. 编制中期财务报告的要求和内容

中期财务报告应当提供完整的会计报表，资产负债表、利润表和现金流量表的格式和内容应该与上年度会计报表相一致。[①] 如果当年度的会计报表格式和内容发生了改变，那么中期会计报表的编制就应当遵照修改之后的报表格式和内容。同时还应该注意，需要相应地调整中期财务报告提供的上年度比较会计报表的格式和内容。

中期财务报告的构成和主要内容与年度财务报表类似，在编制时主要包括：资产负债表、利润表、现金流量表和财务报表的附注。中期财务报告的主要组成部分及内容如图 8－1 所示。

中期财务报告的主要组成部分及内容

- 资产负债表
  - 获得中期某一日期企业的资产总额及其结构、负债总额及其结构
  - 及时反映所有者所拥有的权益
  - 计算出流动比率和速动比率等指标，及时了解企业变现能力、资金周转能力
- 利润表
  - 反映企业中期的收入实现情况、费用消耗情况以及生产经营情况
  - 了解资本保值增值的状况
  - 有利于企业信息使用者及时判断企业未来的发展趋势
- 现金流量表
  - 及时提供年初到本中期末的现金和现金等价物的流入和流出信息
  - 促进对企业获取现金和现金等价物能力的了解
  - 预测企业未来现金流量
  - 对企业中期的经营业绩作出评价，并衡量财务风险
- 财务报表附注
  - 对中期财务报告的编制基础、编制依据、编制原则和方法进行解释
  - 对报表的主要项目进行解释
  - 对表内没有反映但真实、完整的必要附加信息等进行说明
  - 财务报表附注的编制必须遵循重要性原则

图 8－1　中期财务报告的主要组成部分及内容

2. 中期财务报告中编制合并财务报表和母公司财务报表的要求

在上年度财务报告中已编制合并会计报表的企业，在中期期末时也应当按照合并基础编制合并财务报表。上年度财务报告中还包括母公司财务报表的，也应该将母公司财务报表纳入中期财务报告的编制内容中(上年度可比中期没有子公司的除外)。具体情况如下：

(1)企业在中期编制合并会计报表时，合并报表的合并范围、合并原则、编制方法和合并财务报表的格式与内容等也应当与上年度合并财务报表保持一致性。如果在本会计年度公布了新的会计准则或者相关法规，对合并会计报表的编制作出新的规范和要求，那么企业应当按照新准则和法律规定编制中期合并会计报表。

(2)如果企业会计中期期间合并财务报表的合并范围发生了变化，则应当区分以下不同情

① 如果企业还提供了其他报表，如股东权益变动表、应交增值税明细表等财务报表，那么这些财务报表的格式和内容也应该与上年度财务报表的格式和内容保持一致。

况进行处理：

第一，企业在报告中期内处置了合并范围内的所有子公司，而且在报告中期没有新增子公司的，那么在编制中期财务报告时就不必编制合并财务报表。但是，披露的中期财务报告应包括当年子公司处置前的相关财务信息，企业提供的上年度比较财务报表也仍然应当同时提供合并财务报表和母公司财务报表。

第二，企业在报告中期新增了子公司的，在中期末就应当将该子公司财务报表纳入合并财务报表的合并范围。所编制的合并财务报表中，应该包括该子公司的个别财务报表。

(3)应当编制合并财务报表的企业，如果在上年度财务报告中除了提供合并财务报表之外，还提供了母公司财务报表，如上市公司，那么在其中期财务报告中除了应当提供合并财务报表之外，还应当提供母公司财务报表。

3. 提供比较财务报表的要求

企业在中期末不仅需要编制中期末资产负债表、中期利润表和现金流量表，还应当提供前期比较财务报表。这主要是为了比较企业在不同时期的财务报告信息，全面客观地评价过去并预测未来，提高财务信息的可比性、相关性和有用性。中期财务报告应当按照下列规定提供比较财务报表：

(1)本中期末的资产负债表和上年度末的资产负债表。

(2)本中期的利润表、年初至本中期末的利润表以及上年度可比期间的利润表。[①]

(3)年初至本中期末的现金流量表和上年度年初至上年可比本期末的现金流量表。

比如，企业 2017 年度按照季度和半年度提供中期财务报告，则在提供中期财务报告时应当分别提供的比较财务报表时间(期间)如表 8—2、表 8—3、表 8—4、表 8—5 所示。

表 8—2　　2017 年度第一季度应当提供的财务报表

报表类别	中期财务报表时间(期间)	比较财务报表时间(期间)
资产负债表	2017 年 3 月 31 日	2016 年 12 月 31 日
利润表	2017 年 1 月 1 日至 3 月 31 日	2016 年 1 月 1 日至 3 月 31 日
现金流量表	2017 年 1 月 1 日至 3 月 31 日	2016 年 1 月 1 日至 3 月 31 日

表 8—3　　2017 年度第二季度应当提供的财务报表

报表类别	中期财务报表时间(期间)	比较财务报表时间(期间)
资产负债表	2017 年 6 月 30 日	2016 年 12 月 31 日
利润表(本中期)	2017 年 4 月 1 日至 6 月 30 日	2016 年 4 月 1 日至 6 月 30 日
利润表(年初至本中期末)	2017 年 1 月 1 日至 6 月 30 日	2016 年 1 月 1 日至 6 月 30 日
现金流量表	2017 年 1 月 1 日至 6 月 30 日	2016 年 1 月 1 日至 6 月 30 日

① 上年度可比期间的利润表包括：上年度可比中期的利润表和上年度年初至上年可比中期末的利润表。

表 8-4　　2017 年度半年度应当提供的财务报表

报表类别	中期财务报表时间(期间)	比较财务报表时间(期间)
资产负债表	2017 年 6 月 30 日	2016 年 12 月 31 日
利润表	2017 年 1 月 1 日至 6 月 30 日	2016 年 1 月 1 日至 6 月 30 日
现金流量表	2017 年 1 月 1 日至 6 月 30 日	2016 年 1 月 1 日至 6 月 30 日

表 8-5　　2017 年度第三季度应当提供的财务报表

报表类别	中期财务报表时间(期间)	比较财务报表时间(期间)
资产负债表	2017 年 9 月 30 日	2016 年 12 月 31 日
利润表(本中期)	2017 年 7 月 1 日至 9 月 30 日	2016 年 7 月 1 日至 9 月 30 日
利润表(年初至本中期末)	2017 年 1 月 1 日至 9 月 30 日	2016 年 1 月 1 日至 9 月 30 日
现金流量表	2017 年 1 月 1 日至 9 月 30 日	2016 年 1 月 1 日至 9 月 30 日

需要特别说明的是，企业在提供比较会计报表时，应当注意以下几个方面：

第一，企业在中期内按照新准则的规定，报告中期调整了财务报表项目的，则应当按照本年度中期财务报表的要求重新分类上年度比较财务报表项目的有关金额，确保其与本年度中期财务报表的相应信息相互可比。同时，企业还应当在附注中对财务报表项目重新分类的原因及内容进行说明。如果企业由于收集、整理或者记录原始数据等方面的原因，而无法重新分类比较财务报表中的有关金额，也应该在附注中说明不能进行重新分类的原因。

第二，企业在中期内发生了会计政策变更或者重大会计差错更正事项的，应当对相关比较会计报表期间的净损益和其他相关项目进行调整，并视同该项会计政策在比较会计报表期间一贯采用或者该重大会计差错在产生的当期已经得到了更正。

第三，对于在本年度中期内发生的调整以前年度损益事项，企业应当对本年度财务报表相关项目的年初数进行调整。同时，在编制中期财务报告时也应当调整比较财务报表中的以前年度损益。

四、中期财务报告的确认与计量

对中期财务报告进行确认和计量时，由于所披露的会计中期受到季节性或周期性的影响，可能就会出现各中期之间收入或者费用的差异较大的情况。

(一)确认与计量的基本原则

1. 中期采用的会计政策应当与年度财务报表相一致

企业应当在中期财务报表中采用与年度财务报表相一致的会计政策，企业在中期不得随意变更会计政策，不能因为财务报告期间的缩短而改变，应当保持前后各期会计政策的一贯性，提高会计信息的可比性和有效性。

如果企业在上年度资产负债表日之后发生了会计政策变更，且该变更了的会计政策将在本年度财务报表中采用，则中期财务报告应当采用该变更了的会计政策。

对于会计估计变更，在同一会计年度内，以前中期财务报表项目在以后中期发生了会计估计变更的，以后中期财务报表应当反映该会计估计变更后的金额，但对以前中期财务报表项目金额不作调整。

【例 8—1】 某股份有限公司在 2017 年第一季度将固定资产的折旧方法由以前年度采用的年限平均法变更为年数总和法，第三季度又将年数总和法变更为双倍余额递减法，并根据双倍余额递减法编制当年年度财务报表。该公司年数总和法并没有在年度财务报表中采用。

要求：判断企业应该采用的折旧方法。

该企业的此项会计政策变更是不允许的，属于企业随意变更会计政策，企业仍然应当采用原来的折旧方法。但是，如果企业在 2017 年第一季度考虑到技术革新等因素，将固定资产折旧方法由年限平均法变更为年数总和法，而且该方法将在以后期间得到一贯的使用，即在当年年度财务报表中仍将采用年数总和法，则该项中期会计政策变更是允许的。

2. 中期各会计要素的确认和计量原则应当与年度财务报表相一致

一般情况下，中期财务报表各个会计要素的确认和计量原则应当与年度财务报表所采用的原则相一致，目的是保持前后各期会计信息的可比性和有用性。尤其是对于不符合资产、负债、所有者权益、收入、费用和利润确认条件的，就不应该再在相关报表中予以确认。

3. 中期会计计量应当以年初至本中期末为基础

中期会计计量应当以年初至本中期末为基础，财务报告的频率不应当影响年度结果的计量。也就是说，无论企业中期财务报告的频率是月度、季度还是半年度，企业中期会计计量的结果最终应当与年度财务报表中的会计计量结果相一致。为此，企业中期财务报表的计量应当以年初至本中期末为基础，即企业在中期应当以年初至本中期末作为中期会计计量的期间基础，而不应当以本中期作为会计计量的期间基础。

(二)季节性、周期性或者偶然性取得的收入的确认和计量

企业因季节性、周期性或者偶然性取得的收入，应当在发生时予以确认和计量，不应当在中期财务报表中预计或者递延。企业各中期之间实现的收入差异一般较小，因为各项收入往往是在某一会计年度的各个中期内均匀发生的。可是也有一些特殊的收入，如股利收入、特许权使用费收入、补贴收入等因为受季节或偶然事件的影响较大，所以较为集中于会计年度的某个中期内。对于这部分收入，企业应当在这些收入取得并实现时及时予以确认和计量，不应当为了平衡各中期的收益而将这些收入在会计年度的各个中期之间进行分摊。但是，如果是在会计年度末允许预计或者递延的，则在中期财务报表中也允许将其预计或者递延。

(三)不均匀发生费用的确认与计量

企业在会计年度中不均匀发生的费用，应当在发生时予以确认和计量，不应当在中期财务报表中预提或者待摊。企业各中期之间发生的生产经营和管理活动有关费用一般不会有较大的差异，往往是在一个会计年度的各个中期内均匀发生。但是，有一些费用却主要集中在会计年度的个别中期内，如年度财务报告审计费和员工培训费等费用。对于企业这部分不均匀发生的费用，企业应当在发生时予以确认和计量，而不应当为了实现各中期之间收益的平衡性而对不均匀发生的费用进行待摊，不应当将其分摊到会计年度的各个中期内。但是，如果在会计年度末允许预提或者待摊不均匀发生的费用，则在中期末也允许预提或者待摊。

五、中期会计政策变更的会计处理方法

企业在中期发生了会计政策变更的，应当按照《企业会计准则第 28 号——会计政策、会计估计变更和差错更正》的规定进行处理，并在财务报表附注中说明会计政策变更的性质、内容、

原因及其影响数，如果累积影响数[①]不能合理确定的，也应当说明理由。

(一)调整方法

1. 采用追溯调整法

会计政策变更能够提供更可靠、更相关的会计信息的，应当采用追溯调整法处理。在会计政策变更的累积影响数能够合理确定，且符合以下情况时，也应采用追溯调整法处理：

(1)会计政策变更涉及本会计年度以前的中期财务报表相关项目数字的，应当予以追溯调整，并视同该会计政策在整个会计年度一贯采用。

(2)会计政策的变更涉及本会计年度之内会计政策变更以前各中期财务报表相关项目数字的，也应当予以追溯调整，并视同该会计政策在整个会计年度和可比财务报表期间一贯采用。

(3)比较财务报表可比期间以前的会计政策变更的累积影响数可确定，且涉及本会计年度以前中期财务报表净损益和其他相关项目数字的，应当根据规定对以前年度比较财务报表最早期间的期初留存收益进行追溯调整，财务报表中的其他相关项目的数字也应当一并调整。

2. 采用未来适用法

当会计政策变更的累积影响数不能合理确定，以及不涉及本会计年度以前中期财务报表相关项目数字时，应当采用未来适用法对会计政策的变更进行处理。

(二)会计政策变更的具体处理方法

1. 会计政策变更发生在第一季度

企业的会计政策变更发生在会计年度的第一季度时，企业首先应当计算会计政策变更的累积影响数并作相应的账务处理。其次，在列报财务报表时，根据变更后的会计政策编制企业第一季度和当年度以后季度的财务报表。最后，相应调整以前年度比较财务报表最早期间的留存收益和其他相关数字。

在披露财务报表附注时，应当披露会计政策变更对以前年度的累积影响数(其中还包括对比较财务报表最早期间期初留存收益的影响数和以前年度可比中期损益的影响数)和对第一季度损益的影响数。在本会计年度第一季度之后的其他季度财务报表附注中，应当对会计政策变更对当季度损益的影响数和年初至本季度末损益的影响数进行披露。

2. 会计政策变更发生在第一季度之外的其他季度

企业的会计政策变更发生在会计年度内的第一季度之外时，对中期财务报告的会计处理相对而言要复杂一些。企业首先也应当计算会计政策变更的累积影响数，并作相应的账务处理。其次，在列报财务报表时，调整以前年度比较财务报表最早期间的期初留存收益和比较财务报表其他相关项目的数字。最后，在会计政策变更季度财务报告中或者变更以后的季度财务报告中，再调整所涉及的本会计年度内发生会计政策变更之前的季度财务报表相关项目数字。

在财务报表的附注中，企业需要将会计政策变更对以前年度的累积影响数进行披露。主要披露的方面如下：

(1)对比较财务报表最早期间的期初留存收益的影响数；

(2)以前年度可比中期损益的影响数，包括可比季度损益的影响数和可比年初至季度末损

---

① 会计政策变更累积影响数，是指按照变更后的会计政策对以前各期追溯计算的列报前期最早期间期初留存收益应有金额与现有金额之间的差额。

益的影响数；

(3)对当年度变更季度、年初至变更季度末损益的影响数；

(4)当年度会计政策变更前各季度损益的影响数。

六、中期财务报告附注的编制

企业中期财务报告中的附注要以年初至本中期末为基础编制，遵循重要性和及时性原则，及时披露自上年度资产负债表日之后发生的有助于理解企业财务状况、经营成果和现金流量变化情况的重要交易或者事项，还应当披露对于理解本中期财务状况、经营成果和现金流量有关的重要交易或者事项。中期财务报告附注至少应当包括的内容如下：

(1)中期财务报表所采用的会计政策与上年度财务报表相一致的声明。企业在中期会计政策发生变更的，应当说明会计政策变更的性质、内容、原因及其影响数；无法进行追溯调整的，应当说明原因。

(2)会计估计变更的内容、原因及其影响数；影响数不能确定的，应当说明原因。

(3)前期差错的性质及其更正金额；无法进行追溯重述的，应当说明原因。

(4)企业经营的季节性或者周期性特征。

(5)存在控制关系的关联方发生变化的情况；关联方之间发生交易的，应当披露关联方关系的性质、交易类型和交易要素。

(6)合并财务报表的合并范围发生变化的情况。

(7)对性质特别或者金额异常的财务报表项目的说明。

(8)证券发行、回购和偿还情况。

(9)向所有者分配利润的情况，包括在中期内实施的利润分配和已提出或者已批准但尚未实施的利润分配情况。

(10)根据《企业会计准则第 35 号——分部报告》规定披露分部报告信息的，应当披露经营分部的分部收入与分部利润(亏损)。

(11)中期资产负债表日至中期财务报告批准报出日之前发生的非调整事项。

(12)上年度资产负债表日以后所发生的或有负债和或有资产的变化情况。

(13)企业结构变化情况，包括企业合并，对被投资单位具有重大影响、共同控制或者控制关系的长期股权投资的购买或者处置，终止经营等。

(14)其他重大交易或者事项，包括重大的长期资产转让及其出售情况、重大的固定资产和无形资产取得情况、重大的研究和开发支出、重大的资产减值损失、或有负债等。

企业在提供上述第(5)项和第(10)项有关关联方交易、分部收入与分部利润(亏损)信息时，应当同时提供本中期(或者本中期末)和本年度初至本中期末的数据，以及上年度可比本中期(或者可比期末)和可比年初至本中期末的比较数据。

第二节　分部报告

随着市场经济的发展，企业的生产经营规模日益扩大，经营范围也逐步突破单一业务界限，成为从事多种产品生产经营或多种业务经营的综合经营体。同时，经营的地域范围也日益扩大，有的企业分别在国内不同地区甚至在境外设立分公司或子公司。在这种情况下，用来反映不同产品(或劳务)和不同地区的风险报酬信息的分部报告就越来越普遍地受到会计信息使用者的重视。

一、分部报告的定义

分部报告，是指企业对外提供的财务报告中，按照确定的企业内部组成部分(经营分部)提供的各组成部分有关收入、资产和负债等有关信息的报告。

财政部2014年修订的《企业会计准则第35号——分部报告》要求，企业存在多种经营或者跨地区经营的，应当按照准则的规定披露分部信息(但是法律、行政法规另有规定的除外)。分部报告的编制应遵循会计信息质量的相关性原则，只编制个别财务报表时，以个别报表为基础列报企业的分部报告；编制合并财务报表时，以合并财务报表为基础列报企业的分部报告。

二、披露分部信息的意义和适用范围

为了实现企业经营的多元化，在激烈的市场竞争中，出现了涉及不同行业或市场的综合型企业。虽然通过合并财务报表的编制，能够从整体上反映合并主体的财务状况和经营成果。但是，合并报表在揭示集团整体状况的同时，也掩盖了集团由于跨行业、跨地区、跨国界经营而使其内部各部分面临的不同风险和机会，使信息使用者难以全面、准确地判断，为此，需要企业披露相关的分部信息。

(一)披露分部信息的意义

1. 有利于对企业以往经营成果的理解

企业通过各项经营活动的利润和企业生产的各种产品、提供的各项劳务的盈亏状况，来反映企业生产经营的最终成果。但是，多元化的经营方式，势必会出现母公司及所属子公司生产的产品在其整体的经营活动中所占的比重也各不相同的情况，其资金分布、投资风险、获利能力等状况均可能存在较大差异。因此，为了全面地了解企业取得的经营成果，需要对企业的整体情况和每一种产品的生产经营情况进行分析。从企业生产经营的地区来说，各生产经营地区的经营业绩构成了企业整体的生产经营成果。通过披露分部报告，分析各生产经营地区的经营业绩、资产占用情况、销售情况等，有利于信息使用者准确地把握企业的生产经营业绩。

2. 有利于对企业风险和报酬的评估

合并财务报表通常不能提供不同地区、不同行业的子公司赢利能力、增长趋势及风险等重要信息。企业生产的各种产品所具有的风险和报酬的程度和性质是各不相同的，不同地区的生产经营活动所具有的风险和报酬的程度和性质也是各不相同的。企业各个生产经营地区的风险和报酬构成了企业的整体风险。对于信息使用者来说，能够准确地评估企业的经营风险和报酬，在激烈的市场竞争环境中就能够更好地进行决策。通过披露分部报告中按经营分部提供的收入、费用、经营成果以及资产占用等较详细的分部信息，有利于获得企业经营风险和报酬的详细情况。对经营分部报告提供的信息进行分析，有利于了解各种产品或业务所处的发展阶段、风险的大小和回报率的高低，从而更好地了解企业面临的风险。

3. 有利于从整体上对企业进行经营管理

虽然对于主要的信息使用者——股东来说，更为重视和关心的是整个企业的经营业绩和前景，但是一个企业是由各组成部分构成的，只有通过分部信息的披露才能充分了解整个公司。获得企业各经营分部的信息，有利于对其进行比较、评价和考核，及时了解各分部的赢利能力，预测其发展前景和投资风险；还有利于信息使用者及时地发现不同分部在经营中存在的问题，制定有针对性的解决办法，促进公司整体的经营发展。

(二)分部报告的适用范围

根据财政部2006年制定的《企业会计准则第35号——分部报告》的规定,企业存在多种经营或者跨地区经营的,应当按照规定披露分部信息。但是,法律、行政法规另有规定的除外。企业应当以对外提供的财务报表为基础披露分部信息。对外提供合并财务报表的企业,应当以合并财务报表为基础披露分部信息。这是因为企业生产规模不断扩大的同时,产品也由以往单一的品种逐渐发展成为多元化的品种,甚至产品市场也由国内市场向国际市场发展。编制分部报告,将为企业提供不同类型产品、劳务以及在不同地区经营的信息,有利于企业更准确地评估企业的风险和报酬,有利于信息使用者对企业以往业绩的更好理解,并从整体上对企业作出更有根据的判断。

三、分部报告的确定

在财政部2006年制定的企业会计准则中,规定企业在确定报告分部时,应当区分业务分部和地区分部,并选择其中一种分部作为主要的报告形式披露分部信息,另一种分部为次要的报告形式。但是,IASB于2006年11月发布了《国际财务报告准则第8号——经营分部》,取代了《国际会计准则第14号——分部报告》,要求以内部组织结构、管理要求和内部报告制度为依据确定企业的经营分部,取消了地区分部和业务分部的划分以及主要报告形式和次要报告形式的规定。为了实现我国会计准则的国际趋同,财政部于2009年公布了《企业会计准则解释第3号》,并规定原有关确定业务分部和地区分部以及按照主要报告形式、次要报告形式披露分部信息的规定不再执行,将经营分部代替了以往的业务分部和地区分部,并以经营分部为基础确定报告分部。

企业应当以内部组织结构、管理要求、内部报告制度为依据确定经营分部。

1. 经营分部的定义

经营分部,是指企业内同时满足下列条件的组成部分:

(1)该组成部分能够在日常活动中产生收入、发生费用。

(2)企业管理层能够定期评价该组成部分的经营成果,以决定向其配置资源、评价其业绩。

(3)企业能够取得该组成部分的财务状况、经营成果和现金流量等有关会计信息。

2. 经营分部的认定

企业在确定经营分部时,应该综合考虑企业的内部组织结构、管理要求及内部报告制度。经济特征不相似的经营分部,应当分别确定为不同的经营分部。存在相似经济特征的,将其合并披露可能更为恰当。因此,具有相似经济特征的两个或多个经营分部,在同时满足以下方面条件时,可以合并为一个经营分部:

(1)各单项产品或劳务的性质相同或相似。这是指企业生产的产品或提供劳务的性质(包括产品或劳务的规格、型号、最终用途等)相同或相似。通常情况下,性质相同或者相似时,产品或劳务的风险、报酬率以及成长率可能较为接近,就可以将其划分到同一经营分部中。对于企业生产的性质不相同的产品或劳务,则不能将其划分到同一经营分部中。例如,某股份有限公司的生产经营范围主要有机器制造、餐饮、娱乐和化肥农药的生产,对其进行经营分部的确定时,不能将其作为一个经营分部来处理,而应该分别将其作为不同的经营分部。

(2)生产过程的性质相同或相似。企业可将生产过程中性质相同或相似的经营分部合并,包括采用劳动密集或资本密集方式组织生产、使用相同或相似的设备和原材料、采用委托生产或加工方式等。之所以要按照资本密集型和劳动密集型划分经营部门,是因为对于劳动力密集型部门来说，使用了较多的劳动力，因此，相对来说，劳动力的成本及人工费用的影响较大，经营成果受人工成本的升降影响也较大。但是，对于资本密集型的部门来说，其使用的设备较为先进、占用的固定资产较多，相应地所负担的折旧费也较多，因此，对经营成本造成较大影响的就主要为资产折旧费用和技术进步等因素。

(3)购买产品或劳务的客户类型相同或相似。对于购买产品或接受劳务的客户类型，可以按照不同标准进行划分，不同的企业有着不同的分类方式。购买产品或者接受劳务的同一类型客户，在销售条件(比如销售价格、销售折让、售后服务等)基本相同时，具有较为相同或相似的风险和回报率，因此可以划分为一个经营分部。但是，对于不同类型或类别的客户，其销售条件也各有不同，由此产生了不同的经营风险和回报率，也就不能划分为一个经营分部。例如，计算机生产企业，其生产的计算机有商用计算机和个人用计算机两种。其中，商用计算机主要销售给企业，一般是大宗购买，对计算机的专业性要求较强，对售后服务的要求相对较为集中。个人用计算机的客户多为普通消费者，对计算机的通用性要求较强，但是其售后服务较为分散。由此看来，不同客户类型的经营分部，不能进行合并。

(4)销售产品或提供劳务的方式相同或相似。企业销售产品或提供劳务的方式，包括批发、零售、自产自销、委托销售、承包等。企业可将销售产品或提供劳务的方式相同者划分为一个经营分部。一般来说，采用不同的销售方式(如直销或代销)，将分别产生不同的直接销售费用或代理销售费用。另外，在赊销和现销的情况下，发生的收账费用和应收账款的坏账风险也不相同。因此，在对经营分部进行合并时，需要考虑企业销售产品或提供劳务的方式。

(5)生产产品或提供劳务受法律环境、行政法规的影响相同或相似。企业生产产品或提供劳务受到所处的法律环境的影响相同或相似，比如经营范围或交易定价限制等相同或相似。企业所处法律环境的发展变化以及稳定与否，可能直接影响到该产品生产和劳务的收缩或扩张，并影响该产品生产或劳务提供的收入、费用及盈利状况。对不同环境生产的产品或提供的劳务进行分类，向会计信息使用者提供不同法律环境中生产产品或提供劳务的信息，有利于会计信息使用者对企业的未来发展作出判断和预测，准确地获得其经营活动所产生的信息。因此，企业可将生产产品或提供劳务在受到所处法律环境的影响相同或者相似的合并为一个经营分部。

四、报告分部的确定原则

报告分部是指符合经营分部的定义，按要求应当予以报告的分部。在确定了经营分部的基础上，还应该按照报告分部的下列确定原则选出需要单独编报并披露的分部。[①]

(一)满足重要性标准

企业在确定报告分部时，不仅应该判断该经营分部是否可被单独识别，还应满足10%的重要性标准。经营分部满足下列条件之一的，应当将其确定为报告分部：

1. 该分部的分部收入占所有分部收入合计的10%或者以上

分部收入，是指可归属于分部的对外交易收入和对其他分部的交易收入，通常为营业收入，如销售产品、提供劳务等。可以归属于分部的收入来源于：第一，可以直接归属于分部的收

① 因为并不是所有的分部都需要单独列报，当某一分部的收入、营业利润或营业亏损及其可辨认的资产，每一项均达到全部分部合计数的90%以上时，则企业的合并财务报表就能够提供该分部在风险及经营业绩方面的信息，所以此时无须提供分部报告。

入，即直接由分部的业务交易而产生的；第二，可以间接归属于分部的收入，即将企业交易产生的收入在相关分部之间进行分配，按属于某分部的收入金额确认为分部收入。

注意下列项目通常不包括在分部收入中：

(1)利息收入和股利收入，如债券投资的利息收入、对外贷款的利息收入、对其他分部贷款的利息收入和采用成本法核算的长期股权投资取得的股利收入等，但分部的日常活动是金融性质的除外。

(2)采用权益法核算的长期股权投资确认的投资收益和处置投资产生的净收益，但分部的日常活动是金融性质的除外。

(3)营业外收入，如固定资产盘盈、处置固定资产和无形资产的净收益、罚没收益等。

2. 该分部的分部利润(亏损)的绝对额，占所有盈利分部利润合计额或者所有亏损分部亏损合计额的绝对额两者中较大者的10%或者以上

这里所指的分部利润(亏损)，是指分部收入减去分部费用后的余额。分部费用，是指可归属于分部的对外交易费用和对其他分部交易费用，一般包括营业成本、营业税金及附加、销售费用等。分部费用同样有两个来源渠道：第一，可以直接归属于分部的费用(直接由分部的业务交易而发生的费用)；第二，间接归属于分部的费用，即将企业交易发生的费用在相关分部之间进行分配，按属于某分部的费用金额确认为分部费用。

分部费用一般来说不包括下列项目：

(1)利息费用，包括因预收或向其他分部借款而确认的利息费用，但分部的日常活动是金融性质的除外。

(2)采用权益法核算的长期股权投资确认的投资损失、处置投资发生的净损失，但分部的日常活动是金融性质的除外。

(3)营业外支出，如处置固定资产、无形资产等发生的净损失。

(4)与企业整体相关的管理费用和其他费用。

3. 该分部的分部资产占所有分部资产合计额的10%或者以上

分部资产，是指分部经营活动使用的可归属于该分部的资产，不包括递延所得税资产。同时，还应注意：第一，如果两个或多个经营分部共用资产的相关收入和费用在这些经营分部之间进行分配，该共用资产也应分配给这些经营分部。第二，共用资产的折旧费或摊销在计量分部经营成果时被扣减的，该资产应包括在分部资产中。第三，企业在计量分部资产时，应当按照分部资产的账面价值进行计量，即按照扣除相关累计折旧或摊销额以及累计减值准备后的金额计量。

(二)无法满足重要性标准时的处理办法

经营分部未能满足上述10%重要性标准时，可以按照下列规定确定报告分部：

(1)企业管理层认为披露该经营分部信息对会计信息使用者有用的，可以将其确定为报告分部。在这种情况下，企业可以直接将其指定为报告分部，而不需要考虑该经营分部是否满足10%的重要性标准。

(2)对于未满足10%重要性标准、未确定为报告分部的经营分部，可以将其中具有相似经济特征、满足经营分部合并条件的两个或多个经营分部合并。

(3)除上述两种情况外，企业在披露分部信息时，应该将未确认为报告分部的经营分部的相关信息与其他组成部分的信息合并，作为其他项目单独披露。

(三)报告分部达到75%的标准

按照上述标准确定了报告分部之后，确定为报告分部的各经营分部对外交易收入合计额占合并总收入或企业总收入的比重应该达到75%。如果未达到75%的，企业应当增加报告分部的数量，将其他未作为报告分部的经营分部纳入报告分部的范围，直到该比重达到75%。即使这些经营分部未能满足10%的重要性标准确定条件，但是为了使比重达到75%的比例要求，也应当将其确认为报告分部。

(四)报告分部的数量不超过10个

按照上述报告分部确定的原则，企业最终确定的报告分部数量可能较多，此时，企业提供的分部信息可能变得非常烦琐，不利于会计信息使用者理解和使用。因此，报告分部的数量通常不应该超过10个。如果超过10个，企业应当考虑将具有相似经济特征、满足经营分部合并条件的报告分部进行合并。

(五)为了提供可比信息而确定报告分部

企业对报告分部的确定，不仅应该遵循相应的确定标准，还应考虑不同会计期间分部信息的可比性和一贯性。

上期确定为报告分部但本期没有被确定为报告分部的经营分部，如果企业认为该经营分部仍然重要，单独披露该经营分部的信息能够更有助于会计信息使用者了解企业的整体情况，则不需要考虑该经营分部的重要性标准，仍将该经营分部确定为本期的报告分部。

本期确定为报告分部但上期并未确定为报告分部的经营分部，此时，出于比较目的提供的以前会计期间的分部信息应当重述，以将该经营分部反映为一个报告分部(即使其上期并不满足确定为报告分部的条件)。如果重述需要的信息无法获得，或者不符合成本效益原则，则不需要重述以前会计期间的分部信息。但无论是否对以前期间相应的报告分部信息进行重述，企业均应当在报表附注中披露这一信息。

五、报告分部信息的披露

企业披露的分部信息，应当有助于对企业所从事的经营活动性质、财务影响以及经营所处的经济环境进行评价。因此，企业应当披露报告分部的下列信息：

(一)描述性信息

(1)确定报告分部考虑的因素。企业在披露分部信息时，应该披露企业管理层的组织管理方式。如，是否按照产品和服务、地理区域、监督环境的差异进行组织管理。

(2)报告分部的产品和劳务的类型。

(二)各个报告分部的利润(亏损)总额的相关信息

此部分信息应该包括利润(亏损)总额的组成项目和计量的相关会计政策信息。

(1)当企业管理层在计量报告分部利润(亏损)时运用了下列数据，或者未运用下列数据但定期提供给企业管理层的，应当在附注中披露每一报告分部的下列信息：

①对外交易收入和分部间交易收入。

②利息收入和利息费用。但是报告分部的日常活动是金融性质的除外。报告分部的日常活动是金融性质的，可以仅披露利息收入减去利息费用后的净额，同时披露这一处理方法。

③折旧费用和摊销费用，以及其他重大的非现金项目。

④采用权益法核算的长期股权投资确认的投资收益。

⑤所得税费用或所得税收益。

⑥其他重大的收益或费用项目。

(2)企业还应当在附注中披露计量每一报告分部利润(亏损)的下列会计政策:

①分部间转移价格的确定基础。

②相关收入和费用分配给报告分部的基础。

③确定报告分部利润(亏损)使用的计量方法发生变化的性质,以及这些变化产生的影响。

(三)各个报告分部的资产总额、负债总额相关信息

该信息主要包括资产总额组成项目的信息和有关资产、负债计量相关的会计政策。

(1)企业管理层在计量报告分部资产时运用了下列数据,或者未运用下列数据但定期提供给企业管理层的,应当在附注中披露每一报告分部的下列信息:

①采用权益法核算的长期股权投资金额。

②非流动资产(不包括金融资产、独立账户资产、递延所得税资产)金额。报告分部的负债金额定期提供给企业管理层的,企业应当在附注中披露每一报告分部的负债金额。

(2)企业还应当在附注中披露将相关资产或负债分配给报告分部的基础和会计政策。分部负债,是指分部经营活动形成的可归属于该分部的负债,不包括递延所得税负债。如果与两个或多个经营分部共同承担的负债相关的费用分配给这些经营分部,该共同承担的负债也应当分配给这些经营分部。

(四)报告分部的信息总额和企业信息总额衔接的相关信息

报告分部虽然是单独列报企业经营分部的相关信息,但是,报告分部的收入总额、分部利润(亏损)总额、资产和负债总额应当分别与企业的收入总额、利润(亏损)总额、资产和负债总额相衔接。因此,在分部报告中应当披露两者衔接的相关信息。

(五)前期比较数据

为了遵循可比性原则,企业在披露分部信息时,还应当提供前期的比较数据。企业内部组织结构改变导致报告分部组成发生变化的,也应当提供前期比较数据(提供的比较数据不切实可行的除外)。如果企业的某一经营分部在本期确定为报告分部,但是前期并未确定为报告分部,本期信息披露时也应当提供前期的比较数据。但是,重述信息不切实可行的除外。企业未提供前期比较数据的,应当在报告分部组成发生变化的当年,同时披露以新的报告分部和旧的报告分部为基础编制的分部信息。不论企业是否提供前期比较数据,均应披露这一事实。

(六)披露的其他会计信息

除上述已经披露的报告分部信息,企业还应当披露下列信息:

(1)每一产品和劳务或每一类似产品和劳务的对外交易收入。但披露相关信息不切实可行的除外。企业披露相关信息不切实可行的,应当披露这一事实。

(2)企业取得的来自本国的对外交易收入总额以及企业从其他国家取得的对外交易收入总额。但披露相关信息不切实可行的除外。企业披露相关信息不切实可行的,应当披露这一事实。

(3)企业取得来自本国的非流动资产(不包括金融资产、独立账户资产、递延所得税资产,下同)总额,以及位于其他国家的非流动资产总额。但披露相关信息不切实可行的除外。企业披露相关信息不切实可行的,应当披露这一事实。

(4)企业对主要客户的依赖程度。企业与某一外部客户交易收入占合并总收入或企业总收入的10%或以上,应当披露这一事实,以及来自该外部客户的总收入和相关报告分部的特征。

本章小结

本章简要介绍了中期财务报告和分部报告的概念、内容和编制的原则，以及编制方法。阐述了中期财务报告的编制中应该注意的问题和原则，并对中期财务报告中合并财务报表和比较财务报表的编制进行了说明，还介绍了中期财务报告确认和计量的方式。另外，介绍了分部报告的适用范围，讲述了如何确定经营分部、如何在经营分部的基础上确定报告分部以及分部信息的披露内容。尤其特别介绍了经营分部的认定方式和如何才能将经营分部进行合并的相关知识。

本章思考题

1. 什么是中期财务报告？中期财务报告应该披露哪些信息？
2. 中期财务报告编制的原则是什么？其在编制方法上与年度财务报告有何联系与区别？
3. 简述会计政策、会计估计在中期财务报告中的运用。
4. 编制中期财务报告时，对于特殊事项如何确认？
5. 简述中期会计政策变更的会计处理。
6. 企业为什么要在财务报表附注中反映企业的分部信息？
7. 简述报告分部的判定方法。
8. 何为报告分部？在确定报告分部时，应采用什么标准？不属于报告分部的如何处理？
9. 请说明分部报告与合并报表的理论是否一致。

本章参考文献

1. 陈信元、钱逢胜、朱红军:《高级财务会计》，上海财经大学出版社，2011 年
2. 陈玲娣、花爱梅:《高级财务会计理论与实务》，清华大学出版社，2011 年
3. 储一昀:《高级财务会计》，上海财经大学出版社，2017 年
4. 弗洛伊德·A. 比姆斯:《高级会计学》，中国人民大学出版社，2012 年
5. 刘永泽、傅荣:《高级财务会计》，东北财经大学出版社，2016 年
6. 荣莉:《高级财务会计》，中国财政经济出版社，2010 年
7. 任春艳:《高级财务会计》，清华大学出版社，2017 年
8. 周华:《高级财务会计》，中国人民大学出版社，2015 年
9. 中国注册会计师协会:《会计》，中国财政经济出版社，2013 年

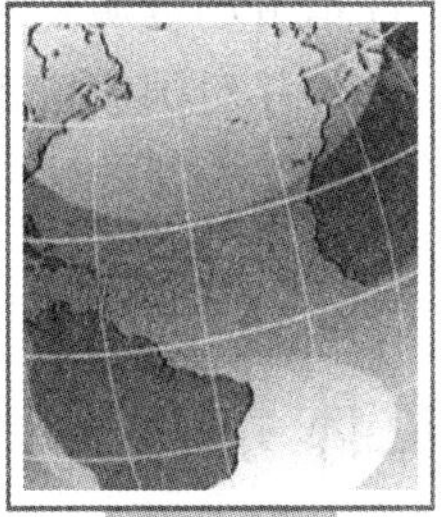

第九章 公开发行股票公司信息披露①

案例导入

丹尼尔·德鲁，这个19世纪美国股市中名声不佳的人物，曾经手持100美元，最终赚取了300亿美元。德鲁最初干的是贩牛的买卖。头一天晚上他让牛吃很多盐却不给它们水喝，次日早上渴极了的牲口一头扎进一条必经的小溪狂喝起来，每头牲口都能增重十几斤。因为生意的缘故，德鲁经常光顾华尔街，很快就出入于当时简陋的纽约证券交易所。到1833年，德鲁已经成为美国东部铁路线伊利铁路的大股东。铁路大王范德比尔特看上了伊利铁路，决定通过在证券市场购买伊利铁路股票完成收购。范德比尔特以为自己的财力足以应付德鲁的胃口，但是德鲁更像是一个无底洞，谁也不知道德鲁拥有多少伊利股票，因为这在当时并不是一个必须公开的信息。总之，只要范德比尔特想买，德鲁就有的卖，而且似乎永远也买不完。事实是，就在范德比尔特在交易大厅买股票的同时，德鲁就在地下印刷厂印刷伊利股票，然后拿着这些未经授权发行的非法股票卖给范德比尔特——德鲁用给牛吃盐喝水的方式给公司的股票掺水，即以高于公司的价值发售超量股票，一举发明了“掺水股”。②

美国金融史学家约翰·戈登撰文写道，华尔街最初的100多年并没有监管。那时(20世纪前)没有什么要公开信息的要求(如披露公司股本总数)，没有年报，也没有什么类似的信息披露。所以，丹尼尔·德鲁可能根本不觉得自己有错，甚至不道德之处。人们认识到信息的重要性之后，才有了财经报纸和股票指数。1929年美国大萧条之后，华尔街开始受到真正的法律约束。1935年美国第一任证监会主席约瑟·P. 肯尼迪屡次出手重创内幕交易与利益集团，使得华尔街风气为之一变，他要求上市公司必须定期公开披露财务信息，这已成为美国乃至当今各国股市监管的最基本制度之一。

综上可见，公开披露财务信息对于投资者是多么的重要。那么，何谓公开发行股票公司的信息披露？我国公开发行股票公司的信息披露的规范体系如何？公开发行股票公司信息披露中的监管和处罚措施有哪些？让我们带着这些问题进入本章的学习吧。

学习目的与要求

公开发行股票公司的信息披露是证券市场健康发展的重要保证，也是投资者做出合理投资决策的基本依据。必须认识到，信息披露制度是证券市场监管制度的基石。根据不同的理论，信息披露有自愿披露和强制披露两种方式，我国主要采用强制披露的方式。

通过本章的学习，了解公开发行股票公司信息披露的意义，掌握公开发行股票公司信息披露体系主要由首次披露、定期报告和临时报告三个层面构成，了解公开发行股票公司信息披露应遵循的法律规范，以及各相关责任人应承担信息披露的义务和法律责任。

---

① 由于上市公司信息披露规范变化较快，学习本章时可关注中国证券监督管理委员会法律法规信息披露专栏追踪最新规定，http://www.csrc.gov.cn/pub/zjhpublic/index.htm? channel=3300/3302。

② 约翰·S. 戈登著，祁斌译：《伟大的博弈：华尔街金融帝国的崛起》，中信出版社，2011年第2版。

我国的证券市场自1990年创立以来，为经济的健康运行发挥了积极的作用。然而，公开发行股票的公司所面临的是一个充满机会和充满风险的生存环境，在有效率的证券市场上，股票的价格应充分反映出上市公司资本财富价值的信息。股票的价格信号是资本市场资源配置的内在机制。因此，信息披露的质量决定着证券市场能否有效地行使自身功能，并对国家宏观经济的运行产生重大的影响。要保证证券市场健康有序地运转，完善的信息披露机制的建立是必不可少的。综观世界各国的证券市场，基本都采取了强制的信息披露制度。

第一节　公开发行股票公司信息披露意义及体系

公开发行股票公司信息披露制度，实质上是指公开发行股票公司在证券发行和流通市场上，依法将公司信息通过一定的传播媒介，用一定的格式，将公司的财务状况、经营成果以及其他各种资料予以公开，便于投资者进行投资决策的一种制度。为维护证券市场秩序、保护广大投资者利益，世界各国都建立了较为严格的公开发行股票公司信息披露制度。

一、公开发行股票公司信息披露的意义

从信息披露制度的实际效用出发，确立信息披露制度在资本市场上的核心地位具有极其重要的意义。

(一)有利于促进证券市场的健康发展

"公平、公正、公开"原则是证券市场运作的三大基石，也是构建信息披露制度的基石。公开发行股票公司是证券市场经济的最终载体，并直接面对证券市场的各类参与者。其中，公开原则要求证券市场上的各种信息向市场参与者公开披露，任何市场参与者不得利用内幕信息从事市场活动。公开原则是实现市场公平和公正的必要条件。美国大法官布兰戴斯(Louis Brandeis)早在1914年就指出：信息披露能够矫正社会及产业上的弊病，因为阳光是最佳的防腐剂，灯光是最有效的"警察"。只有保持信息的公开性，才能够将公开发行股票公司的所有活动置于社会公众的监督之下，才能够减少或防止公开发行股票公司弄虚作假，才能促进证券市场和公开发行股票公司的共同繁荣与健康发展。

(二)有利于保护各利益相关者的合法权益

由于公开发行股票公司所有权和经营权实行分离，公司在发行新股并上市以后，企业的所有者和经营者之间实际形成了委托代理关系，在信息获取方面，所有者即委托人处于信息劣势，而代理人拥有信息优势，这种信息不对称状况的存在，有可能导致代理人从自己的利益出发进行各种决策，使得委托人的利益受到损害，进而导致代理成本问题的产生。为减少证券市场的信息不对称，提高市场的运作透明度，降低代理成本，保护投资者和社会公众利益，保证信息使用者在证券投资决策过程中能公平地获得必要信息，公开发行股票公司的管理层就应该将凡是会影响股东(含潜在股东)、债权人等相关信息使用者对公司目前和将来做出理性判断的和决策行为的信息按照规范的标准公之于众，并对披露信息的真实性、完整性负责。这样可以防止少数掌握内幕信息的人通过不正当手段牟取暴利，从而有利于保护投资者、债权人以及其他利益相关者的合法权益。

(三)有利于公开发行股票公司可持续性发展

除强制性披露外，随着市场竞争的日益激烈，为了在竞争中获得稀缺的资本投资，越来越多的企业开始重视自愿性披露。公开发行股票公司通过会计信息公开披露方式，向市场迅速

传达公司赢利及成长能力等信息，在市场中展示良好的形象，获得良好的商誉，提高投资者对公司的认知度，吸引投资者投资，有利于企业做大做强。同时，公开信息披露的信息有助于企业之间的优胜劣汰，优化资本市场资源配置。企业在经营不佳时，很可能成为并购对象。这样外部的并购市场也就成为制约经理人的有力武器，是督促他们做好公司经营管理的外在力量。

（四）有利于促进会计职业水平的提高

会计信息是公开发行股票公司信息披露的重要组成部分。公司会计信息以何种方式和方法予以披露、哪些信息需要披露、披露的程度如何等，都是会计需要处理的问题。通过对会计信息披露的规范，有利于促进整个会计职业水平的不断提高，以满足社会各阶层对公司会计信息需求提出的要求。

二、我国公开发行股票公司信息披露体系

经过十余年的努力，我国已经初步形成了公开发行股票公司信息披露制度体系。该体系包括四个层次，即基本法律、行政法规、部门规章及规范性文件、自律性规范。四个层次的规范体系大致包括的内容如表 9—1 所示。

表 9—1　　我国公开发行股票公司信息披露规范体系

制度体系层次	内　容
基本法律	《刑法》 《证券法》 《公司法》
行政法规	《股票发行与交易管理暂行条例》 《国务院关于股份有限公司境内上市外资股的规定》 《可转换债券管理暂行办法》
部门规章及规范性文件	《公开发行证券的公司信息披露内容与格式准则》 《公开发行证券的公司信息披露编报规则》 《公开发行证券的公司信息披露规范问答》 《公开发行股票公司信息披露实施细则》 《禁止证券欺诈行为暂行办法》 《证券市场禁入暂行规定》 《股份有限公司境内上市外资股规定的实施细则》 《关于加强对公开发行股票公司临时报告审查的通知》 《关于公开发行股票公司发布澄清公告若干问题的通知》 《证券交易所管理办法》 《上市公司股东大会规范意见》 《前次募集资金使用情况专项报告指引》
自律性规范	《上海证券交易所股票上市规则》 《深圳证券交易所股票上市规则》

依据信息披露时点的不同，可以将公开发行股票公司披露的信息划分为首次披露、定期报告和临时报告。在我国证券市场上，首次披露的信息包括招股说明书和上市公告书，定期报告包括年度报告和中期报告（半年报、季报和月报），临时公告则包括重大事件公告和公司收购公告。我国公开发行股票公司信息披露的形式和主要内容如图 9—1 所示。

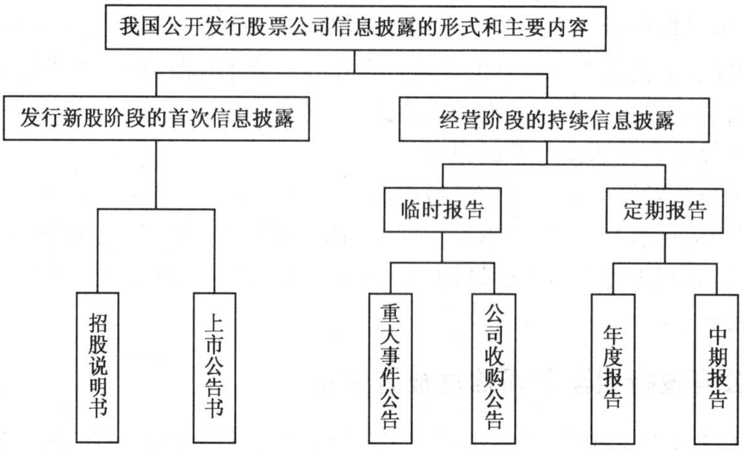

图 9—1　我国公开发行股票公司信息披露的形式和主要内容

值得一提的是，为了更好地加强和规范企业内部控制，提高企业经营管理水平和风险防范能力，促进企业可持续发展，维护社会主义市场经济秩序和社会公众利益，2008 年 6 月，财政部、证监会、审计署、银监会、保监会五部委联合发布了我国第一部《企业内部控制基本规范》；2010 年 4 月，五部委又联合发布了《企业内部控制配套指引》，这标志着融合国际先进经验、结合中国实际的企业内部控制规范体系基本建成。企业内部控制规范体系自 2011 年 1 月 1 日起首先在境内外同时上市的 67 家公司施行。按照要求，境内外同时上市公司在 2011 年会计年度结束后，应随年度报告一同披露企业内部控制评价报告以及内部控制审计报告；2012 年开始，在中国境内主板上市的公司也被要求披露内部控制自我评价报告和内部控制审计报告。

第二节　首次公开发行股票并上市的要求和程序

股票首次公开发行(IPO)，是指公司以募集资金和上市为目的，第一次面向不特定的社会公众投资者公开发行股票，从而由私人公司转变为公众公司。一般来说，首次公开发行完成后，这家公司就可以申请到证券交易所或报价系统挂牌交易，从而成为上市公司。

一、企业改制中的重要环节

股票发行人必须首先是股份有限公司或经批准筹备中的股份有限公司。非股份制公司的先决条件是企业须改制为股份有限公司。具体来说，企业改制为股份有限公司并上市大致要经过 14 个步骤：提出改组申请、批准设立股份有限公司、选聘中介机构、证券公司立项、制定并实施企业改制、重组的总体方案、发行及上市辅导、改制验收、提出股票发行及上市申请、证券公司推荐、发行核准、公开发行股票、申请上市、股票上市公告并交易。其中，企业在实施改制方案过程中，资产评估和股权界定是两个非常重要的环节。

(一)资产评估的相关会计处理

资产评估是指由专门的评估机构①和人员依据国家的规定和有关数据资料，根据特定的

① 资产评估是一项政策性强，技术要求高，跨部门、跨学科的综合性工作，因此，我国相关法规要求，在公司的改制过程中必须由取得证券从业资格的资产评估机构进行。

目的，遵循公允、法定的标准和程序，运用科学的方法，对被评估资产的现行价格进行评定和估算的业务活动。资产评估的目的是公正地评估公司资产的价值，确认所有者的财产和权益。资产评估的范围是股份有限公司的所有资产。资产评估的程序包括申请立项、资产清查、评定估算、验证确认。资产评估的基本方法有收益现值法、重置成本法、现行市价法、清算价格法等。这些基本方法的具体操作及适用情况如表9—2所示。

表9—2　　资产评估的基本方法的具体操作及适用情况

基本方法	具体操作	适用情况
收益现值法	将评估对象剩余寿命期间每年的预期收益，用适当的折现率折现，累加得出评估基准日现值的方法。	一般适用于有收益企业的整体评估、无形资产评估。
重置成本法	在现时条件下被评估资产全新状态的重置成本减去该项资产的实体性贬值、功能性贬值和经济性贬值后，估算该资产价值的方法。	一般适用于机器设备、在建工程等项目的评估。
现行市价法	通过市场调查，选择一个或几个与评估对象相同或类似的资产作为比较对象，分析比较对象的成交价格和交易条件，进行对比调整，估算出资产价值的方法。	一般适用于建筑物，存货，有公开交易市场的一些股票、债券、基金等的评估。
清算价格法	根据公司清算时其资产可变现的价值，评定重估价值的方法。	一般适用于经人民法院宣告破产的公司的资产评估。

资产评估的结果涉及国有资产变动的部分应报经国有资产管理局批准。批准后根据评估前资产、负债的账面价值与评估后的价值之间的差额，调整相关资产、负债和资本公积。

【例9—1】　某企业在改制为股份有限公司时，按我国法规的要求对资产、负债价值进行评估。经专业评估机构评估之后，有关数据变动情况详见表9—3。

表9—3　　资产评估情况数据表(简表)　　单位：万元

资产项目	账面价值	评估后确认价值	差异额
存货	2 280	2 390	110
长期股权投资	770	860	90
固定资产	5 430	5 506	76
无形资产	520	430	—90

企业应编制以下调整分录：

借：存货	1 100 000	
长期股权投资	900 000	
固定资产	760 000	
贷：资本公积——其他资本公积		1 860 000
无形资产		900 000

(二)股权界定的相关会计处理

企业改制中完成资产评估和产权界定后，原企业的净资产要一并折股，将发起人公司的净资产折为股份有限公司的股本，是界定公司发起人利益乃至公司其他股东利益最为重要的一个环节。其股本由依法确定的发起人统一持有，不得由不同的部门或机构分割持有。一般来说，公司发起人应占有公司较大比例的股权，然后再以对外部筹资的方式向社会公众募集所需股份。各国的证券交易所一般都对公众持有股份占公司总股份的比例数有所规定，我国规定社会公众认购的股份不低于公司股份总额的25%。

在国有企业改制为股份制公司中，国家授权投资的机构或部门直接向新设成立的股份公司投资形成的股份界定为国家股；国有企业或国有企业的全资子企业和控股子企业以其依法占用的法人资产，直接向新设立的股份公司投资入股形成的股份界定为国有法人股。国有资产折股时，不得低估作价折股，一般应以评估确认后的净资产折为国有股股本。特殊情况下，允许公司净资产不完全折股，但折股比率①不得低于65%。如果不完全折股，股票应溢价发行，溢价后国有股股本价值不低于净资产，即股票发行溢价倍率②应不低于折股倍数③。净资产未全部折股的差额部分应计入资本公积金，不得以任何形式将净资产转为负债。

【例9—2】 某国有企业作为主要发起人组建上市公司，经评估后该国有企业的净资产为4 620万元，其中，实收资本3 680万元，资本公积620万元，盈余公积90万元，未分配利润230万元，企业将其全部净资产折为股本。公司在政府管理部门的注册资本额预测为6 500万元，发起人的股份额为总股本额的60%，即发起人获得3 900万股，其余部分向社会公众募集。

该国有企业的有关折股数据计算如下：

折股比率＝国有股股本/发行前国有净资产

＝4 620/3 900＝1.18

折股倍数＝发行前国有净资产/国有股股本

＝3 900/4 620×100%＝84.42%

折股比率和折股倍数两个公式互为倒数，反映的分别是公司发行公众股时净资产与所换取股份的比率情况。若该公司新发行的股票为每股1元，则每股占有的实际净资产额约为1.18元。即：若该公司按公众价值对外发售其股份，其每股的最低价格不应低于1.18元。发起人应编制的会计调整分录为：

借：实收资本	36 800 000	
资本公积	6 200 000	
盈余公积	900 000	
未分配利润	2 300 000	
贷：股本		39 000 000
资本公积		7 200 000

二、首次公开发行股票并上市的发行条件

申请首次公开发行股票并上市的公司除应当符合《证券法》、《公司法》规定的股份有限公司的设立要求外，还须满足《首次公开发行股票并上市管理办法》对发行人的发行主体资格、独立性、规范运行、财务与会计等的发行条件。

(一)发行主体资格方面的规范

(1)发行人应当是依法设立且合法存续的股份有限公司。

---

① 折股比率＝国有股股本/发行前国有净资产。
② 股票发行溢价倍率＝股票发行价格/股票面值。
③ 折股倍数＝发行前国有净资产/国有股股本。

(2)发行人自股份有限公司成立后,持续经营时间应当在3年以上,但经国务院批准的除外。

(3)发行人的注册资本已足额缴纳,发起人或者股东用作出资的资产的财产权转移手续已办理完毕,发行人的主要资产不存在重大权属纠纷。

(4)发行人的生产经营符合法律、行政法规和公司章程的规定,符合国家产业政策。

(5)发行人最近3年内主营业务和董事、高级管理人员没有发生重大变化,实际控制人没有发生变更。

(6)发行人的股权清晰,控股股东和受控股股东、实际控制人支配的股东持有的发行人股份不存在重大权属纠纷。

(二)独立性方面的规范

要求首次公开发行股票并上市公司的发行人应当具有完整的业务体系和直接面向市场独立经营的能力,资产完整、人员独立、财务独立、机构独立、业务独立,在独立性方面不得有严重缺陷。

(三)规范运行方面的规范

要求发行人已经依法建立健全股东大会、董事会、监事会、独立董事、董事会秘书制度、资金管理制度。发行人的内部控制制度健全且被有效执行,能够合理保证财务报告的可靠性、生产经营的合法性、营运的效率与效果。发行公司不存在为控股股东、实际控制人及其控制的其他企业进行违规担保的情形;不得有资金被控股股东、实际控制人及其控制的其他企业以借款、代偿债务、代垫款项或者其他方式占用的情形。发行人的董事、监事和高级管理人员符合法律、行政法规和规章规定的任职资格,且不得有下列情形:

(1)被中国证监会采取证券市场禁入措施尚在禁入期的。

(2)最近36个月内受到中国证监会行政处罚,或者最近12个月内受到证券交易所公开谴责。

(3)因涉嫌犯罪被司法机关立案侦查或者涉嫌违法违规被中国证监会立案调查,尚未有明确结论意见。

另外,发行人不得有下列情形:

(1)最近36个月内未经法定机关核准,擅自公开或者变相公开发行过证券。或者有关违法行为虽然发生在36个月前,但目前仍处于持续状态。

(2)最近36个月内违反工商、税收、土地、环保、海关以及其他法律、行政法规,受到行政处罚,且情节严重。

(3)最近36个月内曾向中国证监会提出发行申请,但报送的发行申请文件有虚假记载、误导性陈述或重大遗漏;或者不符合发行条件以欺骗手段骗取发行核准;或者以不正当手段干扰中国证监会及其发行审核委员会审核工作;或者伪造、变造发行人或其董事、监事、高级管理人员的签字、盖章。

(4)本次报送的发行申请文件有虚假记载、误导性陈述或者重大遗漏。

(5)涉嫌犯罪被司法机关立案侦查,尚未有明确结论意见。

(6)严重损害投资者合法权益和社会公共利益的其他情形。

(四)财务与会计方面的规范

发行人应资产质量良好、资产负债结构合理、赢利能力较强、现金流量正常、依法纳税、会计基础工作规范、内部控制有效、关联交易价格公允,不存在重大偿债风险以及影响持续经营的担保、诉讼以及仲裁等重大或有事项。发行人的财务状况还应当符合下列条件：

（1）最近3个会计年度净利润均为正数且累计超过人民币3 000万元，净利润以扣除非经常性损益前后较低者为计算依据。

（2）最近3个会计年度经营活动产生的现金流量净额累计超过人民币5 000万元；或者最近3个会计年度营业收入累计超过人民币3亿元。

（3）发行前股本总额不少于人民币3 000万元。

（4）最近一期期末无形资产（扣除土地使用权、水面养殖权和采矿权等后）占净资产的比例不高于20%。

（5）最近一期期末不存在未弥补亏损。

股份有限公司在公开发行股票后，若拟申请其股票在证券交易所上市交易，《证券法》要求股份有限公司申请股票上市必须符合四个条件：第一，股票经国务院证券监督管理机构核准已公开发行；第二，公司股本总额不少于人民币3 000万元；第三，公开发行的股份达到公司股份总数的25%以上，公司股本总额超过人民币4亿元的，公开发行股份的比例为10%以上；第四，公司最近3年无重大违法行为，财务会计报告无虚假记载。证券交易所可以规定高于前款规定的上市条件，并报国务院证券监督管理机构批准。此外，我国要求首次公开发行的股票并上市的公司发行股票还应当由保荐机构保荐。

第三节　公开发行股票公司首次披露的内容

企业在改制和上市期间所应公开披露的信息主要是公司的招股说明书和上市公告书，这也是公开发行股票公司首次披露体系的重要内容。

一、招股说明书

上市公司招股说明书是指股份有限公司在向社会公众筹集股份时，由发起人起草，就发行中的有关事项向社会公众公开披露的书面报告。该书面报告从法律角度而言，是向特定或非特定投资人提出购买或销售其股票的要约或要约邀请的法律文件。招股说明书至少应当记载以下内容：

1. 封面、目录、释义

招股说明书封面应标有“××公司首次公开发行股票招股说明书”字样，并载明发行人、保荐人、主承销商的名称和住所。招股说明书的目录应标明各章、节的标题及相应的页码，内容编排也应符合通行的中文惯例。发行人应对可能造成投资者理解障碍及有特定含义的术语作出释义。

2. 概览

概览是对招股说明书全文的扼要提示。概览中发行人应披露发行人及其控股股东、实际控制人的简要情况，发行人的主要财务数据及主要财务指标，本次发行情况及募集资金用途的扼要提示。并注意提醒投资者做出投资决策前，应认真阅读招股说明书全文。

3. 本次发行概况

发行人应披露本次发行的基本情况，包括股票种类、每股面值、发行股数、占发行后总股本的比例、每股发行价、标明计算基础和口径的市盈率、预测净利润及发行后每股收益、发行前和发行后每股净资产、标明计量基础和口径的市净率、发行方式与发行对象、承销方式、预计募集资金总额和净额、发行费用概算等。

4. 风险因素

发行人应当遵循重要性原则，按顺序披露可能直接或间接对发行人生产经营状况、财务状况和持续赢利能力产生重大不利影响的所有因素。发行人应针对自身的实际情况，充分、准确、具体地描述相关风险因素，并做出定量分析，无法进行定量分析的，应有针对性地做出定性描述。有关风险因素可能对发行人生产经营状况、财务状况和持续赢利能力有严重不利影响的，应作"重大事项提示"。

5. 发行人基本情况

这包括发行人注册的基本情况、发行人改制重组情况、发行人的股本形成及重大资产重组情况、发行人的组织结构图、发行人控股及参股子公司情况、发行人股东基本情况、发行人股本情况、员工及其社会保障情况、持有发行人5%以上股份的主要股东及作为股东的董事、监事及高管人员的重要承诺。

6. 业务和技术

这包括发行人主营业务及其变化情况、发行人所处行业的基本情况、发行人的竞争地位、发行人的主营业务、与主要业务相关的固定资产和无形资产、重要特许权利、发行人的技术水平与研发、发行人的质量管理等情况。

7. 同业竞争与关联交易

发行人应披露是否存在与控股股东、实际控制人及其控制的其他企业从事相同、相似业务的情况。发行人应披露控股股东、实际控制人做出的避免同业竞争的承诺。发行人应根据《公司法》和《企业会计准则》的相关规定披露关联方、关联关系和关联交易。

8. 董事、监事、高级管理人员与核心技术人员

发行人应披露董事、监事、高级管理人员与核心技术人员简介，现任董事、监事、高级管理人员、核心技术人员及其近亲属持有本公司股份的情况，公司董事、监事、高级管理人员与核心技术人员的对外投资情况，公司董事、监事、高级管理人员及核心技术人员的薪酬情况，公司董事、监事、高级管理人员及核心技术人员兼职情况，公司与董事、监事、高级管理人员及核心技术人员相互之间存在的亲属关系，公司与董事、监事、高级管理人员及核心技术人员的协议，近三年董事、监事和高级管理人员的变动情况。

9. 公司治理

这包括发行人股东大会等制度的建立健全及运行情况，发行人最近三年违法违规行为情况，发行人最近三年资金被控股股东、实际控制人及其控制的其他企业占用的情况，管理层对内部控制制度的自我评价及会计师意见。

10. 财务会计信息

这包括近三年经审计的财务报表主要数据、财务报表编制的基础、合并报表范围及变化情况、主要会计政策和会计估计、税项、非经常性损益、主要资产情况、主要债务及股东权益、现金流量、财务报表附注中的重要事项、近三年的主要财务指标、股票境外发行上市的差异调节、资产评估情况、历次验资情况。

如果发行人认为提供盈利预测报告将有助于投资者对发行人及投资于发行人的股票做出正确判断，且发行人确信有能力对最近的未来期间的盈利情况做出比较切合实际的预测，发行人可以披露盈利预测报告。发行人披露盈利预测报告的，应声明："本公司盈利预测报告是管理层在最佳估计假设的基础上编制的，但所依据的各种假设具有不确定性，投资者进行投资决

策时应谨慎使用。"需要编制合并财务报表的发行人,应分别编制母公司盈利预测表和合并盈利预测表。盈利预测说明应包括编制基准、所依据的基本假设及其合理性、与盈利预测数据相关的背景及分析资料等。盈利预测数据包含了特定的财政税收优惠政策或非经常性损益项目的,应特别说明。

11. 管理层讨论与分析

这包括报告期财务状况分析、近三年的业务进展与赢利能力分析、资本性支出分析、对公司财务状况和赢利能力的未来趋势分析。

12. 业务发展目标

这包括业务发展计划、发展计划的假设条件和面临的主要困难、发展计划与现有业务和募集资金运用的关系。

13. 募集资金运用

这包括募集资金运用计划、募集资金投资项目情况、本次募集资金运用对公司财务状况和经营成果的影响。

14. 股利分配政策

这包括股利分配政策、近三年的股利分配情况、本次发行前未分配利润的分配政策。

15. 其他重要事项

这包括信息披露制度及投资者服务计划、重要合同、重大诉讼或仲裁事项、关联人的重大诉讼或仲裁、刑事起诉或行政处罚。

16. 董事、监事、高级管理人员及有关中介机构声明

发行人及其全体董事、监事和高级管理人员应当在招股说明书上签字、盖章,保证招股说明书的内容真实、准确、完整;保荐人及保荐代表人应当对招股说明书的真实性、准确性、完整性进行核查,并在核查意见上签字、盖章;发行人的律师及其律师事务所应在招股说明书中签字、盖章,声明招股说明书及其摘要引用的法律意见书和律师工作报告的内容无异议,确认招股说明书不致因上述内容而出现虚假记载、误导性陈述或重大遗漏,并对其真实性、准确性和完整性承担相应的法律责任;会计师事务所及其签字注册会计师也应在招股说明书中签字、盖章,确认招股说明书及其摘要与会计师事务所出具的审计报告、内部控制鉴证报告及经会计师事务所核验的非经常性损益明细表无矛盾之处,确认招股说明书不致因出现上述内容而出现虚假记载、误导性陈述或重大遗漏,并对其真实性、准确性和完整性承担相应的法律责任。

17. 备查文件

招股说明书结尾应列明备查文件,发行人应在备查文件中披露招股说明书全文和备查文件的查阅方式。招股说明书中引用的财务报表在其最近一期截止日后 6 个月内有效。特别情况下发行人可申请适当延长,但至多不超过 1 个月。财务报表应当以年度末、半年度末或者季度末为截止日。招股说明书的有效期为 6 个月,自中国证监会核准发行申请前招股说明书最后一次签署之日起计算。

二、上市公告书

上市公告书是发行人于公司所发行的股票在交易所正式挂牌交易之前,向公众公告关于股票获准在证券交易所交易之后,股票进入市场流通有关事项的信息披露文件。上市公告书

应包括以下几个部分内容[①]：

(1)重要声明与提示；

(2)概览；

(3)绪言；

(4)发行人概况；

(5)股票发行与股本结构；

(6)董事、监事、高级管理人员及核心技术人员；

(7)同业竞争及关联交易；

(8)财务会计资料；

(9)其他重要事项；

(10)董事会上市承诺；

(11)上市推荐人及其意见。

发行人对以上列举的各项内容应当进行披露，此外，还可根据自身的实际情况，修改或增加其他必要内容。

若公司较快地完成了发行工作，在企业招股说明书的有效期内(一般为 6 个月)发布上市公告书，也即上市公告书与招股说明书刊登的财务资料在时间上一致，那么上市公告书可沿用招股说明书上的会计资料，只需说明公司对股票上市的决议情况；上市公告书如与招股说明书刊登的财务报表在审计时间上不一致时，则应在上市公告书中刊登经注册会计师审核的近期财务报表以及相关的会计资料。需要注意的是，招股说明书的公布标志着公司已成为可在社会公众发行股票的股份有限公司，而上市公告书的公布则标志着公司已真正成为股票上市公司。

第四节　公开发行股票公司持续披露的内容

公司上市后，进入正常经营阶段，为了让信息使用者及时了解公司的经营和财务情况，通过定期报告和临时报告不断向信息使用者进行披露。每个会计期间都应对外提供定期报告，定期报告包括年度报告和中期报告。除此之外，公开发行股票公司若发生投资者尚未得知的重大事件和对外收购事件，且该事件可能会对公开发行股票公司股票交易价格和投资者决策产生较大影响的，公开发行股票公司应立即将有关该重大事件的情况向证监会和证券交易所提交临时报告，并予以公告，说明事情的实质。本章只介绍年度报告、临时报告。中期报告的内容详见本书第八章中期财务报告及分部报告。

一、公开发行股票公司的年度报告

年度报告是公司对一定期间内财务状况、经营成果和现金流量的正式和详细报告，是公司按照有关法律、法规必须向社会公众定期披露的主要文件。根据规定，公开发行股票公司应当在每个会计年度报告结束后 4 个月内编制完成年度报告，经审计后向证监会提交，并在指定的媒体披露年度报告摘要和在指定的网站披露其全文。按证监会最新修订的《公开发行证券公司信息披露内容与格式准则第 2 号——年度报告》的规定，年度报告的主要内容包括：

① 因“招股说明书”已较详细介绍相关内容，故此处“上市公告书”略。

(1)重要提示和目录；

(2)公司基本情况简介；

(3)会计数据和业务数据摘要；

(4)股本变动及股东情况；

(5)董事、监事、高级经理人员和员工情况；

(6)公司治理结构；

(7)股东大会简介；

(8)董事会报告；

(9)监事会报告；

(10)重要事项；

(11)财务报告①；

(12)备查文件。

公司董事会、监事会及董事、监事、高级管理人员应保证提供的财务报告不存在虚假记载、误导性陈述或重大遗漏，并就财务报告的真实性、准确性、完整性承担个别和连带的法律责任。公司董事、高级管理人员应当对定期报告签署书面确认意见，监事会应当提出书面审核意见，说明董事会的编制和审核程序是否符合法律、行政法规和中国证监会的规定，报告的内容是否能够真实、准确、完整地反映上市公司的实际情况。董事、监事、高级管理人员对定期报告内容的真实性、准确性、完整性无法保证或者存在异议的，应当陈述理由和发表意见，并予以披露。公司提供的财务报表应加盖公司公章，由公司法定代表人、主管会计工作的公司负责人、公司会计机构负责人(会计主管人员)签名并盖章。若公司设置总会计师的，总会计师应签名并盖章。公司年度财务报告应由具有证券期货相关业务资格的会计师事务所审计，有关审计报告由上述会计师事务所盖章及由两名或两名以上注册会计师签名盖章。

二、公开发行股票公司的临时报告

临时报告是指公开发行股票公司按有关法律法规及规则规定，在发生重大事项时须向投资者和社会公众披露的信息，是公开发行股票公司持续信息披露义务的重要组成部分。当发生可能对上市公司股票的市场价格产生较大影响，而投资人尚未得知的重大事件时，上市公司应当立即将有关该重大事件的报告提交证券交易所和证监会，并向社会公布，说明事件的实质。但是，上市公司有充分理由认为向社会公布该重大事件会损害上市公司的利益，且不公布也不会导致股票市场价格重大变动的，经证券交易所同意，可以不予公布。所谓重大事件，包括下列情况：

(1)公司的经营方针和经营范围的重大变化。

(2)公司的重大投资行为和重大的购置财产的决定。

(3)公司订立重要合同，可能对公司的资产、负债、权益和经营成果产生重要影响。

(4)公司发生重大债务和未能清偿到期重大债务的违约情况，或者发生大额赔偿责任。

(5)公司发生重大亏损或者重大损失。

(6)公司生产经营的外部条件发生重大变化。

---

① 财务报告是由会计人员完成的主要内容，其由审计报告、会计报表和会计报表附注等构成，该部分内容属于中级财务会计知识点。

(7)公司的董事、1/3以上监事或者经理发生变动;董事长或者经理无法履行职责。

(8)持有公司5%以上股份的股东或者实际控制人,其持有股份或者控制公司的情况发生较大变化。

(9)公司减资、合并、分立、解散及申请破产的决定,或者依法进入破产程序,被责令关闭。

(10)涉及公司的重大诉讼、仲裁,股东大会、董事会决议被依法撤销或者宣告无效。

(11)公司涉嫌违法违规被有权机关调查,或者受到刑事处罚、重大行政处罚;公司董事、监事、高级管理人员涉嫌违法违纪被有权机关调查或者采取强制措施。

(12)新公布的法律、法规、规章、行业政策可能对公司产生重大影响。

(13)董事会就发行新股或者其他再融资方案、股权激励方案形成相关决议。

(14)法院裁决禁止控股股东转让其所持股份,任一股东所持公司5%以上股份被质押、冻结、司法拍卖、托管、设定信托或者被依法限制表决权。

(15)主要资产被查封、扣押、冻结或者被抵押、质押。

(16)主要或者全部业务陷入停顿。

(17)对外提供重大担保。

(18)获得大额政府补贴等可能对公司资产、负债、权益或者经营成果产生重大影响的额外收益。

(19)变更会计政策、会计估计。

(20)因前期已披露的信息存在差错、未按规定披露或者虚假记载,被有关机关责令改正或者经董事会决定进行更正。

(21)中国证监会规定的其他情形。

另外,涉及上市公司的收购、合并、分立、发行股份、回购股份将导致上市公司股本总额、股东、实际控制人等发生重大变化的,应该按照相关的规定进行披露。当公司证券及其衍生品种交易被中国证监会或者证券交易所认定为异常交易的,上市公司应当及时了解造成证券及其衍生品种交易异常波动的影响因素,并应及时披露。此外,公司在配股和发放股利时,也要单独进行公告说明。

上市公司履行临时报告披露义务注意贯彻及时性原则。从上市公司的角度来看,及时披露重要信息,可使公司发生的重大事项和变化及时通知市场,使公司股价及时依据新的信息做出调整,以保证证券市场的连续和有效;从投资者的角度来看,及时披露可使投资者依据最新信息及时做出理性投资决策,避免因信息不灵而遭受损失;从社会监管的角度来看,及时披露可缩短信息处于未公开阶段的时间,缩短内幕人士可能进行内幕交易的时间,减少监管的难度和成本。我国对上市公司临时报告的及时性进行较为严格的规定,要求上市公司应当在最先发生的以下任一时点,及时履行重大事件的信息披露义务:

(1)董事会或者监事会就该重大事件形成决议时。

(2)有关各方就该重大事件签署意向书或者协议时。

(3)董事、监事或者高级管理人员知悉该重大事件发生并报告时。

在前款规定的时点之前出现下列情形之一的,上市公司应当及时披露相关事项的现状、可能影响事件进展的风险因素:

(1)该重大事件难以保密。

(2)该重大事件已经泄露或者市场出现传闻。

(3)公司证券及其衍生品种出现异常交易情况。

关于临时报告的日常监管，我国实行的是由证券交易所进行事前审核的制度，对部分交易所同意免于事前审核的上市公司的临时报告应实行事前登记、事后审核制度。

三、年度报告与其他信息披露的异同

公司的年度报告与招股说明书、上市公告书、中期报告、临时报告的异同点可简述如下：

(一)年度报告与招股说明书、上市公告书的异同

年度报告与招股说明书、上市公告书的相同之处在于：财务报告的编制方式和注释方式相同；各种指标的计算口径和计算方法相同；对有关资料的审计要求相同；盈利预测报告的编制基础、假设条件和编制方法相同；等等。

年度报告与招股说明书、上市公告书的不同之处在于：

1. 服务的对象不同

招股说明书对股票一级市场编制，是股东购买股票时最重要的信息来源；上市公告书对股票二级市场编制，是股票在市场上流通的最主要信息来源；而年度报告主要针对现有的股东，是公司股票上市后经营管理当局做出的年度经营情况汇报，从其作用来看，它又是进行股东利益分配的依据。招股说明书面向股票一级市场，上市公告书面向股票二级市场，而年度报告则主要面向公司现有股东。

2. 报出的时间不同

招股说明书发布的时间近于股票获准发行的时间，上市公告书公布的时间近于股票挂牌交易日，而年度报告公布的时间是在每个会计年度结束后四个月内。

3. 编制目的不同

招股说明书和上市公告书披露的信息基本上是全面介绍公司的结构和历史的资料，目的是让社会公众了解本公司的情况，从而向社会公众募集股份，让"外人"了解公司促其成为"自家人"。而年度报告则基本上是让"自家人"知道本公司的近况，编制的主要目的是让公司现有股东了解本公司的经营情况及应得的利益，知道自身该得多少利益及在"外人"成为"自家人"方面起着很重要的作用。

(二)年度报告与中期报告的异同

年度报告与中期报告相同之处在于：均是对一定时期公司经营情况的总结，核心资料都是企业的会计数据，报告涉及的内容、解释的方式基本都是一致的。

年度报告与中期报告不同之处在于：年度报告的内容比中期报告的内容丰富、复杂，且报告的时间不同。年度报告的各种数据资料一定要经审计人员审查验证，但各国法规一般都未对中期报告经注册会计师的审计提出要求。

(三)年度报告与临时报告的异同

年度报告与临时报告相同之处在于：从报告文件的性质来看，二者都是属于公司在经营期间须对外披露的信息。

年度报告与临时报告不同之处在于：

1. 内容不同

年度报告是年度公司经营情况的总结，其核心是公司经营的业绩，所运用的资料主要是会计资料，其他资料主要是对会计资料所作的说明、解释；而临时报告的内容是公司发生的重大事件和收购事件，其中的会计资料只起解释和说明的作用。

2. 报出的时间不同

年度报告报出的时间固定，而临时报告报出的时间取决于公司重大事件和收购事件发生的时间。

3. 编制目的不同

年度报告编制的主要目的是让广大股东了解公司的经营情况及应得的利益，而临时报告编制的主要目的是防止少数人垄断信息，牟取暴利，以维护股票市场的公开、公平和公正的原则。

第五节　公开发行股票公司信息披露的法律责任主体和监管

一、公开发行股票公司信息披露中的法律责任主体

公开发行股票公司及管理当局和中介机构是会计信息披露过程中的法律责任主体。

(一)公开发行股票公司董事、监事、高级管理人员的职责

公开发行股票公司董事、监事、高级管理人员应当勤勉尽责，关注信息披露文件的编制情况，保证定期报告、临时报告在规定期限内披露，并对公司信息披露的真实性、准确性、完整性、及时性、公平性负责；公开发行股票公司董事长、经理、董事会秘书，应当对公司临时报告信息披露的真实性、准确性、完整性、及时性、公平性承担主要责任；公开发行股票公司董事长、经理、财务负责人应对公司财务报告的真实性、准确性、完整性、及时性、公平性承担主要责任。《上市公司证券发行管理办法》要求公开发行股票公司全体董事、监事、高级管理人员应在公开募集证券说明书上签字，保证不存在虚假记载、误导性陈述或者重大遗漏，并声明承担个别和连带的法律责任；公开发行股票公司的董事会秘书负责组织和协调公司信息披露事务，汇集公开发行股票公司应予披露的信息并报告董事会；公开发行股票公司的监事应当对公司董事、高级管理人员履行信息披露职责的行为进行监督，关注公司信息披露情况，发现信息披露存在违法违规问题的，应当进行调查并提出处理建议。

(二)保荐人、证券服务机构的职责

为信息披露义务人履行信息披露义务出具专项文件的保荐人、证券服务机构，应当勤勉尽责、诚实守信，按照依法制定的业务规则、行业执业规范和道德准则发表专业意见，保证所出具文件的真实性、准确性和完整性，确认信息披露义务人披露的信息不存在虚假记载、误导性陈述或者重大遗漏，并声明承担相应的法律责任；为证券发行出具专项文件的注册会计师、资产评估人员及其所在机构，应当按照本行业公认的业务标准和道德规范出具文件，并声明对所出具文件的真实性、准确性和完整性承担责任。注册会计师应当秉承风险导向审计理念，严格执行注册会计师执业准则及相关规定，完善鉴证程序，科学选用鉴证方法和技术，充分了解被鉴证单位及其环境，审慎关注重大错报风险，获取充分、适当的证据，合理发表鉴证结论。资产评估机构应当恪守职业道德，严格遵守评估准则或者其他评估规范，恰当选择评估方法，评估中提出的假设条件应当符合实际情况，对评估对象所涉及交易、收入、支出、投资等业务的合法性、未来预测的可靠性取得充分证据，充分考虑未来各种可能性发生的概率及其影响，形成合理的评估结论。

另外，媒体应当客观、真实地报道涉及上市公司的情况，发挥舆论监督作用。任何机构和个人不得提供、传播虚假或者误导投资者的上市公司信息。任何机构和个人泄露上市公司内幕信息，或者利用内幕信息买卖证券及其衍生品种，将承担相应责任。

二、公开发行股票公司信息披露中的监管和处罚

目前，我国对上市公司信息披露进行监管的部门主要是证监会、深沪证券交易所及中国注册会计师协会。

(一)中国证监会是最权威的监管者

中国证监会依法对信息披露文件及公告的情况、信息披露事务管理活动进行监督，对上市公司控股股东、实际控制人和信息披露义务人的行为进行监督。中国证监会有权对上市公司的股东、实际控制人、收购人及其董事、监事、高级管理人员违规行为采取责令改正、监管谈话、出具警示函、将其违法违规及不履行公开承诺等情况记入诚信档案并公布、将相关人员认定为不适当人选等监管措施。若发行人、上市公司或者其他信息披露义务人未按照规定披露信息，或者所披露的信息有虚假记载、误导性陈述或者重大遗漏的，或通过隐瞒关联关系或者采取其他手段，规避信息披露、报告义务的，由中国证监会责令改正，给予警告，处以30万元以上60万元以下的罚款。对直接负责的主管人员和其他直接责任人员给予警告，并处以3万元以上30万元以下的罚款。发行人、上市公司或者其他信息披露义务人未按照规定报送有关报告，或者报送的报告有虚假记载、误导性陈述或者重大遗漏的，由证券监督管理机构责令改正，处以30万元以上60万元以下的罚款。对直接负责的主管人员和其他直接责任人员给予警告，并处以3万元以上30万元以下的罚款。

为信息披露义务人履行信息披露义务出具专项文件的保荐人、证券服务机构及其人员，违反《证券法》、行政法规和中国证监会的规定，由中国证监会依法采取责令改正、监管谈话、出具警示函、记入诚信档案等监管措施；应当给予行政处罚的，中国证监会依法处罚。国家工作人员、传播媒介从业人员和有关人员编造、传播虚假信息，扰乱证券市场的，由中国证监会责令改正，没收违法所得，并处以违法所得1倍以上5倍以下的罚款；没有违法所得或者违法所得不足3万元的，处以3万元以上20万元以下的罚款。

上市公司及其他信息披露义务人有违法行为，情节严重的，中国证监会可以对有关责任人员采取证券市场禁入的措施；涉嫌犯罪的，依法移送司法机关，追究刑事责任。

(二)深沪交易所处于一线监管的地位

证券交易所应当根据有关法律、行政法规、部门规章以及证券交易所股票上市规则的相关规定，对上市公司信息披露文件进行形式审核，对定期报告实行事前登记、事后审核；对临时报告依不同情况实行事前审核或者事前登记、事后审核，但对其内容的真实性不承担责任。证券交易所应督促上市公司及其他信息披露义务人依法及时、准确地披露信息。对上市公司董事、监事、高级管理人员等违规行为，可以视情节轻重给予通报批评、公开谴责、公开认定其不适合担任上市公司董事、监事、高级管理人员等惩戒。

(三)中国注册会计师协会的间接监管

中国注册会计师协会对上市公司信息披露的监管较为间接，主要是通过对会计师事务所的监督和管理来实现。根据《注册会计师法》和《中国注册会计师协会章程》的规定，中国注册会计师协会的主要职责是：审批和管理本会会员，指导地方注册会计师协会办理注册会计师注册；拟订注册会计师执业准则、规则，监督、检查实施情况；组织对注册会计师的任职资格、注册会计师和会计师事务所的执业情况进行年度检查；制定行业自律管理规范，对违反行业自律管理规范的行为予以惩戒；组织实施注册会计师全国统一考试；组织和推动会员培训工作；组织业务交流，开展理论研究，提供技术支持；开展注册会计师行业宣传；协调行业内、外部关系，支

持会员依法执业,维护会员合法权益;代表中国注册会计师行业开展国际交往活动;指导地方注册会计师协会工作;办理法律、行政法规规定和国家机关委托或授权的其他有关工作。

本章小结

本章主要阐述公开发行股票公司信息披露的意义及披露框架、要求和格式。我国公开发行股票公司的信息披露有首次披露、定期披露、临时披露和其他披露。其中,首次披露有招股说明书和上市公告书,定期披露有年度报告和中期报告,临时披露主要是对上市公司股票的市场价格产生较大影响而投资人尚未得知的重大事件履行披露义务。在此基础上,特别介绍了公开发行股票公司信息披露中的监管和处罚问题。

本章思考题

1. 简述我国证券市场信息披露的基本框架,你认为还有哪些地方需要完善?
2. 你认为我国目前情况下,自愿披露会计信息是否可行?说明你的理由。
3. 企业股份制改制上市应经过哪些步骤?其关键环节有哪些?
4. 试说明招股说明书与上市公告书的相同点与不同点。
6. 试说明年度报告与其他信息披露的相同点与不同点。

本章业务题

1. 在上海证券交易所网页上,查找出一家公司的招股说明书,并分析其与深圳证券交易所要求的有何不同。
2. 在上海证券交易所网页上,查找出一家公司的上市公告书,并分析其与深圳证券交易所要求的有何不同。
3. 在上海证券交易所网页上,查找出一家公司的年度报告、中期报告,运用你已有的会计专业知识,分析它们之间的勾稽关系是否正确。
4. 在上海证券交易所网页上,查找出一家公司的重大事件的临时公告,并对公告前后的股价波动进行分析和评价。

本章参考文献

1. 第十届全国人民代表大会常务委员会:《中华人民共和国证券法》(修订),2005 年 10 月 27 日
2. 第十届全国人民代表大会常务委员会:《中华人民共和国公司法》(修订),2005 年 10 月 27 日
3. 中国证券监督管理委员会:《首次公开发行股票并上市管理办法》,2006 年 5 月 17 日
4. 中国证券监督管理委员会:《上市公司信息披露管理办法》,2007 年 1 月 30 日
5. 中国证券监督管理委员会:《公开发行证券的公司信息披露内容与格式准则第 1 号——招股说明书》,2006 年 5 月 18 日
6. 中国证券监督管理委员会:《公开发行证券的公司信息披露内容与格式准则第 15 号——财务报告的一般规定》(2010 年修订),2010 年 1 月 11 日
7. 深圳证券交易所:《股票上市公告书内容与格式指引》(2012 年 2 月修订)
8. 荣莉、彭晓洁:《高级财务会计》,中国财政经济出版社,2017 年

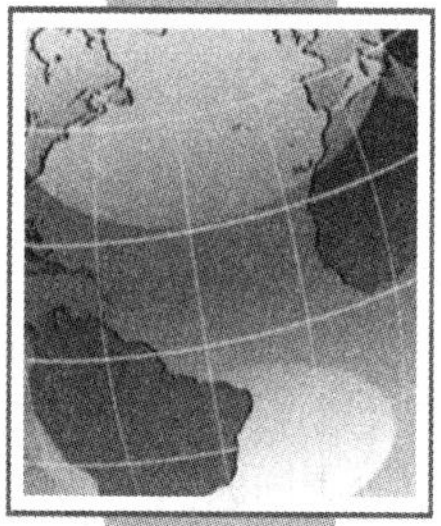

第十章 物价变动会计

案例导入

华西公司是一家国有企业，成立于20世纪60年代，经过几十年的发展，在业内颇有名气。金融危机以来，由于通货膨胀居高不下等原因，企业账面上留有很多利润，然而却没有足够的资金购置新的技术和机器设备。公司里新来的财务人员小张提出，公司的账面有很多利润，却无法满足公司购置新设备的资金需求，这是因为现有的历史成本信息已经无法充分地提供与决策相关的信息了。要想提供足够的决策相关信息，必须意识到通货膨胀及物价变动对企业会计信息质量的影响。经过深思熟虑之后，公司领导采纳了小张的建议，决定自2008年起在年度报告中提供反映物价变动的会计信息。提出此建议的小张接到任务后，高兴的同时却又为难起来。原来，可以系统消除物价变动影响的会计模式有三种，而小张在学校学习时并没有重视对物价变动会计这部分内容的学习，所以具体操作起来还是有相当难度的。

亲爱的同学们，伴随着经济的增长我国的物价也节节攀升，你是否和小张一样开始意识到物价变动对会计信息质量的影响呢？那么，在意识到物价变动的重要性之后，你认为财务人员小张要采用什么模式提供物价变动会计的信息？又将如何完成对相关会计报表的调整，以便最终实现会计报表真实反映财务状况和经营成果这一会计目标？让我们带着这些问题一起进入本章的学习吧。

学习目的与要求

物价变动作为一种普遍的经济现象，在商品经济中是不可避免的，而物价变动对传统的历史成本会计有着较大的影响，妨碍了财务会计工作者对其职能的履行。因此，如何面对物价变动这一现实，恰当地解决物价变动引发的会计理论问题，消除物价变动对会计实务的严重影响，已成为财务会计讨论的热点。

物价变动会计是会计理论与实践的重要组成部分，对于解决由于物价变动所导致的会计信息失真问题，起着不可替代的作用。通过本章的学习，了解什么是物价变动会计及物价变动对会计的影响，重点掌握物价变动会计模式中一般物价会计模式和现行成本会计模式的理论基础及核算方法。

有目共睹，近年来我国的经济正以较快的速度增长，与此同时，我国的物价也伴随着经济的增长迅速地发生着变动。尤其是随着科技时代的到来，金融工具以及衍生金融工具的出现，使得传统会计模式下的会计信息远远无法反映出企业真实的财务状况和经营成果。我国对物价变动的研究和讨论起于20世纪70年代末，但是出于企业会计准则乃至经济大环境等诸多因素的阻碍，直至今天，我国尚未出台整套的、系统的物价变动会计准则。值得欣慰的是，实务中已经大致建立了物价变动时会计核算的调整方法，且2006年颁布的《企业会计准则第19号——外币折算》(CAS19)中明确要求对涉及恶性通货膨胀经济情况下的外币财务报表进行折算时，需要对财务报表进行重述。我国在物价变动对会计的影响问题上所做出的种种思考与实践，表明我国对物价变动会计的重视程度日益加深。

第一节　物价变动会计概述

日常生活中，我们总会因为各种需求而进行各种消费，如果细心，便会发现同一件物品的价格不是一成不变的，总是会发生或大或小的变化。实际上，造成物价变动的原因有很多，比如劳动生产率的提高、新技术革命的影响、货币价值的变动、供求关系的变化以及竞争和垄断等。我国在 20 世纪 90 年代时便意识到了物价变动对会计信息相关性、可比性和可靠性的影响，成立了物价变动研讨会进行研讨。

一、物价变动会计的产生与发展

19 世纪末，美国的物价水平持续下降，这引起了政府管理部门的高度重视，他们在对铁路部门进行税收时提出，采用历史成本会计会低估铁路部门的利润，然而铁路部门却坚持认为采用历史成本会计是正确的选择。不久，第一次世界大战爆发，随着战争的平息，美国的物价迅速上涨。在税收问题上，政府管理部门和铁路部门再次出现分歧，这一次，他们却互相拥立对方原来的观点。与此同时，欧洲各国也纷纷开始出现高通货膨胀的现象，这使得各国不得不开始关心起物价变动会计，尤其是在德国，出现了大量的争论，但最终却没有制定出相应的会计规范。直到第二次世界大战以后，由于普遍的通货膨胀等因素才使得物价变动会计再次成为西方国家关注的焦点。之后，便出现了与物价变动会计相关的会计准则。例如，1979 年美国财务会计准则委员会(FASB)颁布了财务会计准则第 33 号(SFAS33)，1980 年英国会计准则委员会(ASC)颁布了标准会计实务公告第 16 号(SSAP16)。目前颁布最早的有关物价变动的国际会计准则是 1977 年颁布的国际会计准则第 6 号(IAS6)。1981 年，国际会计准则颁布了更为具体的 IAS15 取代 IAS6。但在 2001 年，国际会计准则委员会宣布，从 2005 年 1 月 1 日开始，撤销第 15 号会计准则(IAS15)。国际会计准则委员会撤销第 15 号国际会计准则的理由是："作为其技术项目初始议程的一部分，将启动一个项目对若干准则进行更改，其中包括《国际会计准则第 15 号——反映物价变动影响的信息》。改进项目是根据证券监管机构、职业会计师和其他利益相关方面提出的与准则有关的质疑和批评意见实施的。改进项目的目标是减少和消除准则中的备选方法、矛盾和重复，解决一些协调问题，并进行其他改进。"国际会计准则委员会也没有忽视个别国家通货膨胀较为严重的情况，于1989年 7 月发布了国际会计准则第 29 号(IAS29)，并于此准则中对物价变动会计的适用范围及财务报表的重新表述都作出了具体的规定。

目前物价变动水平会计的前景仍旧不够明朗。虽然在物价持续变动的环境下，历史成本会计由于不同会计项目的计价方式不同，其结果缺乏经济分析逻辑意义上的一致性，但物价变动会计却始终不能取代历史成本会计。目前，国际上也只有拉丁美洲国家由于经历高通货膨胀而采用物价变动会计，且通常采用的是一般物价水平会计。大多数国家一般将物价变动会计信息作为辅助信息或者对于部分行业使用物价变动会计。目前我国的会计计量一直保持历史成本计量模式，但随着我国企业会计准则及经济业务不断地与国际接轨，在借鉴国外一些先进的会计方法的基础上，我国业内专家在传统的财务会计体系下提出了一系列减轻物价变动影响的方法，如对存货计价中采用成本与市价孰低法、对固定资产采用加速折旧法等，或者建议根据企业的类型采用相应的物价变动会计模式。

二、物价变动的含义及分类

顾名思义，物价变动就是指商品或是劳务价格的上涨或者下跌，也就是说，在同一市场条件下，商品的价格随时间的变化而变化。一般而言，商品价格是由其价值决定的，商品的价格是商品价值的货币表现，因此物价变动实际上是商品价值的变动。而物价变动会计就是指利用一定的物价资料，采用相应的会计程序和方法，对企业传统的会计模式和会计报表做出相应的调整，以反映或消除物价变动对会计信息的影响。

根据物价变动发生的范围，可将其分为个别物价变动和一般物价变动。个别物价变动是指某一具体的商品在同一市场不同时期的价格变化，一般物价变动则指某一时期商品价格整体水平的变化。二者的关系是个别与一般的关系。一般物价变动以个别物价变动为基础，又反过来对个别物价施加影响。与此同时，一般物价变动是一种宏观现象，具有普遍性的特点。

物价变动一般通过物价指数来衡量。个别物价指数反映个别物价变动状态，一般物价指数反映社会一般物价的变动水平。个别物价指数的计算公式为：

个别物价指数＝报告期选定商品单价/基期选定商品单价

在实际操作中，如果对所有商品的物价变动指数都进行计算，那么工作量大、操作不便。因此，通常选择销售量大、价格变动趋势具有代表性的商品，及其在社会销售商品销售总量中所占的比重作为计算一般物价指数的权数，计算出各类商品的物价变动对物价变动水平的影响。

三、物价变动对会计的影响

传统会计一直采用历史成本的会计模式，即以币值不变作为前提，以历史成本为计价基础。然而，在现实的经济发展过程中，物价的变动是不可避免的。物价变动对现行会计理论和会计实务产生了极大的冲击。在会计理论方面，由于通货膨胀和通货紧缩的存在，基本上否定了币值不变的假设，物价大幅上涨或下跌时，历史成本原则便失去了现实依据，物价变动动摇了会计的计量属性；在会计实务方面，物价变动导致企业会计报表不能真实地反映企业的财务状况和经营成果，也无法反映投入资本的保全情况。

(一)物价变动对计量原则的冲击

历史成本原则也称原始成本原则或实际成本原则，是指对会计要素的记录应以经济业务发生时取得的成本为标准进行计量计价。按照会计计量的这一要求，资产的取得、耗费和转换都应按照取得资产时的实际支出进行计量计价和记录；负债的取得和偿还也应按照取得负债的实际支出进行计量计价和记录。资产除去负债所得的所有者权益自然也是按历史成本计价的。在现实经济条件下，当物价较为稳定时，按照历史成本计价，能防止会计计量的随意性，使会计信息真实可靠，便于了解和比较。但是，当物价变动较为频繁且波动较大时，按历史成本原则计量所得到的会计信息就难以保证其客观性和可靠性。例如，某公司 2015 年初时购入一项原值为600 000元的固定资产，并按年限平均法计提折旧，可使用年限为 5 年。可是到 2018 年初时，该固定资产的市面价值为1 000 000元，相比原值高出400 000元，如果仍旧按照原值来计提折旧，则会造成少计资产、少摊成本，最终导致虚增企业的收益。由此可见，物价变动使得按历史成本原则进行会计计量不再客观准确，物价变动对历史成本计量的原则产生了巨大冲击。为了真实客观地反映企业的财务状况和经营成果，财务工作人员必须认识到物价变动对财务报表相关信息的影响，并及时地采取相应的措施予以消除。

(二)物价变动对币值稳定前提的影响

会计作为一个经济信息系统,主要是提供定量而不是定性的信息。这就需要我们借助特定的计量单位将会计信息进行定量处理。由于货币是价值的必然表现形式,因此,把货币确定为基本的计量单位是会计必然的选择。也只有在货币计量假设的前提下,才能使会计主体财务状况和经营成果——资产和权益的增减变动,营业收入对比成本、费用的盈利或亏损,得以正确反映。而货币计量假设规定,持续经营的会计主体进行核算时,是以采用币值稳定的货币来综合计量为前提的。

然而,在现实经济环境下,货币计量一币值不变的会计假设却是难以实现的。自我国加入WTO后,我国经济便与世界经济迅速接轨,在这个大的竞争环境下,世界各国时常通过一定的货币政策来干扰别国经济,那么货币价值的变动就在所难免了。再者,持续的物价变动也会导致货币的购买力发生变化,当货币的购买力发生变化,企业仍旧以原购买力计算得失是不合理的。

(三)物价变动使会计目标难以实现

财务会计是一个具有严密的监督和核算程序并据以进行会计计量和报告的信息系统,从决策有用观的角度出发,其目标就是对企业现实的和潜在的投资者和债权人以及其他相关信息使用者提供决策有用的信息。然而,在物价变动剧烈的情况下,会计的计量属性和计量原则都会受到严重的冲击,其计量结果的真实性难以得到保障,从而严重影响了财务会计信息的质量,使财务信息使用者无法得到真实有效的财务信息并可能据此做出错误的决策,最终导致财务会计的目标难以实现。

四、物价变动的会计计量模式

会计计量模式是由会计计量单位与会计计量属性所确定的。会计的计量单位有名义货币单位和一般购买力单位(不变币值)两种。名义货币单位是指不考虑购买力变动的货币单位;一般购买力单位是指具有相同购买力的货币单位。而会计的计量属性包括历史成本、现行成本、现行市价、可变现净值和未来现金流量现值五种。其中,最重要的是历史成本和现行成本两种。两种计量属性和计量单位相组合便出现了四种会计计量模式,其中可以系统消除物价变动影响的为以下三种模式:

(一)历史成本/不变币值货币计量模式

历史成本/不变币值货币计量模式,又称一般购买力会计模式或一般物价水平会计模式。这种模式保持历史成本会计制度不变,以不变币值取代名义货币为计量单位,通过政府有关部门公布的一般物价指数来调整原始会计报表从而消除一般物价变动对财务报告的影响。

(二)现行成本/名义货币计量模式

现行成本/名义货币计量模式,又称现行成本会计模式。这种模式与一般物价水平会计恰恰相反。它是通过保持名义货币不变,以现行成本(一般为重置成本)取代历史成本作为计量属性来消除个别商品物价变动对财务报告的影响。

(三)现行成本/不变币值货币计量模式

现行成本/不变币值货币计量模式,是以现时成本为计量基础、以不变币值货币为计量单位,是前两种模式的有效结合,其目的在于同时消除一般物价变动和个别物价变动的影响。这种模式综合了现行成本会计模式和一般物价变动会计模式的优点,使报表使用者在物价发生变动时也能对企业的会计信息有充分的了解,从而做出更加准确的决策。但其在应用过程中核算费用高、计算过程烦琐，会计信息不易为一般的使用者所理解。此外，这一会计模式的信息成本是非常高的，是否能产生足够的利益并不能得到有效的证明，会计界本身也存在着争议，故很难付诸全面实施，因此这种模式在世界范围内应用得不多。

这三种物价变动会计计量模式虽然各有不同，但其目的都是为了消除物价变动对会计的影响，改善会计信息的质量，以便给会计信息使用者提供决策有用的信息。下面对这三种计量模式进行详细介绍。

第二节 一般物价水平会计

在资产负债表中，历史成本信息披露了交易日的实际成本，却无法反映货币购买力水平的变动，尤其在物价上涨的情况下，由于货币购买力水平的变动，以原始的历史成本计量是无法准确地解析会计报表信息的。因此，我们必须采取一定的会计模式来尽量消除物价变动对会计报表信息质量的影响。与此同时，计量企业利润是编制财务报表的一个主要目的。企业为在公众心目中维持良好的形象，吸引更多的投资，显然更愿意采取使其利润较高的会计模式，而在如今物价不断上涨的形势下，历史成本/不变购买力货币单位会计模式无疑是最优也最受欢迎的选择。

一、一般物价水平会计的理论依据

一般物价水平会计是指按本期一般物价指数将历史成本会计报表中各项会计数据加以调整，从而消除一般物价水平变动的影响，按期末货币的现时购买力反映企业的财务状况和经营成果。一般物价水平会计的主要特点是在历史成本会计模式下以不变购买力货币单位代替不断贬值的货币单位。一般物价水平会计采用历史成本/不变购买力货币单位的会计模式。

这一物价变动会计模式是会计界为消除物价变动对会计信息的影响而最早提出的方案。其基本思路是仍然坚持历史成本计量属性，认为历史成本计量原则没有缺陷，物价变动对会计的影响在于没有一个稳定的可比的会计计量单位，所以要想消除物价变动对会计的影响只需放弃名义货币，以价值固定即购买力不变的货币单位作为会计计量单位即可。

由于这一模式并不反对历史成本计量的可靠性，所以在日常的会计核算方面，并不需要进行特殊的或者单独的会计处理，只需在期末时按一般物价指数对名义货币下的会计报表进行数据调整即可，不需要单独建立账户体系进行核算。

二、一般物价水平会计的基本程序和方法

一般物价水平会计的会计处理程序和方法，主要是在期末根据一般物价变动指数和传统的会计报表数据，重新编制一般物价水平报表。其基本程序包括：正确划分资产负债表中的货币性项目与非货币性项目、计算货币性项目的购买力损益、将非货币性项目的金额按一般物价指数进行调整、编制一般物价水平的会计报表。其中，计算货币性项目的购买力损益和将非货币性项目的金额按一般物价指数进行调整这两个步骤尤为重要。

(一)正确划分资产负债表中的货币性项目和非货币性项目

由于资产负债表中货币性项目和非货币性项目通常受物价变动水平的影响和表现形式不同，其调整所用的方法也不同，所以在编制一般物价水平的会计报表前，必须在资产负债表中划分货币性项目与非货币性项目。这是一般物价水平会计的第一个重要程序。

1. 货币性项目及其包括的内容

货币性项目是指其名义货币的数额不因通货膨胀而发生变动，但其货币购买力却发生变化的资产和负债项目。货币性项目主要包括货币性资产项目和货币性负债项目两类，其中货币性资产项目主要包含现金及现金等价物、将按固定金额收回的各项债权，如应收账款、应收票据、其他应收款和长期应收款等。货币性负债项目主要指按固定金额支付的应付账款、应付票据、应付职工薪酬、应交税费和长期应付款等。当物价上涨时，持有货币性资产会给企业带来购买力损失，持有货币性负债会给企业带来购买力利得。相应地，当物价下降时，持有货币性资产会给企业带来购买力利得，而持有货币性负债则会给企业带来购买力损失。

2. 非货币性项目及其包括的内容

非货币性项目是指不会发生购买力损益，其名义货币的数额伴随一般物价水平的上涨而提高、伴随着一般物价水平的下跌而降低的报表要素项目。非货币性项目主要包括非货币性资产项目、非货币性负债项目和非货币性所有者权益项目。非货币性资产项目主要包括存货、预付账款、固定资产、股权投资、无形资产及土地等。非货币性负债项目主要有预收账款、递延收入等。所有者权益由于是资产总额减负债总额，故一般归类于非货币性项目。此外，利润表上的所有项目都被认为是非货币性的。

需要注意的是，在实际的操作中，有些会计报表要素项目的分类是比较难的，不能一概地归为货币性项目，也不能一概地归为非货币性项目。例如，预付账款的归类问题就要结合实际的交易情况。如果合同约定供货方提供一定金额的产品，这些产品的价格随着物价的变动而发生改变，就会受到币值购买力的影响，这样的预付账款属于货币性项目。而如果合同约定供货方提供一定数额的产品，就不会受币值购买力的影响，此时预付账款就属于非货币性项目。

（二）计算货币性项目的购买力损益

1. 购买力损益的含义

物价变动的情况下，货币性资产项目发生的购买力利得或损失与货币性负债发生的购买力损失或利得的差额，称为货币性项目购买力变动净损益。计算货币性项目购买力变动净损益是一般物价变动会计的一项重要程序。

2. 不变购买力货币单位的选择

通常的做法是根据企业所处的实际环境，来选择当期期末货币购买力、本期平均货币购买力或基期货币购买力为不变货币购买力单位。如果以期末货币购买力为计算标准，那么具有期末购买力的货币就成为计量单位。企业期初持有的货币性项目金额以及本期货币性项目的变动额，就应通过与期末、期初的一般物价指数之比相乘，以调整成用期末货币购买力单位表述的金额。

3. 购买力损益的计算

按一般物价指数调整会计报表时，通常是将所有货币性项目集中在一起计算其购买力损益。一般有两种思路：一是分别计算货币性资产和货币性负债的购买力损益，由二者的差额确定购买力净损益；二是先计算货币性资产和货币性负债的差额，然后按净额计算购买力损益。现实操作中为适当地简化计算工作，一般选用后一种计算方法。

【例 10－1】 华西公司 2017 年初拥有货币性资产 300 万元，货币性负债 80 万元；本年货币性资产因营业收入增加 600 万元，因购买存货、管理费用、销售费用和所得税费用分别支付 160 万元、80 万元、60 万元、60 万元。现已知年末物价指数 150，年平均物价指数 120，年初物价指数 100。

要求：根据以上资料，编制货币性项目购买力损益表。

该公司货币性项目分析如表 10—1 所示；货币性项目购买力损益表如表 10—2 所示。

表 10—1　　货币性项目分析　　单位：万元

项　目	金额	项　目	金额	项　目	金额
期初货币性资产	300	期初货币性负债	80	期初货币性项目净额	220
营业收入	600				
减：销售费用	60				
管理费用	80				
购买存货	160				
所得税费用	60				
本期货币性资产增加（或减少）	240	本期货币性负债增加（或减少）	0	本期货币性项目净增加（或减少）	240
期末货币性资产	540	期末货币性负债	80	期末货币性项目净额	460

表 10—2　　货币性项目购买力损益计算表　　单位：万元

项　目	历史成本/名义货币	调整系数	历史成本/不变币值货币	货币购买力损益
期初货币性资产	300	150/100	450	(150)
期初货币性负债	80	150/100	120	40
期初货币性项目净额	220		330	(110)
本期货币性项目净增加	240	150/120	300	(60)
期末货币性项目净额	460 630	(170)		
货币性项目购买力损益	630－460＝170（损失）			

（三）将非货币性项目的金额按一般物价指数进行调整

对于会计报表中按历史成本反映的非货币性项目金额，需用本期一般物价指数进行相应的调整，以便于反映其价值的变化。一般用于调整的物价指数有年初、年末和年平均一般物价指数三种。在实际操作中，由于资产负债表反映的是企业年末的财务状况，所以一般采用年末货币为不变币值货币来调整资产负债表中的非货币性项目。而利润表反映的是企业一年的盈利情况，为简化其计算工作，除特殊规定外，一般采用年平均货币作为不变币值货币来调整其非货币性项目。下面具体介绍一下两表中各项目的调整方法。其中，资产负债表项目的调整方法如表 10—3 所示；利润表项目的调整方法如表 10—4 所示。

表 10－3　　**资产负债表项目调整方法**

调整项目	项目名称	调整系数
一般项目	年初货币性项目	年初数的调整系数＝年末物价指数/年初物价指数
	年末货币性项目	一般采用编制财务报表当时的货币为不变币值货币，因此资产负债表中年末货币性项目余额均不需要调整
	年初非货币性项目	调整系数＝年末一般物价指数/业务发生时的一般物价指数
	年末非货币性项目	调整系数＝年末一般物价指数/业务发生时的一般物价指数

注：某项目的调整后金额＝该项目调整前金额×调整系数。

资产负债表中有三个特殊项目在进行不变币值的调整时需特别注意，分别是固定资产项目、存货项目和留存收益项目。其中，固定资产项目在计算其调整系数时，分母必须是固定资产取得时的物价指数。而对于存货项目，由于不同企业存货的流转及其计价方法不同，所以对于存货的调整必须根据实际情况，比如企业采用先进先出法发出存货时，年末存货的取得日应为进货的最近月份。而如果存货的购入、耗用是在年内均衡地发生，为了简化核算，也可选用年平均物价指数进行调整。此外，对于留存收益项目，一般根据资产负债表的有关项目金额“倒挤”计算。其公式为：留存收益＝（调整后的资产合计数－调整后的负债合计数）－调整后的股本。

表 10－4　　**利润表项目调整方法**

调整项目	项目名称	调整方法
一般项目	营业收入	各发生额的调整后金额＝各项目的发生额×（年末一般物价指数/年均一般物价指数）
	营业成本	
	销售费用	
	期初存货	各发生额的调整后金额＝各项目的发生额×（年末一般物价指数/取得该项目时的物价指数）
	本期进货	
	期末存货	
特殊项目	销货成本	销货成本＝换算后的期初存货＋换算后的本期进货－换算后的期末存货
	折旧费	与固定资产项目的调整相一致
	应付股利	企业的利润分配一般在年末进行，有关利润分配项目的金额已按年末的货币价值反映，故不需调整

综上所述，将非货币性项目的金额按一般物价指数进行调整的步骤为：(1)确定形成或取得某一项目的时间；(2)确定形成或取得该项目时的物价指数；(3)确定编制财务报表当时的物价指数；(4)确定换算比率；(5)换算。

（四）编制一般物价水平的会计报表

【例 10－2】　邦德公司 2017 年年末准备将会计报表按照一般购买力货币单位重新表述，公司财务人员统计相关资料如下：

(1)企业固定资产购置于 2017 年年初，原值 50 万元，平均使用年限预计为 5 年，按直线法计提折旧，不考虑残值。

(2)存货按先进先出法计价，年初存货购置于2017年年初，年末存货基本上购于2017年8月、9月、10月三个月，其平均物价指数为160。

(3)销货收入、进货成本、销售费用和所得税假定在年内均匀发生。

(4)普通股于2017年年初发行，并规定每年年末分配现金股利。

(5)已知2017年年初物价指数为100，年末物价指数为200，年平均物价指数为160。

要求：根据以上资料，将财务报表按照一般购买力货币单位重新表述(原资产负债表和利润表如表10—5、表10—6所示)。

表10—5 **资产负债表**

编制单位：邦德公司 2017年12月31日 单位：元

项　目	年末余额	年初余额	货币性项目	非货币性项目
货币资金	600 000	300 000	√	
应收账款	200 000	100 000	√	
存货	700 000	600 000		√
固定资产	400 000	500 000		√
资产总计	1 900 000	1 500 000		
应付账款	200 000	0	√	
长期借款	500 000	500 000	√	
负债总计	700 000	500 000		
股本	1 000 000	1 000 000		√
留存收益	200 000	0		√
负债和股东权益总计	1 900 000	1 500 000		

表10—6 **利润表**

编制单位：邦德公司 2017年 单位：元

项　目	金　额
营业收入	1 500 000
营业成本	
年初存货	600 000
本期进货	1 000 000
年末存货	700 000
销售费用	200 000
折旧费用	100 000
利润总额	300 000
所得税	60 000
净利润	240 000
应付股利	40 000

续表

项　目	金　额
留存收益(年初)	0
留存收益	200 000

根据以上资料重新编制财务报表的处理如下：

(1)区分货币性项目和非货币性项目，具体分析如表10—5所示。

(2)计算货币性项目购买力损益，具体分析如表10—7所示。

(3)按一般物价水平调整利润表和资产负债表，具体分析如表10—8和表10—9所示。

(4)编制一般物价水平会计的资产负债表和利润表，具体分析如表10—10和表10—11所示。

表10—7　　货币性项目购买力损益调整表

编制单位：邦德公司　　2017年　　单位：元

项　目	名义货币 ①	调整系数 ②	不变币值货币 ③=①×②	损益调整
年初货币性资产	400 000	200/100	800 000	(400 000)
年初货币性负债	500 000	200/100	1 000 000	500 000
年初货币性项目净额	(100 000)		(200 000)	100 000
加：本年销货	1 500 000	200/160	1 875 000	(375 000)
减：本年进货	1 000 000	200/160	1 250 000	250 000
销售费用	200 000	200/160	250 000	50 000
所得税	60 000	200/160	75 000	15 000
应付股利	40 000	200/200	40 000	0
年末货币性项目净额	100 000		60 000	40 000
购买力损益	100 000—60 000=40 000(利得)			

表10—8　　利润表调整

编制单位：邦德公司　　2017年　　单位：元

项　目	本年金额 ①	调整系数 ②	调整后金额 ③=①×②
营业收入	1 500 000	200/160	1 875 000
营业成本			
年初存货	600 000	200/100	1 200 000
本期进货	1 000 000	200/160	1 250 000
年末存货	700 000	200/160	875 000
销售费用	200 000	200/160	250 000
折旧费用	100 000	200/100	200 000

续表

项　目	本年金额 ①	调整系数 ②	调整后金额 ③=①×②
利润总额	300 000		−150 000
所得税	60 000	200/160	75 000
净利润	240 000		−225 000
货币性项目购买力利得			40 000
不变购买力净收益	240 000		−185 000
应付股利	40 000	200/200	40 000
留存收益(年初)	0		0
留存收益	200 000		−225 000

表 10—9　　资产负债表调整

编制单位:邦德公司　　2017 年 12 月 31 日　　单位:元

项　目	年末金额 ①	调整系数 ②	年末金额 (不变币值货币) ③=①×②	年初金额 ④	调整系数 ⑤	年初金额 (不变币值货币) ⑥=④×⑤
货币资金	600 000	200/200	600 000	300 000	200/100	600 000
应收账款	200 000	200/200	200 000	100 000	200/100	200 000
存货	700 000	200/160	875 000	600 000	200/100	1 200 000
固定资产	400 000	200/100	800 000	500 000	200/100	1 000 000
资产总计	1 900 000		2 475 000	1 500 000		3 000 000
应付账款	200 000	200/200	200 000	0	200/100	0
长期借款	500 000	200/200	500 000	500 000	200/100	1 000 000
股本	1 000 000	200/100	2 000 000	1 000 000	200/100	2 000 000
留存收益	200 000		−225 000	0	倒计*	0
债权总计	1 900 000		2 475 000	1 500 000		3 000 000

注:* 倒轧计算过程:资产负债调整表中留存收益年初金额(不变币值货币)=年初资产总额(不变币值货币)−年初应付账款额(不变币值货币)−年初长期借款额(不变币值货币)−年初股本(不变币值货币)。

表 10—10　　资产负债表(不变币值货币)

编制单位:邦德公司　　2017 年 12 月 31 日　　单位:元

项　目	年末金额	年初金额
货币资金	600 000	600 000
应收账款	200 000	200 000
存货	875 000	1 200 000
固定资产	800 000	1 000 000
资产总计	2 475 000	3 000 000

续表

项　目	年末金额	年初金额
应付账款	200 000	0
长期借款	500 000	1 000 000
股本	2 000 000	2 000 000
留存收益	(225 000)	0
债权总计	2 475 000	3 000 000

表 10－11　　利润表(不变币值货币)

编制单位:邦德公司　　2017 年　　单位:元

项　目	本年金额
营业收入	1 875 000
营业成本	
年初存货	1 200 000
本期进货	1 250 000
年末存货	875 000
销售费用	250 000
折旧费用	200 000
利润总额	(150 000)
所得税	75 000
净利润	(225 000)
货币性项目购买力利得	40 000
不变购买力净收益	(185 000)
应付股利	40 000
留存收益(年初)	0
留存收益	(225 000)

综上所述,物价变动时会对企业的财务报表信息产生一定的影响。本例中的利润表数额和资产负债表数额按一般物价水平会计调整后均有较大变动。从财务报表调整之后的数额变动可以看出,邦德公司在不考虑物价变动的情况下所编制的财务报表,实质上虚增了利润,贬低了资产的实质价值。可以想象,企业财务报表信息的使用者如果不考虑物价变动的影响,只根据原报表信息做出决策,其结果是得不偿失的。

三、对一般物价水平会计模式的评价

(一)一般物价水平会计模式的优点

(1)一般物价水平会计没有改变传统的历史成本计量基础,也不变动会计账簿的记录,只是按一般物价指数对历史成本会计报表的数字进行调整,这种方法操作简单又便于信息使用者理解。

(2)一般物价水平会计在一定程度上反映了物价变动对企业财务状况和经营成果的影响，尤其是购买力损益的确定，反映了物价水平变动的情况下持有货币性项目可能受到的冲击和影响。

(3)由于各企业都采用相同的由政府公布的物价指数来调整各自的财务报表，其结果具有客观性和可验证性，不仅使得同一企业不同时期的财务报表具有可比性，而且增强了不同企业之间财务报表的可比性。

(二)一般物价水平会计模式的缺点

(1)实际应用中，货币性项目和非货币性项目的划分较不易操作，其往往带有主观随意性，因而容易影响调整后报表的真实性。

(2)采用一般物价水平会计模式重新编制的财务报表信息不能确切反映企业真实的财务状况和经营成果。一方面，由于所选样本的代表性具有局限性、所采用价格的局限性以及对所选样本质量变化的忽略等原因，导致所选用的物价指数不一定具有足够的代表性和可信性，因而影响会计信息的客观性；另一方面，综合物价指数不能反映具体的各项资产的物价水平，实际中一般物价水平的变动对不同企业及同一企业不同资产项目的影响程度是不尽相同的。

(3)由于一般物价水平会计模式只是改变了计量单位，并没有改变传统的历史计量基础，因此这种方法保留了历史成本会计的所有缺陷。

第三节　现行成本会计

现在我们已经了解了一般物价水平会计，一般物价水平会计模式有其优点的同时也存在着一定的弊端。那么可以消除物价变动对会计信息质量影响的另一常用会计模式——现行成本会计模式又是怎样完成对原始财务报表数据信息的重新描述的？现行成本会计模式又有怎样的优缺点呢？

一、现行成本会计的理论依据

现行成本会计是指不改变传统财务会计的名义货币计量单位，但通过以现行成本取代历史成本而改变其计量属性，并借以消除通货膨胀下某些特定资产项目或劳务上涨或下跌对企业会计信息质量的影响的会计模式。由于一般物价水平调整的资产价值很难与企业资产的现行价格一致，不能确切地反映企业的财务状况和经营成果，因此，现行成本会计主要关注企业所持有的特定资产的价格变动。它认为，企业所持有的资产应以它的现行成本计价，以营业收入与所耗费资产的现行成本相比较来确定利润。

现行成本会计的理论依据是成本的实物补偿理论。这一理论认为，企业在经营活动中所获得的现行销售收入必须与为此所耗用生产要素的现行成本相配比，这样所得的利润才是不影响原来生产规模而可供分配的真实利润。例如，某企业期初存货 200 件，单位成本为 10 元，年末出售 200 件，销售单价 12 元，另补购存货 100 件，购入单价 11 元，期末存货 100 件。按照成本的实物补偿观点，该企业本年度的销售利润为本期现行销售收入2 400元(200×12)，减去本期现行销售成本2 200元(200×11)，等于 200 元。如果本题按原始成本计算，则所得利润为 400 元，可见，在通货膨胀的条件下，仍旧按原始成本计算会虚增企业利润。

二、现行成本会计的基本程序与方法

现行成本会计的基本程序为：确定各项资产的现行成本，确定企业非货币性资产的持有损益，编制现行成本会计报表。

（一）确定各项资产的现行成本

资产的现行成本是指在当前市场条件下为购置与现有资产相同或相类似的资产，按现时价格所需付出的现金或现金等价物。企业一般通过五种渠道获得现行成本的资料：现行发票价格、供货方价目表或报货单、能反映现行成本的标准制造成本、企业自行编制的某种或某类商品的物价指数、政府或其他权威部门提供的特种物价指数或分类物价指数。目前，由于企业持有资产的目的主要在于使用并保持其继续生产经营的能力，而不是变卖出售，并且按照政府或其他权威部门提供的特种物价指数换算而得的资产的现行成本符合成本效益原则，所以目前绝大多数企业采用以物价指数换算的重置成本作为资产的现行成本。

（二）确定企业非货币性资产的持有损益

非货币性资产持有损益是指企业在持续经营前提下，由于物价变动等原因，企业现有资产的现行重置成本与历史成本的差额。在现行成本模式下，不论是已实现的持有损益还是未实现的持有损益都可以予以确认，这一点与历史成本模式不同。目前对于持有损益的确认有两种观点：在财务资本保全理论下，资产持有损益应作为企业经济收益的构成要素单独设项，记入利润表；而在实物资本保全理论下，资产持有损益以"资本保持调整"项目反映在资产负债表股东权益项目下。目前第一种观点为大多数企业所接受。

现行成本会计模式下的资产持有损益不同于一般物价水平会计模式下的货币购买力损益。前者是在物价变动情况下，因持有非货币性资产价值的升降而形成的现行成本与历史成本的差异，货币性资产则不受个别物价变动的影响；而后者却恰恰是因为一般物价水平变动而引起的货币性项目购买力的升降，非货币性项目却不受一般物价变动的影响。

持有损益可分为未实现的持有损益和已实现的持有损益。未实现的持有损益主要体现在企业期末所持有的资产中，是指企业期末所持有资产的现行成本与历史成本的差额。而已实现的持有损益主要体现在企业已经实现的销售收入中，是指已被销售或者耗用资产的现行成本与历史成本的差额。具体项目计算如表 10－12 所示。

表 10－12　　　　**非货币性项目持有损益**

调整项目		未实现持有损益	已实现持有损益
一般项目		期末现行重置成本与期末历史成本的差额	本期按现行成本计算的重置成本费用与本期按历史成本计算的成本费用的差额
特殊项目	存货	期末现行成本与期末历史成本的差额	现行成本确定的营业成本与本期账面营业成本的差额
	固定资产	期末净值的现行成本与期末净值的历史成本的差额	按期末原值现行成本计算的本期折旧额与按期末历史成本计算的本期折旧额的差额
	土地	期末净值的现行成本与期末净值的历史成本的差额	按期末原值现行成本计算的本期折耗额与按期末历史成本计算的本期折耗的差额

(三)编制现行成本会计报表

【例 10—3】 承例 10—2,邦德公司 2017 年末还准备将财务报表按现行成本会计模式进行编制,以反映某些特定项目对企业会计信息的影响,其相关资料如下:

(1)表中销售收入、销售费用、所得税、现金股利都是按发生日的现行成本表述的。

(2)2017 年年末固定资产的现行成本净值为620 000元,按各年平均现行成本提取的折旧额为120 000元。

(3)2017 年年末存货的现行成本为900 000元。已销存货成本在年内均匀发生,以现行成本为基础计价是1 000 000元。

(4)固定资产和存货在 2017 年年初时的现行成本均与历史成本相同。

要求:根据以上资料重新编制财务报表。

根据以上资料重新编制财务报表的处理如下:

(1)确定各项资产的现行成本并计算非货币性项目持有损益,具体分析如表 10—13 所示。需要注意的是,非货币性项目持有损益需按已实现持有损益和未实现持有损益分别列示。

(2)编制以现行成本为基础的财务报表。以现行成本为基础编制的利润表和资产负债表分别如表 10—14 和表 10—15 所示。

表 10—13 **非货币性项目持有损益计算表**

编制单位:邦德公司 2017 年 单位:元

项　目	现行成本	历史成本	已实现持有损益	未实现持有损益
年初存货	600 000	600 000		0
年末存货	900 000	700 000		200 000
年初固定资产	500 000	500 000		0
年末固定资产	620 000	400 000		220 000
营业成本	1 000 000	900 000	100 000	
折旧费	120 000	100 000	20 000	
合　计			120 000	420 000

表 10—14 **利润表调整**

编制单位:邦德公司 2017 年 单位:元

项　目	金　额
营业收入	1 500 000
营业成本	1 000 000
销售费用	200 000
折旧费用	120 000
利润总额	180 000

续表

项　目	金　额
所得税	60 000
净利润	120 000
已实现资产持有利得	120 000
已实现收益	240 000
未实现资产持有利得(取自损益表)	420 000
现行成本法下净收益	660 000
应付股利	40 000
留存收益(年初)	0
留存收益	620 000

表 10—15　　**资产负债表调整**

编制单位:邦德公司　　2017 年 12 月 31 日　　单位:元

项　目	期末余额	期初余额
货币资金及应收账款	800 000	400 000
存货	900 000	600 000
固定资产	620 000	500 000
资产总计	2 320 000	1 500 000
应付账款	200 000	0
长期借款	500 000	500 000
股本	1 000 000	1 000 000
留存收益	620 000	0
负债与股东权益总计	2 320 000	1 500 000

三、对现行成本会计模式的评价

现行成本会计模式的优缺点主要是相对于一般物价水平会计模式而言的。现行成本会计的着眼点是企业所持有的特定资产的价格变动。各个企业所持有的资产各不相同,受到物价变动的影响也各异,因此除了罕见的巧合之外,按一般物价指数调整的资产价值很少会与资产的现行成本一致。

(一)现行成本会计模式的优点

(1)对实物资产的计价比较合理。一般物价变动会计只是在会计期末对以历史成本计价的会计报表数据,按一般物价指数进行调整,从某种意义上说并不构成完善的会计制度;而现行成本会计按特定资产的现行成本对企业资产价值的变化不断地计量,从而能够比较客观地反映会计信息。

(2)能够提供企业实际的经营利润。在现行成本会计下,收入是现行的营业收入,成本是按现在重新购置或重新生产某项资产进行调整的现行成本,二者相配比,可扣除持有损益,即使在物价变动条件下,也能较为正确地反映企业实际的经营利润。

(3)有利于揭示企业的实物资本保全情况。在实物资本保全①观念下,资产持有损益以"资本保持调整"项目反映在资产负债表股东权益项目下,有利于揭示企业的实物资本保全情况。

(二)现行成本会计模式的缺点

(1)现行成本会计模式必须依赖于现行成本资料,而对各种资产现行成本进行估价的工作量太大,并且特定资产的物价资料也不一定能够取得,即选择运用就有一定的难度。

(2)现行成本的确定需要大量物价资料的同时需要广泛的对比和复杂的计算,因此容易受制于人的主观意志,所以主观性较强。

(3)由于现行成本会计模式是以现行成本不断调整,从而也就加大了审计工作的难度和成本。

第四节　现行成本/不变币值货币计量模式

前面已经介绍了物价变动会计的两种模式:一般物价水平会计模式和现行成本会计模式。其中,一般物价水平会计模式在现实应用中最多被采纳,特别是在南美的发展中国家中应用最为普遍。与此同时,现行成本会计也有着比较成熟的应用经验,具有多元文化和开放思想的英国就曾推崇并采用这种模式。本节将介绍的现行成本/不变币值货币计量模式,目前只有美国和加拿大的企业按自愿原则采用。

一、现行成本/不变币值货币计量模式的理论依据

现行成本/不变币值货币计量模式是一般物价水平会计和现行成本会计的结合。这种计量模式在以现行成本代替历史成本为计量基础的同时,又以不变币值货币单位代替名义货币单位为计量单位,因此,它既能反映个别物价变动的影响,又能反映一般物价变动的影响。这种计量模式是对会计计量的全面改革。

由于现行成本/不变币值货币计量模式是一般物价水平会计和现行成本会计的结合,因此现行成本/不变币值货币计量模式的基本原理也可以用二者的基本理论依据融合而成。在现行成本会计模式下,确定现行成本变动额即计算持有损益时,并不考虑货币性项目,因此,在一般物价水平会计与现行成本会计结合的会计模式下,资产现行成本变动额即持有损益的计算方法和计算结果与现行成本会计模式下的计算方法和计算结果相同。同理,在一般物价水平会计模式下,确定货币性项目净额的购买力时,也没有考虑非货币性项目,因此,在一般物价水平会计与现行成本会计结合的会计模式下,货币性项目购买力损益的计算方法和计算结果与一般物价水平会计模式下的计算方法和计算结果相同。

---

① 实物资本保全概念认为,"资本"是企业的经营能力或企业的实物生产能力。实物资本保全观点,是将资本视为一种实物现象。实物资本保全是在物价变动会计下生成的资本保全概念。资本保全意味着在扣除本期的所有者分配和所有者出资后,企业的期末实物生产能力必须大于期初实物生产能力,才算取得利润。因此,要做到实物资本保全必须采用现行成本的计量基础。

然而，在最终编制的现行成本/不变币值货币计量模式报表中所列示的现行成本变动额并不是最初在现行成本法下计算所得的金额，而是剔除了一般物价变动影响后的金额。因此，在会计年末，首先需要确认各资产的现行成本，并以此计算非货币性资产的持有损益，计入所有者权益或当期损益；其次，对以现行成本编制的会计报表按照一般物价指数进行调整，计算货币性项目的购买力损益，将其计入当期损益。

二、现行成本/不变币值货币计量模式的程序和方法

现行成本/不变币值货币计量模式的程序较前两种模式复杂。现行成本/不变币值货币计量模式的程序为：一是区分货币性项目与非货币性项目；二是确定各项资产的现行成本；三是根据各资产的成本变动情况，计算持有损益；四是编制现行成本为基础的财务报表；五是按一般物价指数调整现行成本/名义货币财务报表项目；六是计算货币性项目购买力损益；七是确定剔除一般物价水平变动影响后的资产持有损益；八是编制现行成本和一般物价水平结合会计模式下的会计报表。

需要注意的是，完成现行成本/不变币值的利润表后，需要与现行成本/不变币值的资产负债表互相核对，检查勾稽关系，现行成本/不变币值的资产负债表中的"留存收益"项目应与现行成本/不变币值的利润表中的"留存收益"项目相等。

三、对现行成本/不变币值货币计量模式的评价

现行成本/不变币值货币计量模式最大的优点就是弥补了只改变计量基础和只改变计量单位的现行成本会计和一般物价水平会计的缺陷，既能反映货币性项目购买力变动净损益，又能提供非货币性资产现行成本的增加或减少，全面消除了物价变动对会计信息的影响，一定程度上增加了会计信息的相关性和可比性。

然而，实际应用中，这种模式带来的效益却并不明显。首先，它存在现行成本会计和一般物价水平会计的固有缺陷，比如现行成本的确定比较困难、货币性项目与非货币性项目不易划分等。其次，采用此种模式不论是在数据的收集还是计算上，工作量都很大，需要耗费较高的成本，不符合成本效益原则。最后，采用这种模式所提供的会计信息不易被一般信息使用者所理解，往往造成他们在利用这些信息时产生一些混乱，甚至被误导。

四、三种物价变动会计模式的对比

目前物价受供求影响而上下波动已成为一种必然的经济现象，而持续剧烈的物价变动，反过来又影响社会经济，进而严重影响到会计人员的工作。在前面三节中已经具体介绍了三种物价变动会计模式的内容、计算程序及计算方法。我们已经了解了三种会计模式的相关知识点。这三种会计模式虽然都可以消除物价变动对会计信息质量的影响，为企业会计报表信息使用者提供更加准确的信息，但是在具体的实务操作中，它们却各有不同，其所达到的效果也各不相同。现将此三种物价变动会计模式以表格的形式从理论基础、优缺点及其各自的应用范围三方面进行简单的对比，加强同学们对三种物价变动会计模式的进一步理解，具体如表10－16所示。

表 10—16 **物价变动会计模式比较**

会计模式	理论基础	优缺点	应用范围
一般物价水平会计模式	保持历史成本会计制度不变,以不变币值取代名义货币为计量单位。	优:操作简单,便于理解;反映了物价变动时货币性项目受到的冲击;增强了财务报表的可比性。 缺:保留了历史成本会计的所有缺陷。	使用较为普遍,在发展中国家,特别是南美的巴西、阿根廷、智利等,都已在会计实践中得到了广泛的使用。
现行成本会计模式	不改变传统财务会计的名义货币计量单位,但通过以现行成本取代历史成本而改变其计量属性。	优:对实物资产的计价比较合理;能够提供企业实际的经营利润。 缺:实际操作中难度大,易受操作者主观意志影响。	这种会计模式有着比较成熟的应用经验,在发达国家中,如英国就采用过此种模式。
现行成本/不变币值货币计量模式	以现时成本为计量基础,以不变币值货币为计量单位,是前两种模式的有效结合。	优:能全面消除物价变动对会计信息的影响。 缺:工作量大、耗费成本高、难以被信息使用者理解。	这种会计模式的应用范围相对狭窄得多,目前只有美国和加拿大的企业按自愿原则采用。

本章小结

本章以物价变动对会计的影响为起点,系统地介绍了物价变动时,为了更准确地反映财务报表信息而需采用的会计处理方法。可以系统消除物价变动影响的会计模式有三种:一般物价水平会计、现行成本会计及一般物价水平会计与现行成本会计的结合。因第三种模式在实际操作中一般不被采纳,故本文着重介绍了前两种物价变动会计模式的理论基础和会计处理程序,并对三种模式的优缺点进行了评价。需要了解的是,由于我国通货膨胀比较温和,没有达到恶性膨胀,同时受成本与效益及会计人员素质的制约,我国目前还不适宜以现行成本的计量基础,采用物价变动会计来提供会计信息。但并不排除在提供会计信息时,运用物价变动会计的理论和方法反映物价变动引起的资本补偿不足的情况。

本章思考题

1. 当物价持续上涨时,历史成本计量会有哪些缺陷?
2. 什么是一般物价水平会计?它有哪些特点?
3. 什么是货币性项目?什么是非货币性项目?二者应如何区分?
4. 什么是货币购买力损益?如何计算?
5. 什么是现行成本会计?它有哪些特点?
6. 什么是资产持有损益?如何计算?
7. 简述研究物价变动会计的现实意义。

本章业务题

1. 某公司 2017 年年底拥有货币性资产 250 万元,货币性负债 50 万元。年初货币性资产 100 万元,货币性负债 50 万元,本年货币性资产因营业收入增加 500 万元,因营业费用、所得税、购入存货分别支付 60 万元、

50 万元、240 万元。并已知年初物价指数 120，年均物价指数 160，年末物价指数 200。

要求：根据以上资料，编制货币性项目分析表并计算货币性项目购买力损益。

2. 接上题，2017 年年底该公司为消除物价变动对财务报表信息的影响，准备按一般购买力货币单位将财务报表进行重新表述，其资产负债表和利润表分别如以下两表所示。其他相关资料如下：

(1)年初存货 200 万元是 2017 年均匀购入的，当年平均物价指数为 100，2012 年共购进存货 240 万元，采用加权平均法计算存货价值；

(2)固定资产折旧 60 万元，该固定资产购置于 2016 年年底，实际成本 260 万元，当时物价指数也是 100，使用年限为 5 年，采用直线法计提折旧；

(3)收到投资者投入资本时的物价指数为 100，所得税为当年均匀缴纳。

要求：按照一般物价水平调整利润表和资产负债表并编制一般物价水平会计的资产负债表和利润表。

资产负债表(简表)

单位：元

项　目	期末余额	期初余额
货币资金及应收账款	2 500 000	1 000 000
存货	2 500 000	2 000 000
固定资产	1 400 000	2 000 000
资产总计	6 400 000	5 000 000
应付账款	0	200 000
长期借款	500 000	300 000
股本	3 500 000	3 500 000
留存收益	2 400 000	1 000 000
负债与股东权益总计	6 400 000	5 000 000

利润表(简表)

单位：元

项　目	本年金额
营业收入	5 000 000
减：营业成本	1 900 000
折旧费用	600 000
管理费用	600 000
利润总额	1 900 000
减：所得税费用	500 000
净利润	1 400 000

本章参考文献

1. 储一昀：《高级财务会计》，上海财经大学出版社，2016 年
2. 傅荣：《高级财务会计》，中国人民大学出版社，2016 年
3. 荣莉、彭晓洁：《高级财务会计》，中国财政经济出版社，2017 年

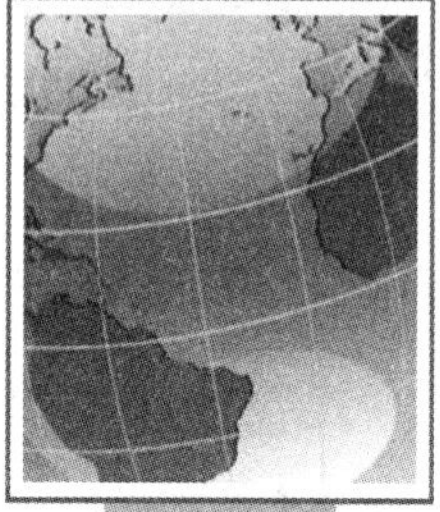

第十一章 清算会计

案例导入

松晖实业(深圳)有限公司(以下简称松晖公司)成立于2002年12月10日,主要经营工程塑料、塑胶模具等生产、批发业务。2015年5月,松晖公司因经营不善、资金链断裂等问题被迫停业,继而引发1 384宗案件经诉讼或仲裁后相继进入强制执行程序。在执行过程中,深圳市宝安区人民法院(以下简称宝安法院)查明,松晖公司名下的财产除银行存款0.34万元和机器设备拍卖款162万元外,无其他可供执行的财产,459名员工债权因查封顺序在后,拍卖款受偿无望,执行程序陷入僵局。2017年2月23日,宝安法院征得申请执行人深圳市宝安区人力资源局同意后,将其所涉松晖公司执行案移送破产审查。2017年4月5日,广东省深圳市中级人民法院(以下简称深圳中院)裁定受理松晖公司破产清算案,松晖公司其他执行案件相应中止,所涉债权债务关系统一纳入破产清算程序中处理。

深圳中院受理松晖公司破产清算申请后,立即在报纸上刊登受理公告并依法指定管理人开展工作。经管理人对松晖公司的资产、负债及经营情况进行全面调查、审核后发现,松晖公司因欠薪倒闭停业多年,除银行存款0.34万元和机器设备拍卖款162万元外,已无可变现资产,而负债规模高达1 205.93万元,严重资不抵债。2017年6月28日,深圳中院依法宣告松晖公司破产。按照通过的破产财产分配方案,可供分配的破产财产为162万元,优先支付破产费用68万元后,剩余94万元全部用于清偿职工债权1 134万元(其他债权均为无抵押、质押债权)。2017年12月29日,深圳中院依法裁定终结松晖公司破产清算程序。①

作为破产清算组的财务人员,你是否清楚与破产清算有关的会计事项?它们分别应如何进行会计处理?让我们带着这一问题进入"清算会计"的学习吧。

学习目的和要求

由于经营管理不善、章程规定的期限到期等原因可能会引起企业解散或破产,这样就涉及了企业清算的会计处理。企业清算主要包括解散清算和破产清算两种情况。其中,解散清算的程序由《公司法》规定,破产清算的程序主要由《破产法》规定。

本章着重介绍清算和破产的相关概念、主要特征及其会计处理,通过对本章的学习,明确企业清算的类型、清算会计工作的内容;了解企业解散清算和破产的原因、一般业务程序和企业破产的处理程序;掌握解散清算和破产清算的会计处理,以及清算报表的编制程序和方法。

公司在其经营活动中由于自身的经营条件或公司外部的环境等各种原因,无法如期偿还债务,而陷入财务困难甚至财务危机。如果公司面临的财务困难是临时的,则公司有可能在同债权人协商达成协议后,做出债务重整,或者按照法定程序对公司进行重组。如果公司的财务危机十分严重,可以采取破产方式来解决。此时,就需要运用清算会计制度。清算制度是公司

① 摘自中国清算网。

治理结构中的最后一个环节且是十分重要的一个环节。这一环节的重要性犹如最锋利的武器、最有效的良药，是保证公司法人制度存在的基石。

第一节 公司解散清算及其会计处理

公司的主要特征之一就是其经营的持续性。这里所提出的持续性，主要是相对于其他企业组织形式(如合伙企业)而言的，是指公司不会因其股东的变更而在法律上终止。但这一特征与公司由于各种各样的原因不再或无法继续按其既定的目标从事经营活动而解散并不矛盾。通常公司不再或者无法继续经营而解散时，应该按照一定的法律程序对公司进行清算。公司清算主要有解散清算和破产清算两种类型。

一、公司解散的原因及基本程序

(一)公司解散的原因

公司解散，是指企业作为经济组织，由于企业章程或法律规定的特定事项发生等原因，不能继续存在而终止其经营活动，并开始处理未了结事务的法律行为。导致公司解散的原因主要有：

(1)公司因分立或合并而需要解散；

(2)公司因外部环境影响致使无法继续经营；

(3)公司在章程规定中的经营目标无法达到，且没有发展前途；

(4)公司经股东大会讨论，决定解散公司；

(5)公司因经营不善而被依法宣告破产；

(6)公司违反规章、法律或从事其他危害社会公共利益的活动而被依法撤销；

(7)公司章程规定的经营期限届满；

(8)公司章程规定的经营目标已实现，公司不需要继续经营。

按照我国《公司法》的相关规定，公司解散的原因有以下几种情况：

(1)人民法院依照法律程序，予以解散处理；

(2)公司依法责令关闭、被吊销营业执照或者被撤销；

(3)因公司分立或者合并需要解散；

(4)股东会或股东大会决议对公司进行解散处理；

(5)公司章程规定的营业期限届满或者公司章程规定的其他解散事由出现。

(二)公司解散的清算程序

1. 成立清算组

公司在解散时，除因分立或者合并等情况外，均应当依法对公司进行清算处理。《公司法》相关条例明确规定，公司解散时，应当在解散事由出现之日起 15 日内成立清算组，开始进行清算工作。有限责任公司的清算组由股东大会确定的人员组成。对于逾期不成立清算组进行清算处理的，债权人可以申请人民法院并指定有关人员组成清算组进行清算。人民法院在收到清算申请后，应当及时受理该申请，组织清算组进行清算。

至于清算组的职权，各国法律一般都有明确的规定。按照我国《公司法》的相关条例规定，清算组在公司清算期间的职权主要包括：清理公司财产，分别编制资产负债表和财产清单；通知、公告债权人；处理与公司清算有关的未了结业务；清缴所欠税款及在清算过程中所产生的税款;清理公司债权、债务;处理公司清偿债务后的剩余财产;代表公司参与民事诉讼活动。

清算组在公司清算期限内可以代表公司进行一系列民事活动,全权处理公司的民事诉讼活动和经济事项。这也就同时要求清算组成员必须忠于职守,依法履行清算义务。清算成员在处理公司清算事项时不得利用职权收受贿赂或索取其他非法收入,不得侵占公司财产。清算组成员因故意或者发生重大过失给公司或债权人造成损失的,应当依法承担赔偿责任。

2. 受理债权人的债权申报

清算组应当自成立之日起10天内通知债权人,并于60天内在报纸上公告。

债权人应当自接到通知书30天内,或未接到通知书的自公告之日起45天内,向清算组申报其债权。债权人在申报债权时,应当解释说明债权的有关事项,并提供相关证明材料。在接到债权人的债权申报后,清算组应当对债权进行登记。在申报债权期间,清算组不得对债权人进行清偿。同时,清算组在登记债权时,应当严格区分有财产担保的债权人和无财产担保的债权人。

3. 清理公司财产,制订清算方案

清算组应当对公司的财产进行清理,并编制相关资产负债表和财产清单,制订出合理的清算方案。清算方案应当报给股东会、股东大会或者人民法院先行确认。清算组在清理公司财产,编制资产负债表和财产清单后,若发现公司财产仍不足清偿债务时,应当依法向人民法院申请宣告破产。公司经人民法院裁定宣告破产后,清算组应当将清算事务移交给人民法院处理。

清算方案一般包括:清算的步骤和程序、财产估计方法及其结果、债权回收和财产变卖的具体方案、债务清偿的程序、剩余财产的分配、公司遗留问题的处理等。

4. 清偿债务

在清理了公司财产之后,公司财产应分别先支付清算费用、职工的工资、社会保险费用和法定补偿金,缴纳所欠税款,清偿公司债务。在经过上述分配之后所剩财产,有限责任公司按照股东的出资比例分配,股份有限公司按照股东持有的股份比例分配。清算期间,公司存续,不得开展与清算无关的经营活动。公司财产在未按上述规定清偿前,不得分配给股东。

5. 宣告公司终止

在公司清算结束后,清算组应当编制清算报告,报股东会、股东大会或者人民法院确认,并报送公司登记机关,申请注销公司登记,宣告公司终止。至此,公司解散的清算程序结束。

二、解散清算的会计处理

(一)解散清算的会计处理特点

比较在持续经营条件下公司的日常会计处理,公司解散清算的会计处理具有以下几个特点,如表11—1所示:

表11—1　　公司解散清算的会计处理特点

否定了 持续经营假设	企业进入清算阶段后,企业停止生产经营,持续经营假设显然不再成立,取而代之以终止经营假设。在此假设基础上,清算会计采用了一系列不同于持续经营假设下的会计处理方法、计量基础和报告形式。
否定了 会计分期假设	企业进入清算阶段后,在终止了经营假设的基础上,已经没有按公历年度分期考核经营成果和编制会计报表的必要。因此,从企业被宣告解散之日到清算终了为清算会计期间,终止了会计分期假设,其长短具有不确定性。

续表

收付实现制原则的建立	企业进入清算后，会计分期的假设不复存在，权责发生制原则也就失去了存在的前提。清算会计的终止经营假设决定了清算企业必须以收付实现制取代权责发生制，即以实际收付款项为标准来确认收入和费用。
可变现价格计价原则的建立	企业进入清算后，在终止经营的前提下，资产在按实际成本计价的同时，为维护债权人的利益，更注重以现时价格来计价，即按可变现价值来计价。

（二）解散清算会计处理的基本程序

解散清算的会计处理程序一般包括清理资产、清理债务、催报债权、编制清算开始日的报表、对公司变现资产进行会计处理、偿还债务的处理、分配留剩资产的处理、编制清算结束日的报表。详情如表 11—2 所示。

表 11—2　　解散清算会计处理基本程序

清理资产	解散清算开始日须对解散清算企业的全部资产进行全面清理。包括：(1)资产产权的清理。企业要在核实资产数量的基础上界定企业资产产权归属。(2)可变现资产的清理。解散清算企业核实资产的目的是通过变卖资产清偿债务，因而必须对担保资产、抵押资产、可变卖资产等进行分类整理。(3)资产价值的清理。解散清算企业在清理中必须对资产进行重新估价，确认其可变现资产净值以满足资产变现、债务清偿的需要。
清理债务，催报债权	解散清算时，企业对资产进行清理的同时，要逐笔核实债务。与此同时，要求债权人在规定期限内向清算组申报债权。
编制清算开始日的报表	在对公司所有资产及债务进行彻底清理的基础上，编制清算开始日的资产负债表以及财产清单，以全面提供清算全过程的信息。
对公司变现资产进行会计处理	以财产清单为依据，对企业的财产进行变现处理，支付各项清算费用，确认资产变现损益，正确记录“清算损益”账户。
偿还债务的处理	按法律规定顺序清偿债务并进行相应的会计处理。
分配留剩资产的处理	企业清偿债务后的留剩资产，按法律规定和公司章程规定在股东之间进行分配。一般而言，有限责任公司按股东出资比例分配，股份有限公司按持股比例分配。
编制清算结束日的报表	清算工作结束后，需编制清算报表向有关各方反映清算过程和清算结果。清算结束日的报表主要是清算损益表和债务清偿表等。

（三）解散清算会计处理业务举例

【例 11—1】　假设 A 公司为一家玩具制造有限责任公司，由甲、乙两方投资组成，其中甲、乙两方占出资比例分别为 60%和 40%。公司章程规定的经营期限于 2017 年 6 月届满。公司股东决定，不再延长经营期限，对公司进行解散清算，清算开始日定于 2017 年 7 月 1 日。其截止解散清算前一日的资产负债表如表 11—3 所示。

表 11－3 **资产负债表**

编制单位：A 公司 2017 年 6 月 30 日 单位：元

资　产	金　额	负债及所有者权益	金　额
流动资产		流动负债	
货币资金	129 250	短期借款	18 250
应收票据	2 250	应付票据	5 000
应收账款	15 050	应付账款	9 000
其他应收款	4 000	应付职工薪酬	6 950
存货	30 050	应交税费	4 000
流动资产合计	180 600	流动负债合计	43 200
固定资产		所有者权益	
固定资产原价	157 000	实收资本	86 000
减：累计折旧	108 000	资本公积	20 500
固定资产净值	49 000	盈余公积	26 750
无形资产	1 850	未分配利润	55 000
		所有者权益合计	188 250
资产总计	231 450	负债及所有者权益总计	231 450

资产负债表中有关项目金额的详细资料如下：货币资金129 250元，其中库存现金1 475元，银行存款127 775元；存货30 050元，其中原材料8 500元，产成品19 500元，低值易耗品2 050元；实收资本86 000元，其中甲、乙双方投资额分别为51 600元和34 400元。

清算组对 A 公司的清算过程如下：

(1)全面清理资产并编制清查后的财产盘点表和资产负债表。

在企业清查工作开始时，应进行全面财产清查，编制财产盘点表和资产负债表，根据财产清查结果进行账务处理如下：

①将确实无法收回的应收账款 500 元核销列为坏账损失，会计分录如下：

借：清算损益　　500

　　贷：应收账款　　500

②存货中盘盈原材料1 500元，产成品盘亏2 000元，会计分录如下：

借：原材料　　1 500

　　清算损益　　500

　　贷：库存商品　　2 000

③清查固定资产，发现短少机器一台，原价8 000元，已提折旧2 400元，会计分录如下：

借：累计折旧　　2 400

　　清算损益　　5 600

　　贷：固定资产　　8 000

④核销确实无法支付的应付账款1 000元，会计分录如下：

借：应付账款　　1 000

贷:清算损益　　1 000

根据以上账务处理后的结果,编制财产清查后的资产负债表如表 11—4 所示。

表 11—4　　**资产负债表(简表)**

编制单位:A 公司　　2017 年 7 月 1 日　　单位:元

资　产	金　额	负债及所有者权益	金　额
流动资产		流动负债	
货币资金	129 250	短期借款	18 250
应收票据	2 250	应付票据	5 000
应收账款	14 550	应付账款	8 000
其他应收款	4 000	应付职工薪酬	6 950
存货	29 550	应交税费	4 000
流动资产合计	179 600	流动负债合计	42 200
固定资产		所有者权益	
固定资产原价	149 000	实收资本	86 000
减:累计折旧	105 600	资本公积	20 500
固定资产净值	43 400	盈余公积	26 750
无形资产	1 850	未分配利润	55 000
		转让清算损益	—5 600
		所有者权益合计	182 650
资产总计	224 850	负债及所有者权益总计	224 850

(2)核算和监督财产物资的处置、债权回收、债务偿还以及清算费用的支付和结转。

①将面值为2 250元的应收票据进行贴现,贴现息为 22.5 元,贴现款2 227.5 元存入银行。会计分录如下:

借:银行存款　　2 227.50

　清算损益　　22.50

　贷:应收票据　　2 250

②收回应收账款存入银行。会计分录如下:

借:银行存款　　14 550

　贷:应收账款　　14 550

③收回其他应收款存入银行。会计分录如下:

借:银行存款　　4 000

　贷:其他应收款　　4 000

④出售各项存货,实现销售收入42 970元(其中应交增值税6 243.50 元),所得款项存入银行。会计分录如下:

借:银行存款　　42 970

　贷:原材料　　8 500

库存商品	19 500
低值易耗品	2 050
清算损益	6 676.50
应交税费——应交增值税(销项税额)	6 243.50

⑤出售各项固定资产,收到价款61 000元存入银行,同时按收入的5%计算应交营业税。会计分录如下:

借:累计折旧	105 600	
银行存款	61 000	
贷:固定资产		149 000
清算损益		14 550
应交税费——应交营业税		3 050

⑥出售无形资产,收到价款1 600元存入银行,按收入的5%计算应交营业税。会计分录如下:

借:银行存款	1 600	
清算损益	330	
贷:无形资产		1 850
应交税费——应交营业税		80

⑦计算应交的城市维护建设税 656.20 元和教育费附加 281.20 元。会计分录如下:

借:清算损益	937.40	
贷:应交税费——应交城市维护建设税		656.20
——应交教育费附加		281.20

⑧以存款归还短期借款18 250元,支付利息 275 元。会计分录如下:

借:短期借款	18 250	
清算损益	275	
贷:银行存款		18 525

⑨以存款支付不带息应付票据5 000元。会计分录如下:

借:应付票据	5 000	
贷:银行存款		5 000

⑩以存款偿付应付账款8 000元。会计分录如下:

借:应付账款	8 000	
贷:银行存款		8 000

⑪从银行提现3 450元,支付职工工资。会计分录如下:

借:库存现金	3 450	
贷:银行存款		3 450
借:应付职工薪酬	3 450	
贷:库存现金		3 450

⑫以现金6 000元发放职工的遣散补助费,现金不足的部分4 525元从银行提取,其中3 500元从福利费中开支,其余列入"清算费用"。会计分录如下:

借:库存现金	4 525	
贷:银行存款		4 525

借：应付职工薪酬　　3 500

　清算费用　　2 500

　　贷：库存现金　　6 000

⑬以存款缴纳各种税费及教育费附加。会计分录如下：

借：应交税费——应交增值税　　6 243.50

　　　　——应交营业税　　3 850

　　　　——应交城市维护建设税　　656.20

　　　　——应交教育费附加　　395.2

　　贷：银行存款　　14 310.90

⑭以存款2 800元支付各项清算费用。会计分录如下：

借：清算费用　　2 800

　　贷：银行存款　　2 800

⑮将清算费用5 300元转入"清算损益"账户。会计分录如下：

借：清算损益　　5 300

　　贷：清算费用　　5 300

(3)计算清算损益并编制清算损益表和清算结束日的资产负债表。

将A公司上述各项清算损益登账并结账，计算出"清算损益"账户余额为贷方余额8 761.60元，为清算净收益。根据有关规定，清算净收益应视同利润，在按规定抵补以前年度亏损后缴纳所得税。A公司没有以前年度未弥补的亏损事项，因此净收益应全额按25%计算缴纳所得税，计算出应交的所得税为2 190.40元，计提和上交所得税时，会计分录如下：

借：清算损益　　2 190.40

　　贷：应交税费——应交所得税　　2 190.40

借：应交税费——应交所得税　　2 190.40

　　贷：银行存款　　2 190.40

将税后的清算净收益转入"利润分配——未分配利润"账户。会计分录如下：

借：清算损益　　6 571.20

　　贷：利润分配——未分配利润　　6 571.20

根据上述清算结果，编制A公司清算损益表和清算结束日的资产负债表如表11—5、表11—6所示。

表11—5　　清算损益表

编制单位：A公司　　2017年7月　　单位：元

项　目	本期数	累计数
一、清算收益	22 226.5	22 226.5
其中：1.核销的应付账款	1 000	1 000
2.出售存货的净收益	6 676.5	6 676.5
3.出售固定资产(净收益)	14 550	14 550
二、清算损失	13 464.9	13 464.9
其中：1.坏账损失	500	500

续表

项　目	本期数	累计数
2.存货盘亏净损失	500	500
3.固定资产盘亏净损失	5 600	5 600
4.应收票据贴现利息	22.5	22.5
5.出售无形资产损失	330	330
6.应交的城市维护建设税和教育费附加	937.4	937.4
7.短期借款利息	275	275
8.清算费用	5 300	5 300
三、清算净收益	8 761.6	8 761.6
减:所得税	2 190.4	2 190.4
四、税后净收益	6 571.2	6 571.2

表 11—6　　**资产负债表**

编制单位:A 公司　　2017 年 7 月 31 日　　单位:元

资　产	金　额	负债及所有者权益	金　额
银行存款	194 120.27	实收资本	86 000
		资本公积	20 500
		盈余公积	26 750
		未分配利润	60 870.27
		其中:清算损益	5 870.27
资产总计	194 120.27	负债及所有者权益总计	194 120.27

(4)归还甲、乙两方资本和分配剩余财产及结平各账户。

按投资比例计算甲、乙双方应收回的投资和分配的剩余财产如下:

甲方应分:51 600+(20 500+267 500+60 870.27)×60%=116 472.20(元)

乙方应分:34 400+(20 500+26 750+60 870.27)×40%=77 648.07(元)

根据以上分配结果,以存款支付。会计分录如下:

借:实收资本——甲　　51 600

　　　　　——乙　　34 400

　资本公积　　20 500

　盈余公积　　26 750

　利润分配——未分配利润　　60 870.27

　贷:银行存款　　194 120.27

至此,A 公司所有账户均已结平,公司解散清算结束。

第二节 公司破产清算及其会计处理

破产是指当债务人的全部资产无法清偿到期债务时，债权人通过一定法律程序将债务人的全部资产供其平均受偿，从而使债务人免除不能清偿的其他债务。

一、公司破产概述

破产多数情况下是指一种公司行为和经济行为。但人们有时也习惯把个人或者公司停止继续经营称作破产。

(一)公司破产的特征

一般而言，破产法律制度专指破产清算制度，但谈及破产法律制度时通常是从广义上理解，不仅包括破产清算制度，而且还包括以挽救债务人，避免其破产为目的的和解、重整等法律制度。

相关民事执行制度与破产清算制度的特点对比如表 11－7 所示：

表 11－7　　民事执行制度与破产清算制度特点对比

民事执行制度	1. 民事执行程序中的债务人通常具有清偿能力，只是拒不履行义务，所以需要强制执行。 2. 民事执行是为提出执行申请的个别债权人的利益执行的。 3. 民事执行的范围仅限于与所执行债务相关的债务人财产，不涉及民事主体资格问题。
破产清算制度	1. 而破产程序中的债务人已无清偿能力，不能对全体债权人履行全部义务，所以须以破产方式公平解决债务清偿问题。 2. 破产是为全体债权人的利益进行的。 3. 破产是对债务人财产与法律关系的全面清算与执行，在作出破产宣告后，将终结债务人的商事经营，在债务人为企业法人时还使其丧失民事主体资格。

(二)公司破产的处理程序

公司破产处理，一般是从申请破产起到破产财产分配为止的全过程。这一过程，一般要经过破产申请与受理、和解与整顿、破产宣告、破产清算四个程序。

1. 破产的申请与受理

提出破产申请是公司实施破产的前提，根据《破产法》的相关规定，当债务人不能清偿到期债务时，债务人和债权人均有权提出破产申请，破产申请应采用书面形式，向对案件有管辖权的人民法院提出。

(1)债务人提出破产申请。

几乎所有国家的破产法都赋予了债务人或破产对象本身当然的破产申请权。因为债务人提出的破产申请相较于其他人提出的申请更有积极意义：其一，这样能更为准确地反映破产对象不能清偿到期债务需要进行破产的事实；其二，这样也有助于减少破产损失，包括债权人的损失与债务人的损失。到目前为止，我国大多数破产案件的破产申请均为债务人所提出的。债务人在提出破产申请时，应向人民法院提交下列材料：书面破产申请、企业职工情况和安置预案、企业主体资格证明、企业至破产申请日的财产明细表、企业债务情况表、企业法定代表人与主要负责人名单、企业亏损情况的书面说明(并附审计报告)、企业在金融机构开设账户的详细情况、企业涉及的担保情况以及已发生的诉讼情况等。

(2)债权人提出破产申请。

申请破产的债权人可以是法人,也可以是自然人。同时,对于债权数额也没有严格的限制,只要是债权人,无论债权数额多少,都享有破产申请权。债权人在提出破产申请时,应向人民法院提供以下证据材料:债权发生的事实及证据;债权的性质、数额,债权有财产担保的,应当提供相应证据;债务人不能清偿到期债务的有关证据。

为了防止债权人滥用破产申请权,尽量减少对债务人生产经营活动不必要的影响,债权人在提出破产申请时,需要具备四个条件:第一,必须是现实债务的债权人,既不是已还过账的债主,也不是债权由于某种原因而消失的债权主体;第二,必须是到期债务的债权人,因为只有到期债务的债权人,才能直接得到债务人能否清偿到期债务的判断;第三,必须是破产对象或被申请破产企业的债权人;第四,必须是财产金钱的债权人,也就是债的物质内容是金钱、财物,而不是人情债或具有行为请求权的债权人。

当人民法院收到当事人提出的破产申请后,应依法审查,并在 7 日内决定是否立案受理。人民法院审查后认为破产申请符合法律规定的,应当受理案件;认为不符合法律规定的,应裁定驳回。申请人不服可向上级人民法院提起上诉。

2. 和解与整顿

和解与整顿是法院在依法裁定宣告企业破产之前的一个重要程序,其含义与意义如图11—1所示。

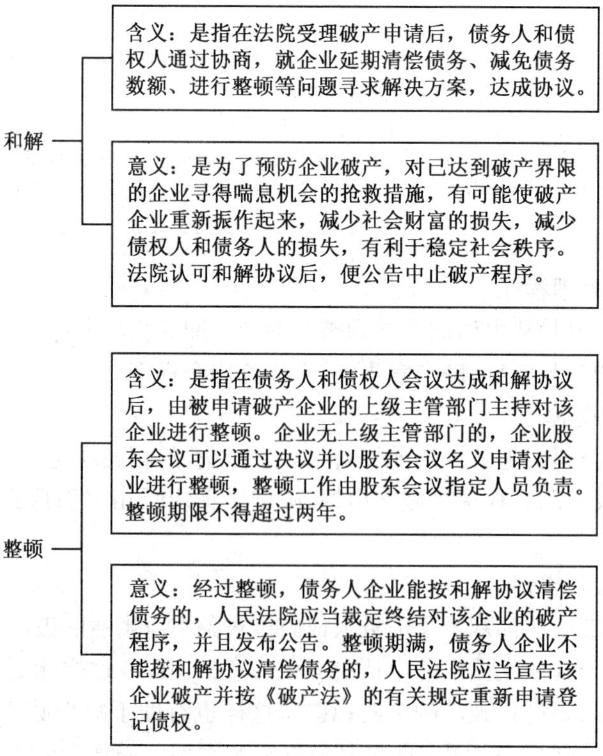

图 11—1　和解与整顿的含义与意义

3. 破产宣告

破产宣告是法院依据当事人的申请，或依法按照法定职权裁定宣布债务人破产，以此清偿债务的活动。依照《破产法》的相关规定，具备下列条件之一的，人民法院应当书面裁定债务人企业破产：

(1)债务人在整顿期间有依法应终结整顿情形的；

(2)债务人在整顿期满后不能按照和解协议清偿债务的；

(3)企业不能清偿到期债务且与债权人不能达成和解协议的；

(4)债务人不履行或不能履行和解协议的。

4. 破产清算

破产企业自破产宣告之日起，便丧失了法人资格，应停止生产经营活动。根据《破产法》相关规定，人民法院应当自宣告债务人企业破产之日起 15 日内成立清算组，接管破产企业。同时，清算组对人民法院负责并且报告工作，接受其监督。清算组的主要职责包括：

(1)接管破产企业；

(2)清理破产企业财产，编制财产明细表和资产负债表，编制债权债务清册，组织破产财产的评估、拍卖、变现；

(3)回收破产企业的财产，各破产企业的债务人、财产持有人依法行使财产权利；

(4)决定是否履行破产企业未履行的合同，在清算范围内进行必要的民事活动。

二、破产清算会计处理的程序和内容

破产清算会计与解体清算会计的要求与程序基本相同，两者的主要区别在于剩余资产的分配。解体清算一般存在剩余资产的分配，而破产清算的前提是资不抵债，使得其程序不存在剩余资产分配。因此，本节主要讨论破产清算会计程序中存在的几个特殊问题。

(一)界定与核算破产财产和破产债权

破产财产与破产债权是破产清算会计的两大会计要素，因此也是破产清算会计核算的主要内容。如何正确地界定破产财产与破产债权是实施破产财产与债权会计核算的基本前提。因此，正确界定破产财产与破产债权，明确其基本内容，是破产清算会计应重点研究的问题。

(二)破产清算开始日，对破产企业财务状况的估算

破产清算日，原企业提供的会计信息都是以历史成本为基础的，而历史成本所提供的会计信息对于破产清算企业而言相关性不强，无法提供精确的财务信息。因此，在破产清算过程中，各利益相关人一般要求只按清算价格对企业的财产进行估价，这就提出了财务状况估算表的编制，以便评估资产的变现能力和其市价损失，同时分析负债的偿还情况并估计其损失。

(三)清算过程中所涉及的主要会计事项

破产清算中的会计事项主要包括资产的变卖、费用的清理、负债的清偿等。

(四)会计档案的移交

破产企业是破产会计的主体，而清算组是破产会计的行为主体。在破产清算会计中，破产企业一般应在破产开始日向清算组办理会计档案移交手续，而在破产清算结束日清算组则应向破产企业的主管部门或法院办理会计档案的移交手续。

三、破产财产与破产债权

(一)破产财产

破产财产，是指应依破产程序分配给破产债权人的破产人的财产，其着眼点在于财产的分配程序与去向。《破产法》第28条以列举方式规定了破产财产的构成，为处理破产案件中认定破产财产提供了统一的法律标准。[①] 破产财产主要由下列财产构成：

(1)宣告破产时破产企业所有的全部财产；

(2)破产企业在破产宣告后至破产程序终结前所取得的财产；

(3)应当由破产企业行使的其他财产权利，法律另有规定者除外。

破产宣告时，在破产企业内的财产不一定都是破产财产，在破产企业之外的财产也不一定不是破产财产。根据《破产法》有关规定，下列财产不属于破产财产：

(1)特定物买卖中，未转移占有但相对人已完全支付对价的特定物；

(2)依法律规定存在优先权的财产，但权利人放弃优先受偿权或优先偿付特定债权后剩余的部分除外；

(3)担保物灭失后产生的保险金、补偿金、赔偿金等代位物；

(4)破产企业已作为债务担保物的财产；

(5)债务人基于仓储、保管、加工承揽、委托交易、代销、寄存、租赁等法律关系占用的他人财产；

(6)所有权专属于国家且不得转让的财产；

(7)尚未办理产权证或产权过户手续但已向买方交付的财产；

(8)破产企业工会所有的财产；等等。

破产企业的财产全部清理核实后，在处理之前，可以确定有相应评估资质的评估机构对破产财产进行评估，评估结果应得到企业财产所有人的确认。破产财产变现由清算组负责委托有拍卖资格的拍卖机构进行拍卖。清算组应当根据对破产企业的清算结果作破产财产明细表、资产负债表，并提出破产财产的分配方案。破产财产分配方案首先交由债权人会议讨论，经表决同意后，报请人民法院裁定认可，然后由清算组执行。

破产财产分配方案应当包括以下内容：可供破产分配的财产种类、总值，已经变现的财产和未变现的财产；债权清偿顺序、各顺序的种类与数额，包括破产企业所欠职工工资、劳动保险费用和破产企业所欠税款的数额和计算依据，纳入国家计划调整的企业破产，还应当说明职工安置费的数额和计算依据；破产债权总额和清偿比例；破产分配的方式、时间；对将来能够追回的财产拟进行追加分配的说明。

根据《破产法》的规定，在破产清算中应优先从破产财产中随时拨付破产费用。破产费用支付后破产财产应按以下顺序清偿：

---

① 新破产法对“债务人财产”和“破产财产”作了清楚的区分。其第30条规定：“破产申请受理时属于债务人的全部财产，以及破产申请受理后至破产程序终结前债务人取得的财产，为债务人财产。”在破产清算一章中的第107条规定：“债务人被宣告破产后，债务人称为破产人，债务人财产称为破产财产。”新破产法仅规定，债务人被宣告破产后债务人称为破产人，债务人财产称为破产财产，却没有具体规定破产财产的构成，因此很容易导致在处理破产案件时，对于具体财产是否是破产财产而发生争议。

(1)破产企业所欠职工工资和劳动保险费用[①]；

(2)破产企业所欠税款；

(3)破产债权。

在前一顺序的债权得以全额偿还之前，后一顺序的债权不予分配。破产财产不足以清偿同一顺序清偿要求时，按同一比例向债权人清偿。

(二)破产债权

破产债权是在破产宣告时成立的，经依法申报确认，对破产人发生的无财产担保的可强制执行的财产请求权。破产债权有权依照破产程序获得公平清偿，但要受破产程序的限制，不得单独、自由地要求清偿。其权利只能依《破产法》规定行使。例如，甲企业在破产前向乙企业借款 10 万元，那么乙企业对甲企业有 10 万元债权，当甲企业经过破产后剩余资产，且有担保方放弃这部分资产，或者这部分资产不足担保方的担保额，这部分资产就是乙企业主张的破产债权。

根据《破产法》的相关规定，下列债权属于破产债权：

(1)破产宣告前发生的无财产担保的债权；

(2)破产宣告前发生的债权人放弃优先受偿权利的有财产担保的债权；

(3)破产宣告前发生的有财产担保的债权中数额超过担保物价款未受优先清偿的债权；

(4)破产宣告时尚未到期的债权；

(5)票据出票人被宣告破产，付款人或承兑人不知其事实而向持票人付款或承兑所产生的债权；

(6)清算组解除破产企业未履行的合同，对方当事人依法或依合同约定产生的对债务人可以用货币计算的损失赔偿债权；

(7)债务人的受托人在债务人破产后，为债务人的利益处理委托事务所发生的债权；

(8)债务人发行债券形成的债权；

(9)债务人的保证人代替债务人清偿债务后依法可以向债务人追偿的债权；

(10)债务人的保证人预先行使追偿权而申报的债权；

(11)债务人为保证人的，在破产宣告前已经被生效的法律文书确定承担的保证责任；

(12)债务人在破产宣告前因侵权、违约给他人造成财产损失而产生的赔偿责任；

(13)人民法院认可的其他债权。

根据《破产法》规定，下列债权不属于破产债权：

(1)破产宣告后的债务利息；

(2)人民法院受理破产案件后债务人未支付应付款项的滞纳金；

(3)债务人开办单位对债务人未收取的管理费、承包费；

(4)债权人为个人利益参加破产程序的费用；

(5)超过诉讼时效的债权；

(6)破产财产分配后向清算组申报的债权；

(7)破产企业的股权、股票持有人在股权、股票上的权利；

---

① 根据最高人民法院的司法解释，下列几种情况参照这一顺序清偿：第一，因企业破产解除劳动合同，劳动者依法或者依据劳动合同对企业享有的补偿金请求权；第二，债务人所欠非正式职工(含短期劳动工)的劳动报酬；第三，债务人所欠企业职工集资款，但对违反法律规定的高额利息部分不予保护。

(8)破产宣告前行政、司法机关对破产企业的罚款、罚金以及其他有关费用。

破产债权既区别于可以从破产财产中优先拨付受偿的破产费用请求权，也区别于将不属于破产人的财产从破产中取回的取回权，以及有担保的债权人行使的别除权，因此，它具有以下特点：

(1)基于破产宣告前的原因成立，这是一般原则，在法律特别规定的情况下，某些债权虽发生于破产宣告之后，仍得为破产债权；

(2)对破产人发生的无财产担保的债权，或放弃优先受偿权利的有财产担保的债权，必须依破产程序从破产财产中平等受偿；

(3)为财产上的请求权，即必须是表现为金钱或能折算为金钱的债权，具有人身性质的财产权利不得作为破产债权；

(4)可强制执行，故已过诉讼时效的自然债权或非法债权不得为破产债权；

(5)依法申报登记并取得确认，有权在破产程序中实际受偿。

债权人对清算组确认或否认的债权有异议的，可以向清算组提出。此后，债权人对清算组仍有异议的，可以向人民法院提出。人民法院应当在查明事实的基础上依法作出裁决。

四、破产清算的会计处理

(一)破产清算会计处理规定

按有关法律法规规定，破产清算的核算主要涉及破产企业和清算组两个方面。

1. 破产企业应尽的义务

破产企业在宣告破产并成立破产清算组后，应接受清算组的指导，协助清算组对企业的各项资产进行全面的清理登记，编造清册；同时，对各项财产损失、债权债务进行全面核实。

破产企业应在法院宣告破产日，按照办理年度决算要求，进行财产清查，进行相关账务处理。在此基础上编制宣告破产日的会计报表，而后向清算组办理会计档案移交手续。

2. 清算组的权利和义务

清算组应当接管属于破产企业的财产，并对破产清算过程中的有关事项(如清算、变卖和财务分配等)如实加以记录。按规定，清算组应于清算开始日另立新账，设置的科目大体与正常经营的企业相同，但也有例外：

(1)应收款。记录除应收票据以外的各种应收款项。

(2)投资。记录企业持有的各种投资。

(3)固定资产。记录固定资产净值。

(4)借款。记录需偿还的各种借款。

(5)其他应付款。记录需偿付的除应付票据以外的各种款项。

此外，为反映清算业务，还须增设“清算费用”、“土地转让收益”、“清算损益”等科目。

清算组对清算过程的会计处理主要涉及以下内容：

(1)结转期初余额。

(2)处理破产财产。

(3)支付破产费用。

(4)转让土地使用权。

(5)清偿债务。

(6)结转清算损益。

(二)破产清算会计处理举例

【例 11－2】 光明公司因经营管理不善，严重亏损，不能清偿到期债务，于 2017 年 4 月 26 日经法院宣告破产。光明公司 2017 年 4 月 26 日的科目余额表如表 11—8 所示(为方便起见，本例题中的明细科目一般略去，计算结果取整)。

表 11—8　　**科目余额表**

2017 年 4 月 26 日　　单位：元

总账科目	借方	贷方	总账科目	借方	贷方
库存现金	300		短期借款		125 700
银行存款	25 000		应付票据		44 200
应收票据	3 720		应付账款		65 030
交易性金融资产	1 600		预收账款		25 870
应收账款	40 230		其他应付款		720
预付账款	4 970		应付职工薪酬		80 900
其他应收款	6 000		应交税费		80 280
原材料	19 300		长期借款		63 130
库存商品	24 820				
长期股权投资	70 000		实收资本		56 300
固定资产	103 800		盈余公积		8 828
累计折旧		16 400	利润分配		3 582
在建工程	48 000				
无形资产	56 000				
待处理财产损溢	167 200				
合　计	570 940	16 400	合　计		554 540

(1)清算组接管企业后，按规定开设了新的账户，并编制结转分录，结转各账户的期初余额，注销旧账。其中大部分期初余额是将原账中相同名称的账户余额直接转入，此处不再说明。需将原账户余额合并计算后才能转入的账户，会计分录如下：

①借：投资　　71 600
　　贷：交易性金融资产　　1 600
　　　　长期股权投资　　70 000

②借：应收账款　　51 200
　　贷：应收账款　　40 230
　　　　预付账款　　4 970
　　　　其他应收款　　6 000

③借：固定资产　　87 400
　　累计折旧　　16 400
　　贷：固定资产　　103 800

④借:短期借款　　125 700
　　长期借款　　63 130
　　贷:借款　　188 830
⑤借:应付账款　　65 030
　　预收账款　　25 870
　　其他应付款　　720
　　贷:其他应付款　　91 620
⑥借:清算损益　　98 490
　　实收资本　　56 300
　　盈余公积　　8 828
　　利润分配——未分配利润　　3 582
　　贷:待处理财产损溢　　167 200

(2)结转后编制的科目余额表,如表11—9所示:

表11—9　　科目余额表

2017年4月26日　　单位:元

账　户	借　方	账　户	贷　方
库存现金	300	借款	188 830
银行存款	25 000	应付票据	44 200
应收票据	3 720	其他应付款	91 620
应收款	51 200	应付职工薪酬	80 900
原材料	19 300	应交税费	80 280
库存商品	24 820		
投资	71 600	清算损益	(98 490)
固定资产	87 400	合　计	387 340
在建工程	48 000		
无形资产	56 000		
合　计	387 340		

(3)清算组对破产企业的财产和债务须全面清查,并根据财产清查结果进行账务处理,而后编制清查后的资产负债表。财产清查结果的分录如下:

①应收款4 518元确实无法收回予以注销。
借:清算损益　　4 518
　　贷:应收款　　4 518
②产成品短缺2 694元。
借:清算损益　　2 694
　　贷:库存商品　　2 694
③商标权6 000元已无实际价值。
借:清算损益　　6 000

贷:无形资产　　6 000

该破产企业财产除产成品发现短缺外,其余账实相符,且该企业不存在担保资产和担保债务,根据上述清查和账务处理结果编制清查开始日的清算资产负债表如表11—10所示。

表11—10　　**清算资产负债表**

编制单位:A公司清算组　　2017年4月26日　　单位:元

资　产	金　额	负债及清算净损益	
用作担保的资产		有担保债务	
合计		合计	
普通资产		普通债务	
货币资金	25 300	应付职工款	80 900
应收款	50 402	应交税费	80 280
实物资产	176 826	其他普通债务	324 650
投资	71 600	小计	485 830
无形资产	50 000	债务合计	485 830
合计	374 128	清算净损益	—111 702
资产总计	374 128	负债及清算净损益总计	374 128

(4)破产企业财产的处置。

①A公司清算组在清算期间收回应收款、应收票据。收回应收款35 200元存入银行,收回各种应收票据款3 160元存入银行。会计分录如下:

借:银行存款　　35 200
　清算损益　　11 482
　　贷:应收款　　46 682

借:银行存款　　3 160
　清算损益　　560
　　贷:应收票据　　3 720

②变卖材料、半成品、产成品等存货的核算。变卖各种材料收入15 000元,收取增值税2 550元,处置各种半成品收入6 000元,收取增值税1 020元,处置产成品收入14 200元,收取增值税2 414元,一并存入银行。会计分录如下:

借:银行存款　　17 550
　清算损益　　4 300
　　贷:原材料　　19 300
　　　应交税费　　2 550

借:银行存款　　7 020
　清算损益　　1 500
　　贷:库存商品　　7 500
　　　应交税费　　1 020

借:银行存款　　16 614

清算损益	426	
贷:库存商品		14 626
应交税费——应交增值税(销项税)		2 414

③变卖固定资产和在建工程的核算。处置各项固定资产收入74 500元,在建工程收入43 200元,处置固定资产和在建工程应交的营业税5 885元。会计分录如下:

借:银行存款	74 500	
清算损益	12 900	
贷:固定资产		87 400
借:银行存款	43 200	
清算损益	4 800	
贷:在建工程		48 000
借:清算损益	5 885	
贷:应交税费——应交营业税		5 885

④转让无形资产的核算。处置无形资产收入64 000元存入银行。处置无形资产应交的营业税3 200元。会计分录如下:

借:银行存款	64 000	
贷:无形资产		50 000
清算损益		14 000
借:清算损益	3 200	
贷:应交税费——应交营业税		3 200

⑤转让对外投资的核算。转让对外投资收入62 900元存入银行。会计分录如下:

借:银行存款	62 900	
清算损益	8 700	
贷:投资		71 600

⑥转让土地使用权的核算。转让原无偿划拨取得的未入账土地,实际取得价款为153 000元,存入银行。按规定应交营业税7 650元。将转让土地使用权所得支付未参加养老、医疗社会保险的离退休职工的离退休费用和医疗保险费用40 900元,以存款支付。用土地使用权转让所得向再就业中心划转职工安置费用80 000元。会计分录如下:

借:银行存款	153 000	
贷:土地转让收益		153 000
借:土地转让收益	7 650	
贷:应交税费		7 650
借:土地转让收益	40 900	
贷:银行存款		40 900
借:土地转让收益	80 000	
贷:银行存款		80 000

⑦处置各项资产应缴纳的城市维护建设税1 590元,教育费附加 682 元,予以计提。会计分录如下:

借:清算损益	2 272	
贷:应交税费——应交城市维护建设税		1 590

——应交教育费附加　　682

清算组在对破产财产的处置进行核算后，根据“清算损益”账户的全部记录，结出其借方余额为167 727元，贷方余额为14 000元，二者相抵后的清算损失为153 727元。

(5)清算费用的支付。

A公司清算组在清算期间，以存款支付办公费、破产财产保管费、市计费等清算管理费用以及破产案件诉讼费等86 960元。会计分录如下：

借：清算费用　　86 960
　贷：银行存款　　86 960

(6)破产企业财产的分配以及各账户的结转。

①支付所欠职工工资和社会保险费的核算。支付应付的各项福利费28 200元，其中300元以现金支付，其余以存款支付。支付所欠职工工资52 700元，以存款支付。会计分录如下：

借：应付职工薪酬　　80 900
　贷：现金　　300
　　银行存款　　80 600

②上交所欠税款的核算。A公司清算组在清算期间以存款全额缴纳所欠的税款104 049元和应交教育费附加1 222元。会计分录如下：

借：应交税费　　105 271
　贷：银行存款　　105 271

③清偿其他破产债务的核算。A公司由于剩余的破产不是清偿其他破产债务，因此应按比例清偿如下：

$$\text{清偿比例}=\frac{\text{银行存款余额}}{\text{其他破产债务金额}}\times 100\%$$
$$=108\ 413/324\ 650\ \times 100\%$$
$$=33.39\%$$

根据清偿比例，计算各有关破产债务的清偿金额为：

借款＝188 830×33.39%＝63 050(元)

应付票据＝44 200×33.39%＝14 758(元)

其他应付款＝108 413－63 050－14 758＝30 605(元)

以存款偿付各项债务，会计分录如下：

借：借款　　63 050
　应付票据　　14 758
　其他应付款　　30 650
　贷：银行存款　　108 413

④结转“清算费用”和“土地转让收益”账户的余额。会计分录如下：

借：清算损益　　86 960
　贷：清算费用　　86 960
借：土地转让收益　　24 450
　贷：清算损益　　24 450

⑤注销不再清偿债务的核算。A公司清算组注销不再清偿债务的情况如下：

借款＝188 830－63 050＝125 780(元)

应付票据=44 200−14 758=29 442(元)

其他应付款=91 620−30 605=61 015(元)

将注销的债务金额转入“清算损益”账户,会计分录如下:

借:借款	125 780	
应付票据	29 442	
其他应付款	61 015	
贷:清算损益		216 237

至此,所有账户余额都已结清,其中“清算损益”账户借贷方金额合计数均为254 687元。

(7)编制清算会计报表。

假设2017年6月30日清算工作结束,须根据破产清算的账务处理结果,编制清算损益表和债务清偿表,并向破产企业原登记机关办理注销登记。A公司清算组根据上述账务处理结果,编制清算结束时的清算损益表(见表11—11)和债务清偿表(见表11—12)。

表11—11　　清算损益表

编制单位:A公司清算组　　2017年4月26日~6月30日　　单位:元

项　目	本期数	累计数
一、清算收益	−153 727	−153 727
二、清算费用	86 960	86 960
三、土地转让净收益	24 450	24 500
四、清算净收益	−216 237	−216 237

表11—12　　债务清偿表

编制单位:A公司清算组　　2017年6月30日　　单位:元

债务项目	账面金额	确认金额	偿还比例	实际需要偿还金额	本期偿还金额	累计偿还金额	尚未偿还金额
有担保的债务							
小　计							
普通债务							
应付工资	52 700	52 700	100%	52 700	52 700	52 700	0
应付福利费	28 200	28 200	100%	28 200	28 200	28 200	0
应交税费	104 049	104 049	100%	104 049	104 049	104 049	0
其他应交款	1 222	1 222	100%	1 222	1 222	1 222	0
借款	188 830	188 830	33.39%	188 830	63 050	63 050	0
应付票据	44 200	44 200	33.39%	44 200	14 758	14 758	0
其他应付款	91 620	91 620	33.39%	91 620	30 605	30 605	0
小　计	510 821	510 821		510 821	294 584	294 584	0
合　计	510 821	510 821		510 821	294 584	294 584	0

本章小结

本章主要介绍了清算和破产的相关概念、主要特征及其会计处理。企业清算主要包括解散清算和破产清算两种情况。其中：解散清算是指一个持续经营的企业，因在经营过程中由于种种原因而出现解散的现象，它的会计处理否定了持续经营假设和会计分期假设，通过可变现价格计价原则和收付实现制原则的建立对其进行处理；破产清算是指债务人丧失债务清偿能力时，在法院监督下强制清算其全部财产，公平清偿全体债权人的活动，通过成立清算组对其进行会计处理。

本章思考题

1. 试述企业清算的原因。
2. 企业清算的业务程序有哪些内容？
3. 清算会计工作的内容是什么？
4. 简述解散清算和破产清算会计核算的方法。

本章业务题

某公司因公司章程规定的经营期限届满，公司股东决定对公司进行解散清算，解散清算开始日公司的资产负债表如下表所示：

资 产	金 额	负债及所有者权益（年末数）	金 额
流动资产：		流动负债：	
货币资金	1 000 000	应付票据	1 000 000
交易性金融资产	500 000	应付账款	5 000 000
应收票据	2 000 000	应付职工薪酬	500 000
应收账款	4 000 000	应交税费	500 000
存货	5 000 000	其他应付款	2 000 000
流动资产合计	12 500 000	流动负债合计	9 000 000
非流动资产：		非流动负债：	
可供出售金融资产	1 000 000	长期借款	6 000 000
固定资产	10 000 000	非流动负债合计	6 000 000
无形资产	500 000	负债合计	15 000 000
非流动资产合计	11 500 000	股东权益：	3 000 000
		股本	1 000 000
		资本公积	2 000 000
		盈余公积	3 000 000
		未分配利润	9 000 000
		股东权益合计	
资产总计	24 000 000	负债及所有者权益总计	24 000 000

有关资产可实现净值的补充资料如下：(1)公司的交易性金融资产扣除交易费用后的出售净价款为400 000元，应收票据能够以账面价值全额收回，应收账款账面余额为4 500 000元，坏账准备的余额为500 000元，但实际收回银行存款3 500 000元。(2)公司存货5 000 000元中，产成品3 000 000元，在产品1 000 000元，原材料1 000 000元。其中，产成品的预计清理收入为5 500 000元，相关清理费用预计为500 000元；在产品须进一步加工成产成品才能对外出售，对在产品的预计追加加工成本为500 000元(假设全部用银行存款支付)，加工完成的产成品的清理收入预计为2 500 000元，相关清理费用预计为200 000元，原材料清理收入为1 300 000元，相关清理费用预计为100 000元。(3)公司的可供出售金融资产扣除交易费用后的出售净价款为900 000元。(4)固定资产的账面原价20 000 000元，已提折旧10 000 000元，扣除清理费用后的预计变现收入为9 000 000元。(5)公司无形资产为从外部购入的专利权，清算开始后将予以全额注销。(6)预计的清算费用为300 000元。(7)公司的所得税税率为25%。

要求：编制公司清算期间的相关会计处理。

本章参考文献

1. 储一昀：《高级财务会计》，上海财经大学出版社，2016年
2. 傅荣：《高级财务会计》，中国人民大学出版社，2016年
3. 刘永泽、傅荣：《高级财务会计》，东北财经大学出版社，2016年
4. 荣莉、彭晓洁：《高级财务会计》，中国财政经济出版社，2017年

21 世纪普通高等教育规划教材·会计系列

高级财务会计习题集

（第二版）

主编　彭晓洁

上海财经大学出版社

前　言

本书是上海财经大学会计系列教材、彭晓洁主编第二版《高级财务会计》的教学辅导书(学生用书)。

全书练习题设有名词解释、单项选择题、多项选择题、判断题、简答题和业务处理题等多种题型。本书各章的习题紧密结合《高级财务会计》教材的内容,相当于《高级财务会计》的题库。学生通过练习,可以进一步理解和掌握教材内容,巩固和深化所学知识,增强分析问题和解决问题的能力;教师也可以将各章的各种题型加以组合,作为考试用题。

本书的修订由江西财经大学潘元伟负责第一至第七章、刘晨旸负责第八至第十一章,全书由彭晓洁负责总纂。

由于编者的水平有限,书中难免存有疏漏之处,恳请读者批评指正。

编　者
2018 年 5 月

目 录

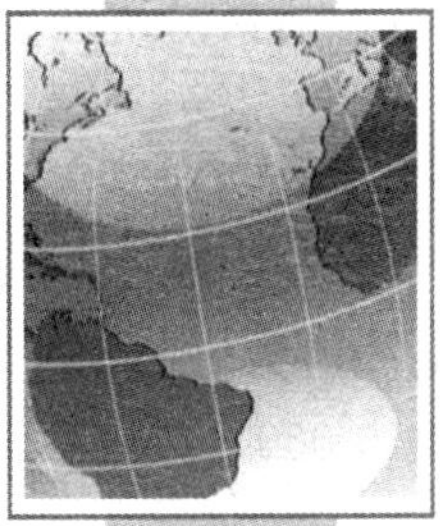

第一章 长期股权投资和企业合并

一、名词解释

1. 控制
2. 商誉
3. 企业合并
4. 长期股权投资
5. 同一控制下的企业合并

二、单项选择题

1. 下列权益性投资，不能划分为长期股权投资的是(　　)。

A. 具有控制的权益性投资

B. 具有共同控制的权益性投资

C. 具有重大影响的权益性投资

D. 不具有控制、共同控制或重大影响，并且在活跃市场中有报价、以公允价值计量的权益性投资

2. 非同一控制下企业合并形成的长期股权投资的初始投资成本为合并方所付出的资产、发生的负债以及发行权益性证券的(　　)。

A. 账面价值　　B. 公允价值　　C. 历史成本　　D. 重置成本

3. 合并方为企业合并发行权益性证券所支付的手续费、佣金等发行费用，应当计入(　　)。

A. 资本公积　　B. 合并成本　　C. 管理费用　　D. 财务费用

4. 同一控制下的企业合并，合并方发生的中介费用应当于发生时计入(　　)。

A. 管理费用　　B. 财务费用　　C. 营业费用　　D. 购买成本

5. 以下哪种合并方式存在编制合并财务报表的问题？(　　)

A. 吸收合并　　B. 新设合并　　C. 横向合并　　D. 控股合并

6. 非同一控制下的企业合并，其会计处理方法类似于(　　)。

A. 成本法　　B. 权益法　　C. 购买法　　D. 权益结合法

7. 采用权益结合法核算的企业合并，被并企业的资产和负债均应该如何入账？(　　)

A. 按账面价值入账　　B. 按公允价值入账
C. 按历史成本入账　　D. 按重置成本入账

8. 非同一控制下的企业合并，购买方支付的购买成本小于其在被购买方可辨认净资产公允价值所占份额的差额，应当计入(　　)。

A. 商誉　　B. 资本公积　　C. 投资收益　　D. 营业外收入

9. 长江公司和黄河公司同为A公司所控制的两个子公司。2017年1月1日，长江公司以其发行的普通股票10 000 000股，取得黄河公司80%的控股权。该股票的面值为每股1元，市价为每股6元。黄河公司2017年1月1日的所有者权益账面价值总额为40 000 000元。则长江公司确认的长期股权投资为(　　)。

A. 10 000 000元　　B. 32 000 000元　　C. 36 000 000元　　D. 60 000 000元

10. 甲公司以银行存款2 000万元取得乙公司60%的控股权，取得投资时，乙公司所有者权益账面价值总额为4 800万元。假定甲、乙两公司不存在任何关联方关系，则甲公司的合并成本为(　　)。

A. 2 000万元　　B. 2 880万元　　C. 3 000万元　　D. 5 000万元

11. 2017年11月1日，大华公司出资800万元，取得了双星公司10%的控股权，且该权益性投资在活跃市场中没有报价、公允价值不能可靠计量，则大华公司对该长期股权投资采用的核算方法为(　　)。

A. 成本法　　B. 权益法　　C. 市价法　　D. 成本与市价孰低法

12. A公司和B公司同属M集团内的企业。2017年7月1日，A公司发行股票5 000万股，取得了B公司80%的股权，并于当日起能对B公司实施控制。合并当日B公司的账面净资产价值为8 000万元。A公司在合并过程中另发生咨询费、手续费等相关费用共计20万元。不考虑其他因素，则A公司取得的长期股权投资入账价值为(　　)。

A. 4 980万元　　B. 5 000万元　　C. 6 400万元　　D. 6 420万元

13. M公司于2017年1月1日以银行存款取得N公司10%的控股权，并准备长期持有，采用成本法核算。N公司当年实现净利润260万元，2017年4月3日宣告分配上年现金股利150万元。2017年M公司应确认的投资收益为(　　)。

A. 15万元　　B. 26万元　　C. 150万元　　D. 260万元

14. 2017年1月1日，长安公司发行股票1 000 000股，取得了红星公司20%的股权，采用权益法核算。2017年红星公司实现净利润3 000 000元，2018年5月1日，红星公司宣告分派2017年度的现金股利1 200 000元，则长安公司2018年确认应收股利时应确认的投资收益为(　　)。

A. 800 000元　　B. 960 000元　　C. 1 000 000元　　D. 2 400 000元

15. 2016年11月11日，大兴公司与江南股份有限公司(以下简称江南公司)签订股权转让协议，该股权转让协议规定：大兴公司收购江南公司持有A公司股份总额的35%，收购价格为银行存款270万元；该股权协议生效日为2016年12月31日。该股权转让协议于2016年12月12日分别经大兴公司和江南公司股东大会审议通过，并依法报经有关部门批准。2017年1月15日，江南公司支付价款270万元，并办理了相关的股权划转手续。则该交易中的股权转让日为(　　)。

A. 2017年1月15日　　B. 2016年12月31日
C. 2016年12月12日　　D. 2016年11月11日

三、多项选择题

1. 下列投资中，应作为长期股权投资核算的是(　　)。

A. 对子公司的投资

B. 对合营企业的投资

C. 对联营企业的投资

D. 不具有控制、共同控制或重大影响，且在活跃市场中没有报价、公允价值不能可靠计量的权益性投资

2. 下列有关长期股权投资的说法，正确的有(　　)。

A. 投资时支付的款项中包含的已宣告但尚未发放的现金股利不应计入初始投资成本

B. 企业合并取得长期股权投资而发行股票支付的手续费、佣金等应计入初始投资成本

C. 初始投资成本小于投资时应享有被投资单位可辨认净资产公允价值份额的，需按差额调整初始投资成本，并计入投资收益

D. 初始投资成本大于投资时应享有被投资单位可辨认净资产公允价值份额的差额，体现为投资企业的商誉，不需要对长期股权投资的初始投资成本进行调整

3. 下列关于以合并方式取得长期股权投资的处理中，错误的是(　　)。

A. 非同一控制下，所支付的非货币性资产在购买日的公允价值与账面价值的差额，应计入当期损益

B. 非同一控制下，以购买日所取得被购买方可辨认净资产账面价值的份额作为长期股权投资的初始投资成本

C. 同一控制下，合并方以支付现金、转让非现金资产或承担债务方式作为合并对价的，应当在合并日按照取得的被合并方所有者权益的账面价值的份额作为长期股权投资的初始投资成本

D. 同一控制下企业合并形成的长期股权投资，初始投资成本与支付的现金、转让的非现金资产或承担债务公允价值之间的差额，应当调整资本公积(资本溢价或股本溢价)，资本公积余额不足冲减的，调整留存收益

4. 长期股权投资采用权益法核算时，下列选项中会引起长期股权投资账面价值变动的有(　　)。

A. 被投资企业接受资产捐赠　　B. 被投资企业购买固定资产

C. 被投资企业宣告发放现金股利　　D. 被投资企业以资本公积转增资本

5. 根据规定，下列关于减少长期股权投资导致的成本法转换为权益法的说法中，正确的有(　　)。

A. 应按照转换时该项长期股权投资的公允价值作为权益法核算的初始投资成本

B. 应按照转换时该项长期股权投资的账面价值作为权益法核算的初始投资成本

C. 对于投资企业在取得原投资时至减少投资当期期初被投资单位实现的净损益中应享有的份额，应调整留存收益

D. 对于投资企业在减少投资当期期初至追加投资交易日之间被投资单位实现的净损益中应享有的份额，应计入当期损益

6. 下列关于增加长期股权投资导致的权益法转换为成本法的说法中，错误的是(　　)。

A. 应以转换时长期股权投资的账面价值作为按照成本法核算的基础

B. 应以转换时长期股权投资的公允价值作为按照成本法核算的基础

C. 随后期间，自被投资单位取得的现金股利或利润超过转换时被投资单位账面留存收益中本企业享有份额的部分，确认为资本公积

D. 随后期间，自被投资单位分得的现金股利或利润未超过转换时被投资单位账面留存收益中本企业应享有份额的，分得的现金股利或利润确认为投资收益

7. 企业处置长期股权投资时，正确的处理方法有（　　）。

A. 处置长期股权投资时，持有期间计提的减值准备也应一并结转

B. 处置长期股权投资时，其账面价值与实际取得价款的差额，应当计入营业外收入

C. 采用权益法核算的长期股权投资，处置时还应将原计入资本公积项目的相关金额，转为处置当期投资收益

D. 采用权益法核算的长期股权投资，在处置部分股权时，不需要对原计入资本公积的金额进行结转，待整体处置时再进行结转

8. 按控制对象划分，企业合并可分为（　　）。

A. 吸收合并　　B. 控股合并

C. 同一控制下的企业合并　　D. 非同一控制下的企业合并

9. 权益结合法不适用于以下哪种方式所进行的企业合并？（　　）

A. 股票交换　　B. 银行存款　　C. 发行债券　　D. 非货币性资产

10. 非同一控制下的企业合并，购买日的确定原则有（　　）。

A. 购买方已支付了购买价款的 30%

B. 合并事项已获得相关部门的批准

C. 参与合并各方已办理了必要的财产权交接手续

D. 购买方实际上已经控制了被购买方的财务和经营政策，并享有相应的收益和风险

11. 使一个未获得被合并主体一半以上表决权的企业，获得被合并主体控制权的条件是（　　）。

A. 通过法律或协议，获得另一主体的财务和经营决策的权力

B. 获得在另一主体董事会会议或类似治理机构中投多数票的权力

C. 获得任命或解除另一主体董事会或类似治理机构大多数成员的权力

D. 通过与其他投资者之间的协议，获得对另一主体一半以上表决权的权力

12. 同一控制下的企业合并，关于合并方以固定资产作为合并对价取得长期股权投资的说法，正确的有（　　）。

A. 对于所付出固定资产的公允价值与账面价值的差额，不予确认

B. 应当在合并日以所付出固定资产的账面价值作为长期股权投资的初始投资成本

C. 长期股权投资的初始投资成本与所付出固定资产账面价值的差额，应该调整留存收益

D. 应当在合并日以所取得被合并方所有者权益账面价值的份额作为长期股权投资的初始投资成本

13. 同一控制下的企业合并，合并方所支付的合并对价的账面价值与其在合并中取得的净资产的账面价值数额不一致时，应当按照这一差额借记（或贷记）的科目有（　　）。

A.“资本公积”　　B.“盈余公积”

C.“少数股东权益”　　D.“利润分配——未分配利润”

14. 下列各项中，属于企业合并中发生的直接费用的是（　　）。

A. 谈判费用

B. 审计、评估费用

C. 高管人员的工资、奖金

D. 为发行债券或股票所支付的佣金、手续费

15. 下列有关购买法的说法，正确的有(　　)。

A. 不会产生合并商誉

B. 与合并事项有关的直接费用计入当期损益

C. 参与合并企业的资产和负债均按账面价值计价

D. 参与合并企业的资产和负债均按公允价值计价

四、判断题

1. 投资企业能够对被投资单位施加重大影响的，被投资单位为其合营企业。(　　)

2. 企业取得长期股权投资时，实际支付的价款中包含的已宣告但尚未发放的现金股利应计入初始投资成本。(　　)

3. 成本法下，被投资单位宣告分派的利润或现金股利，投资企业按应享有的部分确认为当期投资收益，不管有关利润分配是属于对取得投资前还是取得投资后被投资单位实现净利润的分配。(　　)

4. 采用权益法核算的长期股权投资初始投资成本小于投资时应享有被投资单位可辨认净资产公允价值的份额时，不需要按差额调整已确认的初始投资成本。(　　)

5. 当投资企业对被投资单位持股比例大于 50%，即投资方能够对被投资方实施控制时，长期股权投资采用权益法核算，但在编制合并财务报表时，应当按照成本法进行调整。(　　)

6. 合并方为企业合并发行股票支付的手续费、佣金等，应冲减溢价收入，溢价收入不足的冲减留存收益。(　　)

7. 因追加投资导致长期股权投资的核算方法由成本法转换为权益法时，原投资的账面余额小于应享有被投资单位可辨认净资产公允价值份额的差额，应调整长期股权投资的账面价值，同时计入营业外收入。(　　)

8. 权益法下，对被投资单位除净损益以外其他因素导致的所有者权益变动，投资方按应享有的份额，调整长期股权投资的账面价值，同时确认为投资收益。(　　)

9. 同一控制下的企业合并是指参与合并的企业在合并前后均受同一方或相同的多方控制且该控制并非暂时性的，因此合并各方在合并前后均受国家控制的企业合并，属于同一控制下的企业合并。(　　)

10. 同一控制下的企业合并，合并日不再编制合并利润表、合并现金流量表。(　　)

11. 购买法将负商誉分摊至各非流动资产，若这些非流动资产价值降为 0，则将其差额计入当期损益。(　　)

12. 同一控制下的企业合并确认的商誉为购买方支付的购买成本超过其在被购买方可辨认净资产公允价值所占份额的部分。(　　)

13. 长期股权投资采用成本法核算时，被投资企业发放现金股利需调整长期股权投资的账面价值。(　　)

14. 企业合并必然会形成长期股权投资。(　　)

15. 在控股合并的情况下，企业合并成本小于合并中取得的被购买方可辨认净资产公允

价值份额的差额，不仅应体现在购买方合并当期的合并利润表中，还要记入购买方的个别利润表。（　　）

五、简答题

1. 试列举长期股权投资的划分标准。
2. 长期股权投资的成本法和权益法有何区别？
3. 试述购买法与非同一控制下的企业合并的异同。
4. 试述权益结合法与同一控制下的企业合并的异同。
5. 非同一控制下的企业合并与同一控制下的企业合并在会计处理上有哪些不同点？

六、业务处理题

1. 2017 年 1 月 8 日，甲公司以银行存款1 000万元及一项无形资产为对价取得乙公司30%的股权，能够对乙公司施加重大影响。该无形资产原价为 780 万元，累计摊销 200 万元，公允价值为 800 万元。合并过程中，甲公司另支付各项直接费用 10 万元。取得投资当日，乙公司可辨认净资产公允价值为8 000万元，账面价值7 950万元。投资后至 2017 年末，乙公司累计实现净利润1 000万元，因可供出售金融资产公允价值变动增加资本公积 50 万元。2018 年 4 月 30 日，乙公司宣告分配 2017 年度现金股利 500 万元。

要求：根据以上资料，编制甲公司有关长期股权投资的会计分录。

2. 假定 A 公司和 B 公司合并前不存在关联方关系，采用的会计政策和会计期间相同。2017 年 1 月 1 日 A 公司以银行存款10 000万元取得 B 公司 60%的股权，当日 B 公司可辨认净资产公允价值总额为16 000万元(假定公允价值与账面价值相同)。2017 年 B 公司实现净利润8 000万元。B 公司于 2018 年 3 月 1 日宣告分派 2017 年度的现金股利1 000万元。2018 年 12 月 31 日，A 公司将其持有的对 B 公司长期股权投资的 50%出售给某企业，出售取得价款6 000万元，出售时该项长期股权投资未计提减值准备。出售股权后，A 公司对 B 公司的持股比例降至 30%，在被投资单位董事会中派有代表，但不能对 B 公司的生产经营决策实施控制。2018 年 B 公司实现净利润8 000万元。除所实现净利润外，B 公司未发生其他计入资产公积的交易或事项。本例中，A 公司按净利润的 10%提取盈余公积。

要求：根据以上资料，做出 A 公司对上述投资业务的会计处理。

3. 兴隆公司于 2017 年 10 月 1 日吸收合并宏诚公司，合并前二者不受同一方控制，合并日兴隆公司和宏诚公司的资产、负债、所有者权益的价值如表 1—1 所示。

表 1—1　　兴隆公司和宏诚公司资产负债简表　　单位：万元

项　目	兴隆公司	宏诚公司	
	账面价值	账面价值	公允价值
货币资金	300	15	15
应收账款	130	40	35
存货	220	40	50
长期股权投资	1 000	60	75
固定资产	1 800	150	160

续表

项　目	兴隆公司	宏诚公司	
	账面价值	账面价值	公允价值
无形资产	40	20	23
资产总计	3 490	325	358
短期借款	700	80	80
应付账款	670	60	60
长期应付款	540	20	18
负债合计	1 910	160	158
股本	600	60	
资本公积	900	80	
盈余公积	80	25	
所有者权益合计	1 580	165	200
权益总计	3 490	325	358

要求：

(1)编制兴隆公司发行股票 100 万股(每股面值 1 元，市价 2.5 元)购入宏诚公司的会计分录；

(2)编制兴隆公司发行价值为 160 万元的债券购入宏诚公司的会计分录。

4.J 公司于 2017 年 1 月 1 日与 K 公司进行合并，企业合并前 J 公司和 K 公司的资产负债表如表 1—2 所示。该合并为同一控制下的企业合并。

表 1—2　　J 公司和 K 公司资产负债简表　　单位：元

项　目	J 公司	K 公司
货币资金(银行存款)	50 000	30 000
应收票据	30 000	20 000
存货(库存商品)	80 000	50 000
固定资产	60 000	40 000
资产总计	220 000	140 000
短期借款	60 000	40 000
股本(每股价值 1 元)	100 000	50 000
资本公积	10 000	20 000
盈余公积	30 000	15 000
未分配利润	20 000	15 000
负债和股东权益总计	220 000	140 000

要求：

(1)编制 J 公司发行90 000股面值 1 元的普通股吸收合并 K 公司的会计分录；

(2)编制J公司发行110 000股面值1元的普通股吸收合并K公司的会计分录；

(3)编制J公司发行120 000股面值1元的普通股吸收合并K公司的会计分录；

(4)编制J公司发行150 000股面值1元的普通股吸收合并K公司的会计分录。

5. 2017年3月，甲公司出资6 000万元取得乙公司20%的股份，当日乙公司可辨认净资产公允价值为25 000万元，采用权益法核算。2017年确认投资收益400万元。在此期间，乙公司未宣告发放现金股利或利润，不考虑相关税费影响。

2018年2月，甲公司进一步购入乙公司40%的股份，成本为20 000万元，购买日乙公司可辨认净资产的公允价值为40 000万元。此时的持股比例为60%，实现企业合并，采用成本法核算。2018年度1月份乙公司的净利润为－550(净亏损)万元。假定盈余公积计提比例为10%。

要求：

(1)编制甲公司2017年度的相关会计分录；

(2)编制甲公司2018年度购买日的账务处理；

(3)确定购买日长期股权投资的成本；

(4)计算达到合并时点应确认的商誉。

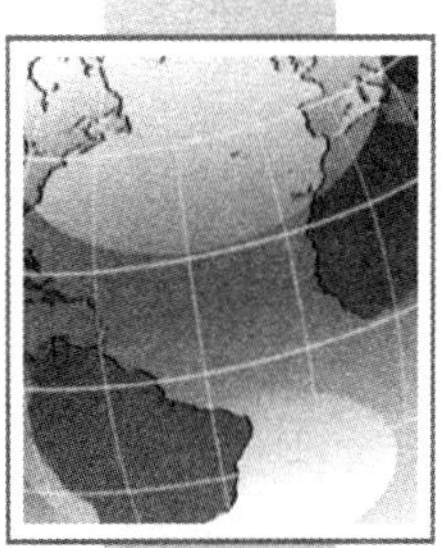

第二章 合并财务报表(上)

一、名词解释

1. 合并财务报表
2. 所有权理论
3. 经济实体理论
4. 母公司理论
5. 控制

二、单项选择题

1. 下列子公司中,要纳入母公司合并财务报表范围内的是(　　)。

A. 宣告破产的原子公司　　B. 母公司不能控制的其他单位
C. 已宣告被清理整顿的原子公司　　D. 持续经营的所有者权益为负数的子公司

2. 下列哪一项不属于编制合并财务报表时必须做好的前提准备事项?(　　)

A. 统一经营业务　　B. 统一会计政策
C. 统一资产负债表日及会计期间　　D. 对子公司股权投资采用权益法核算

3. 合并财务报表的会计主体是(　　)。

A. 母公司　　B. 子公司
C. 母公司的会计部门　　D. 母公司和子公司组成的企业集团

4. 在非同一控制下控股合并,子公司的净资产公允价值与账面价值之间的差额应该调整(　　)。

A. 母公司的资本公积　　B. 子公司的资本公积
C. 母公司的未分配利润　　D. 子公司组成的未分配利润

5. 甲公司和乙公司没有关联关系,甲公司在 2017 年 1 月 1 日投资1 000万元购入乙公司100%的股权,乙公司可辨认净资产公允价值为1 000万元,账面价值 800 万元,其差额为一项无形资产造成,该无形资产公允价值为 400 万元,账面价值为 200 万元,尚可摊销 5 年,无残值。2017 年乙公司实现净利润 200 万元,所有者权益其他项目不变,在 2017 年期末甲公司编制合并抵销分录时,长期股权投资应调整为(　　)。

A. 1 080万元　　B. 1 160万元　　C. 1 200万元　　D. 1 440万元

6. 甲公司发行1 000万股普通股(每股面值 1 元,市价 5 元)作为合并对价取得乙企业100%的股权,涉及合并方均受同一母公司最终控制,合并日乙公司账面资产总额为5 000万元,账面负债总额为2 000万元,合并成本与长期股权投资初始确认的差额是(　　)。

A. 商誉3 000万元　　B. 未分配利润2 000万元

C. 资本公积2 000万元(贷方)　　D. 资本公积3 000万元(贷方)

7. 甲公司和乙公司同为 A 集团的子公司,2017 年 1 月 1 日,甲公司以存款 610 万元取得乙公司所有者权益的 60%,同日,乙公司所有者权益的账面价值为1 000万元,可辨认净资产公允价值为1 100万元。2017 年 1 月 1 日,甲公司应确认的资本公积为(　　)。

A. 10 万元(借方)　　B. 10 万元(贷方)

C. 70 万元(借方)　　D. 70 万元(贷方)

8. 下列关于合并报表的表述正确的是(　　)。

A. 合并利润表是母公司分配股利的基础

B. 合并财务报表能够为母公司缴纳税款提供依据

C. 合并资产负债表的负债反映了母公司的债权人对企业资产的求偿权

D. 合并财务报表反映了母公司能够控制的经济资源、经营成果及其现金流量

9. 甲公司发行1 000万股普通股(每股面值 1 元,市价 5 元)作为合并对价取得乙企业100%的股权,涉及合并方均受同一母公司最终控制,合并日乙公司账面资产总额为5 000万元,账面负债总额为2 000万元,甲公司合并成本为(　　)。

A. 1 000万元　　B. 3 000万元　　C. 5 000万元　　D. 2 000万元

10. 甲公司和乙公司没有关联关系,甲公司 2017 年 1 月 1 日投资 500 万元购入乙公司100%的股权,乙公司可辨认净资产公允价值为 500 万元,账面价值为 400 万元,其差额为应在 5 年内摊销的无形资产,2017 年乙公司实现净利润 100 万元,所有者权益其他项目不变,期初未分配利润为 0,在 2017 年期末甲公司编制投资收益和利润分配的抵销分录时,应抵销的投资收益为(　　)。

A. 60 万元　　B. 80 万元　　C. 100 万元　　D. 120 万元

三、多项选择题

1. A 公司应将(　　)纳入其合并财务报表合并范围。

A. 甲公司,规模较小的子公司

B. 乙公司,业务性质与 A 公司有差别的子公司

C. 丙公司,其 60%的表决权资本由 A 公司拥有,已被宣告清理整顿

D. 丁公司,其 40%的表决权资本由 A 公司拥有,但 A 公司有权任免丁公司多数董事会成员

E. 戊公司,其 40%的表决权资本由 A 公司拥有,A 公司受托管理其他投资者在戊公司 20%的股份

2. 下列情况中,A 公司没有拥有该被投资单位半数以上权益性资本,但可以纳入合并财务报表合并范围的有(　　)。

A. 有权任免董事会等权力机构的多数成员

B. 在已有的四个投资者中,A 公司对其持股比例最高

C. 在董事会或者类似权力机构的会议上有半数以上投票权

D. 根据公司章程或协议，有权控制被投资企业财务和经营政策
E. 通过与被投资企业其他投资者之间的协议，拥有该被投资企业半数以上表决权

3. 关于同一控制下的企业合并，下列说法中错误的有(　　)。
A. 合并方在企业合并中取得的资产和负债，应当按照合并日在被合并方的公允价值计量
B. 合并方取得的净资产公允价值与支付的合并对价公允价值的差额，应调整资本公积；资本公积不足冲减的，调整留存收益
C. 合并方取得的净资产公允价值与支付的合并对价账面价值的差额，应调整资本公积；资本公积不足冲减的，调整留存收益
D. 合并方取得的净资产账面价值与支付的合并对价账面价值的差额，应调整资本公积；资本公积不足冲减的，调整留存收益

4. 按反映的内容分，合并财务报表包括(　　)。
A. 合并资产负债表　　B. 合并利润表
C. 合并所有者权益变动表　　D. 合并现金流量表
E. 合并报表附注

5. 下列公司的股东均按所持股份行使表决权，W 公司与甲、乙、丙、丁的关系如下：W 公司拥有甲公司 60％的股权、丙公司 30％的股权以及丁公司 20％的股权，甲公司拥有乙公司 51％的股权以及丙公司 40％的股权，乙公司拥有丁公司 40％的股权。W 公司编制合并财务报表时应纳入合并范围的公司有(　　)。
A. 甲公司　　B. 乙公司　　C. 丙公司　　D. 丁公司

6. 合并财务报表的编制原则包括(　　)。
A. 以个别会计报表为编制基础　　B. 重要性原则
C. 一体性原则　　D. 一贯性原则

7. 下列哪种情况下，在购并日合并财务报表中会出现“少数股东权益”项目？(　　)
A. 母公司创立全资子公司
B. 母公司购买同一控制下的全资子公司
C. 母公司购买非同一控制下的全资子公司
D. 母公司购买非同一控制下的非全资子公司
E. 母公司购买同一控制下的非全资子公司

8. 下列哪种情形下，在财务报表中会出现“商誉”项目？(　　)
A. 同一控制下的控股合并中，母公司长期股权投资的投资成本超过子公司可辨认净资产的公允价值的份额时
B. 同一控制下的控股合并中，母公司长期股权投资的投资成本小于子公司可辨认净资产的公允价值的份额时
C. 非同一控制下的控股合并中，母公司长期股权投资的投资成本超过子公司可辨认净资产的公允价值的份额时
D. 非同一控制下的控股合并中，母公司长期股权投资的投资成本小于子公司可辨认净资产的公允价值的份额时
E. 非同一控制下的吸收合并中，合并方的合并成本高于被合并方的可辨认净资产的公允价值的份额时

9. 为进行合并发生的各项直接相关费用，下列说法中错误的有(　　)。

A. 非同一控制下的企业合并，购买方为进行企业合并发生的各项直接相关费用应当计入合并成本

B. 非同一控制下的企业合并，购买方为进行企业合并发生的各项直接相关费用应当计入所有者权益

C. 同一控制下的企业合并，购买方为进行企业合并发生的各项直接相关费用应当于发生时计入当期损益

D. 同一控制下的企业合并，购买方为进行企业合并发生的各项直接相关费用应当于发生时计入所有者权益

10. 非同一控制下的企业合并中，购买方对合并成本与合并中取得被购买方可辨认净资产公允价值份额的差额处理，下列说法中正确的有（　　）。

A. 购买方对合并成本大于合并中取得的被购买方可辨认净资产公允价值份额的差额，应当确认为商誉

B. 购买方对合并成本大于合并中取得的被购买方可辨认净资产公允价值份额的差额，应当计入当期损益

C. 购买方对合并成本小于合并中取得的被购买方可辨认净资产公允价值份额的差额，应当确认为商誉

D. 购买方对合并成本小于合并中取得的被购买方可辨认净资产公允价值份额的差额，复核后仍如此的，其差额应当计入当期损益

四、判断题

1. 只有当 A 公司对 B 公司的持股比例达到 50%以上时，B 公司才能纳入合并报表范围。（　　）

2. 在确定能否控制被投资单位时，应当考虑企业和其他企业持有的被投资单位的当期可转换的可转换公司债券、当期可执行的认股权证等潜在表决权因素。（　　）

3. 确定合并范围，应当考虑被投资单位各个投资者的持股情况、投资者之间的相互关系、公司治理结构、潜在表决权等因素。（　　）

4. 母公司将其子公司纳入合并财务报表的合并范围时应当考虑其行业特性与规模大小。（　　）

5. 按编制的时间分，合并财务报表可以分为购并日的合并财务报表和购并日后的合并财务报表。（　　）

6. 在非同一控制下的控股合并中，母公司应当设置备查簿，记录企业合并中取得的子公司各项可辨认资产、负债及或有负债等在购买日的公允价值。购买日编制合并财务报表时，应当按照购买日确定的各项可辨认资产、负债及或有负债的公允价值为基础对子公司的财务报表进行调整。（　　）

7. 在同一控制下的合并日合并资产负债表中，合并中取得的被购买方的各项可辨认资产、负债应以其在合并日的公允价值计量，长期股权投资的成本大于合并中取得的被购买方可辨认净资产公允价值份额的差额，体现为合并财务报表中的商誉。（　　）

8. 在同一控制下的合并日合并资产负债表中，长期股权投资的成本小于合并中取得的被购买方可辨认净资产公允价值份额的差额，应记入合并利润表中作为合并当期损益。（　　）

9. 非同一控制下的购买日合并资产负债表中，应以合并方“资本公积”的贷方余额为限，

将被合并方在企业合并前实现的留存收益中归属于合并方的部分自“资本公积”转入“盈余公积”和“未分配利润”。 (　　)

10. 在合并财务报表工作底稿中编制的有关抵销分录，并不能作为记账的依据。 (　　)

五、简答题

1. 试述合并财务报表的编制程序。
2. 以控制为基础纳入合并范围的子公司主要有哪几种情形?
3. 不纳入合并范围的子公司有哪些?
4. 试述合并财务报表的局限性。
5. 试述抵销分录与会计分录的区别。

六、业务处理题

1. 2017 年 7 月 31 日，乙公司以银行存款 960 万元取得丙公司可辨认净资产份额的 80%。合并各方无关联关系。此外，丙公司固定资产公允价值比账面价值高 100 万元，其余资产、负债公允价值与账面价值相等。乙、丙公司合并前有关资料如表 2—1 所示。

要求：

(1)编制乙公司合并日获得长期股权投资的会计处理分录；

(2)编制乙公司合并日合并会计报表抵销分录，并填写合并工作底稿表 2—1。

表 2—1　　**合并会计报表的工作底稿**　　单位：万元

项　目	乙公司	丙公司	合　计	合并与调整分录		合　计
				借方	贷方	
货币资金	1 280	40	1 320			
应收账款	200	360	560			
存货	320	400	720			
固定资产	1 800	600	2 400			
长期股权投资						
商誉						
资产总计	3 600	1 400	5 000			
短期借款	380	100	480			
应付账款	20	10	30			
长期借款	600	290	890			
负债合计	1 000	400	1 400			
股本	1 600	500	2 100			
资本公积	500	150	650			

续表

项　目	乙公司	丙公司	合　计	合并与调整分录		合　计
				借方	贷方	
盈余公积	200	100	300			
未分配利润	300	250	550			
少数股东权益						
股东权益总计	2 600	1 000	3 600			

2. 甲公司定向发行1 000万股每股面值1元的普通股股票，换取乙公司股东原持有的每股1元的900万股普通股股票，占乙公司股权份额的90%，同时支付相关费用60万元。涉及合并各方同属一个企业集团，确定2017年1月1日为合并日。相关资料如表2—2所示：

表2—2　　合并各方相关资料　　单位：万元

项　目	甲公司	乙公司
长期股权投资	0	0
实收资本	860	1 000
资本公积	128	160
盈余公积	400	120
未分配利润	352	88
所有者权益合计	1 740	1 368

要求：

(1)编制甲公司合并日获得长期股权投资的会计处理；

(2)编制甲公司合并日合并会计报表抵销分录。

3. X公司2017年1月1日对Y公司投资100 000元，取得其100%的股权，X公司与Y公司在合并前无关联方关系。2017年1月1日，Y公司所有者权益只包括股本100 000元。2017年Y公司实现净利润50 000元，按净利润的10%提取盈余公积，按净利润的30%向投资者分配利润。

要求：

(1)编制长期股权投资由成本法调整为权益法的分录；

(2)编制母公司长期股权投资与子公司所有者权益抵销的分录；

(3)编制母公司投资收益与子公司利润分配抵销的分录。

4. A公司与B公司分别为甲公司控制下的两家子公司。A公司于2017年3月31日自母公司甲处取得B公司80%的股权，合并后B公司仍维持其独立法人资格继续经营。为进行该项企业合并，A公司发行了6 000万股本公司普通股(每股面值1元)作为对价。假定A、B公司采用的会计政策相同。合并日，A公司及B公司的所有者权益构成如表2—3所示：

表 2—3　　A 公司及 B 公司的所有者权益构成　　单位:万元

A 公司		B 公司	
项　目	金 额	项　目	金 额
股本	36 000	股本	6 000
资本公积	10 000	资本公积	2 000
盈余公积	8 000	盈余公积	4 000
未分配利润	20 000	未分配利润	8 000
合　计	74 000	合　计	20 000

要求:编制取得长期股权投资的会计分录,以及合并日在合并工作底稿中的抵销分录。

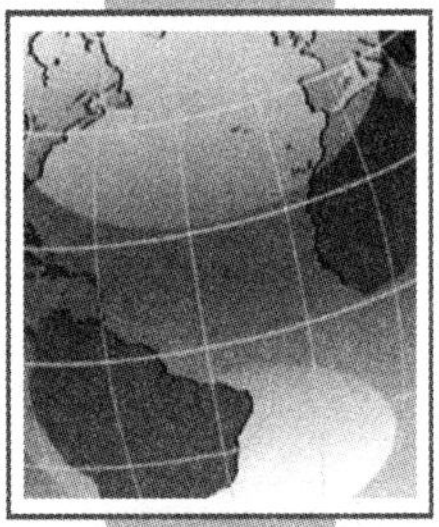

第三章 合并财务报表(下)

一、名词解释

1. 内部交易事项
2. 内部销售收入
3. 内部债权债务
4. 内部非流动资产交易
5. 涉及损益的内部交易事项

二、单项选择题

1. 编制合并会计报表抵销分录的目的在于(　　)。

A. 将母子公司个别会计报表各项目加总

B. 代替设置账簿、登记账簿的核算程序

C. 反映全部内部投资、内部交易、内部债权债务等会计事项

D. 将个别报表各项目加总数据中集团内部经济业务的重复因素予以抵销

2. 母公司将成本为6 400元的商品以8 000元的价格出售给其子公司,子公司对集团外销售了50%,取得收入5 000元。编制合并报表时,抵销分录中应冲减的存货金额是(　　)。

A. 6 400元　　B. 800 元　　C. 8 000元　　D. 5 000元

3. 2017 年 9 月子公司从母公司购入的 160 万元存货,本年全部没有实现销售,期末该批存货的可变现净值为 115 万元,子公司计提了 45 万元的存货跌价准备,母公司销售的该批存货的成本为 130 万元,2017 年末母公司在编制相关的抵销分录时,应借记"存货"项目的金额是(　　)。

A. 30 万元　　B. 45 万元　　C. 15 万元　　D. 0 元

4. 子公司上期从母公司购入的 120 万元存货全部在本期实现销售,取得 140 万元的销售收入,母公司该项存货的销售成本为 80 万元。本期母子公司之间无新交易,在母公司编制本期合并报表时所做的抵销分录应包括(　　)。

A. 借:未分配利润——年初　20
　　贷:营业成本　20

B. 借:未分配利润——年初　20
　　贷:存货　20

C. 借:未分配利润——年初 40　　D. 借:营业收入 120
　　贷:营业成本 40　　　　　　　贷:营业成本 120

5. 母子公司采用应收账款余额百分比法计提坏账准备,计提比例为1%,期初和期末内部应收账款的余额均为160万元,在连续编制合并财务报表的情况下,本期就该项内部应收账款计提的坏账准备所编制的抵销分录为(　　)。

A. 借:资产减值损失 1.6
　　贷:未分配利润——年初 1.6

B. 借:应收账款——坏账准备 1.6
　　贷:资产减值损失 1.6

C. 借:应收账款——坏账准备 1.6
　　贷:未分配利润——年初 1.6

D. 不做抵销处理

6. 某公司采用备抵法核算坏账准备损失,坏账准备计提比例为1%。上年年末该公司对其子公司内部应收账款余额的总额为5 000万元,本年年末对其子公司内部应收账款余额的总额为8 000万元。该公司本年编制合并财务报表时应抵销坏账准备的总额为(　　)。

A. 50万元　　B. 80万元　　C. 30万元　　D. 120万元

7. 甲公司2017年2月10日从其子公司A公司处购进设备一台,该设备的成本为70万元,售价为100万元,相应的增值税为17万元,另发生运输安装费3万元。甲公司已付款且该设备当月投入使用,预计使用年限为5年,预计净残值为0,采用直线法计提折旧。甲公司2017年末编制合并报表时,因该设备相关的未实现内部销售利润的抵销而影响合并净利润的金额是(　　)。

A. 5万元　　B. 30万元　　C. 25万元　　D. 15万元

8. 在合并财务报表的过程中,将期初内部交易无形资产多摊销额抵销时,应编制的抵销分录是(　　)。

A. 借记“未分配利润——年初”项目,贷记“管理费用”项目

B. 借记“无形资产——累计摊销”项目,贷记“管理费用”项目

C. 借记“无形资产——累计摊销”项目,贷记“未分配利润——年初” 项目

D. 借记“未分配利润——年初”项目,贷记“无形资产——累计摊销” 项目

9. 甲公司拥有乙、丙两家子公司。2017年6月15日,乙公司将其产品以市场价格销售给丙公司,售价为100万元(不考虑相关税费),销售成本为76万元。丙公司购入后作为管理用固定资产使用,按4年的期限采用直线法对该项资产计提折旧,预计净残值为零。假定不考虑所得税影响,甲公司在编制2017年年末合并资产负债表时,应调整“固定资产”项目的金额为(　　)。

A. −15万元　　B. 6万元　　C. 9万元　　D. −24万元

10. A公司只有一个子公司B公司,2017年度,A公司和B公司个别现金流量表中“销售商品、提供劳务收到的现金”项目的金额分别为3 000万元和2 000万元,“购买商品、接受劳务支付的现金”项目的金额分别为2 000万元和1 000万元。2017年A公司向B公司销售商品收到现金500万元,不考虑其他事项,合并现金流量表中“购买商品、接受劳务支付的现金”项目的金额为(　　)。

A. 3 000万元　　B. 2 600万元　　C. 2 500万元　　D. 2 900万元

三、多项选择题

1. 甲企业期初有内部交易形成的存货100万元，本期又从本集团内其他企业购入存货共计100万元。已知甲企业期初和本期内部交易形成的存货全部未实现对外销售，则年末编制抵消分录时涉及的项目有（　　）。

A.“存货”　　B.“营业收入”

C.“营业成本”　　D.“未分配利润——年初”

E.“未分配利润——年末”

2. 2017年12月母公司将成本为180万元的一批产品销售给子公司，销售价格为225万元，至年末该产品仍有112.5万元没有实现对外销售，形成期末存货；2018年2月母公司又将成本为354.38万元的同类商品以472.5万元的价格销售给子公司，2018年4月子公司将上述存货中的一部分对外销售，销售价格为307.5万元，销售成本为240万元，其余没有实现对外销售。子公司采用先进先出法对发出存货进行计价。母子公司的所得税税率均为25%。2018年末编制合并财务报表时，下列抵销分录中正确的有（　　）。

A. 借：未分配利润——年初　22.5
　　贷：营业成本　22.5

B. 借：营业收入　472.5
　　贷：营业成本　472.5

C. 借：营业成本　86.25
　　贷：存货　86.25

D. 借：递延所得税资产　5.63
　　贷：未分配利润——年初　5.63

E. 借：递延所得税资产　15.93
　　贷：所得税费用　15.93

3. A公司和B公司是母子公司。2017年年末，A公司应收B公司账款为100万元，坏账准备计提比例为2%；2018年年末，A公司应收B公司账款仍为100万元，坏账准备计提比例变更为4%。对此，母公司编制2018年合并工作底稿时应编制的抵销分录包括（　　）。

A. 借：应付账款　100
　　贷：应收账款　100

B. 借：应收账款——坏账准备　1
　　贷：资产减值损失　1

C. 借：应收账款——坏账准备　2
　　贷：资产减值损失　2

D. 借：应收账款——坏账准备　2
　　贷：未分配利润——年初　2

E. 借：资产减值损失　2
　　贷：应收账款——坏账准备　2

4. 将企业集团内部利息收入与内部利息支出相抵销时，可能编制的抵销分录是（　　）。

A. 借记“投资收益”项目，贷记“财务费用”项目

B. 借记“管理费用”项目，贷记“财务费用”项目

C. 借记“投资收益”项目,贷记“在建工程”项目

D. 借记“营业外收入”项目,贷记“财务费用”项目

E. 借记“营业外收入”项目,贷记“管理费用”项目

5. B公司和C公司均为纳入A公司合并范围的子公司。2017年6月1日,B公司将其产品销售给丙公司作为管理用固定资产使用,售价25万元(不含增值税),销售成本13万元。C公司购入后按4年的期限,采用直线法计提折旧,预计净残值为零。A公司在编制2018年度合并财务报表时,下列说法正确的有(　　)。

A. 调减未分配利润项目12万元　　B. 调减未分配利润项目10.5万元

C. 调减固定资产项目12万元　　D. 调增固定资产项目4.5万元

E. 调减固定资产项目7.5万元

6. 在连续编制合并会计报表时,有些业务要通过“未分配利润——年初”项目予以抵销。这些经济业务有(　　)。

A. 内部固定资产交易的未实现利润的抵销

B. 内部固定资产交易后多计提折旧的抵销

C. 内部期初应收账款计提的坏账准备的抵销

D. 内部存货交易中期末存货未实现利润的抵销

E. 内部存货交易中期初存货未实现利润的抵销

7. 对于以前年度内部交易形成的尚未提足折旧的固定资产,在编制合并财务报表时应当(　　)。

A. 调整期初未分配利润的数额

B. 以前年度计提的折旧无须抵销

C. 将本期多计提(或少计提)的折旧费用予以抵销

D. 将固定资产原价中包括的未实现内部销售利润予以抵销

E. 将以前会计期间多计提(或少计提)的折旧费用予以抵销

8. 在连续编制合并会计报表的情况下,母公司在编制合并会计报表时需要考虑调整其期初未分配利润的因素有(　　)。

A. 应收账款中包含的以前年度多计提的坏账准备

B. 期初存货之中包含有以前期间内部交易形成的存货

C. 期末存货之中包含有以前期间内部交易形成的存货

D. 期末固定资产中包含有本期内部交易形成的固定资产

E. 期初固定资产中包含有以前期间内部交易形成的固定资产

9. 以下属于母子公司合并现金流量表应抵销的项目有(　　)。

A. 当期销售商品所产生的现金流量

B. 以现金结算债权与债务产生的现金流量

C. 以现金投资或收购股权增加的投资所产生的现金流量

D. 当期取得投资收益收到的现金与分配股利、利润或偿付利息支付的现金

E. 内部处置固定资产、无形资产和其他长期资产收回的现金净额与购建固定资产等支付的现金

10. 子公司与少数股东之间发生的影响现金流量的业务包括(　　)。

A. 子公司向少数股东支付现金股利

B. 少数股东对子公司增加现金投资
C. 少数股东对子公司增加实物投资
D. 子公司向少数股东支付股票股利
E. 少数股东依法从子公司抽回权益性资本投资

四、判断题

1. 在合并财务报表工作底稿中编制的有关抵销分录，并不能作为登记账簿的依据。（ ）

2. 从企业集团来看，内部交易形成的期末存货的账面价值一般等于持有该存货的企业的账面价值。（ ）

3. 在连续编制合并会计报表时，若本期未发生内部固定资产交易，则不存在固定资产原值中包含未实现内部销售利润的问题。（ ）

4. 合并现金流量表不能够以合并资产负债表和合并利润表为基础，采用与个别现金流量表相同的方法来编制。（ ）

5. 在编制合并现金流量表时，子公司向少数股东支付的股利应视为企业集团筹资活动的现金流量。（ ）

6. 内部交易形成的固定资产在其使用年限内被处置的，在抵销分录中用"营业外收入或营业外支出"代替"固定资产——原价""固定资产——累计折旧""固定资产——固定资产减值准备"。（ ）

7. 某些情况下集团内部一个企业对另一企业进行的债券投资不是从发行债券的企业直接购进而是在证券市场上购进的。这种情况下，如果债券投资的余额大于应付债券的余额，差额计入合并利润表的财务费用项目。（ ）

8. 内部交易存货相关的销售收入、销售成本应当予以抵销。（ ）

9. 内部交易债权债务抵销时，债权科目在抵销分录借方，债务科目在抵销分录贷方。（ ）

10. 母公司因处置部分股权投资或其他原因丧失了对原有子公司控制权的，在合并财务报表中，对于剩余股权，应当按照其在处置日的公允价值重新计量。（ ）

五、简答题

1. 集团公司内部交易事项一般包括哪些内容？
2. 编制合并报表时，为什么要对集团内部交易进行调整和抵销？
3. 简述内部交易的抵销类型。
4. 简述内部购进的商品部分对外销售时的抵销处理。
5. 简述内部债权债务项目包括的主要内容。

六、业务处理题

1. 甲公司系乙公司的母公司。乙公司于2017年成立，主营家具零售。

(1)2017年，乙公司从甲公司处购进A商品800万元。甲公司的销售利润率为25%。2017年，乙公司将其中的50%对外销售，取得销售收入500万元，另50%形成期末存货。2017年12月31日，A商品可变现净值为350万元，乙公司对A商品计提存货跌价准备50万元。

(2)2018 年,乙公司又从甲公司处购进 A 商品 400 万元。甲公司的销售利润率仍为 25%。2018 年,乙公司从甲公司购进的 A 商品全部未实现对外销售。2018 年 12 月 31 日,A 商品可变现净值为 500 万元,乙公司账上相应的存货跌价准备的余额为 300 万元。

要求:编制甲公司 2017 年度、2018 年度合并财务报表相关的抵销分录。

2. A 公司各年有关资料如下:

(1)2015 年 12 月 31 日,A 公司个别资产负债表中内部应收账款的余额为 500 万元,相应的坏账准备金额为 5 万元。A 公司采用应收账款余额百分比法计提坏账准备,计提比例为 1%。

(2)2016 年 12 月 31 日,A 公司个别资产负债表中的内部应收账款的余额为 600 万元,相应的坏账准备金额为 6 万元。

(3)2017 年 12 月 31 日,A 公司个别资产负债表中的内部应收账款的余额仍为 600 万元。

(4)2018 年 12 月 31 日,A 公司个别资产负债表中的内部应收账款的余额变为 400 万元,相应的坏账准备金额为 4 万元。

要求:编制 A 公司 2015 年至 2018 年度合并财务报表相关的抵销分录。

3. 东方股份有限公司(以下简称东方公司)2017 年 2 月 3 日从其子公司东华公司购进需要安装的设备一台。东华公司销售该产品的销售成本为 84 万元,销售价款为 120 万元,销售毛利率为 30%。东方公司支付价款总额为 140.4 万元(含增值税),另支付运杂费 1 万元、保险费 0.6 万元,发生安装调试费用 2 万元。该设备于 2017 年 5 月 20 日竣工验收交付使用。东方公司采用直线法计提折旧,该设备用于行政管理,预计使用年限为 3 年,预计净残值为 0。假定不考虑内部交易产生的递延所得税。

要求:

(1)计算确定东方公司购入该设备的入账价值。

(2)若该设备在使用期满时进行清理,编制东方公司 2017～2019 年度合并会计报表中有关该设备的抵销分录。

(3)若该设备于 2019 年 5 月 10 日提前进行清理,在清理中发生清理费用 5 万元。设备变价收入为 74 万元(为简化核算,有关税费略)。编制东方公司 2019 年度合并会计报表中处置该设备的抵销分录。

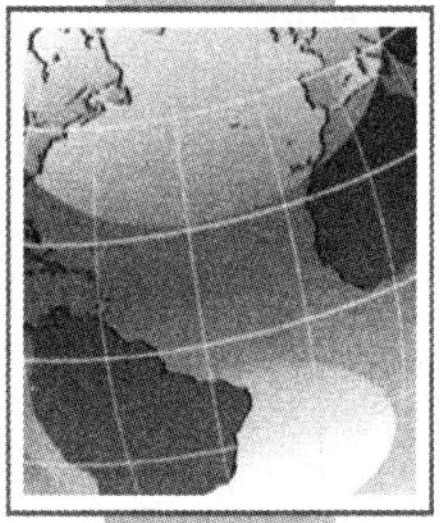

第四章 分支机构会计

一、名词解释

1. 分支机构
2. 销售代理处
3. 存货加价
4. 永续盘存制
5. 定期盘存制

二、单项选择题

1. 下列不属于分支机构会计的特点的是(　　)。
A. 分支机构不是法律主体
B. 分支机构在管理上受制于总公司
C. 分支机构可以是独立的纳税主体
D. 分支机构是相对独立的会计主体
2. 在编制联合财务报表过程中,抵销分录应记入(　　)。
A. 总公司的账簿　　B. 分支机构的账簿
C. 总公司和分支机构的账簿　　D. 总、分支机构的账簿均不记入
3. 总、分公司之间拨送商品时,按对外售价作为调拨价格的优点是(　　)。
A. 核算简便
B. 有利于分公司的存货管理
C. 考虑了商品调拨对经营的适度贡献
D. 总公司的期末存货中不会出现未实现利润
4. 分公司往来账户属于(　　)。
A. 资产类账户　　B. 负债类账户
C. 损益类账户　　D. 所有者权益类账户
5. 利隆公司的固定资产采取统一核算方式,2017 年 11 月 18 日,利隆公司北京总公司购入一件设备80 000元,并拨付给烟台分公司,则北京总公司编制的会计分录为(　　)。

A. 借:固定资产 80 000
贷:银行存款 80 000

B. 借:分支机构往来 80 000
贷:固定资产 80 000

C. 借:固定资产 80 000
贷:总公司往来 80 000

D. 不做账务处理

6. 总、分公司之间需进行相对账户的调节,其主要原因是( )。

A. 总公司或分公司的业务人员失职

B. 总分公司之间的往来事项的增减

C. 总公司或分公司可能存在未达账项

D. 总公司与分公司的会计政策不一致

7. 联合财务报表不反映分支机构的( )。

A. 负债 B. 资产 C. 业务收入 D. 总公司往来

8. 下列说法错误的是( )。

A.“存货加价”是总公司“库存商品”的补充账户

B.“总公司往来”和“分支机构往来”是一组对应账户

C.“运交分公司商品”是总公司“库存商品”的备抵账户

D.“总公司运来商品”是分公司“库存商品”的补充账户

9. 总公司“存货加价”账户结账前贷方余额为5 000元。已知涉及该账户抵销分录的金额为5 000元、账结分录的金额为借方1 500元。则期末总公司“存货加价”账户的余额为( )。

A. 0 元 B. 1 500元 C. 3 500元 D. 5 000元

10. 期末结转时,分支机构应先将本期损益类账户转入“本年利润”账户,然后再将当期实现利润转入的账户是( )。

A.“存货加价” B.“利润分配”

C.“总公司往来” D.“分支机构往来”

三、多项选择题

1. 对比分支机构与销售代理处,它们的区别有( )。

A. 分支机构可以自行决定能否享受赊销及其赊销额度,而销售代理处却不能决定

B. 分支机构通常可以独立经营商品购销业务,而销售代理处正常情况下不经营商品购销业务

C. 分支机构可以拥有完备的商品存货管理系统,而销售代理处并不独立存储商品用于直接供应给客户

D. 分支机构赊销商品引起的货款由分支机构进行会计处理,而销售代理处货款由公司总部登记入账并负责催收

E. 分支机构可以在银行开立存款账户,将收到的销货款存入银行,而销售代理处除了备用金外不经办其他现金收支业务

2. 在分散核算形式下,分支机构会计的核算特点有( )。

A. 分支机构设置正式账簿

B. 分支机构不设置正式账簿

C. 固定资产的核算由总公司统一管理

D. 一般适用于经营规模较大的分支机构

E. 分支机构可以以自己的名义开设银行往来账户

3. 分支机构购置固定资产的核算方法包括(　　)。

A. 分支机构核算,但不设置固定资产账户

B. 分支机构核算,设置固定资产账户,但不提折旧

C. 分支机构核算,设置固定资产账户、累计折旧账户

D. 总公司统一核算,分支机构不记录固定资产,但记录分来的有关费用

E. 总公司统一核算,分支机构不记录固定资产,也不记录分来的有关费用

4. 总公司向分支机构调拨商品的计价方法主要有(　　)。

A. 按照成本计价　　B. 按照计划成本计价

C. 按照标准成本计价　　D. 按照零售价格计价

E. 按照高于成本价格计价

5. 联合财务报表工作底稿法的主要编制步骤有(　　)。

A. 编制抵销分录

B. 将计算金额填入工作底稿"联合财务报表"栏内

C. 计算出各项目抵销后的金额及总、分支机构各项目加总后的金额

D. 将工作底稿中"联合财务报表金额"一栏的数字填列到联合财务报表

E. 将总部和分支机构各自的资产、负债、收入和费用等项目列示到工作底稿中

6. 分支机构与总公司发交商品按成本计价下,(　　)。

A. 扩大了分支机构的获利能力

B. 分支机构存货记录的是成本

C. 总公司的存货按转移价格记录

D. 影响了分支机构对永续盘存制的选用

E. 总公司的损益较好地遵循了实现的原则

7. 分公司作为一个独立的会计主体,需要独立进行的会计工作有(　　)。

A. 独立核算分公司的经营成果

B. 正确核算总公司下拨的备用金

C. 拥有完整账户组织的账簿体系

D. 正确核算与总公司之间的往来事项

E. 记录与分公司有关的资产、负债、收入和费用

8. 若分公司期初有上个会计期间未售出的商品存货,而总分公司之间转移商品是按高于成本计价的,那么期初商品存货在本期出售时高于成本的部分在联合报表中应(　　)。

A. 抵销分公司的"存货"　　B. 抵销分公司的"存货加价"

C. 抵销分公司的"营业成本"　　D. 抵销总公司的"存货加价"

E. 抵销总公司的"营业成本"

9. 北京总公司支付广告费1 200 000元,青岛分公司应分摊750 000元,则总公司和分公司分别编制会计分录为(　　)。

A. 分公司:借:销售费用　　750 000
　　贷:分公司往来　　750 000

B. 分公司:借:销售费用　　750 000
　　贷:总公司往来　　750 000

C. 总公司:借:总公司往来　　750 000
　　贷:销售费用　　750 000

D. 总公司:借:分公司往来　　750 000
　　贷:销售费用　　750 000

E. 总公司:借:销售费用　　1 200 000
　　贷:银行存款　　1 200 000

10. 利隆公司烟台分公司 2017 年 11 月份取得主营业务收入600 000元,发生主营业务成本300 000元、销售费用100 000元。利隆北京总公司和烟台分公司期末编制的账结分录应为(　　)。

A. 分公司:借:主营业务收入　　600 000
　　贷:本年利润　　600 000

B. 分公司:借:本年利润　　400 000
　　贷:主营业务成本　　300 000
　　　　销售费用　　100 000

C. 分公司:借:本年利润　　200 000
　　贷:总公司往来　　200 000

D. 总公司:借:分公司往来　　200 000
　　贷:本年利润　　200 000

E. 总公司:借:分公司往来　　200 000
　　贷:总公司往来　　200 000

四、判断题

1.“存货加价”账户属于资产类账户。(　　)

2. 销售代理处与分公司都有权核准赊销。(　　)

3. 广告费可以统一由总公司支付,然后分摊给各分公司。(　　)

4. 分公司是会计主体,但不是法律主体,也不是纳税主体。(　　)

5. 企业可以任意选用永续盘存制还是定期盘存制核算存货。(　　)

6. 总公司账上的“分公司往来”和分支机构账上的“总公司往来”账户的余额总是相等的。(　　)

7. 年度终了,总公司和分公司分别编制的个别财务报表,既能提供内部管理使用,又能作为对外提供信息使用。(　　)

8. 总公司送交分公司的商品按高于成本计价所产生的“存货加价”,应视同未实现利润,其最终要在联合财务报表中予以抵销。(　　)

9. 总公司与分公司之间按成本计价转移商品会夸大分公司的利润,但却便于联合财务报表中对存货等有关项目的汇总工作。(　　)

10. 每期期末编制联合财务报表时,不仅需要将总公司和各分支机构的相同项目加总,而且还要对发生在总公司与分支机构之间的事项进行抵销处理。(　　)

五、简答题

1. 分支机构及分支机构的会计特点有哪些?

2. 总公司与分公司之间往来事项的计价标准有几种？各种计价标准有何特点？

3. 为什么需要对往来账户进行调节？这种处理方法我们以前在什么内容中应用过？

4. 现在企业设立分支机构的意义有哪些？

六、业务处理题

1. 利隆北京总公司与烟台分公司的存货均采用永续盘存制核算。2017 年总分公司之间发生如下往来业务：

(1)北京总公司划拨50 000元设立烟台分公司；

(2)烟台分公司从外部赊购商品，采购成本为50 000元；

(3)北京总公司运交烟台分公司商品，成本为80 000元；

(4)北京总公司转来应由烟台分公司承担的管理费用5 000元；

(5)烟台分公司支付销售费用30 000元；

(6)烟台分公司赊销本期自购商品，成本40 000元，售价60 000元，款未收；

(7)烟台分公司以总价90 000元出售北京总公司拨来商品的 75%，成本60 000元，款已收；

(8)烟台分公司将超过备用金20 000元以外的现金全部上交北京总公司。

要求：根据上述业务编制相关会计分录。

2. 安徽天盛芜湖分公司 2017 年期初存货中有 110 万元是按成本加成 10%从合肥总公司购入的，本期又按成本价的 120%从总公司购入商品 240 万元，分公司期末存货仍有 60 万元是从总公司购入的。

要求：

(1)分别为总公司和分公司编制购销商品时的分录；

(2)为总公司编制“存货加价”的联合会计报表抵销分录；

(3)为总公司编制结账时确认“存货加价”中已实现利润的分录。

3. 北京胜利公司于 2017 年在南昌设立分公司，2017 年总、分公司之间往来业务如下：

(1)北京总公司拨付 200 万元货币资金给南昌分公司；

(2)北京总公司按成本加成 10%计价调拨存货 100 万元给南昌分公司；

(3)南昌分公司本期从外部购入存货 80 万元，款已付；

(4)南昌分公司本期对外销售商品取得收入 240 万元并于当期期末收到货款，该批商品成本为 179 万元(本期期末存货都是从北京总公司购入的)；

(5)南昌分公司支付本期广告费 15 万元；

(6)南昌分公司交回北京总公司现金 150 万元。

要求：

(1)根据上述业务编制总、分公司各自分录；

(2)编制联合报表前抵销分录；

(3)根据已知数据和编制的分录完成下列工作底稿(单位：万元)；

项　目	总公司	分公司	抵销调整分录		联合报表数额
			借方	贷方	
营业收入	1 000				
营业成本	600				

续表

项　目	总公司	分公司	抵销调整分录		联合报表数额
			借方	贷方	
销售费用	100				
营业利润	300				
资产：					
货币资金	1 000				
分公司往来					
存货	1 200				
固定资产	5 000				
减：累计折旧	2 000				
固定资产净值	3 000				
资产合计					
负债：					
存货加价	10				
应付账款	900				
总公司往来					
所有者权益：					
实收资本	4 000				
资本公积	100				
未分配利润	200				
权益合计					

(4)编制期末账结分录。

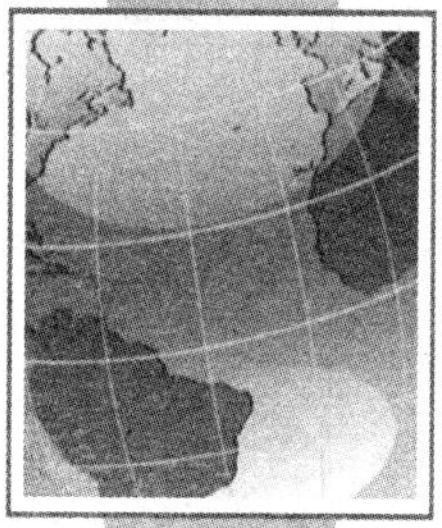

第五章
合伙企业会计

一、名词解释

1. 投资净额法
2. 红利法
3. 商誉法
4. 安全清算
5. 现金分配计划

二、单项选择题

1. 下列有关合伙企业的说法正确的是(　　)。

A. 合伙企业的合伙人只能够是自然人

B. 合伙协议依法由全体合伙人协商一致,以书面形式签订

C. 采用合伙制的律师事务所不适用《合伙企业法》的规定

D. 外国个人在中国设立合伙企业的管理办法遵循《合伙企业法》的规定

2. 下列不属于合伙企业初始投资的会计处理方法的是(　　)。

A. 红利法　　B. 购买法　　C. 商誉法　　D. 投资净额法

3.“合伙人提款”账户的余额期末应该结转到(　　)账户。

A.“本年利润”　　B.“合伙人资本”　　C.“利润分配”　　D.“长期借款”

4. 红利法下,新合伙人的出资额小于其所获得的股权的价值时,正确的会计分录是(　　)。

A. 借:现金
　　贷:合伙人资本——原合伙人
　　　　　　　　——新合伙人

B. 借:现金
　　贷:合伙人资本——原合伙人
　　　　商誉

C. 借:现金
　　合伙人资本——原合伙人
　　　贷:合伙人资本——新合伙人

D. 借:现金
　　商誉
　　贷:合伙人资本——新合伙人

5. 如果甲被接受加入某合伙企业,该企业净资产为100 000元,甲以现金62 000元的投资额换取1/3的合伙权,则甲的资本账户应该贷记的金额为(　　)。

A. 3 333元　　B. 50 000元　　C. 54 000元　　D. 62 000元

6. 当新合伙人投入资本取得权益时，原合伙人要求新合伙人投入高于其在合伙企业资本份额的投资额，表明(　　)。

A. 原合伙企业存在商誉　　B. 原合伙企业存在负商誉

C. 新合伙人具有商誉　　D. 新合伙人具有负商誉

7. 当企业退还给退伙人的退伙金高于其在合伙企业中的账面资本额时，商誉法下，确认商誉的会计分录是(　　)。

A. 借:合伙人资本——退伙人
　　贷:现金

B. 借:商誉
　　贷:合伙人资本——退伙人

C. 借:商誉
　　贷:合伙人资本——原合伙人
　　　　　　　——退伙人

D. 借:合伙人资本——原合伙人
　　　　　　　——退伙人
　　贷:现金

8. 下列不属于合伙企业损益分配方法的是(　　)。

A. 约定比例法

B. 现金分配计划

C. 资本比例分配法

D. 工资或利息补贴后余额比例分配法

9. 合伙企业在清偿债务时，其正确的清偿顺序是(　　)。

A. 先偿付欠合伙人以外的债务，再偿付欠合伙人的债务

B. 先偿付欠合伙人的债务，再偿付欠合伙人以外的债务

C. 按平均比例偿付给欠合伙人以外的债务和欠合伙人的债务

D. 先偿付欠合伙人以外的债务，再偿付欠合伙人的债务，最后剩余现金分配给合伙人

10. 下列关于安全清偿的说法错误的是(　　)。

A. 分配的现金不能超过现有数额

B. 如果财产分多期清偿则此方法颇无效率

C. 分配给各合伙人的现金不能超过其出资比例

D. 分配出去的现金还能收回并退还给合伙企业

三、多项选择题

1. 合伙企业的特征有(　　)。

A. 相互代理　　B. 无限责任　　C. 有限经营期　　D. 非纳税主体

2. 合伙企业的财务报告主要是为了满足下列哪些对象的需要？(　　)

A. 税务机关　　B. 合伙人

C. 社会公众　　D. 合伙企业债务人

3. 关于合伙企业说法正确的有(　　)。

A. 为了公平、公开和公正，合伙企业需要编制供公众阅读的财务报告

B. 合伙企业会计需要设置两个所有者权益账户，即资本账户和提款账户

C. 合伙企业会计与独资企业、公司制企业会计的不同之处在于损益分配及所有者权益科目的设置

D. 当某一合伙人将其合伙权转让给第三者时，表现在合伙企业账上唯一的改变是将转让

人的资本变成被转让人的资本

4. 合伙企业针对长期的借贷款项核算设置的科目有（　　）。

A.“合伙人资本”　　B.“合伙人提款”

C.“应收合伙人借款”　　D.“应付合伙人贷款”

5. 下列关于合伙企业权益变动的说法，正确的有（　　）。

A. 新合伙人向原合伙企业投资入伙，不会减少原合伙人的资本

B. 新合伙人对其加入前合伙企业所负的债务，与其他合伙人负同等责任

C. 新合伙人从原合伙人那里购买全部或部分权益，会影响原合伙企业的资产和负债

D. 当企业退还给退伙人的退伙金高于其在合伙企业中的账面资本额时，说明合伙人一致认为合伙企业存在未入账的商誉

6. 下列关于合伙企业权益变动的会计处理，正确的有（　　）。

A. 若新的合伙企业未约定原合伙人在新合伙企业的持股比例，原合伙人损益分配方法（比例）没有任何用处

B. 某一个合伙人转让其合伙权时，表现在合伙企业账上唯一的改变就是将转让人的资本转成被转让人的资本

C. 新合伙人入伙前，合伙企业需要重估可辨认的资产和负债，并将这些资产和负债的账面价值调整为公允价值

D. 若新合伙人所得到的资本权益小于其出资额，则以新合伙人的投资额来确定新合伙企业的总价值并推算出商誉

7. 用加权平均资本余额分配法进行损益分配，其优点在于（　　）。

A. 计算简便，易于理解

B. 考虑了合伙人期初资本额的大小

C. 考虑了在企业经营过程中资本额的变动

D. 强调合伙人资本投放于合伙企业的实际作用时间

8. 下列选项中，属于合伙企业应当解散的情形有（　　）。

A. 全体合伙人决定解散

B. 被依法吊销营业执照

C. 合伙人已不具备法定人数满 30 天

D. 合伙协议约定的经营期限已到，但合伙人还要继续经营

9. 合伙企业的清算过程中，其清算方法有（　　）。

A. 一次分配清算法　　B. 二次分配清算法

C. 三次分配清算法　　D. 分次分配清算法

10. 下列关于安全清偿的说法，正确的有（　　）。

A. 各合伙人均无法行使“无限”责任

B. 假设所有的非现金资产都有可能损失

C. 资产如果进行分期清偿，则每次分配资金前都必须编制安全清偿表，直至资本余额比例相当于损益分配比例

D. 安全清偿表中的“合伙人权益”，是根据“合伙人资本”账户余额与“应付合伙人贷款”账户余额相加计算填列的

四、判断题

1. 合伙企业以非现金资产投资时，必须按照资产的公允价值入账。（　）

2. 合伙人的工资津贴与利息津贴等是合伙企业的费用项目。（　）

3. 红利法下，新合伙人的投资额与所获得的股权的数额的差额，在合伙企业的账面上要反映。（　）

4. 合伙企业会计与独资、公司制企业会计的不同之处在于损益分配及其所有者权益科目的设置。（　）

5. 合伙人从合伙企业提取一笔款项，无论是否有意偿还，均应减少“合伙人资本”账户。（　）

6. 如果合伙协调中没有规定损益分配比例和方法时，应对损益进行平均分配、分担。（　）

7. 合伙企业最公平的损益分配方法应为加权平均资本余额比例分配法。（　）

8. 合伙企业采用一次分配清算法，能够避免因财产过早地被分配而造成企业剩余财产不足以偿还企业债务的情况。（　）

9. 合伙企业清算时，对现有的现金可按照各合伙人的出资比例进行分配。（　）

10. 现金分配计划是根据安全清算表和各合伙人出资比例制订的。（　）

五、简答题

1. 简述合伙企业的会计特征。

2. 简述新合伙人入伙的三种情况及其会计处理要点。

3. 简述合伙企业清算的基本程序。

4. 合伙企业的安全清算是基于哪些假设？

六、账务处理题

1. 甲、乙两人合伙成立一家企业，双方各投入合伙企业的可辨认净资产及其公允价值如表5—1所示。

表5—1　　**甲、乙合伙人投入企业的净资产价值**　　单位：元

项　目	甲	乙	合　计
银行存款	30 000	20 000	50 000
存货	20 000		20 000
房屋		30 000	30 000
设备		20 000	20 000
长期借款	(10 000)		(10 000)
合　计	40 000	70 000	110 000

要求：

(1)假设双方按实际出资额获得合伙权，请编制会计分录；

(2)假设双方约定获得的合伙权益均等，请分别按红利法和商誉法编制会计分录。

2. 甲、乙出资额分别为70 000元、100 000元，损益平均分配，经营一段时间后，丙以60 000元入伙，取得新合伙企业合伙权益的20%。丙入伙时，原合伙企业重估，负债无变化，而存货、房屋、设备分别增值4 000元、12 000元、3 000元。

要求：请分别采用红利法和商誉法编制丙入伙的会计分录。

3. 甲、乙、丙三人出资成立合伙企业，资本余额分别是70 000元、30 000元和50 000元。现在乙要求退伙，经协商，同意以现金支付退伙金给乙。

要求：

(1)如果支付给乙的退伙金为42 000元，请分别按红利法和商誉法编制会计分录；

(2)如果支付给乙的退伙金为18 000元，请编制会计分录。

4. 假设某合伙企业 2017 年净利润为250 000元，该年资本账户增减变动如表 5—2 所示：

表 5—2 　合伙人资本账户增减变动表　　单位：元

项　目	合伙人资本——甲	合伙人资本——乙
期初资本余额(2017.1.1)	30 000	18 000
增资(3.1)	1 000	(2 000)
减资(6.1)	—	—
增资(9.1)	5 000	(7 000)
减资(10.1)	—	9 000
增资(12.30)	—	—
期末资本余额(2017.12.31)	36 000	18 000

要求：按加权平均资本余额分配法分配净利润。

5. 合伙人甲和乙准备解散两人成立的合伙企业，清算前的财务状况如表 5—3 所示。

表 5—3 　甲、乙合伙企业资产负债表(简化)　　单位：元

资　产	金　额	负债与权益	金　额
现金	5 000	应付账款	25 000
应收账款	15 000	合伙人投资——甲	12 500
存货	20 000	合伙人投资——乙	17 500
固定资产	15 000		
合　计	55 000	合　计	55 000

甲、乙原合伙协议规定的收益分配比例为 3 ∶ 2。资产出售后收回的现金为：应收账款收回12 500元，存货售得15 000元，固定资产售得13 000元。

要求：编制该合伙企业清算期间的会计分录。

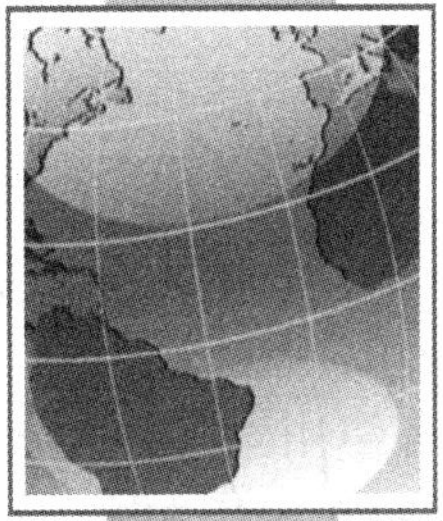

第六章
租赁会计

一、名词解释

1. 租赁
2. 最低租赁付款额
3. 最低租赁收款额
4. 担保余值
5. 未担保余值
6. 或有租金
7. 租赁内含利率

二、单项选择题

1. 下列各项中,不应计入初始直接费用的是(　　)。

A. 佣金　　B. 差旅费　　C. 履约成本　　D. 租赁合同的印花税

2. 我国租赁准则规定,融资租赁的标准之一是:就承租人而言,租赁开始日最低租赁付款额的现值几乎相当于租赁开始日(　　)。

A. 租赁资产现值　　B. 最低租赁付款额

C. 租赁资产的公允价值　　D. 租赁资产的原账面价值

3. A 公司于 2017 年 1 月 1 日采用经营租赁方式从 B 公司租入机器设备一台,租期为 5 年,设备价值为 300 万元,预计使用年限为 12 年。租赁合同规定:第一年免租金,第二年至第四年的租金分别为 26 万元、36 万元、38 万元;第二年至第四年的租金都于每年年初支付。2017 年 A 公司应就此项租赁确认的租金费用为(　　)。

A. 0 元　　B. 25 万元　　C. 26 万元　　D. 36 万元

4. 某项融资租赁合同,租赁期为 6 年,每年年末支付租金 80 万元,承租人担保的资产余值为 50 万元,与承租人有关的 A 公司担保余值为 20 万元,与承租人及出租人均无关但在财务上有能力担保的 B 公司担保 30 万元,租赁期间履约成本共 50 万元,或有租金 20 万元。就承租人而言,最低租赁付款额为(　　)。

A. 430 万元　　B. 450 万元　　C. 530 万元　　D. 620 万元

5. 未确认融资费用应当在租赁期内的各个期间进行分摊,并将其计入(　　)。

A. 管理费用　　B. 营业费用　　C. 财务费用　　D. 长期应付款

6. 对于下列各种融资租赁事项，出租人无须在财务报告中披露的内容是（　　）。

A. 未实现融资收益的余额

B. 融资租赁资产的未担保余值

C. 分配未实现融资收益所采用的方法

D. 资产负债表日后连续三个会计年度内每年收到的最低租赁收款额以及以后年度将收到的最低租赁收款额的总额

7. 承租人采用融资租赁方式租入一台设备，该设备已经使用 1 年，尚可使用年限为 8 年，租赁期为 7 年。承租人租赁期满时以 1 万元的购价优惠购买该设备，该设备在租赁期满时的公允价值为 30 万元。则该设备计提折旧的期限为（　　）。

A. 2 年　　B. 6 年　　C. 7 年　　D. 8 年

8. 若一项融资租赁的起租日为 2016 年 12 月 31 日，租赁期满后该设备将归还给出租人，最低租赁付款额的现值为 700 万元，承租人发生安装费用为 20 万元，设备于 2017 年 6 月 30 日达到预定可使用状态并交付使用，承租人担保余值为 60 万元，未担保余值为 30 万元，租赁期为 6 年，设备尚可使用年限为 8 年。承租人对该设备采用年限平均法计提折旧，则该设备在 2017 年应计提折旧额为（　　）。

A. 44 万元　　B. 48 万元　　C. 60 万元　　D. 65.45 万元

9. 在售后租回交易形成融资租赁时，对所售资产的售价与其账面价值之间的差额，应当采用的会计处理方法是（　　）。

A. 计入递延损益

B. 计入当期损益

C. 售价高于其账面价值的差额计入当期损益，反之计入递延损益

D. 售价高于其账面价值的差额计入递延损益，反之计入当期损益

10. 如果售后租回交易形成一项融资租赁，售价与资产账面价值之间的差额应予以递延，进行分摊作为折旧费用调整的方法是（　　）。

A. 直线法　　B. 工作量法

C. 租金支付比例　　D. 该项资产的折旧进度

三、多项选择题

1. 下列项目中，应认定为融资租赁的有（　　）。

A. 租赁资产性质特殊，如果不作较大整修，只有承租人才能使用

B. 在租赁期届满时，与租赁资产所有权有关的风险和报酬不转移给承租人

C. 租赁期占租赁资产尚可使用年限的大部分。但是，如果租赁资产在开始使用前已使用年限超过该资产全新时可使用年限的大部分，则该项标准不适用

D. 承租人有购买租赁资产的选择权，所订立的购价预计将远低于行使选择权时租赁资产的公允价值，因而在租赁开始日就可以合理地确定承租人将会行使这一选择权

2. 构成最低租赁付款额的内容包括（　　）。

A. 违约金　　B. 履约成本

C. 或有租金　　D. 承担人担保的资产余值

3. 融资租入固定资产的入账价值可能是（　　）。

A. 租赁开始日最低租赁付款额
B. 租赁开始日租赁资产公允价值
C. 租赁开始日最低租赁付款额的现值
D. 租赁开始日最低租赁收款额的现值
4. 关于初始直接费用，下列说法中正确的有（　　）。
A. 出租人经营租赁业务发生的初始直接费用应计入当期损益
B. 出租人融资租赁业务发生的初始直接费用应计入管理费用
C. 承租人经营租赁业务发生的初始直接费用应计入当期损益
D. 承租人融资租赁业务发生的初始直接费用应计入租入资产价值
5. 或有租金支付时，可以记入的会计科目有（　　）。
A.“管理费用”　B.“在建工程”　C.“销售费用”　D.“财务费用”
6. 经营租赁下，出租人的账面上应保留出租资产的原始价值，同时应该承担出租资产的（　　）。
A. 折旧费用　B. 修理费用　C. 保险费用　D. 管理费用
7. 租赁期满后，承租人可以在下列方式中进行选择：（　　）。
A. 延期续租　B. 廉价购买该项资产
C. 将租赁资产退还　D. 重新签订租赁协议
8. 融资租赁期满时，如果出租人收到承租人返还的租赁资产，那么正确的处理方法有（　　）。
A. 担保余值和未担保余值均不存在的，出租人无须做账务处理，只需做相应的备查登记
B. 存在未担保余值，不存在担保余值的，借记“融资租赁资产”科目，贷记“未担保余值”科目
C. 存在担保余值，不存在未担保余值的，借记“融资租赁资产”科目，贷记“应收融资租赁款”科目
D. 存在担保余值，同时存在未担保余值的，借记“融资租赁资产”科目，贷记“应收融资租赁款”“未担保余值”科目
9. 下列固定资产应计提折旧的有（　　）。
A. 经营租出的固定资产　B. 融资租出的固定资产
C. 经营租入的固定资产　D. 融资租入的固定资产
10. 承租人应当在财务报告附注中披露的与融资租赁有关的事项包括（　　）。
A. 未确认融资费用总额
B. 分摊未确认融资费用所采用的方法
C. 各类租入固定资产的账面期初和期末原价、累计折旧
D. 资产负债日后连续三个会计年度每年将支付的最低租赁付款额，以及以后年度将支付的最低租赁付款额总额

四、判断题

1. 融资租赁和经营租赁的重要区别是：租赁的目的不同。即前者是为了融通资金，是企业筹集长期债务资本的主要形式；而后者则是为了获得资产的短期使用权，以及取得出租人提供的专门技术服务。（　　）

2. 如果一项租赁被认定为经营租赁，出租人不必对经营租赁资产在其资产负债表中确认，而只需要将租金费用在租赁期限内按照合理的方式进行分摊即可。 （　）

3. 若一项租赁为融资租赁，则承租人对于租赁资产计提折旧的年限均应为其尚可使用年限。 （　）

4. 在不存在未担保余值的情况下，租赁内含利率是指在租赁开始日，使最低租赁收款额的现值等于租赁资产原账面价值的贴现率。 （　）

5. 租赁期满时，若承租人重新签订合同，以优惠条款续租，则应视同该项租赁继续存续，进行相应的会计处理。 （　）

6. 售后租回是一项融资行为，而不是一项普通的销售活动，因此承租人不应将出售资产的损益确认为当期损益。 （　）

7. 承租人应对售价与资产账面价值之间的差额予以递延，形成融资租赁时调整租金费用，形成经营租赁时调整折旧费用。 （　）

8. 出租人至少应当于每年年度终了，对未担保余值进行复核。未担保余值增加的，不做调整。 （　）

9. 在融资租赁下，如果未担保余值发生了减值，出租人应根据谨慎性原则的要求，将因此而产生的租赁投资净额的减少确认为当期损失。 （　）

10. 售后租回交易确认为融资租赁的，售价与资产账面价值之间的差额应当予以递延，并按照该项租赁资产的折旧进度进行分摊，作为租金费用的调整。 （　）

五、简答题

1. 请简要论述实质重于形式原则在融资租赁和经营租赁划分的具体标准中如何得到体现。

2. 论述在融资租赁方式下，承租人在计算最低租赁付款额时，贴现率选取的基本原则。

3. 简述融资租赁和经营租赁下承租人在附注中应当披露的会计信息。

六、业务处理题

1. A 公司为提高设备利用率，将一台闲置设备出租给 B 公司，该设备账面原值25 000元，年折旧率为 8%，负担的每月保险费为 80 元。该设备租赁期为 9 个月，每月租金为3 600元，双方约定先预付 50%租金，其余的 50%按月分期支付。

要求：编制出租人和承租人相关的会计分录。

2. 2017 年 12 月 31 日，A 公司与 B 公司签订了一份合同，合同的主要条款如下：

(1)租赁标的物：农用塑料薄膜生产线。

(2)租赁开始日：租赁标的物运抵 A 公司生产车间之日(2018 年 1 月 1 日)。

(3)租赁期：2018 年 1 月 1 日至 2020 年 12 月 31 日，共 3 年 。

(4)租金支付方式：自租赁开始日起每年年末支付租金 150 000元。该农用塑料薄膜生产线在 2018 年 1 月 1 日的公允价值为380 000元，租赁合同规定的年利率为 8%(B 公司租赁内含利率未知)。承租人的担保余值为10 000元。该农用塑料薄膜生产线为全新设备，预计使用年限 5 年。2019 年和 2020 年，A 公司每年应按该农用塑料薄膜生产线所生产的产品——农用塑料薄膜年销售收入的 5%向 B 租赁公司支付经营分享收入。B 租赁公司对出租固定资产的相关规定：发生的初始直接费用为5 000元。采用实际利率法确认本期应分配的未实现融资

收益 。2019 年 、2020 年 A 公司分别实现农用塑料薄膜销售收入50 000元和100 000元。2020 年 12 月 31 日，从 A 公司收回该农用塑料薄膜生产线。

要求：根据上述资料，为 B 租赁公司做出该项租赁业务关键步骤的会计处理[已知年金现值系数 PA(3,8%)＝2.577，复利现值系数 PF (3,8)＝0.794；PA (3,9%)＝2.531，PF (3,9%)＝0.772；PA(3,10%)＝2.487，PF(3,10%)＝0.751]。

3. 2017 年 12 月 1 日，甲公司与乙租赁公司签订了一份租赁合同，合同主要条款如下：

(1)租赁标的物：挖掘机。

(2)起租日：2018 年 1 月 1 日。

(3)租赁期：2018 年 1 月 1 日至 2021 年 12 月 31 日，共 4 年。

(4)租金支付方式：2018 年至 2021 年每年年末支付租金200 000元。

(5)该挖掘机在 2017 年 12 月 1 日的公允价值为700 000元。该挖掘机属于全新设备。

(6)租赁合同规定的年利率是 7%。

(7)甲公司在租赁谈判和签订租赁合同过程中发生可归属于租赁项目的手续费、差旅费共3 000元。

(8)该挖掘机的估计使用年限是 5 年，期满无残值。承租人采用年限平均法计提折旧。

(9)租赁期届满时，甲公司享有优惠购买该挖掘机的选择权，购买价为 200 元，租赁期届满时租赁资产的公允价值为100 000元。

(10)2019 年和 2020 年两年，甲公司每年按照该挖掘机所获收入的 6%与乙租赁公司分享经营收入。

(11)2019 年 5 月，甲公司支付该挖掘机发生的保险费、维修费共20 000元。

(12)2019 年和 2020 年，甲公司分别实现挖掘机收入400 000元和450 000元。

要求：根据上述资料，编制甲公司相关会计分录。

4. 2017 年 1 月 1 日，甲公司将一台账面价值为2 000 000元(账面原价为2 500 000元，已提折旧为500 000元)的大型挖掘机出售给乙租赁公司，取得收入2 100 000元，将款项存入银行。该挖掘机的公允价值为2 100 000元。同时又签订了一份租赁合同将该挖掘机收回。

租赁合同相关内容如下：

(1)租赁标的物：大型挖掘机。

(2)租赁期开始日：2017 年 1 月 1 日。

(3)租赁期：2017 年 1 月 1 日至 2020 年 12 月 31 日，共 4 年。2016 年 12 月 1 日，经评估该项资产的使用寿命为 5 年。

(4)甲公司对该挖掘机采用年限平均法计提折旧，且净残值为 0。

(5)租金支付：自租赁期开始日每年年末支付租金600 000元。

(6)租赁合同规定的年利率为 6%。

(7)租赁期届满时，甲公司将该挖掘机归还乙租赁公司。

要求：根据上述资料，编制甲公司相关会计分录。

第七章
外币交易与外币报表折算

一、名词解释

1. 外币
2. 外币交易
3. 记账本位币
4. 汇兑损益
5. 外币报表折算

二、单项选择题

1. 企业的记账本位币是指(　　)。
A. 人民币
B. 企业登记注册地使用的货币
C. 企业总机构所在地使用的货币
D. 企业经营所处的主要经济环境中的货币
2. 关于企业记账本位币的说法正确的是(　　)。
A. 企业的记账本位币和编报货币相同
B. 企业的记账本位币一经确定,不能变更
C. 企业管理当局可以根据需要随意选择记账本位币
D. 企业的记账本位币不得随意变更,除非企业所处经营环境发生重大变化
3. 选择记账本位币时应该考虑的主要因素不包括(　　)。
A. 影响商品和劳务销售价格的货币
B. 企业经营所在地管理当局要求编制报表使用的货币
C. 影响商品和劳务所需人工、材料和其他费用的货币
D. 企业融资活动获得的货币以及保存从经营活动中收取款项所使用的货币
4. 除与在建工程有关的汇兑损益外,汇兑损益应计入(　　)。
A. 财务费用　　B. 管理费用　　C. 销售费用　　D. 制造费用
5. 下列事项不属于外币交易的是(　　)。
A. 企业借入外币资金

B. 企业购买以外币计价的材料

C. 企业接受以外币形式投入的资本

D. 企业由于经营活动需要将人民币兑换外币

6. A企业12月1日将50 000美元兑现，实收412 500元，当日银行美元买入价1美元＝8.25元人民币，卖出价为1美元＝8.4元人民币，该日即期汇率1美元＝8.3元人民币。该笔业务产生的汇兑损益为（　　）。

A. 2 500元(贷方)　　B. 2 500元(借方)

C. 5 000元(贷方)　　D. 5 000元(借方)

7. 某企业在5月10日购入以美元计价的材料一批，购买价款为2 000美元(税费忽略不计)，款项尚未支付，当日的即期汇率为1美元＝7.00元人民币。5月31日的即期汇率为1美元＝7.30元人民币。企业于6月12日通过银行存款支付上述款项，当日的即期汇率为1美元＝7.50元人民币，6月30日的即期汇率为1美元＝7.40元人民币。则企业6月份该事项应确认的财务费用为(　　)。

A. 600元　　B. 1 000元　　C. 400元　　D. 200元

8. 某企业在5月20日向银行借入短期借款50 000美元，当日的即期汇率为1美元＝7.10元人民币。5月31日的即期汇率为1美元＝7.00元人民币。该企业于6月21日偿还该借款，当日的即期汇率为1美元＝7.30元人民币；6月30日的即期汇率为1美元＝7.20元人民币。假设该企业5月和6月无其他借款事项。则由借款产生的财务费用为(　　)。

A. －5 000元　　B. 15 000元　　C. 10 000元　　D. 5 000元

9. 甲股份有限公司于6月5日接受外商投入资本1 000 000美元，合同中约定的即期汇率为1美元＝8.00元人民币，当日的即期汇率为1美元＝7.50元人民币；6月1日的即期汇率为1美元＝7.60元人民币，6月30日的即期汇率为1美元＝7.80元人民币。则该投资的入账金额为(　　)。

A. 8 000 000元　　B. 7 500 000元　　C. 7 800 000元　　D. 7 700 000元

10. 企业的外币报表折算差额应当(　　)。

A. 计入资本公积　　B. 作为递延收益处理

C. 作为当期损益处理　　D. 在所有者权益项目下单独列示

三、多项选择题

1. 下列说法正确的有(　　)。

A. 企业可以根据需要选择编报货币

B. 我国企业编报货币不一定是人民币

C. 企业的记账本位币一经选定，不得随意变更

D. 我国境内企业的记账本位币不一定是人民币

2. 企业记账本位币为人民币，以下属于其境外子公司的有(　　)。

A. 企业在美国的子公司，子公司记账本位币为美元

B. 企业在香港设立的子公司，子公司记账本位币为人民币

C. 企业在内地设立的子公司，子公司的记账本位币为美元

D. 企业在内地设立的子公司，子公司记账本位币为人民币

3. 下列事项中，可能引起汇兑损益产生的有(　　)。

A. 以人民币兑换美元
B. 借入美元短期借款，约定一个月后还款
C. 购买以美元计价的原材料，款未付，约定半个月后付款
D. 接受外币投入资本，收到投资时的即期汇率与合同约定汇率不同

4. 下列项目中，属于非货币性项目的有（　　）。
A. 库存现金　　B. 存货　　C. 长期股权投资　　D. 长期应付款

5. 关于两项交易观，下列说法错误的有（　　）。
A. 我国采用的是两项交易观
B. 不能反映汇率变动所带来的风险
C. 将购销和账款的结算视为两项交易
D. 汇率变动的影响作为原先入账的销售收入或购货成本的调整

6. 外币业务发生时，应将外币金额折算为记账本位币金额，可采用的汇率为（　　）。
A. 当年年初汇率　　B. 当月 1 日汇率
C. 交易日即期汇率　　D. 当月加权平均汇率

7. 外币报表折算时，应采用资产负债表日即期汇率折算的项目有（　　）。
A. 应付账款　　B. 资本公积　　C. 未分配利润　　D. 长期应收款

8. 外币报表折算差额不应处理为（　　）。
A. 财务费用
B. 资本公积
C. 当期损益
D. 在资产负债表中所有者权益项下单独列示

9. 关于现行汇率法，下列说法正确的有（　　）。
A. 利润表中，收入和费用项目采用交易发生日即期汇率折算
B. 资产负债表中，资产负债类项目采用资产负债表日即期汇率折算
C. 资产负债表中，所有者权益类项目都采用发生时的即期汇率折算
D. 折算过程中形成的差额确认为包括在股东权益内的“折算调整额”

10. 恶性通货膨胀经济中，企业外币财务报表的折算正确的有（　　）。
A. 需先对其财务报表进行重述
B. 采用最近资产负债表日即期汇率进行折算
C. 恶性通货膨胀影响消除后，应当停止重述
D. 对利润表项目运用一般物价指数变动予以重述

四、判断题

1. 企业的记账本位币就是编报货币。（　　）
2. 境外经营是指业务经营所在地在境外。（　　）
3. 我国公布的外汇牌价采用的是直接标价法。（　　）
4. 我国企业记录外币业务的记账方法为外币分账制。（　　）
5. 接受外币资本投资应采用合同约定的汇率折算。（　　）
6. 资产负债表中所有者权益项目都采用历史汇率折算。（　　）
7. 以历史成本计价的非货币性项目期末不产生汇兑差额。（　　）

8. 境外企业对内报送报表时，应根据需要决定是否进行折算。　（　）

9. 外币业务包括外币的兑换、借入或借出外币资金以及接受外币资本投资等。　（　）

10. 两项交易观认为应将汇率变动的影响处理为对原先入账的销售收入或购货成本的调整。　（　）

五、简答题

1. 选定记账本位币时主要应考虑哪些因素？
2. 试分析单一交易观和两项交易观的不同之处。
3. 简述外币业务记账方法中，统账制和分账制的主要区别。
4. 试述我国外币报表（资产负债表和利润表）的折算方法。
5. 企业应当在附注中披露与外币报表折算有关的哪些信息？

六、业务处理题

1. 某公司以人民币为记账本位币，按月计算汇兑损益。2017 年 5 月 31 日该企业有关外币账户调整前余额如表 7—1 所示。期末即期汇率为 1 美元＝7.50 元人民币。

表 7—1

科目名称	外币余额（美元）	记账本位币余额（人民币）
银行存款（美元户）	20 000	160 000
应收账款（美元户）	10 000	78 000
应付账款（美元户）	15 000	120 000
短期借款（美元户）	5 000	36 000

要求：

（1）计算期末各外币账户调整后记账本位币余额；

（2）计算 5 月末确认的汇兑损益，并编制相应的会计分录。

2. 某有限责任公司记账本位币为人民币，外币业务采用发生时的即期汇率进行折算，并按月计算汇兑损益。该公司 2017 年 3 月 31 日的汇率为 1 美元＝6.80 元人民币，当日有关外币账户余额如表 7—2 所示。2017 年 4 月 30 日即期汇率为 1 美元＝6.50 元人民币。该公司 4 月份发生的业务如下（相关税费忽略不计）：

（1）4 月 2 日将1 000美元兑换为人民币，实际收到6 700元人民币，银行当日美元买入价为 1 美元＝6.70 元人民币，即期汇率为 1 美元＝6.80 元人民币；

（2）4 月 10 日从国外进口一批原材料，材料的购买价款为6 000美元，款项尚未支付，当日的即期汇率为 1 美元＝6.6 元人民币；

（3）4 月 15 日从银行借入短期外币借款5 000美元，一个月后偿还，当日即期汇率为 1 美元＝6.6 元人民币；

（4）4 月 16 日出口销售商品一批，售价为20 000美元，该商品销售符合收入的确认条件，款未收，当日即期汇率为 1 美元＝6.70 元人民币；

（5）4 月 25 日用银行存款（美元户）付清 4 月 10 日原材料价款，当日即期汇率为 1 美元＝6.4 元人民币；

(6)4 月 26 日接受外币资本20 000美元，当日即期汇率为 1 美元＝6.50 元人民币，合同约定的即期汇率为 1 美元＝6.3 元人民币。

表 7—2

项　目	外币账户金额（美元）	汇　率	记账本位币金额（人民币）
银行存款(美元户)	10 000	6.80	68 000
应收账款(美元户)	5 000	6.80	34 000
应付账款(美元户)	0	6.80	0
短期借款(美元户)	0	6.80	0

要求：编制以上业务的会计分录，计算该公司 4 月份外币业务的汇兑损益。

3. 甲公司的记账本位币为人民币。2017 年 12 月 1 日以30 000港元买入某上市公司 H 股5 000股作为短期投资，当日汇率为 1 港元＝0.85 元人民币。2017 年 12 月 31 日，该短期投资的公允价值为28 000港元，当日即期汇率为 1 港元＝0.80 元人民币。

要求：根据以上资料编制相关会计分录，并列出计算过程。

4. A 公司所属境外子公司 B 公司的年末财务报表的部分资料如表 7—3 所示。年初未分配利润折算后的数额为人民币3 550万元；年初汇率为 1 美元＝7.10 元人民币，年末汇率为 1 美元＝7.00 元人民币，接受投资时的即期汇率为 1 美元＝7.50 美元人民币。

表 7—3 　　单位：万美元

项　目	金　额	项　目	金　额
资产总额	6 000	净利润	1 300
负债总额	2 000	年初未分配利润	500
实收资本	3 000	分配股利	800
年末未分配利润	1 000		

要求：

(1)计算以上项目折算后的金额；

(2)计算外币报表折算差额。

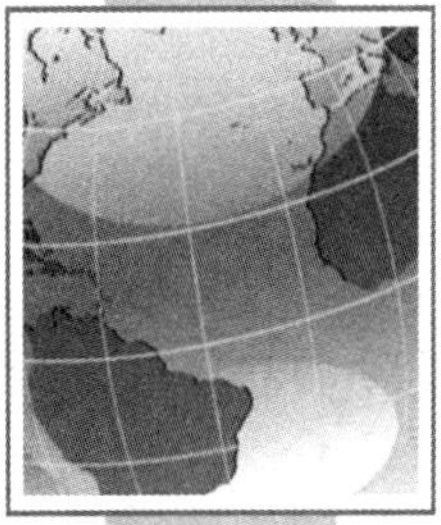

第八章
中期财务报告及分部报告

一、名词解释

1. 中期财务报告
2. 分部报告
3. 独立观
4. 一体观

二、单项选择题

1. 中期财务报告的中期是指(　　)。

A. 3 个月　　B. 9 个月

C. 会计年度的前 6 个月　　D. 短于一个会计年度的报告期间

2. 月度、季度中期财务会计报告,不可采用简化处理方式的是(　　)。

A. 或有事项　　B. 成本核算

C. 借款费用　　D. 资产负债表日后事项

3. 以下有关分部报告的叙述中,错误的是(　　)。

A. 分部信息与企业财务报表总额不需要衔接

B. 分部报告通常作为财务报告的组成部分予以披露

C. 分部负债信息不包括与企业整体相关的递延所得税负债

D. 生产过程的性质相同或相似的多个经营分部可以合并为一个经营分部

4. 企业编制分部报告时,不需要在其分部报表中披露的项目是(　　)。

A. 企业资产总额　　B. 分部间营业利润

C. 分部间营业费用　　D. 分部间营业收入

5. 下列各项中,不是判断报告分部重要性主要依据的标准的是(　　)。

A. 一个分部的资产达到各分部资产合计额的 10%以上

B. 一个分部披露的对外营业收入合计额应达到合并总收入(或企业总收入)的 75%

C. 一个分部的收入(包括对外营业收入和对其他分部的营业收入)达到企业分部收入总额的 10%以上

D. 一个分部的营业利润(或营业亏损)达到所有盈利分部利润合计额或者所有亏损分部

亏损合计额的绝对额两者中较大者的10%

6. 中期财务报告提供比较财务报表，其中不包括(　　)。

A. 截至本中期期末的资产负债表

B. 上一会计年度与本中期可比期间的利润表

C. 上一会计年度与本中期可比期间的现金流量表

D. 上一会计年度与本中期可比期间的资产负债表

7. 只需在会计报表附注中说明而无必要提供分部报告，须是某一业务分部的收入、营业利润(亏损)和可辨认的资产各项均达到全部分部合计数的(　　)。

A. 30%以上　B. 50%以上　C. 80%以上　D. 90%以上

8. 在编制中期财务报告，判断项目的重要性程度时应当以(　　)为基础。

A. 年度会计报表　B. 上期会计报表

C. 中期财务数据　D. 估计财务数据

9. 在披露分部信息时，分部间转移交易的计量基础是(　　)。

A. 历史成本　B. 公允价值　C. 市场价格　D. 实际交易价格

10. 中期财务报告中的附注应当披露向所有者分配利润的情况不包括(　　)。

A. 已经实施的利润分配情况　B. 在中期内实施的利润分配情况

C. 已提出但尚未实施的利润分配情况　D. 已批准但尚未实施的利润分配情况

三、多项选择题

1. 半年度中期会计报表附注包括(　　)。

A. 企业分部经营的中止情况说明

B. 重大会计差错的内容及其更正金额

C. 债务性证券的发行、回购和偿还情况

D. 会计估计变更的内容、理由及其影响数

2. 对企业会计政策、会计估计变更和会计差错，企业中期财务报表附注应当包括的信息有(　　)。

A. 前期差错的性质及其更正金额

B. 会计估计变更的内容、理由及其影响数

C. 如果会计估计变更的影响数不能确定，应当说明理由

D. 中期财务报表所采用的会计政策与上年度财务报表相一致的说明

3. 下列关于上市公司中期报告的表述中，正确的有(　　)。

A. 中期会计计量应以本中期末为依据

B. 中期报告中应同时提供合并报表和母公司报表

C. 中期报表仅是年度报表项目的节选，不是完整的报表

D. 对中期报表项目进行重要性判断应以预计的年度数据为基础

E. 中期报表中各会计要素的确认与计量标准应当与年度报表相一致

4. 分部负债包括(　　)。

A. 借款　B. 预收货款

C. 产品担保准备　D. 递延所得税负债

5. 会计年度中不均匀发生的费用，下列方法中正确的有(　　)。

A. 在费用发生时予以确认　　B. 在费用发生时予以计量
C. 在发生的次月起确认和计量　　D. 在中期财务报表中预提或待摊

6. 下列项目中不包括在分部收入内的有(　　)。
A. 可归属于分部的对外交易收入
B. 销售产品、提供劳务等取得的收入
C. 利息收入和股利收入,分部是金融性质的除外
D. 营业外收入,如处置固定资产、无形资产等产生的净收益

7. 中期财务报告至少应当包括(　　)。
A. 附注　　B. 利润表　　C. 资产负债表　　D. 现金流量表
E. 股东权益变动表

8. 中期财务报表附注中应当包括的内容有(　　)。
A. 合并范围发生变化的情况
B. 中期财务报表所采用的会计政策与上年度财务报表相一致的说明
C. 向企业所有者分配利润的情况,包括在中期内实施的利润分配和已提出或者已批准但尚未实施的利润分配情况
D. 存在控制关系的关联方发生变化的情况;关联方之间发生交易的,应当披露关联方关系的性质、交易的类型和交易要素

9. 中期财务报告包括(　　)。
A. 年度财务会计报告　　B. 月度财务会计报告
C. 季度财务会计报告　　D. 半年度财务会计报告

10. 分部未能满足10%的标准的,可以按照下列规定确定报告分部:(　　)。
A. 可以根据股东大会或类似的权力机构表决确定
B. 企业管理层认为披露该经营分部信息对会计信息使用者有用的
C. 应当以经营分部的合并条件为基础,对相关的报告分部予以合并
D. 将具有相似经济特征、满足经营分部合并条件的其他经营分部合并,作为一个报告分部

四、判断题

1. 无论企业中期财务报告的频率是月度、季度还是半年度,企业中期会计计量的结果最终应当与年度财务报告中的会计计量结果相一致。(　　)

2. 上年度财务报告包括了合并财务报表,但报告中期内处置了所有应纳入合并范围的子公司,中期财务报告只需要提供母公司财务报表。(　　)

3. 在中期财务报告的附注中,应当说明会计政策变更的性质、内容、原因及影响数;无法追溯调整的,可以不用说明原因。(　　)

4. 分部负债不包括借款、产品担保准备、融资租入资产相关的负债、非经营目的而承担的负债、递延税款负债。(　　)

5. 当企业某一分部的收入、营业利润或亏损及其可辨认的资产,任一项达到全部分部合计数90%以上时,则只需在会计报表附注中予以说明,无必要提供分部报告。(　　)

6. 中期财务报告,是指以全年度预测数为基础编制的财务报告。(　　)

7. 上年度编制合并财务报表的,中期期末应当编制合并财务报表。(　　)

8. 财务报告的频率不应当影响年度结果的计量。 （ ）

9. 销售产品或提供劳务的方式相同或相似的多个经营分部，不能合并为一个经营分部。 （ ）

10. 企业内容组织结构改变导致报告分部组成发生变化的，应当提供前期比较数据。但是提供比较数据不切实可行的除外。 （ ）

五、简答题

1. 我国《企业会计准则》是如何定义中期财务报告的？采用的是什么理论？
2. 我国《企业会计准则》是如何定义分部报告及其适用范围的？
3. 报告分部的确定标准是什么？
4. 中期会计确认和计量的基本原则主要有哪些？

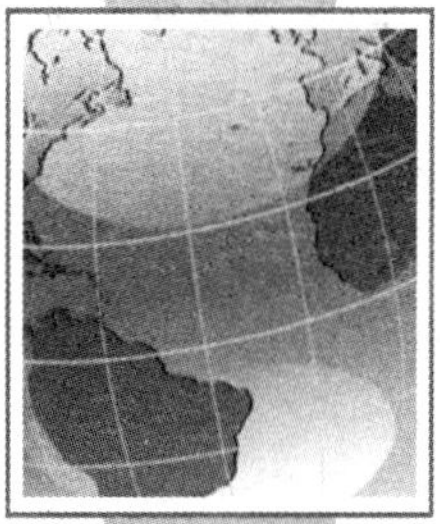

第九章
公开发行股票公司信息披露

一、名词解释

1. 股票首次公开发行
2. 招股说明书
3. 上市公告书
4. 保荐人
5. 临时报告

二、单项选择题

1. 资产评估的范围是股份有限公司的(　　)。

A. 固定资产　　B. 流动资产　　C. 有形资产　　D. 所有资产

2. 我国规定的社会公众的认购股份不低于公司股份总额的(　　)。

A. 15%　　B. 20%　　C. 25%　　D. 30%

3. 下面各项中,不属于我国公开发行股票信息披露制度体系中基本法律的是(　　)。

A.《合同法》　　B.《刑法》　　C.《证券法》　　D.《公司法》

4. 资产评估必须由专门的评估机构进行,该评估机构必须取得(　　)资格。

A. 鉴证　　B. 审计　　C. 证券从业　　D. 资产评估

5. 涉及上市公司股份变动的合并和分立,其方案应当事先经中国证监会批准并抄报(　　)。

A. 当地政府　　B. 资产评估事务所

C. 证券交易所　　D. 会计师事务所

6. 上市公司招股说明书与上市公告书相同之处是(　　)。

A. 两者编制的目的相同　　B. 两者编制的主体相同

C. 两者反映的内容相同　　D. 两者发布的时间相同

7. 某公司于去年上市,上市公告书和招股说明书中宣称本公司是一家高科技企业,预计当年盈利7 055万元,事实上,该公司上市当年亏损 1.98 亿元,这一事项极不合法,也违背了(　　)原则。

A. 充分披露　　B. 准确性　　C. 及时性　　D. 可靠性

8. 某国有企业作为主要发起人组建上市公司，经评估后该国有企业的净资产为5 600万元，其中实收资本4 670万元，企业将其全部净资产折为股本。公司在政府管理部门的注册资本额预测为7 500万元，发起人的股份额为总股本额的 60%，其余部分向社会公众募集。则该国有企业的折股比率为（　　）。

A. 1.24　　B. 1.04　　C. 0.80　　D. 1.34

9. 以下对上市公司信息披露的要求，描述不正确的是（　　）。

A. 使用通俗易懂的语言，不能有歧义

B. 对公告中使用的专业词汇须给出明确定义

C. 准确披露信息，要求不得有误导性陈述

D. 允许向部分投资者选择性披露信息

10. （　　）情况下，上市公司不需要立即将有关该重大事件的报告提交证券交易所和证监会，并向社会公布，说明事件实质。

A. 公司发生重大亏损或重大损失

B. 变更会计政策、会计估计

C. 主要资产被查封、扣押、冻结或者被抵押、质押

D. 公司 1/4 的监事或者经理发生变动

三、多项选择题

1. 下列各项中属于对上市公司信息披露进行监管的部门有（　　）。

A. 证监会　　B. 财政部

C. 深沪交易所　　D. 中国注册会计师协会

2. 年度报告与招股说明书、上市公告书的不同在于（　　）。

A. 服务的对象不同　　B. 报出的时间不同

C. 编制的目的不同　　D. 审计的要求不同

3. 下列各项中，属于上市公告书应载明内容的有（　　）。

A. 重要声明与提示　　B. 备查文件

C. 发行人概况　　D. 同业竞争及关联交易

4. 招股说明书封面上应载明的事项有（　　）。

A. 发行人名称　　B. 保荐人名称

C. 主承销商的名称及住所　　D. 招股说明书颁发日期

5. 下列各种情况中，上市公司应按要求履行信息披露义务的有（　　）。

A. 重大仲裁　　B. 未决诉讼

C. 重大担保　　D. 巨额商业票据贴现

6. 下列属于资产评估的基本方法的有（　　）。

A. 收益现值法　　B. 重置成本法

C. 现行市价法　　D. 可变现净值与市价孰低法

7. 中国证监会对上市公司的股东、实际控制人、收购人的违规行为可以采取的措施有（　　）。

A. 责令改正　　B. 监管谈话　　C. 出示警示函　　D. 记录诚信档案

8. 上市公司首次及时披露信息后，还应当持续披露哪些相关事项的进展情况？（　　）

A. 上市公司重大事件获得有关部门批准或者否决时
B. 协议发生重大变更、中止或者解除、终止时
C. 董事会或股东大会就已披露的重大事件作出决议时
D. 签署意向书或者协议时

9. 下列各公司中，有资格申请首次公开发行股票并上市的有(　　)。
A. A公司是依法设立且合法存续的股份有限公司
B. B公司股权清晰，控股股东和受控股股东、实际控制人支配的股东持有的发行人股份不存在重大权属纠纷
C. C公司是一家股份有限公司，自成立后，已持续经营2年
D. D公司最近3年内主营业务和董事、高级管理人员没有发生重大变化，实际控制人没有发生变更

10. 下列有关招股说明书内容的说明中正确的有(　　)。
A. 上市公司应当遵循重要性原则，披露可能直接或间接对上市公司生产经营状况、财务状况和持续赢利能力产生重大不利影响的所有因素
B. 上市公司应披露是否存在与控股股东、实际控制人及其控制的其他企业相同、相似业务的情况
C. 上市公司应披露其主营业务、主要产品(或服务)及设立以来的变化情况，应根据重要性原则披露主营业务的具体情况
D. 上市公司应披露股东大会、董事会、监事会、独立董事董事会秘书制度的建立健全及运行情况，说明上述机构和人员履行职责的情况

四、判断题

1. 财政部是最权威的上市公司信息披露监管者。(　　)
2. 招股说明书的公布标志着公司已真正成为股票上市公司。(　　)
3. 招股说明书的有效期为6个月。(　　)
4. 企业在改制和上市期间所应公开披露的信息主要是公司的招股说明书、上市公告书和年度报告。(　　)
5. 资产评估中的重置成本法一般适用于经人民法院宣告破产的公司的资产评估。(　　)
6. 上市公司在配股和发放股利时，应当单独进行公告说明。(　　)
7. 中国注册会计师协会直接对上市公司信息披露进行监管。(　　)
8. 上市公司董事、监事、高级管理人员应当保证上市公司所披露的信息真实、准确、完整。(　　)
9. 上市公司信息披露制度是我国对上市公司进行规范和管理最主要制度之一。(　　)
10. 股票首次发行是指公司以募集资金和上市为目的，第一次向特定的社会公众投资者公开发行股票，从而由私人公司转变为公众公司。(　　)

五、简答题

1. 简述公开发行股票公司信息披露的意义。
2. 在什么样的情况下上市公司应该编制临时报告?

3. 试述年度报告与中期报告的异同。
4. 试回答股份有限公司申请股票上市所应符合的条件。
5. 简述上市公司及时披露临时报告内容的意义。

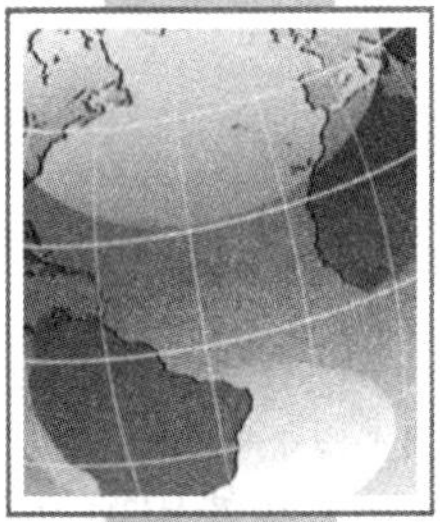

第十章 物价变动会计

一、名词解释

1. 历史成本原则
2. 一般物价水平会计
3. 物价变动会计
4. 现行成本会计
5. 货币购买力损益

二、单项选择题

1. 个别物价指数反映个别物价变动状态，一般物价指数反映社会一般物价的变动水平。个别物价指数的计算公式正确的是（　　）。

A. 个别物价指数＝基期选定商品/报告期选定商品

B. 个别物价指数＝报告期选定商品/基期选定商品

C. 个别物价指数＝报告期选定商品单价/基期选定商品

D. 个别物价指数＝基期选定商品单价/报告期选定商品

2. 以下会计模式中，属于传统会计模式的是（　　）。

A. 历史成本/名义货币单位　　B. 历史成本/不变币值单位

C. 现行成本/名义货币单位　　D. 现行成本/不变货币单位

3. 企业期末所持有资产的现行成本与历史成本的差额称为（　　）。

A. 持有损益　　B. 购买力变动损益

C. 未实现的持有损益　　D. 已实现的持有损益

4. 某企业于 2017 年 1 月购入设备，入账价值为1 000万元，当时的物价指数为 100，该设备按 5 年提取折旧；2017 年年末编制财务报表时的物价指数为 120。调整后的设备净值为（　　）。

A. 960 万元　　B. 1 200万元　　C. 240 万元　　D. 940 万元

5. 一般物价水平会计对于物价变动产生的影响，处理方法为（　　）。

A. 予以递延　　B. 计入当期损益

C. 作为少数股东权益项目　　D. 作为留存收益的调整项目

6. 以下会计计量模式在发展中国家普遍运用的是(　　)。

A. 现行成本会计模式

B. 一般物价水平会计模式

C. 历史成本/现行币值会计模式

D. 现行成本/不变币值货币计量模式

7. 可以充分全面地消除物价变动会计对会计信息影响的会计模式是(　　)。

A. 历史成本现行币值会计模式　　B. 历史成本不变币值会计模式

C. 现行成本现行币值会计模式　　D. 现行成本不变币值会计模式

8. 在运用一般物价变动会计调整企业利润表的物价变动时,对一般的收入和费用项目采用的物价指标是(　　)。

A. 个别物价指数　　B. 年末的物价指数

C. 年初的物价指数　　D. 全年平均物价指数

9. 以下不属于一般物价水平会计模式的缺点的是(　　)。

A. 采用一般物价水平会计模式主观性较强

B. 一般物价水平会计模式只是改变了计量单位,并没有改变传统的历史计量基础

C. 采用一般物价水平会计模式重新编制的财务报表信息不能确切反映企业真实的财务状况和经营成果

D. 实际应用中,货币性项目和非货币性项目的划分不易操作,其往往带有主观随意性,因而容易影响调整后的报表的真实性

10. 在一般物价水平会计中,物价上升时期持有的货币性资产而损失的购买力与持有货币性负债获得的购买力之差被称为(　　)。

A. 资本持有损益　　B. 货币购买力损益

C. 资产未实现持有损益　　D. 资产已实现持有损益

二、多项选择题

1. 货币性项目包括的内容有(　　)。

A. 存货　　B. 应收票据　　C. 固定资产　　D. 短期借款

E. 货币资金

2. 非货币性项目包括的内容有(　　)。

A. 存货和固定资产　　B. 应付债券和长期借款

C. 股票投资和可转换债券投资　　D. 无形资产和递延所得税资产

E. 普通股股本和未规定固定兑回价格的优先股股本

3. 非货币性项目的金额按一般物价指数进行调整的步骤为(　　)。

A. 进行换算　　B. 确定换算比率

C. 确定形成或取得某一项目的时间　　D. 确定编制财务报表当时的物价指数

E. 确定形成或取得该项目时的物价指数

4. 以下调整方法正确的有(　　)。

A. 年初货币性项目的调整系数＝年末物价指数/年初物价指数

B. 年末货币性项目的调整系数＝年初物价指数/年末物价指数

C. 年初非货币性项目的调整系数＝年末一般物价指数/业务发生时的一般物价指数

D. 年末非货币性项目的调整系数＝年末一般物价指数/业务发生时的一般物价指数

5. 以下关于现行成本法，正确的有（　　）。

A. 其购买力会随物价变动而变动

B. 其账面金额不随物价的变动而变动

C. 企业持有资产的目的是为了变卖出售

D. 已实现的持有损益可予以确认，未实现的持有损益不可予以确认

6. 以下关于个别物价变动和一般物价变动的说法，正确的有（　　）。

A. 二者的关系是个别与一般的关系

B. 一般物价变动反过来影响个别物价变动

C. 通货膨胀指的就是一般物价水平上涨的情况

D. 一般物价变动是一种宏观现象，具有普遍性的特点

7. 采用一般物价水平会计模式，对年初货币性项目调整采用（　　）。

A. 年初一般物价指数　　B. 年末一般物价指数

C. 年度平均物价指数　　D. 现行一般物价指数

8. 下列属于现行成本会计模式缺点的有（　　）。

A. 加大了审计工作的难度和成本

B. 容易受制于人的主观意志，所以主观性较强

C. 估价的工作量太大，并且选择运用有一定的难度

D. 只是改变了计量单位，并没有改变传统的历史计量基础

E. 重新编制的财务报表信息不能确切反映企业真实的财务状况和经营成果

9. 可以系统消除物价变动影响的模式有（　　）。

A. 历史成本模式　　B. 现行成本模式

C. 现行市价模式　　D. 可变现净值模式

E. 未来现金流量现值模式

10. 现行成本会计的特点有（　　）。

A. 计量属性是历史成本　　B. 计量属性是现行成本

C. 以等值货币作为计价单位　　D. 以名义货币作为计价单位

E. 以现行成本为基础确定企业收益

四、判断题

1. 我国普遍采用一般物价水平会计模式。（　　）

2. 一般物价水平会计模式是指“历史成本”会计模式。（　　）

3. 现行成本会计模式是以资产的现行成本作为计价基础的。（　　）

4. 在实际运用中，现行成本/不变币值货币计量模式能带来巨大效益。（　　）

5. 在一般物价水平会计中，对留存收益的调整是采用年内平均的物价指数。（　　）

6. 现行成本不变币值会计模式是由一般物价水平会计模式和现行成本会计模式相结合。（　　）

7. 在物价变动时期长期持有货币性资产，会因物价上涨而降低购买力，从而企业遭受损失。（　　）

8. 在一般物价会计与现行成本结合的会计中，既要改变会计的计量单位，还要改变会计

的计价基础。 ( )

9. 一般物价变动会计中非货币性项目调整公式＝该项目历史成本金额×(年内平均物价指数÷该项目取得时的一般物价指数)。 ( )

10. 在一般物价水平会计与现行成本会计结合的会计模式下,货币性项目购买力损益的计算方法和计算结果与一般物价水平会计模式下的计算方法和计算结果相同。 ( )

五、简答题

1. 会计的计量属性包括哪几种?其中最重要的是哪两种?
2. 物价变动会计有哪几种计量模式?它们各自的特点是什么?
3. 简述一般物价水平会计的基本程序和方法。
4. 简述一般物价水平会计模式的优缺点。
5. 什么是货币购买力损益?应该如何计算?

六、业务处理题

1. 华昌公司2017年年末拥有货币性资产300万元,货币性负债50万元。年初货币性资产150万元,货币性负债50万元,本年货币性资产因营业收入增加500万元,因营业费用、所得税、购入存货分别支付60万元、50万元、200万元。并已知年初物价指数120,年均物价指数150,年末物价指数180。

要求:编制货币性项目分析表并计算货币性项目购买力损益。

2. 假设全年的物价变动指数:年初为100,年末为132,全年平均为120。甲公司按历史成本编制的资产负债表如表10－1所示,利润表如表10－2所示。

表10－1 **资产负债表(历史成本)**

2017年12月31日 单位:元

项　目	期初数	期末数
货币性资产	900	1 000
存货	9 200	13 000
固定资产原价	36 000	36 000
减:累计折旧	—	7 200
固定资产净值	36 000	28 800
资产合计:	46 100	42 800
流动负债	9 000	8 000
长期负债	20 000	16 000
实收资本	10 000	10 000
盈余公积	5 000	6 000
未分配利润	2 100	2 800
负债及所有者权益合计:	46 100	42 800

表 10—2　　**利润表(含股东权益变动表部分,历史成本)**

2017 年 12 月　　单位:元

项　目	金　额
营业收入(按每件商品 10 元)	50 000
减:营业成本(先进先出法)	29 740
折旧费用	7 200
销售费用	4 500
利润总额	8 560
减:所得税费用	2 500
净利润	6 060
加:年初未分配利润	2 100
可供分配利润	8 160
减:提取盈余公积	1 000
应付利润	4 360
未分配利润	2 800

补充资料:

(1)期初存货按每件 5 元计价,共计1 840件;本期存货按每件 6.5 元购入,共计5 160件;公司按先进先出法核算存货成本。最近购入存货时间的物价指数为 125。

(2)期初固定资产为全新购入,尚未提取折旧。

(3)流动负债与长期负债均为货币性负债。

(4)本年销售商品5 000件,系全年均匀发生。

(5)本期折旧费用在年末一次性提取,销售费用在年内均匀发生。

(6)所得税于每月预交,提取盈余公积及分配利润系年末一次性结转。

要求:按上述物价变动指数对该公司的会计报表进行调整,编制出调整后的会计报表。

第十一章 清算会计

一、名词解释

1. 破产财产
2. 破产债权
3. 清算会计

二、单项选择题

1. 破产清算过程中对企业财产进行估价应为(　　)。
A. 公允价值　　B. 重置成本　　C. 历史成本　　D. 清算价格
2. 清算会计对会计四大基本前提没有影响的是(　　)。
A. 会计分期　　B. 会计主体　　C. 持续经营　　D. 货币计量
3. 企业进入破产清算,停止使用的负债科目是(　　)。
A."应付工资"　　B."应付账款"　　C."应付福利费"　　D."应付票据"
4. 清算会计依旧遵循的传统财务会计假设是(　　)。
A. 会计主体假设　　B. 持续经营假设　　C. 会计分期假设　　D. 货币计量假设
5. 清算会计对于收入和费用确认采用的原则是(　　)。
A. 收付实现制原则　　B. 权责发生制原则
C. 历史成本原则　　D. 收益性支出原则
6. 企业破产的原因是(　　)。
A. 资金暂时困难,不能清偿到期债务
B. 自破产申请之日起 6 个月内无法清偿债务
C. 经营管理不善引起严重亏损,致使不能清偿到期债务
D. 发生重大灾害不能清偿到期债务

三、多项选择题

1. 清算会计报表包括(　　)。
A. 清算资产负债表　　B. 清算损益表
C. 债务清偿表　　D. 清算财产表

2. 企业清算财产的作价方法通常有(　　)。

A. 账面价值法　B. 变现收入法　C. 招标作价法　D. 重估价值法

E. 重置成本法

3. 清算期间清算机构的(　　)可计入清算费用。

A. 人员工资　B. 差旅费　C. 公告费　D. 办公费

E. 清算损失

4. 破产清算过程中的会计事项主要有(　　)。

A. 清偿负债　B. 买卖财产

C. 支付清理费用　D. 向股东分配剩余财产

E. 做短期投资规划

5. 向法院提出破产申请,一般可以由(　　)提出。

A. 债务人的上级主管部门　B. 债权人的主管部门

C. 债务人　D. 债权人

E. 受托人

6. 清算会计中清算收益主要包括(　　)。

A. 经营收益　B. 无法收到的债权

C. 财产估价收益　D. 无法偿付的债务

E. 财产盘亏

四、判断题

1. 适合破产清算会计的会计原则是收付实现制原则。(　　)

2. 公司进行资本改组,减少资本后的注册资本,不得低于法定的最低限额。(　　)

3. 以现金资产清偿债务的,即使在债权人做出让步的情况下,也不属于债务重整。(　　)

4. 以修改债务条件进行债务重整时,对债权人和债务人都不应确认债权清理损失或债务重整收益。(　　)

5. 当债务人出现财务困难,不能按期偿还债务时,债权人只能通过法律程序,要求债务人破产,以清偿债务。(　　)

6. 破产企业对破产可变现价值的清偿顺序,首先是偿还有担保的债权,其次是清偿无担保但有优先权的债权,然后才清偿无担保无优先权的债权。(　　)

五、简答题

1. 简述破产清算会计处理的程序和内容。

2. 简述破产财产与破产债权之间的区别。

六、业务处理题

1. 2017 年 1 月 1 日,深广公司销售一批材料给红星公司,含税价为105 000元。2017 年 7 月 1 日,红星公司发生财务困难,无法按合同规定偿还债务,经双方协议,深广公司同意红星公司用产品抵偿该应收账款。该产品市价为80 000元,增值税税率为 17%,产品成本为70 000元。红星公司为转让的产品计提了存货跌价准备 500 元,深广公司为债权计提了坏账准备

500 元。假定不考虑其他税费。

要求：

(1)编制红星公司债务重组的会计分录；

(2)编制深广公司债务重组的会计分录。

2. 某企业清算过程中发生以下经济业务：

(1)变卖材料收入300 000元，收取增值税51 000元，一并存入银行，材料的账面价值为368 000元；

(2)处置半成品收入120 000元，收取增值税20 400元，一并存入银行，半成品的账面价值为150 000元；

(3)处置产成品收入284 000元，收取增值税48 280元，一并存入银行，产成品账面价值为292 520元。

要求：根据以上经济业务编制会计分录。

3. 某企业清算过程中发生以下经济业务：

(1)收回应收款704 000元，存入银行，应收款的账面余额为900 640元；

(2)收回各种应收票据款63 200元，存入银行，应收票据的账面金额为74 400元。

要求：根据以上经济业务编制会计分录。